U0797416

中亚汉语国际教育研究丛书

国际理解视域下的文化传播理论与实践

——以中亚孔子学院为例

李建军　郭卫东　邓新　刘成　梁云　等著

南開大學出版社
天　津

图书在版编目(CIP)数据

国际理解视域下的文化传播理论与实践：以中亚孔子学院为例 / 李建军等著. —天津：南开大学出版社，2019.5
(中亚汉语国际教育研究丛书)
ISBN 978-7-310-05448-0

Ⅰ. ①国… Ⅱ. ①李… Ⅲ. ①中华文化－文化传播－国际交流－研究 Ⅳ. ①G125

中国版本图书馆 CIP 数据核字(2017)第 192763 号

版权所有　侵权必究

南开大学出版社出版发行
出版人：刘运峰
地址：天津市南开区卫津路 94 号　　邮政编码：300071
营销部电话：(022)23508339　23500755
营销部传真：(022)23508542　　邮购部电话：(022)23502200
*
北京建宏印刷有限公司印刷
全国各地新华书店经销
*
2019 年 5 月第 1 版　　2019 年 5 月第 1 次印刷
165×235 毫米　16 开本　20.5 印张　2 插页　310 千字
定价：78.00 元

如遇图书印装质量问题，请与本社营销部联系调换，电话：(022)23507125

本书系新疆维吾尔自治区文科基地重大招标项目“吉尔吉斯斯坦、塔吉克斯坦孔子学院情感传播研究”（XJEDU040716A01）、新疆维吾尔自治区高校科研计划项目“塔吉克斯坦孔子学院文化交流力研究”（XJEDU2017RS044）的资助成果。

丛书序言

语言和文化不可分离，二者相互依存，相互影响。在全球化背景下，世界各国政府都非常重视国际语言与文化交流，随着中国国际地位的日益提升，中华文化的影响力和辐射力也日益增强。目前全世界约有 5000 万人正在将汉语作为第二语言来学习。不断升温的“汉语热”表明汉语作为一种世界语言和商业语言的重要性正在增加，中国文化的价值愈发凸显，这就给汉语国际教育提供了广阔的舞台。汉语国际教育已成为国家提升软实力、实现中华民族伟大复兴的中国梦重大方略的组成部分。中国与中亚毗邻，地区贸易频繁，中国在中亚汉语国际教育方面具有独特的地域和人文优势，本书就是在此宏观背景下构思和撰写的。

中亚汉语国际教育研究中心是我国新疆维吾尔自治区普通高等学校人文社会科学重点研究基地，现有专兼职研究人员 35 人，其中教授 20 人，博士 10 人，依托中亚 3 所孔子学院、8 个孔子课堂和 1 所汉语中心。中亚汉语国际教育研究中心基于中亚五国的国情特点，以中亚汉语国际教育研究中心为依托，以国家政策和发展战略为导向，以加强我国与中亚五国的文化交流为己任，以中亚汉语国际教育为抓手，以汉语教学、中华文化传播研究为突破口，充分利用我国新疆地区地缘优势和学术优势，搭建我国与中亚五国文化交流的平台，促进我国与中亚国家在文化、教育、科学研究等方面的深入交流与合作，夯实和奠定中亚汉语国际教育中心在中亚汉语国际教育研究领域的学术领先地位。

“中亚汉语国际教育研究丛书”以每年一辑的方式出版，内容涵盖汉语教学与文化传播两个研究方向，其中汉语教学研究包括：（1）中亚语言国情研究；（2）对外汉语人才培养体系研究；（3）中亚汉语国际教育特色研究；（4）华人教育研究。文化传播研究包括：（1）中华文化中亚传播策略及机制研究；（2）中华文化与中亚文化比较研究；（3）中亚孔子学院文化教学与传播研究。“中亚汉语国际教育研究丛书”力求体现前瞻性、全局性和现实性等特点，突出问题导向，以研究回答中国语言、中华文化如何走出去，如何走进中亚等重大现实问题为选题方向，所展示成果力求体现原创性和高水平，体现特色，突出创新。丛书在选题要求上，首先立足于两个平台：一是要站在跨学科平台上去思考问题，推进学科的交叉融合，协同创新，力求实现语言学、教育学、文化学、传播学、心理学、历史学等学科之间的渗透和共振。二是要站在国际高等教育和文化发展的平台上去思考语言教学和文化传播问题，去思考人才培养目标、课程体系、教学方法、教学模式和文化传播方式，推进改革和创新。其次，强化实践取向，改变过去研究中存在的“重理论、轻实践”现象，从“象牙塔”走向大地、走向田野，从一般性理论建构走向政策咨询与对策研究。总之，就是“立足中亚，辐射周边”，注重现实性、针对性，使研究及成果转化应用“跟得上、贴得紧、能管用”，努力成为服务中亚研究的基地，切实发挥思想库、智囊团和动力源的作用。

中亚汉语国际教育研究中心将以习近平新时代中国特色社会主义思想为引领，聚焦国际学术前沿，拓展研究领域，突出特色优势，凝练科研方向，力争产出一批具有重要社会影响和学术价值的标志性成果是中亚汉语国际教育研究中心的战略目标和任务。中亚汉语国际教育研究中心将通过高水平成果的出版更好地为学校国际化战略服务，为自治区的社会发展服务，为国家汉语国际推广和中华文化传播服务，为提升国家形象和软实力服务，力争把中亚汉语国际教育中心打造成为中亚汉语国际教育领域国家新型智库的“担当者”、中华文化中亚传播的“谋划者”和国家语言战略与语言安全的“建言者”，为我国“一带一路”倡议和“丝绸之路经济带”新疆核心区建设而砥砺前行。

新疆师范大学

2018 年 12 月

目　录

第一章　中华文化对外传播的缘起及阐释

推动中华文化走出去，扩大中国文化开放水平，更好地发挥以文化人、以文促情、以文建信的重要作用，增强中国与中亚的人文交流，发挥中亚孔子学院文化传播的作用是党的十九大“一带一路”倡议题中应有之义，是伟大时代所赋予当下中国和中国人的重要使命和责任担当。

一、对外文化传播研究现状述评

文化不仅在确定国家对外传播战略方面起着重要作用，而且对海外传播的手段、方式和风格产生着巨大的影响。目前，对本课题，国内外学者尚缺乏全面系统的研究。本课题所依托的文化学、传播学等日益成为显学，无论是对文化概念、范畴、形态、本质、变迁规律等方面的研究，还是对传播类型、传播模式、传播形式、传播者、传播媒介、传播材料和内容、受众、传播效果、传播的应用、媒介法规与伦理、传播主要流派和代表人物、传播学研究方法等诸角度的研究，国内外的成果喜人，《中国社会科学》《现代传播》《新华文摘》《中国社会科学文摘》《中国人民大学复印报刊资料》等纷纷予以登载和转引，一批颇有分量的文化传播学、跨文化心理学、文化社会心理学、跨文化交际学、跨文化形象学、社会文化学（领域文化学）、公共外交学等方面论著相继问世。但从总体来看，目前学术界以本课题作为话题，采用多学科融合的角度，科学、客观、全面地梳理并阐述中华文化如何走向中亚、走进中亚，中亚孔子学院如何进行文化传播等重大和前瞻性命题的研究还较少，国别、区域化实证性的著述成果偏少，学术的富矿仍急需挖掘。与本课题相关的成果主要有以下几个方面。

（一）国外研究

1. 关于传播学理论和体系方面的研究

“传播学之父”威尔伯·施拉姆在《大众传播学》以及《大众传播的过程与效果》等书中，从大众传播学的发展、大众传播的结构与作用、大众传播的控制与支持、传播过程、大众传播的内容、大众传播的受众、大众传播的效果和大众传播的责任八个方面建构了大众传播学的学科体系，创立了大众传播模式。把大众传播的研究领域细分为控制研究、媒介研究、内容研究、受众研究和效果研究，这一划分与哈罗德·拉斯韦尔的传播 5 个 W 模式中的五要素一一对应。梅尔文·德弗勒和桑德拉·鲍尔-洛基奇在《大众传播学绪论》一书中强调大众传播研究需要回答“社会是怎样影响大众媒介的”“大众传播是如何发生的，与人际传播有何不同”“接触大众传媒对人们有何作用”三个问题。基模理论、沉默的螺旋、第三人效果，议程设置、培养理论，使用与满足理论分别从社会心理取向、信息环境取向和受众使用与依赖取向研究大众传播。当然还有政治经济学学派、文化研究学派和法兰克福学派等观察国际传播创立的各种宏观理论以及传播与学习、思维方式、价值观等国际传播的微观理论。在跨文化交际中，则形成了意义协调理论、语言代码理论、面子协商理论、谈话制约理论、期望违背理论、焦虑/不确定理论、交际适应理论、跨文化调适理论、文化身份理论、身份协商理论、身份管理理论、共文化/文化共存理论。

2. 关于传播及文化传播的范式、方法方面的研究

美国伊利诺伊大学教授弗雷德·西伯特、西奥多·彼得森和威尔伯·施拉姆 1956 年出版《报刊的四种理论》，提出传播制度与其社会政治制度是一脉相承的，基本上可以分为四种。即：集权主义理论、自由主义理论、社会责任理论、苏联的共产主义理论。由于此理论给人以“一种制度可以套用一种理论”的错误印象，存在一定的缺陷，1997 年，芬兰学者提出了超越报刊四种理论的“五种范式”：自由主义——多元主义范式、社会责任范式、批判范式、行政管理范式、文化谈判范式。由于在社会科学研究中，不同的研究范式在本体论、认识论、价值论上存在着许多不可通约的差异，一般来讲，我们把大众传播与文化传播研究分为客观经验范式、

诠释经验范式和批判理论范式。

3. 关于跨文化传播方式及对中华文化认知方面的研究

美国文化人类学家爱德华·霍尔（Edward Hall）的人际交往的空间距离，伊凡诺夫（Иванов）著的《中亚史纲》、叶罗蒙皮洛夫（М.М.Собномпилова）的《中亚文化遗产》等均为跨文化传播提供了参照。美国学者桑德拉·黑贝尔斯等在《有效沟通》中把沟通分为人际沟通、小组中的沟通和公共场合中的沟通三种形式，指出文化差异造成的跨文化沟通的障碍，并提出改进跨文化传播的技巧。罗杰·费希尔等在《沟通力》一书中强调理性、理解、沟通、可信度、说服、接受是有效处理分歧，消除误解、误读，建立良好人际关系的基本要素。

在谈到中国文化认知和文化传播方式上，美国前国务卿基辛格认为，中国历史上就不爱侵略，而是喜欢“同化”。中国对境外无领土野心，中国共产党也不热衷对外传道。而《远东经济评论》《纽约时报》等报刊出于西方文化中心主义的偏见，指责中国“民族主义”高涨，和所谓“中国欲向海外扩张”，反映出西方学人群体中仍然存在相当程度的文化种族偏见。德国汉学家顾彬在《只有中国人理解中国？》的质疑中，认为“以自我为参照，我是不可能理解我自己的，我只能参照那个不同的东西”。也就是说，他者是认识自我的一面镜子，只有在我与他者的对话情境中，我才能认识我的存在，也只有在对外文化传播中才能使外国人理解中华文化。在哈萨克斯坦，现在有一个流行的说法：“如果你想离开这个国家，就去学英语；如果你希望留下，那就去学汉语”（Der Spiegel，2010 年 10 月 4 日），这是汉语在哈萨克斯坦得到快速传播的有力佐证。如今“学汉语”已成为中华文化传播的一种有效途径，也成为中亚国家一种现实理性的选择。法国前总理拉法兰曾对前驻法大使吴建民说：“21 世纪世界需要中国的文化。”弘扬和传播中华文化是化解中国威胁论、中国文化殖民论的一剂良方。

外国学者关于传播学以及文化传播的理论和方法，对中国学界来说，值得借鉴和汲取。但对于中华文化的对外传播的研究，由于受西方话语体系和意识形态的影响，仅可供研究者检视与参考。

（二）国内研究

1. 关于中国对外文化传播战略的相关研究

由于在中国知网等相关数据库未直接查到“中华文化如何走向新疆周边”相关主题的论文，经过努力仅仅搜索到有关“中华文化走出去”方面内容的文章。骆玉安认为，中华文化走出去是指在重要战略机遇期内，通过对外文化宣传、对外文化交流，特别是对外文化贸易等途径，来扩大中华文化的国际影响力，增强文化产业竞争力，塑造中国的文化大国形象，营造中国和平发展的国际环境，进一步提升当代中国的文化软实力。齐勇锋、蒋多在《中国文化走出去战略的内涵和模式探讨》一文中提出：“走出去”战略的本质是在继续吸收外来优秀文化的同时，使文化引进来和走出去紧密结合起来，转变以往吸收多而输出少的局面，形成双向、均衡交流和传播的新格局。范玉刚在《文化“走出去”要有新思维、新视野》一文中强调：中国文化“走出去”面临激烈的国际竞争环境和复杂的国际市场因素。如此严峻的形势和复杂的格局，要求文化“走出去”必须有战略意识和国家意志，并在国家层面做好协调和统筹规划；同时，文化“走出去”要有市场化思维和产业化视野，并以版权输出和高附加值的内容产品为主，拥有版权和高附加值的内容产品的生产是文化“走出去”的核心。当前我国的文化“走出去”实践尚处于初步探索阶段，对其研究还刚刚起步。

2. 关于中华文化对外传播路径和形式的研究

吴卫民、石裕祖认为，政府主导模式、半官半民活动（各种政府扶持的演出活动）、纯粹民间行为、教育渠道等是目前我国实施中国文化走出去的几种有效路径。我们要建立和完善对外文化传播的法律法规；转变思想观念，提高“让中华文化走向世界”的自觉性；突出体制机制改革创新，制定中华民族文化“走出去”发展规划；制定外向型文化交流活动的道德规范与行为准则，以及相应的奖惩办法；大力发展和巩固与周边国家的文化艺术与教育科研合作；经费上对经济欠发达的西部省份予以较大的倾斜；强化和凸显中华民族精神是强化中国文化自身文化话语权的根本所在；加强国际文化人才队伍建设，大力培养善于开拓、营销中国文化的国际文化人才；稳步扎实地推进中国文化走出去的步伐，提高整体水平和综合能力。

马相武认为，中华文化要走出去，必须进行文化创新，文化走出去的内容不能主要靠“国粹”，要让一部分文化创新成为中国自己的“具有国际传染性的学说”，才能达到走出去的目的。中国文化在走出去过程中的最大障碍是汉语，所以汉语能够成为文化走出去的巨大载体和宝藏。另外，还要培养千百万的文化志愿者，在全世界范围内推广汉语，传播中国文化，使他们成为中华文化的流动载体。以上论文虽都涉及中华文化以什么样的文化走出去及如何走出去等命题，且具有真知灼见，但尚不够系统和深入，缺少实证研究。

3. 关于中华文化中亚传播理论与实践研究

赵常庆、赵华胜、冯绍雷、杨恕、潘志平、冯玉军、潘光、孙壮志、孙力、吴宏伟、邓浩、石泽、倪建平、赵会荣等专家都从战略和全面合作层面做过相关的研究，具有重要的参考价值。中亚地区位于国际政治舞台的亚欧大陆板块的腹地，历来是各种文化力量竞相角逐的战略要地。中国与这一地区接壤的地理环境决定了中国必然要促进与中亚的人文交流，这具有重要的战略意义。关于中国与中亚五国经济交流方面的研究较多，而文化传播尤其是中亚孔子学院中华文化传播的研究甚少。李建军认为，应加强中国与中亚的文化交流力建构，在文化交流中导力、凝力、张力、生力、助力、升力；毛菊、孟凡丽认为，应在加强政策支持，增强相互了解的平台建设，形成高层次交流与合作机制等方面加大中国与中亚五国教育交流合作力度。

综上所述，目前特别缺乏对中亚孔子学院中华文化传播的系统研究。对中国与世界各国文化传播方略和策略方面的研究，多是以“我”为主，强调中国文化的单向、强势传播和推广，强调意识形态式的灌输，不注重行为体之间的互动，较少顾及文化的双向交流与共享互动，即便是中华文化走出去战略和策略的研究，其理论深度和研究视域仍显不够，多是碎片式的，缺少整合性、系统性和宏观上的理论观照、阐释和实证分析，但以上成果已为本书研究打下了良好基础，提供有效的研究手段和可行的研究路径。

二、对外文化传播研究的意义与价值

（一）理论意义

中国周边的和平稳定发展与“中国梦”的实现密切相关。中国一直遵循“大国是关键、周边是首要、发展中国家是基础、多边是重要舞台”的外交总体布局，现在则更加突出周边外交在中国外交中的重要性。中亚事关中国的地缘和能源战略布局，也是中华文化走出去的主要节点和关键一环。本书既是对中华文化对外传播规律尤其是对中国周边国家文化对外传播规律和传播路径、形式的探索，又是对文化传播学、跨文化心理学、文化社会心理学、跨文化交际学、跨文化形象学、社会文化学、政治学、国际关系学、社会学等理论视域和研究方法的丰富和拓展。仅仅从理论意义上讲，历史学家汤因比就坚称，中华文化将引领世界，中华文明将为未来世界转型和21世纪人类社会提供无尽的文化宝藏和思想资源。

（二）实践意义

首先，本书在事关中华文化走出去重大命题中是颇具代表性的研究范例。厘清目前中亚孔子学院中华文化传播的总体状况，能为中国对外文化传播和周边文化传播提供决策咨询和依据。

其次，本书对于促进中国与中亚国家文化交流、加快中国与中亚国家文化发展，打造“丝绸之路经济带”和构建“区域性和谐文化走廊”，共生共赢，具有现实针对性和深远意义。

最后，本书能为中国国际传播能力和中华文化传播“议程设置能力”的提升提供镜鉴和参照；对塑造中国形象，提升中国文化软实力，实现中华民族伟大复兴的中国梦具有重要作用。

三、对外文化传播研究的主要内容、基本思路和方法

（一）研究的主要内容

本书共分七章。

第一章“中华文化对外传播的缘起及阐释”主要对国内外文化传播研究的现状做了简要述评：国外研究包括传播学理论和体系、传播及文化传播的范式和方法、跨文化传播方式及对中华文化认知方面的研究；国内研究包括中国对外文化传播战略、中华文化对外传播路径和形式、中华文化中亚传播理论与实践的相关研究。同时，揭示了课题研究的理论和实践意义；阐述了课题研究的主要内容、基本思路和以定性研究为主，定性与定量研究相结合的方法；并提出了中华文化对外传播的基本观点。

第二章“国际理解的视域与框架”主要对国际理解的内涵和适应范围、特点、通用原则、学科维度等范畴进行初步的界定和勾勒，并对国际理解的实践价值、国际理解与孔子学院文化传播做出基本阐述。其中，国际理解的学科维度包括：文化学维度、传播学维度、情感社会学维度、公共外交维度。

第三章“孔子学院文化传播方式的创新”，打破了传播形式的传统的“二分法”（亲身传播、大众传播）和“五分法”（人内传播、人际传播、群体传播、组织传播、大众传播）对在场和不在场的分类和细化，构建传播形式的新“二分法”。换一种视角，以辩证统一、比较的思维方式和方法来界定传播形式是一种新的尺度，是对传播方式的新探索，是对传播分类标准的丰富和发展。从传播的行为取向和施力程度不同可将文化传播分为刚性传播与柔性传播，以传播的思维方式和心理取向为尺度可把传播分为理性传播和情感传播，从传播活动的时间持续取向上可以将传播分为韧性传播和间歇传播，从而形成三组辩证统一的传播方式和开放式关联系统，这是新的传播向度和结构形态。该章对三种对立统一的传播形式：刚性传播与柔性传播；理性传播与情感传播；韧性（持续）传播与间歇传播的概念、

特点和传播方式做出判定和阐释。

第四章“国际理解视域下的中亚孔子学院中华文化传播态势与构想”主要阐述了中亚孔子学院中华文化传播的战略优势、战略挑战，国际理解视域下的中亚孔子学院文化传播的六个优选方向，以及中亚孔子学院中华文化内容传播。其中，中亚孔子学院文化传播包含六个优选方向——传播理念：实现由“以我为主”向“主体间性”传播原则的转化；传播内容：实现由中华传统文化传播向中华现代文明传播的转化；传播方式：实现汉语由语言教学向语言与文化教学结合的转变；传播取向：实现由强势话语传播为主向柔性话语传播为主的转化；传播路径：实现由单一平台传播向立体化传播的转化；传播层次：实现由文化软资源向文化软实力的转化。中亚孔子学院中华文化内容传播包括：汉语言传播；丝路文化传播；仁爱思想传播；和合价值观传播；当代中国代表符号传播。

第五章“塔吉克斯坦国立民族大学孔子学院文化传播实践”简要勾勒了塔吉克斯坦国立民族大学孔子学院的创建和对国际理解的认知过程；突出了秉承宗旨、立足柔性传播的探索与交流之路；提出了打造情感传播为主旨和渠道的特色教学与文化传播模式：真诚相待的个体情感培养方式、细雨润物的集体情感教育方式、相互愉悦的情感共鸣追求方式；推出构建可持续发展的文化传播机制与途径：强化韧性传播，以和谐分工推动工作有序开展，以制度确立保障工作持续开展，以经典塑造带动工作循序渐进。通过柔性传播、情感传播、韧性传播带动孔子学院三位一体的文化传播。

第六章“吉尔吉斯斯坦奥什国立大学孔子学院文化传播实践”共分四部分。第一部分为“奥什国立大学孔子学院文化传播理念塑造”，主要介绍了奥什国立大学孔子学院的建设过程和发展现状，并阐述了奥什国立大学孔子学院发展的核心理念：“仁爱至善”“情感交融”“文化互动”“传承发展”。第二部分为“奥什国立大学孔子学院情感传播轨迹”，论证“情感传播”奠定发展基础：“家访”制度搭建了中吉两国民间文化交流的桥梁，“情感交融”凸显奥什国立大学孔子学院内涵建设，“仁爱”基金传递正能量；阐述了语言教学与文化实践凸显文化互动。第三部分为“构建研究型孔子学院的探索”，简要叙述了吉尔吉斯斯坦研究型孔子学院的建设现状，并提出了研究型孔子学院建设内容和建设目标。第四部分为“打造奥什孔子学院文化传播绩效评估体系”，推出了“家访”制度效果评估体系：“家访”制度效果评估的目标、指标体系、操作体系；推出了情感传播效果评估体系：情感传播效果评估的目标、指标体系、操作体系。

第七章“吉尔吉斯斯坦国立民族大学孔子学院文化传播实践”共分六部分。第一部分为“吉民大孔子学院文化传播新动向”，梳理了汉语在吉尔吉斯斯坦兴起的原因和汉语教学在吉尔吉斯斯坦的发展轨迹，并对吉尔吉斯国立民族大学孔子学院汉语教育的研究方法和发展模式做了阐述。第二部分为“吉民大孔子学院文化传播师资保障”，主要从师资的整体分布、教学工作开展状况、师资培训、考核与评估、当前存在的问题及深层成因分析等方面展开论述。第三部分为“吉民大孔子学院文化传播新实践”，主要对孔子学院所属教学点汉语教材使用，尤其是对孔子学院教学点中小学汉语教材使用情况做出概述和分析。第四部分为“吉民大孔子学院汉语水平考试突破瓶颈”，主要对吉尔吉斯斯坦汉语水平考试发展、吉民大孔院汉语水平考试发展做出概述，并阐释了吉民大孔院汉语水平考试存在主要问题及对策。第五部分为“吉民大孔子学院孔子课堂文化传播新探究”，主要介绍了吉尔吉斯国立民族大学孔子学院孔子课堂现状，并对中亚孔子课堂质量评估标准展开研究。第六部分为“创建中亚孔子学院综合文化交流平台新实践”，此部分提出中亚孔子学院开展文化传播和交流的必要性和可能性，文化综合平台建设的着眼点与着力点，并归纳出孔子学院开展文化传播的典型经验。

（二）基本思路和方法

本书以中亚孔子学院中华文化传播为母题，以文化传播学、跨文化心理学、文化社会心理学、跨文化交际学、跨文化形象学、国际关系、社会文化学等相关学科理论为基础，采用综合性的研究方法，重点阐释在国际理解背景下，孔子学院文化传播方式的创新、中亚孔子学院中华文化传播的战略态势、优选方向和相关内容传播，并重点推介了三所中亚孔子学院文化传播典型案例，力求为中华文化走出去，塑造中国形象，提升中国文化软实力服务，努力营造客观友善的国际舆论环境。

本书将采用以定性研究为主，定性与定量研究相结合的方法。注重定性分析，整体历史地研究和价值介入，也注重实证的科学的定量研究。通过文献研究法获得一些概念性认识，通过调查研究法获得一些量化资料，在质与量的统一中，获得较为全面的反映中亚孔子学院中华文化传播的调研资料。

四、对外文化传播的主要观点

中华文化如何走出去，中华文化如何对外传播，包括孔子学院文化传播的理论与实践问题，一直都是我国对外传播机构乃至学术界“千万次的问”。虽然这道命题阔大、艰深而复杂难解，智者见智，仁者见仁，但某些“解题方案”则可列入“负面清单”：即“三单”（单主体、单向度、单声道）式的，“以我为主”的，强势宣传等传统的思维和方式，已不合时宜，亦不被当前国际传播公理和国际文化交流规则所接受。[①]在中华文化走出去的理念上，要实现“单主体”向“双主体”的转变；在中华文化走出去的话语上，实现由“硬传播”到“软交流”的转变；在中华文化走出去的内容取向上，实现由语言“搅拌机”至文化、情感“搅拌机”的转变。

（一）走出去理念：实现“单主体”向“双主体”的转变

文化走出去需有科学的顶层设计、适当的交往理念和有效的传播方式。文化走出去走出了国门，已置身于国际的背景下，那种以国内视野思考世界问题和文化走出去的尺度，具有明显的局限性，我们要具有全球视野和大国心态。文化走出去不可能是“三单”（单主体、单向度、单声道）式的我宣传、我传播，你接受、你听命；这样的唯我独尊心态，不仅文化走不出去，还可能会使“中国威胁论”沉渣泛起。理想的走出去理念，须打破传统的“以我为主”的唯我论思维和单向、单声道传播定式，实现由“单主体”向“双主体”的转变。也即是说，我是主体，对方也是主体，交往的双方皆为交流主体。不能把交往对象当作客体或他者看待。文化是互

① 李建军，刘会强，刘娟. 强势传播与柔性传播：对外传播的新向度[J]. 东北师大学报（哲学社会科学版），2014（03）：190-195.

动的，即便是一方的文化走出去，也须在共同交往、理解尊重和互利共赢的基础上进行，那种一厢情愿地靠强势推广和单向宣传、传播的方式，往往欲速则不达，甚至会遇到对象国的猛烈抵制，这样不仅自己的文化走不进去，两国的政治互信同样会受到影响。中华文化走出去，必须实现由“单主体”向“双主体”（主体间性）的转变。① 在这一实践过程中，还应在观念上实现两个梯度的转变：一是由宣传理念到传播理念的转变；二是由传播理念再到交流理念的转向。

1. 由宣传理念到传播理念的转变

传播与文化一样，皆为最难下定义的几个词之一，关于传播概念的界定和表述，不论是本质主义的，抑或是关于话语的研究，已有近200种。公共传播具有双向性、共享性、快速性、广泛性的特点。在人类社会，传播是无处不在的。传播是学术话语，是指社会信息的传递或社会信息系统的运行。传播是一个持续不断的合作建构意义的过程，也是一个动态多变的编码和解码的过程。约翰·斯图尔特（John Stewart）提出，人类生存于“意义的世界”中，这个世界至少由六种成分构成：时间、空间、自然规律、关系、文化和工作。它们全是经由传播而得，经由传播而建构，经由传播而修改，经由传播而成形。②

宣传在中国是个正向的常用词。“宣”具有公开说出来，传播、散布出去的意思。按照《现代汉语词典》（第七版）的解释，“宣传”作为动词是指“对群众说明讲解，使群众相信并跟着行动”，凸显倾向性和目的性的特点。与宣传相关的词语和词组搭配层出不穷：宣传部、宣传单、宣传栏、宣传画、宣传册、宣传片、宣传海报，等等。宣传是个外来词，但由于受“魔弹论”以及冷战时美苏双方利用宣传机器大肆攻讦的影响，宣传的词性被丑化和妖魔化，目前在国际学术界则成为一个政治脉络明显的话语，具有“洗脑”的色彩或精神控制的负面意义指向。在对外交往中，用宣传这个具有不同含义和色彩的词，当然会陡增交往的不必要误会和交往障碍，不利于合作共赢和理解互信。因此，为增强交往效果或促进文化走出去，用国际上广泛认可的学术话语——“传播”，更切实际，亦较为理想。

① 李建军. 实现中国语言文化传播的六大转变[J]. 中南民族大学学报，2014（6）：43-46.
② John Stewart. *Bridges Not Walls*. New York: McGraw-Hill, 1999: 21.

从传播学与宣传学的关系而论，虽然宣传学的诞生早于传播学，但传播学却以极强的生命力开疆拓土，后来居上，涵盖了整个“第二自然”的信息传播现象，使宣传学归于自己的麾下，作为传播学其中的一个研究范畴或二级结构而存在。宣传学强调意识形态的重要性和对人的灌输、鼓动和劝服功能。从两者的学科范畴比较来看，传播学的视野更为广泛，更富有学术张力。

2. 由传播理念到交流理念的转向

由宣传理念到传播理念的转变是文化走出去的一个境界，我国目前还处在这样的一种转轨之中；从由文化传播理念再到文化交流理念的转向则是文化走出去的更高境界，我国要实现对国际传播理念的跨越，向文化（人文）交流的方向大步迈进。

文化传播是文化传通、文化撒播、文化交流、文化合作、文化对话、文化交往等的统称。根据文化专家桂翔的解释，从概念的外延方面，文化传播外延最大，涵盖了文化交往和文化交流，文化交往和文化交流可谓是文化双向交流的一种形式；而文化交往又包含文化交流，文化交流仅仅是一切文化往来的一种方式。文化交往与文化交流的区别还在于：一是文化交往涉及民族之间，包括物质文化、制度文化和精神文化在内的文化往来，包括自觉和非自觉的文化往来，而文化交流一般主要是指狭义的文化交往活动，即观念和精神层面文化的交往和有意识的、自觉的文化交往行为。二是文化交流一般指文化主体和平、平等的文化交往，而文化交往包括了非和平和不平等的文化交往，如战争、征服甚至殖民活动等形式。在日常语境下，文化交流更多地或者说主要目的是通过精神产品来展现一个国家或民族的文化，通过交流来促进民族之间精神（主要是价值观）的了解和理解。根据文化信息流动的结构性三层次递进规律：器物文化→制度文化→精神文化，文化交流是文化信息流动的高层次。① 虽然桂翔大致对文化交往和文化交流做了一个切分，但笔者认为文化交流更多的是一种文化互动，既包括器物文化的互鉴互动，也包括制度文化和精神文化的正向互动，隐藏在文化冰山下的那部分“潜文化”更是文化交流的主题和价值所在。

---

① 桂翔. 文化交往论[M]. 北京：人民出版社，2011：43-46.

强化文化的传播理念，并非是最为现实与理想的选择。一是根据普通语义学研究者早川一荣的观点，语言是抽象的，而实际是具体的。语言的抽绎程度越高，它与具体实际的依存关系就越间接。文化交流→文化交往→文化传播是由低到高的“抽绎阶梯”，“抽绎阶梯”层级愈高，语言就越抽象，就越容易引起误解。[①]从普通语义学的角度来看，用文化传播这样的高抽象词并非是上佳的选择。二是由于传播具有“通信、通知、信息、书信；传达、传授、传播、传染；交通、联络；共同、共享”等诸多义项，所以迄今仍没有让人信服的具有普遍认同的定义，这在理论和实践中会因其“多义性”而带来理解的偏差和行动的失当。三是传播是“communication”的汉译词，其英语本身就具有双向的互动，而汉语中的传与播皆为单向传递的意思，由于词义不对等，实际上“communication”与汉译的传播属于包含与被包含的关系，这样就会对“communication”的真实理解大打折扣。这种汉译的缺憾既造成简单的望文生义，也体现在以“我”为主传播，单向、强势传播和推广等传播方式上。四是传播作为一种话语研究，传播是权力，传播是控制，是丹尼斯·朗所言的“武力、操纵与说服”[②]三种权力的一种，“说服”代表传播权，是思想控制的同义语。这种传播隐藏着看不见的权力控制，这种传播是经过议程设置的，传播出来是一种“拟态环境”，这样的传播理念同样会对文化走出去造成负面影响。

综上所述，介于宣传词性色彩的差异性和传播概念界定的不一致性等所带来的缺憾，在文化走出去过程中，按照“奥卡姆剃刀定律”的简洁原则，应把概念清晰、辨识度高、充满正能量的文化交流推向前台。虽然交流是传播的一个分支，也不能等同于传播，但却是传播中正向、正能量（互动与共享）的表征，就像文化中的文明一样，是传播中的褒义词，在国际和对外交往中易于被对象国认可和接受。当然，使用交流一词不仅仅是词语意义的转变，更是文化走出去主体的思维方式、交往方式和价值取向的转变。

① 索燕华，纪秀生. 传播语言学[M]. 北京：北京师范大学出版社，2010：99-100.
② [美]丹尼斯·朗. 权力论[M]. 陆震纶，郑明哲，译. 北京：中国社会科学出版社，2001.

（二）走出去话语：实现由“硬传播”到“软交流”的转变

“我们是来宣传中华文化的”“我们是来传播中华文化的”，这样强势的“以我为主”的话语，就像我们要建立对外“桥头堡”和前沿阵地一样，无疑会引起对象国的警觉。如果在语言和象征符号上经常体现强权和居高临下的言语，在认知上把对象国看成小国弱国，看作交流的客体、他者，而不是主体，这样不但文化走不出去，而且还为“中国威胁论”制造口实。而“我们是来进行文化交流的”则会以话语中“双主体”的对等性、公平性博得对象国的青睐与尊重。不能赢得对方尊重的传播是无效的传播，不能赢得对方尊重的传播是需要反思的传播。赢得对方尊重和接受的传播是高层次的传播，是文化交流的理想境界。在理念上，实现由宣传到传播再到交流的转变是一个艰巨的任务，僵化的封闭的思维定式需要变化、变革、创新，需要转向、转轨、超越。

1. 超越唯我的强势话语

为了凸显中华文化软实力和影响力，中国需要建构具有中国特色、中国风格、中国气派的话语体系，但这种话语体系不能仅仅是唯我的、“只赢不输”、“只进不退”的，而且应该是利他的、“有赢有输”、“有进有退”的，中华文化走出去同样如此。

文化是互动的，不是只为单向传播和“赢者通吃”。频频把传播中华文化挂在口头上、写入报刊上，就会变成唯我的地方性话语，融入不到国际的背景之中。这种话语和心态拿到国际上，放到对象国去说，其直白的目的性恐怕会惹大的麻烦。一个国家不可能、也决不允许另一个国家这样生猛地或长驱直入地传播他的文化的，就连法国这样西方发达国家面对美国文化的强势推进，也连连发出“文化例外”，予以抵制。对象国可以使用我们的物质生活产品，可要消费我们的文化或精神产品，其受欢迎程度则显著降低。

以柔克刚、换位思考不失为一种有效交流的路向。人们总习惯作为一个“演讲者”的角色出现，但我们如果把自己摆在一个“倾听者”位置上，这样文化走出去可能就大有希望了。自觉地、主动地去倾听是一种态度，是一种理念，也是一种高端的交往艺术和交流定力。这种放下身段的态度有利于与对方进行友好的沟通，这种利他的理念有利于先声夺人，这种善解人意的品质本身就是一种定力。

交往是一门艺术。软性交流比硬性传播更有效。就像“中国是否援助目前因制裁而面临危机的俄罗斯”所引发的争论那样，中国想直接援助恐怕是一厢情愿。正如冯玉军所说，“俄罗斯是一个拥有强烈民族自尊心的国家，也是一个拥有300多年大国外交传统的国家。即使真面临困难、需求援助，它也决不会直接伸手，而是会以委婉的方式、找到一些令施援者心动的理由来寻求合作，结果往往让人感觉到不是你帮了他，而是他帮了你。”①要在合作中巩固亲近感，不以施舍者或“救世主”的心态去助人，这不啻是好的交往方式。

2. 以柔性话语力促国际理解

合作共赢是国与国关系的核心。语言走出去做得风风火火，出版走出去已经开始有了经验，文化艺术走出去已经有了规模，广播电视走出去已经开始全球布局，相比之下中国学术走出去最为薄弱。从文化传播学的角度看，这是很正常的，因为，思想和学术是文化的最高形态，它的传播和接受的程度代表着这种文化传播的最高指标。②

2011年9月13日，某国家女性报曾以整版篇幅图文并茂地报道了中国人吃胎盘的情况，照片有虚构和伪造的成分，对其分析也牵强附会，随意曲解。“中国人吃胎盘”是不是事实迄今还无从考证，不能因主观臆测之事则断定“为什么中国政府不禁止这种恶劣行为？”构建良好的中国形象，不一定非要用大批判的语言去回击“中国人吃胎盘”这样的报道，柔性话语本身亦有以柔克刚的力量。

让外国人理解中国人会有一个较长的过程，操之过急当然于事无补。实际上，随着中国国力的增强和持续对外开放，只要中国坚持和谐世界的理念，站在道义的高地上与各国友好共处，互利共赢，以理想、正面、合意的国家形象展示自己，中国也将会愈来愈被世界所理解、所善待。2014年3月19日，麦家的小说《解密》的英译本在美、英等21个英语国家推出。上市第一天，《解密》打破中国作家在海外销售最好成绩，冲破英国亚

① 冯玉军. 专家：中国人总想拯救别国 勿忘援助朝鲜越南后果[N]. 环球时报，2014-12-29.
② 张西平. 中国文化走出去年度研究报告（2012卷）[M]. 郑州：大象出版社，2012：22.

马逊 10000 名大关，排名 6102 位，同一时间位居第二的中国作家排名是 49502 位。企鹅兰登董事局主席马金森先生亲赴杭州，给麦家送书赠画，表示祝贺。《解密》还被收进“企鹅经典”文库，麦家成为继鲁迅、钱锺书之后被收进该文库的中国当代作家第一人。[①]《解密》被《经济学人》评为 2014 年年度优秀英文小说之一，选择它是因为“终于有一本不需要欧美读者对中国有特别了解就能读懂的中国作家作品”。

3. 话语是一种责任担当

福柯认为权力是无处不在的，包括话语亦隐含着一种权力。中华文化走出去主打的是一种柔性话语，也是一种权力，但这种权力是平等共生的权力，既不是谁俯视谁的权力，也不是谁仰视谁的权力；这种话语更应当作一种权利，既意味着利益共享，也意味着责任担当。就像中国提出的“一带一路”倡议那样，坚守的是和平、发展、合作、共赢的主题，坚持的是共商、共建、共享的原则，弘扬的是“和平合作、开放包容、互学互鉴、互利共赢”的丝绸之路精神，以促进政策沟通、设施联通、贸易畅通、资金融通、民心相通，打造政治互信、经济融合、文化包容的利益共同体、命运共同体和责任共同体，使人文交流更加广泛深入，不同文明互鉴共荣，各国人民相知相交、和平友好。“一带一路”是一种倡导性的话语，它更意味着一种时代使命和责任担当。

真正的文化交流，不是像打一场战役那样的尽快决胜负，不是像明天就要培养出 500 名文化交流大师那样急功近利，而是一个循序持久、健康发展的过程，追求的是一种精神品格和境界。[②] 这正是目前国内所倡导的，以优秀的传统文化为滋养，力推中国特色、中国气派、中国风格、中国精神的文化交流。老子《道德经》第四十一章曰：“上士闻道，勤而行之；中士闻道，若存若亡；下士闻道，大笑之。不笑，不足以为道。故建言有之：明道若昧，进道若退，夷道若颣；上德若谷，大白若辱，广德若不足，建德若偷，质真芳渝；大方无隅，大器晚成，大音希声，大象无形。道隐无名。夫唯道，善贷且成。”老子以大白若辱、大方无隅、大器晚成、大音希声、大象无形五种现象来说明道的无为境界，即最白的好像污浊，最方正

① 蔡震. 麦家《解密》英译本打破中国作家海外销售成绩[N]. 扬子晚报，2014-03-20.
② 李建军. 中国传统文化现代转型的战略构建[J]. 江西社会科学，2013（6）：233-239.

的没有棱角，最大的器具最后完成，最好的音乐没有声音，最好的形象没有形象，彰显了自然辩证法和美的至高境界，亦说明任何事物不是孤立的，而是变化的、相伴共生的，有形的至高境界即是无形，有声的最高境界即是无声，“玄之又玄，众妙之门”。从老子的《道德经》中可感悟到：有时在不利的交往中能做到心平气和就是一种境界。文化交往的精髓不在于手法的强势和覆盖面的大而全，而在于方式的柔性（软交往）和执行时韧性和精细，只有这样才能达至春风化雨、润物无声的理想境界。①

（三）走出去内容取向：由语言“搅拌机”至文化、情感“搅拌机”

王岳川谈道，现在有些观念很流行：请外国人吃几个饺子就是保留和传播了中国文化，用汉语分析某个西方哲学的词语就是把握住了哲学的精髓，刊物出个英文版就是走出了国门，在国外发篇文章就是国际影响，等等。我们模仿西方付出了很多，也相当成功，但不能永远模仿下去。

1.“搅拌”是在传递真善美

正因为我们对世界了解还不深，与许多国家的文化交流还多是初步的、浅表化、碎片化的，资源整合还不够，所以我们才集聚了交往的勇气和信心；正因为我们与世界的交流手段还是单一、单向、单调的，所以我们才产生语言的、文化的、情感的都拿出去“搅拌”的气魄和品格。

语言总是最先走出去。语言的“搅拌”，是语言文字为载体的文化走出去，是工具型的、基础型的文化交流方式。而文化的“搅拌”则具有更富弹性的意义域，既可是器物文化层面的“搅拌”，亦可为制度和精神层面的“搅拌”；情感“搅拌”属于精神文化的“搅拌”，属于心态文化层，由价值观念、思维方式、审美情趣等构成，可细分为社会心理和社会意识形态两个层次，是文化的最隐形和柔软的部分。社会心理包括人们的要求、愿望、情绪，以及人类普遍存在的情感等。情感“搅拌”是诸多“搅拌”形式中位居顶层的“搅拌”，是“搅拌”层级的高端。我们这里所说的文化“搅拌”是指彼此优秀的、充满正能量的文化间的“搅拌”；这里所说的情

① 李建军. 中国与中亚的文化交流力的建构[J]. 中南民族大学学报，2013（1）：81-84.

感“搅拌”特指正向的、积极的情感“搅拌”。

孔子学院是中国文化走出去“搅拌”的中坚力量，是中国传递真善美、和合文化、和谐世界的主要孔道。孔子学院仅仅用了十余年的时间，就跨越了欧美对外语言机构上百年的路。[①]孔子学院是语言的“搅拌机”，是文化“搅拌机”，更是情感的“搅拌机”。孔子学院不是在一味模仿法语联盟、英国文化协会、塞万提斯学院、歌德学院等西方语言传播机构的运行方式，把非政府组织作为国家输出自己的价值观念、从事文化外交的“主力军”，而是把孔子学院当作能承载和谐精神的容器，挚爱情感的“搅拌机”；传递着友爱，传递着真诚，传递着信任，传递着人类的美好。孔子学院是个“搅拌机”，“搅拌”的主体既包括孔子学院、孔子课堂的中方教师，也包括对象国的师生，“搅拌”的目的不是为了中国的文化输出和价值观的传播，而是为了双方文化的交流、文化的理解、文化的增色和文化的提升，是把大爱和真情“搅拌”在一起，是把理解和尊重“搅拌”在一起，是把合作与共赢“搅拌”在一起，是把安邻、睦邻、友邻“搅拌”在一起，是把塑造世界共生共荣的理念“搅拌”在一起。

2. 用真诚真情传递中国故事

马克思有句名言：“你们赞美大自然令人赏心悦目的千姿百态和无穷无尽的丰富宝藏，你们并不要求玫瑰花散发出和紫罗兰一样的芳香，但你们为什么却要求世界上最丰富的东西——精神只能有一种存在形式呢？”这位唯物史观的创始人，以极为形象化的语言表达了对客观世界多样性和文化多样性的看法。的确，“我们的世界大得足以容纳许多真理”。当今世界，经济越来越呈现一体化的趋势，而文化却向多元化的方向发展，文化的园地像大自然一样本身应该是百花盛开的，而各国的文化因地理环境、风俗习惯、思维方式、民族性格、生活方式的不同，理应是五彩缤纷的。谁希望世界只有一种声音，谁希冀世界只有一种色彩，谁期盼世界只有一种味道，谁渴望人们只有一种表情。[②]中国与世界的人文交往是多元文化的交往，这种交往需要用真诚作为纽带，在交往对话中给对方一个会心的

① 李建军. 中华文化中亚传播的战略态势和优选方向[J]. 当代传播，2013（4）：102-104.

② 焦若薇. 中国新疆主流媒体中亚传播受众需求研究[J]. 新疆师范大学学报（哲学社会科学版），2014（5）：110-116.

微笑便是一种享受和温暖，但不能仅仅是礼仪式的或职业性的，就像拟剧与文化情感理论所提到的演员与观众互动一样，是一种操纵和表面行为，仅仅是为了表达交往规则：通常邂逅时所“赔上的一张笑脸”。实际上，要在微笑中，感到你真的高兴和快乐，而不是装出来的，只有发自内心的微笑才能感染在场的每一个人，使温情得到有效的传播。当然物极必反，倘若在交往中你始终洋溢着的微笑或只是微笑，久而久之，同样会让人觉得单调、僵硬、乏味，因为只有一种表情的表情不是真表情。

有一位奥什国立大学孔子学院的中方教师讲述了这样的故事。“我和另一位志愿者一起从学校往吃饭的餐厅走，途中路过苏莱曼山下的小广场，我们正在聊天，突然一个小小的身影冲过来，并一下抱住了我的双腿，我低下头的瞬间看到了这世上最美最纯真的目光，听到了如同天籁的一句汉语：‘我爱你!’原来是前几天我们去家访时的学生艾迪力的小妹妹，只有七岁，穿着蓝色的毛衣，领子是白色的，头上编着可爱的小辫子，被问及是谁给她编的时，她眼光里闪着自豪，甜甜地说：‘是妈妈’——当场萌化了我的心。”

“在饭后聊天中，我抱着这个可爱的小妹妹，原本以为过一会儿她就会离开，谁知她一直静静地依偎着我，还抬头看着我，害羞地对我说了一句‘我爱你’！这让我既欣喜又惊讶，转身询问艾迪力，才知道原来他回家后也教妹妹们学汉语，艾迪力的妹妹对学汉语饶有兴趣。我转回头，对她说：‘我也爱你！’她笑得更甜了，我似乎听到了花开的声音！之后她直起身凑上我的脸颊，轻轻地亲了一下，那一瞬间我有了幸福爆棚的感觉！”

另一位老师讲述了一次家访的场景。“塔拉斯作为孔子学院二年级的学生，其在生活上较为积极乐观、乐于助人，在学习上同样刻苦努力，成绩优秀。塔拉斯家位于距离奥什国立大学孔子学院较远的贾拉拉巴德州的一个村庄里，我们中方几位孔子学院老师下午三点多出发，一起驱车三个多小时，天黑时才到达了塔拉斯家里，当我们迈出车门，迎接我们的是已恭候多时的塔拉斯的父母等一家人。”

“塔拉斯一家为我们备好了丰盛的晚餐。在餐桌上，我们还发现了中国的筷子，了解后才得知，这是塔拉斯的父母为了迎接我们的到来而专门驱车两个多小时买的。晚宴开始，由于事先了解到家访的日期恰逢塔拉斯爸爸的生日，因此作为孔子学院中国民族音乐老师的我提前准备了由民族乐器竹笛和唢呐演绎的生日快乐歌。我的一曲生日快乐歌响起，其他在座的所有人也应笛声而哼唱起来。歌曲结束，塔拉斯的爸爸在喜悦感动中与我们大家一起举杯畅饮，同时我们也被塔拉斯爸爸的真诚与热情所感动。在畅聊过程中，我们孔院老师还将所带的中国剪纸作品等小礼品赠送给了塔拉斯一家，塔拉斯一家又将他们为我们男老师准备的礼帽和女老师的围巾敬上，在互换礼品后，我又演奏了吉尔吉斯当地的几首民族歌曲，大家又跟随着音乐声跳起舞来，这种“零距离”的沟通，使我们与塔拉斯一家俨然成为一家人。”

对塔拉斯的家访，是一种互动仪式，唤醒了情感，增强了情感能量。家访造就了我们中方老师和塔拉斯一家人共同在场的情境，大家彼此关注和关心，对音乐艺术这一对象的共同关注和参与触发了节奏性同步。节奏性同步达到一定程度后，大家彼此愉悦，增强了互动中的共享心境和兴奋感，缩短了交流的心理距离，增强了跨情境的持久情感能量，使双方皆久久难以忘怀。

3. 在追求共识中发出中国声音

建立孔子学院是为了追求文化重叠共识。根据柯日布斯基（Alfred Habdank Korzybski）的普通语义学的非等同原理，世界没有各方面都完全等同的两个事物。正像世界上没有两片完全一样的树叶和雪花，也不可能有百分之百相同的共识，只有基本的、原则上的、大致相同的共识。应运用主体间性的原则，以共存互补、敬其所异为准则，谋求区域重叠共识。

西方建立对外语言机构皆有鲜明的目的性。他们不是为了与对象国进行对等的文化交流，而是为了凸显强化自己语言的优越性和强势地位，为了用自己的价值观救赎和拯救全人类。如 1943 年在“法语联盟”成立 60 周年之际，戴高乐将军的临时政府曾公开宣称，“我们和其他人之间精神和道德的自由碰撞使我们的文化得以传播，让所有人从中受益。组织这样的碰撞和交流，就是‘法语联盟’诞生的原因，也将是‘法语联盟’继续存在下去的原因。”[①]中国不能像西方国家那样进行赤裸裸的文化渗透，要秉

① 唐虹. 非政府组织和对外文化交流——以英国、法国和德国的经验为例[J]. 欧洲研究，2009（2）：51-53.

承和平、发展、合作、互鉴的和谐世界理念。在进行文化和情感“搅拌”的同时，也须理性、清晰、适度地发出中国话语和中国声音。中国人过去太重视外国人的声音了，难道我们的声音就不是声音？难道我们的声音真的无人倾听、无人喝彩？[①②] 可能由于语言障碍的关系，对象国现在还听不懂，也许因为文化背景的原因，他们仅仅理解只言片语，但是我们要明白，他们的确已经在关注我们的声音了，已开始在意我们的声音了。因为中国经济奇迹的创造绝不是昙花一现，孔子学院数量和学生数量十年几何级增长不是一个偶然，我们在经济越发自信的同时，不能依然文化自卑，看低自己的年代已经一去不复返了。[③] 在国际文化交流的大背景下，我们需要的不只是热情，也不只是倾听，更需要国际理解能力。

① 李建军. 新中国成立以来的新疆传统文化变迁[J]. 新疆师范大学学报（哲学社会科学版），2013（5）：69-77.

② 李建军. 20世纪上半叶新疆传统文化的流变[J]. 新疆师范大学学报，2014（5）：72-79.

③ 李建军. 论现代文化及新疆以现代文化为引领的依据[J]. 新疆师范大学学报（哲学社会科学版），2011（5）：18-25.

第二章 国际理解的视域与框架

早在欧洲与世界各大洲航道的开通和电报的使用之初，目光敏锐的马克思、恩格斯就意识到即将到来的世界交往的形成，并且以世界交往的新标准看待一个人真正的精神财富。马克思、恩格斯指出：一个人的“特性怎样发展为多方面的或是地方性的，他们超越地方的局限性还是仍然受地方局限性的拘束，……决定于世界交往的发展，决定于他和他所生活的地区在这种交往的地位”，最终“地域性的个人为世界历史性的、真正普遍的个人所代替”[①]。马克思、恩格斯在《共产党宣言》中也明确指出：“大工业建立了由美洲的发现所准备好的世界市场。世界市场使商业、航海业和陆路交通得到了巨大的发展。……过去那种地方的和民族的自给自足和闭关自守状态，被各民族的各方面的互相往来和各方面的互相依赖所代替了。物质的生产是如此，精神的生产也是如此。各民族的精神产品成了公共的财产。民族的片面性和局限性日益成为不可能，于是由许多种民族的和地方的文学形成了一种世界的文学。”过去的民族交往已经要过渡到世界交往的状态，过去的地方性知识也要上升为普遍性的共享知识，地方性的精神产品生产也要走向世界性的精神产品生产。[②]

美国天普大学利奥纳德·斯维德乐教授也曾断言，当今世界已进入一个全球意识觉醒的新阶段，“独白时代”结束了，“对话时代”来临了。在和平、发展、合作成为时代主题的今天，世界仍然很不太平。霸权主义和强权政治在国际政治、经济和安全领域中依然存在，并有新的发展；因种族、宗教、领土等问题引起的地区冲突此起彼伏，国际反恐斗争形势依然严峻。在不稳定、不确定因素明显增加的国际形势中，各国更应该摈弃误

① 陈力丹. 精神交往论：马克思恩格斯的传播观[M]. 北京：中国人民大学出版社，2008：32-33.

② 马克思，恩格斯. 共产党宣言（汉译纪念版）[M]. 陈望道，华岗，乔冠华，博古，陈瘦石，等译. 北京：中华书局，2011：20-30.

读和对抗，加强交流与合作，高扬国际理解的旗帜。

在科学技术不断深入发展的当下，世界已进入大数据库和移动互联网的时代，日益成为一个地球村，这个地球村不是麦克卢汉所设想的世界文化一体化那样的村落，而是异质文化复杂交织的村庄，交往已变得不可避免，要在这个全球村落中更好地生活和相处，离不开国际理解。

中国学者程亚文、王义桅在《天命：一个新领导型国家的诞生》中提出：世界和中国皆在回归其常规状态，中国命中注定要成为领导型国家。要从注重经济发展的“中国速度”，转向注重文明创新的“中国高度”，在此过程中重建国际理想主义，达成中国问题与世界问题的互解，实现“中国梦”与“世界梦”的融通。在当下，国际理解对中国、对世界皆显得尤为重要。

一、国际理解的内涵、特点及原则

（一）国际理解的定义

笔者曾在 1988 年上大学时，在新疆大学校报发表一篇名为《理解啊理解》的文章，文中写道：“理解是心的花丛，它是花与花之间的共振和默契，它需要真诚的水浇灌。唯有真诚，心花才不会凋谢，失去真诚，心花顷刻便会枯萎。理解是团火，可以温暖那受伤的心；理解是熨斗，可以熨平那发皱的感情；理解是透视镜，可以显影那卑琐的灵魂。”“记得苏叔阳的小说《流星》里的肖绮芬说过，被人理解是一种幸福。让我们好好补补理解这门必修课吧。”这是包含情感、散文诗化对理解的理解。

按照《现代汉语词典》（第七版）对“理解”的解释，理解就是懂和了解的意思。根据《辞海》的定义，理解是指“应用已有知识揭露事物之间的联系而认识新事物的过程”。《现代汉语词典》中的“理解”强调了事物间联系的结果；《辞海》的“理解”侧重于事物间内在或外在联系的过程。

我们是从古今和中外两个向度去构建国际理解的时代坐标系的，理解古今可以准确把握自身所处的历史方位，知晓中外能够在比较中取长补短，清醒地认知自己，从而更好地面向未来。单一的向度会造成眼界的局限，是不易寻到自己的时空落脚点、起点和超越点的，唯有两个向度的相交才能清晰地找到国际理解的原点、趋势和运行的轨迹。

国际理解是在国别之间或区域性国家之间所共同享有的普遍性价值的理解或对彼此差异性的认可和接受。这种理解从向度来看不是单向的主动理解和被动理解，而是一个双向的互通过程；这种理解从范围尺度来看，它不是国内各个族群和群体间的理解，而是国与国之间或区域性的理解；这种理解从思维视角来看，是开放的和多层面的；这种理解从价值取向来看，是多元的。

世界理解也称之为超国际理解或全球理解，是在全球范围和世界各国同步意义上具有共享价值的理解，是全球世界观和价值观的体现。这种理解不是地方性知识，而是具有普遍性意义和全球价值的。世界理解不是对西方所标榜的西方普世价值作为全球价值范式的认同和理解，而是融合东西方文明成果根基上的全球和人类价值的理解。对价值理解的内容和取向日益向无差别化或无差别化很小的方向迈进。

按照西方跨文化相关理论的一般认知，两个不同的人可以产生跨文化的现象。从这层意义上理解，跨文化可以是跨国的，但不等于是跨民族的；跨文化现象既可以在国内各个民族之间产生，亦可在国家之间产生。只要有不相同的文化，就易于发生跨文化现象。那么同理，跨文化理解既可是国内各个民族、各个群体之间的理解，亦可以是国与国之间、国与国人民之间的相互理解。

综上所述，从理解层级表述，国际理解是高于国内理解的高层次理解，理解的主体范围是国别间的和区域性的；世界理解是高于国际理解的最高层次的理解，理解的主体范围是各个国家之间的，全球性的，如果理解的层级图是一个三角形的话，那么世界理解就居于金字塔的塔尖（见图 1-1）；跨文化理解是介于国内理解和国际理解的交叉理解，这种理解既可是国内的，亦可是国家之间、区域之间的。从理解的范畴上表达，国内理解包含于国际理解，世界理解包含国际理解（见图 1-2），国内理解、国际理解、世界理解不仅是层级递进关系，也是包含与被包含的关系。跨文化理解与国内理解和国际理解有交叉关系。（见图 1-3）

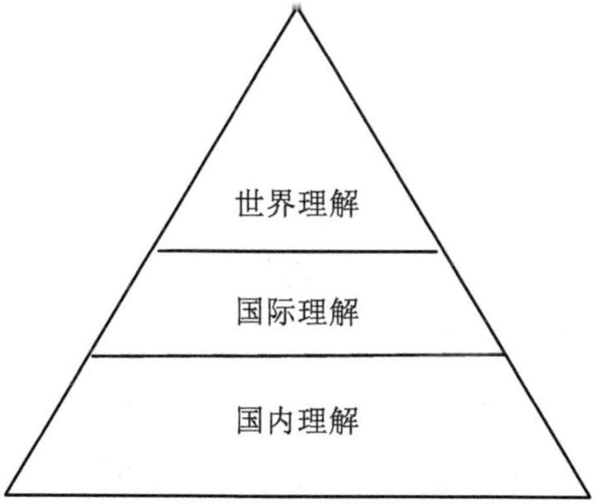

图 1-1　理解层级图

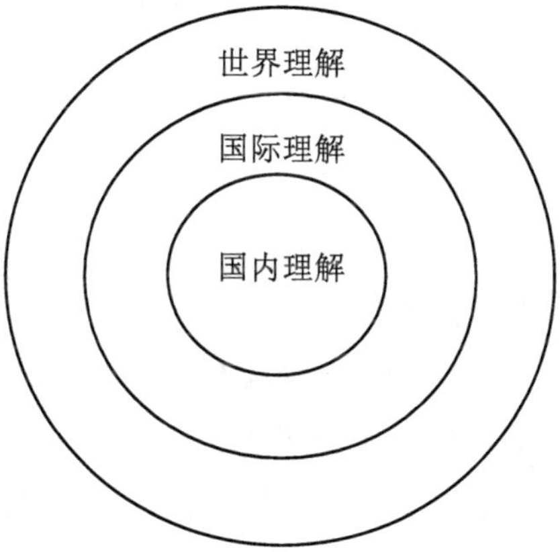

图 1-2　理解范畴图

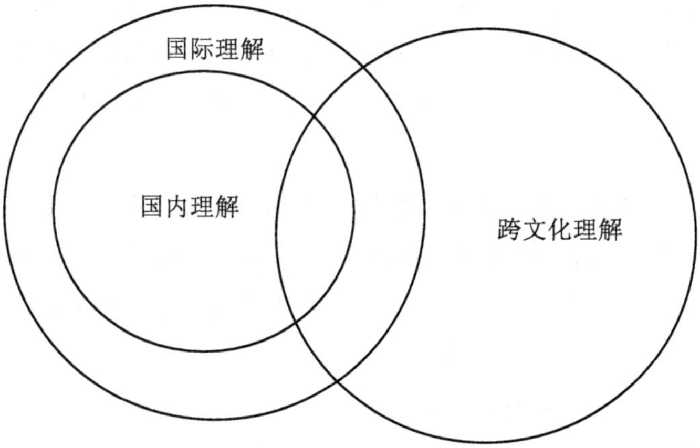

图 1-3　跨文化理解关系示意图

国际理解是一种跨国界的、开放的、主动的、包容的、理性的、和谐的思维方式和交往方式。它不是单向的或单声道的让世界去理解中国，而是双向的、多向的或多声道的，既让中国理解世界，又让世界理解中国。正如《孔子学院章程》所言，孔子学院不仅要增进世界各国（地区）人民对中国语言文化的了解，而且要加强中国与世界各国教育文化交流合作，在双向、多向互动中发展中国与外国的友好关系，促进世界多元文化发展。国际理解是以平等、尊重、信任为基础的，它不是一方一味地妥协和退让，毫无原则的委曲求全；更不是一方对另一方的压制与降服。对于孔子学院而言，强调的是国家利益、孔院发展、师生成长的一致性与互动性。

（二）国际理解的特点

1. 开放性

与文明一样，国际理解也是人类社会发展到高级阶段后的产物和诉求。人类在很长时间内，由于科技的落后、交通工具和地理环境的制约，是非常封闭的。《道德经》中的“邻国相望，鸡犬之声相闻，民至老死不相往来”，便描绘了老子眼中的理想愿景：邻国彼此可以相望，可以听见鸡狗的叫声，但两国人民最好一直到老死都互不往来。这样的封闭社会是不可能产生国际理解的。确切地说，人类也只有进入到工业化和后工业社会后才会有国际理解的合理呼吁和切实施展的空间和土壤。虽然人类已进入21世纪，但世界仍不太平，霸权主义、强权政治、极端主义和狭隘的民族主义等还大行其道，追求开放式的国际理解仍然任重道远。孔子学院应从对外交流话语的封闭性走向视域的开放性，以推动国际理解。

2. 包容性

摒弃“以我为主”的单向思维和中华文化强势推广的心态，树立包容的心态，建构新的价值取向、研究视域和方法，以公平、公正、客观和换位思考的方式去看待中亚和孔子学院发生和发展的各种问题，学会双主体（主体间性）互动，学会超前思考，学会本土化立足，注重国别化研究，力求对目的国国情民意有深入的了解和洞见，以提高中亚和孔子学院研究的针对性和可行性，使中华文化能积极稳妥地走出去、走进去、走上去；同时，用国际理解这样的思维和方式去阐述中国立场、发出中国声音，去塑造中国形象，争取中国话语权。从“理解万岁”“被人理解是一种幸福”中可以看出人类对理解的诉求和愿景，倘若总是被动地、盲目地希望别人理解自己，而不去主动地、自觉地去理解别人，那么这种理解可能就不会发生或仅仅停留在理论研究层面上。

习近平强调：“文明是多彩的，人类文明因多样才有交流互鉴的价值。……文明是平等的，人类文明因平等才有交流互鉴的前提。……文明是包容的，人类文明因包容才有交流互鉴的动力。”文明因交流而多彩，文明因互鉴而丰富，文明因理解而倾心，文明因包容而交融。理解使世界更出彩，包容使世界更美好。

3. 共生性

国际理解不是单向的，或仅仅是被动的，也不是错解、曲解和胡解；国际理解是相互的了解和懂得，是相互的文化认知、互补、借鉴、共赢与共生。国际理解不是为文化霸权主义立威，而恰恰是为文化多样性聚气，为了文化的共栖、共生。互惠、公正、共同向善是完整人类生活的关键特征，也是有效国际理解的“互鉴链接”。叶芝说过一句话：“人们在与别人的争吵中发明了辩术，在与自己争吵中创造了诗。”没有互动的主观体验和共同的情感，也就不会有真知灼见和深入的理解。

莫言讲过这样的故事：“在前几天的汉学家座谈会上，我跟来自哈萨克斯坦自然科学院的院士克拉拉女士坐在一起。她跟我讲，她现在下乡去，看到公路两边的很多农田荒芜了，看到草原上没有成群的牛羊，她心里很难过。因为很多年轻人都进城了。她为她的国家目前的状况深深担忧。我对她说，实际上你们国家存在的现象最近几十年来在中国普遍存在，直到现在依然存在。正是因为你所在国家也存在着跟中国类似的现象，所以你对中国进行研究的时候就可以推己度人，以中国的老话就是以‘自心比人心’，这样可以对研究的对象有一种尊重的态度、理解的态度，因为大家都差不多，无论哪种社会制度下、哪个国家的人，基本感情还是相通的。我想这也是我们的文学艺术或者其他艺术具有世界性的最深层的原因。”①

人类的感情是相通的，人类的文化也是相通的。我们在寻求人类像海德格尔所说的那样“诗意的栖息”（共栖）的过程中，实际上亦在更为积极地渴望文化的共生。因为“‘共栖’是一种只进行部分性学会交流的接触形态，而‘共生’则形成于各种文化拆除界限之时。总而言之，‘共栖’为一种被限制于接触点上的异质间共存，而‘共生’却是地球规模的共存。”②

---

① 孔子学院：怎样讲好中国故事？[N]. 光明日报，2013-12-18.

② [日]平野健一郎. 国际文化论[M]. 张启雄，冯青，周兆良，黄东兰，译. 北京：中国大百科全书出版社，2011：180-181.

（三）国际理解的通用原则

1.“双主体”原则

跨文化传播学的奠基人爱德华·霍尔在多年的研究中笃信，真正难理解的不是外域文化，而恰恰是自己的文化。“研究异域文化所能得到的不过是象征性的理解，研究的终极目的是更好地了解自己的文化系统的运行机制。接触外国文化最重要的理由是激发自己的活力和意识，以及对生活的兴趣；只有体验到文化的强烈对比和差异后，这样的兴趣才会产生。”① 国际文化的交流、理解、合作、互信、共赢固然是渠道和平台，但有一个逻辑前提，“我”不能成为客体，一切考量要维护自己国家和人民的利益。

文化如何对外传播，关乎国家和人民的利益，必须服从服务于党和国家的大局。中华文化传播要以对外文化工作“四个服务”为基本原则，即“对外要服务于国家对外工作大局，服务于提升中华文化国际影响力；对内服务于祖国统一大业和全面建设小康社会”。不同民族的文化既有特殊性又有普遍性，是个性和共性的统一。文化的个性、特殊性决定着文化交流的必要性；文化的共性、普遍性提供了文化交流的可能性。博采各国文化之长，凡是对“我”有“用”的，我们就应该努力去做，而且做好，做成功；凡是对“我”无“用”的，特别是对“我”有“害”的，我们就不去做，并抵制斗争。②

坚持走出去和引进来并重，以弘扬中华文化为主线，借鉴吸收人类优秀文明成果；坚持文化交流与文化贸易并举，始终把对外文化交流的社会效益放在首位，不断繁荣国内国际文化市场。在文化传播过程中综合考虑各种战略及其利益的要求，包括国家发展战略、安全战略、外交战略、经济战略、能源战略、社会发展战略、生态战略、周边政策、大国关系，等等。中国在中亚地区的合作和利益的实现应是综合进行和有序推进的。文化传播和传播资源要相互衔接和通盘考虑。

建立中国新型文化体系和对外文化传播方略“必须立足现实、依托传

---

① 爱德华·霍尔．无声的语言[M]．何道宽，译．北京：北京大学出版社，2010：27．

② 李权时．以我为主 为我所用——论文化交流[EB/OL]．[2009-08-17]．world.people.com.cn/GB/1030/38182.

统的古今融合论，……兼取众长的中外互补说，创造转化充满活力的文化发展观。唯有如此，才能在现代化的历史条件下，真正找寻到当代中国文化的出路。这样才能做到传统与现代、中国与外国的辩证统一、双向互动，精英文化与大众文化的并行不悖、有机融合，科学文化与人文文化的交相渗透、比翼双飞，古典精神与现代意识的交相辉映、相辅相成。”[①] “双主体”原则不是单向的强势输出，也不是传统的东西原样照搬地拿出去，它是经过水滴石穿、大浪淘沙、不断砥砺后的新的观念和思想的分享和传通，就像王岳川教授所指明的：“输出，就是我有茅台酒，你有红酒，日本有青酒，相互品尝一下，而不拿出来就只有一种结果。”[②]同理，在中亚，我有茅台酒，你有伏特加（Ленина），不要管是哈萨克斯坦生产的，还是塔吉克斯坦或吉尔吉斯斯坦产的，皆可品味或豪饮一下，酒不可能只有一种味道，文化不可能只有一种文化。

2. 客观公正性原则

国际理解要秉持客观公正性原则，最大限度地减少理解主体的主观性和个人偏好，更不能以意识形态和种族划线。只要有人的存在，就会有理解的主观倾向性和片面性，就会造成误解和曲解。同样是反恐，巴黎的反恐西方媒体就叫好一片；而一谈到中国反恐，西方一些媒体即会带上“有色眼镜”，坚持双重标准，无端对中国说三到四，使理解走入误区和歧途，从而充满了偏见和谎言。国际理解要坚持公理和准则，这种标准不能只是西方标准，而应由全人类去共同制定及遵守。有了这样的共有尺度，就能够对理解的人和事去准确把握，能够透过现象，抓住本质；不随意增添自己的非理性的评论、判断、解释或推论，消解认知的偏向和偏好，换位思考，推己及人，客观面对，以确保国际理解的可信度和公正性。

“一切文化都你中有我，我中有你，是世界文化酒池的一部分，你说你是独家的绝密配方酿造的，你说你是纯粹原装打造的是绝无可能的。”这种对文化的国际性理解是较为客观的和经得起时间验证的。诸如对时代的描述：“这是一个物质过剩的时代，这是一个情感过剩的时代，这是一个知

---

① 李宗桂. 传统与现代之间——中国文化现代化的哲学省思[M]. 北京：北京师范大学出版社，2011：6.

② 秦晓. 当代中国问题：现代化还是现代性[M]. 北京：社会科学文献出版社，2009：98.

识过剩的时代，这是一个信息过剩的时代，这是一个聪明理智的时代，这是一个脚踏实地的时代。”这是话剧《恋爱的犀牛》中的一句台词，它对当今的世界给出了一个自己的观察视角。这句话没有廉价地赞美这个时代，也没有极端地憎恶这个时代，具有辩证的思维，对时代的把握较为准确和贴切；这种客观的认知，则容易被不同国家和不同职业的人所理解。

3. 互动共享性原则

互动共享性原则，亦称之为交互原则。霍曼斯指出，人与人间的交往，本质上是一个社会交换过程，它不仅有物质品的交换，还包括非物质，如情报信息、服务等各方面的交换。社会心理学家通过大量的实验研究发现，人际关系的基础是人与人之间的相互重视、相互支持，别人喜欢我们的前提是我们也要喜欢他们，承认他们的价值，对他们起支持作用。

文化是世代相传的，传播使文化成为连续的过程；文化是传播的语境和结果，没有文化的传播和没有传播的文化事实上都是不存在的。文化与传播的兼容互渗的关系表明，一切文化都你中有我，我中有你，是世界文化酒池的一部分。根据大众传播的话语研究，由于认识的局限、偏见或者理解的前结构，传播是传递、传播是控制、传播是权力等所谓的本质主义定义，是对现代的“传播是互动与共享”的内涵反拨，基本体现单向强势传递为主的特征，传递主体并不在意过程，而在意结果。在现代意义上，传播是彼此平等的交流和对话，在其中传受双方获得理解和共识。“两个声音才是生命的最低条件，生存的最低条件”，在人际传播、大众传播、组织传播和跨文化传播中必须注重主体间的交互性、平等性和平衡性。

文化是共享的。真正能共享的文化一定是“阳光文化”，是经得起太阳照射的。这种文化无论成长时间长短，也一定是有潜质的或能发光的文化，这种文化一旦露出光芒也能把别人照亮。正如中国著名作家毕淑敏在“美在新疆”大型互动考察活动的启动仪式上所言，当我们享受文化的不同特色的时候，也要找到文化共同的出发点，一个流传长远的文化，它一定是真善美的，它是人类本性当中精华的部分，如果说某一种文化，它只宣扬血腥、残暴、屠杀，然后只容自己存在，不能够兼容并存的时候，那这种文化在人类发展进程中，一定会淡出的。在不同文化中最核心的价值，最真实的部分，应该是倡导和平、友谊、温暖、忠诚、勇敢、负责任、有担当的。无论哪种文化一定以不同的形式在传承这些共性，这是一个非常美好的景象。[①]

“国之交在于民相亲”。只有理解是在一种交互和信任的民意基础上进行的，是在人类公理的列车上行进的，是有一群具有国际眼光、跨文化交际能力、自信力和他信力的人所倡导的，这种理解才能穿越时空而历久弥新，这种理解才能上升为区域理解和全球共识，这种理解才能有助于形成国际利益共同体、交流共同体、命运共同体和责任共同体，塑造人类文明的新风尚、新气象、新景观。

4. 接受性原则

随着中国和平崛起，西方人对中国的认识也正在进入转型期，中国必须走出低层次的文化交流，用中国的价值观的精华去影响西方主流社会的文化判断，让东方文明真正和西方文化发生对话、交融。[②]不仅中国文化为西方所接受，而且同样为中亚国家所接纳。余秋雨教授曾撰文指出，文化传播被接受是最终原则，不要单向灌输，要人家乐意接受才对。有三点须注意：第一，必须感性，不要过多的理性，即使有理性的成分，也要让它感性化。第二，必须让它既通俗又让人吃惊，要努力地使我们宣传的文化项目故事化。第三，必须融入生活，使文化最终沉淀为人格。除了文化的细节、文化的故事、文化的感性空间之外，最大的感性是我们的生活状态。弗洛伊德的学生荣格曾经讲过一句话，他说：“一切文化最终都沉淀为人格。”[③]文化传播要坚持官方交流与民间交流并行，以“做人的工作”为出发点和落脚点，以文化人、以文促情、以文建信。

5. 敬其所异原则

敬其所异是爱其所同的递进和跃升，是和而不同的更高层次，是谋求全球命运共同体所具有的国际担当。“爱其所同”在这里指的是因国家间的文化背景、信仰、价值观等类似以及交往个体的兴致志趣相投，在短时间的交往中，由于立场观点相同、相近或相似，容易产生人际吸引力，有利

① 林庆霞.“美在新疆”特邀嘉宾与新疆本土作家对话：多元文化的共同语言[EB/OL].[2013-06-20].www. www.qiucinews.com/dushu/content/.

② 美华报：中西文化交流期待双行道[EB/OL].[2012-05-23].http://www.chinanews.com/hb/2012/05-23/3910296.shtml.

③ 余秋雨.文化传播应注意三个问题[EB/OL].[2011-07-18].www.people.com.cn/h/2011/0718/c25408.

于达成目标上的一致；“敬其所异”在这里指的是因立场、观点相异、相左就容易进入交往的误区和盲区，是交往中的难点和焦点，能秉持此信念令人称道。意见不一致而情绪不加控制，皆想说服对方，都要占据主动，即可嗅到交锋的火药味了，这时需要心平气和，需要转移话题或使交谈暂时停顿下来，不然的话则不好收场。这个时候，要不计个人得失，不顾及自己所谓的“面子”，冷静地面对，得体地打破尴尬，理性地化解紧张的局面。“我不同意你的观点，但我誓死捍卫你说话的权利”这句话虽然态度较为中肯，但其隐语仍让人感到了强势与锋芒，倒不如这样说，“我不认同你的观点，但我却十分乐意继续倾听你的意见”。包容差异，尊重差异，理解差异，在差异中求共识，在共同中化解差异是国际交往中的道义高地。敬其所异是交往上高标准，是值得提倡的品格。

对立统一是唯物辩证法的根本规律，任何事物都是在比较中存在，相伴而生的。有大必有小，有高则有低；抑或是有小便有大，有矮必有高，万物是千奇百怪的。就像快乐一样，有它的正面，有它的背面，是对立面的统一。俄国文艺理论家巴赫金强调对话的优先性和必然性：“一切莫不都归结于对话，归结于对话式的对立，这是一切的中心。一切都是手段，对话才是目的。单一的声音，什么也结束不了，什么也解决不了。两个声音才是生命的最低条件，生存的最低条件。”①

二、国际理解的学科维度

国际理解是世界上学者专家和有识之士日益关注的问题，是一个跨学科综合探究的有价值的选题，研讨国际理解命题，可从文化学、传播学、情感社会学、公共外交等维度着手和耕耘。

（一）文化学维度

就像市场经济是“看不见的手”一样，对于人类而言，文化是无处不

① 李建军. 中国与中亚的文化交流力的建构[J]. 中南民族大学学报，2013（1）：84.

在的，已渗透到生活的方方面面。涂尔干感慨，文化如同“看不见的空气”，无处不在、威力无边，却看似自然而寻常，迷惑了置身于其中的人们。“我们无时无刻不以某种方式‘遭遇’文化，我们都在以各种方式文化着，熟悉的并非熟知的，文化就是这样一个问题，就是这样一种存在。”文化是一种又软又硬的力量。说它软，诚如约瑟夫·奈所说的，相对于经济、军事、科技等硬实力来讲，文化是一种“软实力”，主要包括文化吸引力、政治价值观吸引力及塑造国际规则和决定政治议题的能力，其核心理论是：“软实力”发挥作用，靠的是自身的吸引力，而不是强迫别人做不想做的事情。虽然相对于看得到、摸得着、可计算的“硬实力”相比，文化的确有点软，软得有点看不见、摸不着、不好统计和计算，但它像风一样可以感受到柔中带刚的力量，文化也是一种硬的力量。精神可以变物质，人们在尊重物质的客观性的前提下，可以能动地认识世界和改造世界，尤其是信仰力量的存在。信仰力量可以是“精神的原子弹”、文化的“核聚变”。人的精神活动和交往是人生命存在的组成部分，文化具有一种促使人交往的力量。马克思说过，人的本质是人的真正的社会联系。人是天生的社会动物，如果我没有权利成为别人的精神力量，我也就没有权利成为自己的精神力量。人的精神交往是高层的文化活动，也需要高层次的国际理解，恩格斯把人的精神视为“有机物最高精华的运动”，把思维者的精神看作“地球上的最美花朵”。[①]

文化具有“引领风尚、教育人民、服务社会、推动发展”的作用。我们要理解，族际、国家、国际团结体现的是一种文化凝聚力，团结是一种向心的力量。“这力量是铁，这力量是钢，比铁还硬，比钢还强。”文化理解的力量也体现在各国能够团结与和睦相处，这种团结既有物理反应，又有化学反应；是有机的团结，而不是机械的团结。如果是机械的团结，这种似铁的力量可能就容易生锈，这种似钢的力量就可能用力过猛而一下折断。

在古今中外的时代坐标上，同样需要在优秀传统中汲取营养。儒家学说代表人物孔子在“礼崩乐坏”“天下无道”的时代，主张“述而不作”“好

① 陈力丹. 精神交往论：马克思恩格斯的传播观[M]. 北京：中国人民大学出版社，2008：40.

古，敏以求之也”“复周”，虽然饱受争议，但无可否认，孔子对自身作为文化传统的远宗、绍述与传承者的角色具备一种文化自觉意识和强烈的历史使命感；孔子从对上古三代的系统“好学”中，总结出要发挥人的主体作用，知其然，还要知其所以然；孔子的“述而不作”，而致力于经籍六艺的编修整理工作，对文化的传承开辟了新境界；孔子“和而不同”的天下眼光和人类共处理念，更使他走出国门，蜚声海外，成为中国和谐包容文化的旗杆性人物。①

国际理解是跨文化、跨国界的，它不能脱离特定的社会文化环境。按照文化人类学和民俗学的解释，在稍有距离的环境中，即有“三里不同风，五里不同俗”的说法，在不同的文化或文化圈中，这种差异性则越发显著，可成为国际理解的“鸿沟”或文化障碍。“在不同文化中，相同的词语和概念可以有不同的内涵、外延和比喻意义。现实中常常出现这样的情况：一方确实‘听清楚’了另一方的话，但并不能‘理解’另一方的意思。更有甚者还可能在完全‘听清楚’的情况下，‘误解’‘曲解’另一方的意思。”“当语言已不成为其沟通中的障碍，文化对接的作用就愈发凸显。”②比方说，外国人说中国是“一只可爱的小白兔”，你的反应如何？如果是从对方一个孩子的口中说出，要由衷地喝彩。倘若是一个成年人，亦须对这种诚意点赞。但我们会对这种比喻有所保留。小白兔的确可爱，但把它比喻为中国显然不大得体和贴切。中国是具有超长文化历史、超大经济体量、超大人口规模、超广地域面积的文明共同体，说中国是一个睡狮，中国人会欣然接受，正如习近平主席在中法建交 50 周年纪念大会致辞时所言：“拿破仑说过，中国是一头沉睡的狮子，当这头睡狮醒来的时候，世界都会为之发抖，中国这头狮子已经醒了，但这是一只和平的、可亲的、文明的狮子。”③ 说中国是一头沉睡的狮子基于文化的理解，说中国是“一只可爱的小白兔”也着实让人欣喜，但显然要进行文化的对接。

在文化学中，无论是内部社群，还是外部社群都存在文化代沟的问题。陈少峰认为，文化代沟是文化复杂性的一种表现形式，它决定下一代人可

① 林存光. 孔子新论[M]. 北京：人民出版社，2012：12-140.

② 关锐，李智. 母语传播概论[M]. 北京：中国传媒大学出版社，2011：15-50.

③ 习近平. 习近平在中法建交 50 周年纪念大会上的讲话[EB/OL]. [2014-03-28]. www.xinhuanet.com/world/2014-03/28/c_119982956_3.htm

能不同于或者改变了上一代人的文化信念和体验方式，也有可能会改变社会的意识形态，社会意识形态就是普列汉诺夫所划分的社会心理和思想体系。代沟实质上便是文化之沟，当然也包括信息鸿沟。每一个人身上的积淀不太一样，所以从这个角度上来说，也许没有一种礼物能够得到每一个人的认同，比如送三斤大肉可能使人高兴接受，但送给不该送的人便会闯出大祸甚至会反目为仇。①文化代沟的消除也要基于沟通和理解，在跨文化交往方面，能够相互理解不仅在于你对双方的文化相同点了解多少，更在于你对双方的文化差异性了解多少。

文化具有趋同性和差异性的同时，也具有排他性的因素。人类容易对异族产生恶意倾向的评价，所以不同民族、不同文化背景的人交往就要克服跨文化传播中“陌生人”理论的羁绊。“陌生人”理论主要呈现的是，处于一种文化中的人与“陌生人”交往时，会遇到四种障碍：“一是由于理解陌生人需要付出较多的成本，因此不希望与陌生人接近；二是由于不了解对方反而较少给予对方尊重；三是因为文化背景和行为模式的差异，即使出现误会也很难意识到；四是出现误会之后，容易从负面解读误会，将陌生人定位为不友善的人。”② 因陌生人具有诸多不确定性，出于自身安全的角度，对陌生人交往的谨慎和防备十分合乎情理。但问题是都带着“面具”，只能使交往浅表化，使较有深度的交流无法开展，从而陡增理解和信任的难度。哈贝马斯的交往行动理论指出，人类在交往理性的基础上可以建立一种生活世界的运行规则，通过在公共领域取得沟通和达成共识，以化解矛盾，得到相互理解和谅解，这不失为国际理解一种理想的范式和交往规则。

文化从一定意义上讲，是交流的文化、沟通的文化、理解的文化。文化交流学便是人际、组织、国家之间进行文化接触、沟通和交流的学问。作为“第二自然”的人类社会，日常的交往互动是不可或缺的基本活动，文化交流学可以是人际交流学、组织交流学、大众交流学、跨文化交流学和国际交流学。不管是作为“生活现象”的文化交流学，还是作为“学科范畴”的文化交流学，都要促使多元文化的发展，都要坚定：交流使人生

---

① 陈少峰. 文化的力量[M]. 北京：华文出版社，2013：8.

② 关锐，李智. 母语传播概论[M]. 北京：中国传媒大学出版社，2011：47.

更美好，理解使人生更出彩。交流是现代人的基本功，交流解放潜能。已故中国外交家吴建民认为：交流实际上涉及对问题的认知，每个人看问题的角度不同，就会产生碰撞和启发，每个人都有知识的盲点和局限。你跟别人交流，人家的角度不一样，它提出的问题就可以让你思考，这样的交流过程可以使你认识问题更全面。在交流艺术和策略方面，吴建民还强调："'真诚'是有成效的交流的原则。我非常喜欢于右任的两句话：'造物所忌者巧，万类相感以诚'。这总结了人与人之间的交流，怎样打动人家，要诚恳。即使在外交活动中也要诚恳，我觉得成功很大的因素是诚恳。"①

（二）传播学维度

"传播学之父"威尔伯·施拉姆在《大众传播学》以及《大众传播的过程与效果》等书中，从大众传播学的发展、大众传播的结构与作用、大众传播的控制与支持、传播过程、大众传播的内容、大众传播的受众、大众传播的效果和大众传播的责任八个方面建构了大众传播学的学科体系，创立了大众传播模式。把大众传播的研究领域细分为控制研究、媒介研究、内容研究、受众研究和效果研究，这一划分与哈罗德·拉斯韦尔的传播 5 个 W 模式中的五要素一一对应。梅尔文·德弗勒和桑德拉·鲍尔-洛基奇在《大众传播学绪论》一书中强调大众传播研究需要回答"社会是怎样影响大众媒介的""大众传播是如何发生的，与人际传播有何不同""接触大众传媒对人们有何作用"三个问题。基模理论、沉默的螺旋、第三人效果，议程设置、培养理论，使用与满足理论分别从社会心理取向、信息环境取向和受众使用与依赖取向研究大众传播。当然还有政治经济学学派、文化研究学派和法兰克福学派观察国际传播创立的各种宏观理论以及传播与学习、思维方式、价值观等国际传播的微观理论。在跨文化交际中，则形成了意义协调理论、语言代码理论、面子协商理论、谈话制约理论、期望违背理论、焦虑/不确定理论、交际适应理论、跨文化调适理论、文化身份理论、身份协商理论、身份管理理论、共文化/文化共存理论。美国学者桑德拉·黑贝尔斯等在《有效沟通》中把沟通分为人际沟通、小组中的沟通和

① 赵启正，吴建民. 交流，使人生更美好[M]. 北京：世界知识出版社，2010：62-63.

公共场合中的沟通三种形式，指出文化差异造成的跨文化沟通的障碍，并提出改进跨文化传播的技巧。罗杰·费希尔等在《沟通力》一书中强调理性、理解、沟通、可信度、说服、接受是有效处理分歧、消除误解、误读，建立良好人际关系的基本要素。以上这些传播理论为国际理解提供了理解的尺度。

文化与传播是紧密联系的，没有传播的文化和没有文化的传播皆是不存在的。文化传播是人类社会关系赖以存在和发展的基础，或者说是联结社会秩序的一种工具和手段。文化传播不能仅仅归结为文化圈派和文化历史学派所谓的文化特质或文化丛、文化圈的简单、机械转移，而是要像文化心理学派、符号互动学派、现象学派那样，把文化当成一种象征符号和信息系统，把文化传播看作一个社会过程，看作人类联合发展的一种创造力。美国查尔斯·霍顿·库利在其著作《人类本性与社会秩序》中认为，符号互动论强调文化传播的社会过程，认为人类在文化传播的社会过程中不仅确定、认识交往的意义，而且对文化重新给予理解和界定，发展出新的行为方向。现象社会学等对文化传播的理解是放置在个体心理学基础上的，难免会产生主观主义倾向，但如果汲取其社会是有机联系和文化是共享的等合理内核，是颇有正能量的。“任何文化传播都是一种沟通人与人共存关系的文化交往活动，不论活动是社区或群体内部的，还是跨越社区或群体的。”① 由于人类只有在群体或社区中生存或发展，人与人的交往离不开互相理解，跨文化理解和国际理解是更高层次的交往互动，其传播效果也是明显的和正面的。

人类的理解是基于交往基础之上的，人际交往根据不同的交往对象是有交往距离的。人类学家爱德华·霍尔与语言科学家乔治·特拉格一同协作对距离改变时声音的变化进行了观察。既然窃窃私语发生在人们离得很近的情况下，而大声喊叫用于非常远的距离，爱德华·霍尔跟特拉格提出的问题是——在这两个极端之间包含了多少种声音的变化？结果是，他们发现了八种距离——正如《无声的语言》第十章中描述的那样。爱德华·霍尔后来认为，八种距离过于复杂了，四种就已经足够了，他将它们命名为

① 司马云杰. 文化社会学[M]. 北京：中国社会科学出版社，2007：270-271.

亲密、自身安全、社交和公众距离（每个距离都存在一个近端和一个远端）（见表 2-1）。①

表 2-1　人际距离

人际距离种类	适合对象	近范围	远范围
亲密距离（intimate distance）	限于在情感联系高度密切的人际使用	身体的充分接近和直接接触（0←）	6—18 英寸（→45cm）
个人距离（personal distance）	朋友之间进行沟通的适当距离	1.5—2.5 英尺（45 cm←）	2.5—4 英尺（→120cm）
社交距离（social distance）	沟通不带有任何个人情感色彩，用于正式社交场合	4—7 英尺（120cm←）	7—12 英尺（→360cm）
公共距离（public distance）	公开演说时演说者与听众所保持的距离	12—15 英尺（360cm←）	25 英尺之上（760cm→）

爱德华·霍尔为我们区分了四种人际距离，这种距离边界是实实在在的。在国际交往中，人际距离有时就意味着文化边界，跨越其边界，困难与麻烦就会接踵而至，所以在特定的时空中，要能理解不同文化所呈现出来的不同的“非语言的语言”或“沉默的语言”。所以，爱德华·霍尔认为，要寻求国际理解，就必须超越自身的文化，能够超越本土主义、国粹主义、狭隘的民族主义。能更加正确地理解对方和对方的文化；能更为充分地懂得自身和自身的文化。②正所谓“知己知彼，百战不殆”。由于文化背景、价值观、习俗、民族等方面不同，交往会呈现出不同表现形式，但要有交往的理性和原则，对不同距离的交往对象要有人类言行对应的交往尺度，不能越界和出轨。对第一次见面的人，表现出过度的热情和亲昵明显不太合适，当然把陌生人作为敌人对待的确也不理智。在公共交往的过程中，不能因人际关系的亲疏而厚此薄彼、内外有别；不能在交往中总是“以我为主”，当仁不让，话题出现分歧时，也要冷静积极面对，化解不良情绪，善于换位思考，替对方着想，努力打破交往的误区和存在的障碍，追求跨文化理解和国际理解。

① Edward Twitchell Hall. *The Hidden dimension*[M]. Doubleday, 1966.
② Edward Twitchell Hall. *The Hidden Dimension*[M]. Doubleday, 1966.

议程设置是传播学传播效果研究中的具有代表性的理论，是对 20 世纪 40 年代有限效果理论的重要修正。议程设置并不是一个新颖的理论观念。早在 1922 年，李普曼在《民意》的开篇就提出这样的悖论：报纸营造了一个虚假的“拟态环境”，而公众却把它当作现实本身，形成了关于世界的错误想象。1963 年，美国学者科恩认为：“新闻媒体远不止是一个信息和意见的提供者。很多时候，它可能并不能成功地告诉人们怎么想，但是在成功地告诉它的读者想什么方面，它却极为出色。”这段话指出大众媒体不能告诉人们“怎么想”（what to think），但却能告诉人们“想什么”（what to think about），科恩经典话语后来成为议程设置最简明的表述。①

议程设置理论具有很强的适用性。为了吸引观众的眼球，妖魔化中国一直是西方一些媒体的设置，这也迎合了西方一些国家的国家利益和战略需求。西方一些媒体利用所谓的“当前重要的、最需要优先考虑的议题”，大肆歪曲中国形象，抨击中国人权、宗教和社会制度，鼓吹西方的宪政民主和普世价值，企图搞所谓的“颜色革命”或和平演变，这是万万不能得逞的。中国也要进行自己的议程设置和“舆论引导”，高举国际理解的大旗，消解西方长期妖魔化中国的“拟态环境”，把一个富强、民主、和谐、文明的中国传递给世界，中国离不开世界，世界也能倾听到客观真实的中国声音。

海德格尔说，语言是存在的家，“人寓于语言之中”。②语言是人类特有的一种特殊的社会现象，具有交际、思维和文化储存、传播的功能。美国语言学家格赖斯提出了著名的会话基本原则——合作原则。合作原则包括数量准则、质量准则、关联准则、方式准则。数量准则要求言语交际能言简意赅，恰到好处；质量准则要求交际双方提供的信息必须真实可靠，不要胡编乱造、信口开河；关联准则是指会话内容应围绕一个主题或主线，能够承上启下，不要漫无边际、答非所问；方式准则是指会话应条理分明，逻辑清晰，简明扼要。③

英国语言学家利奇则在格赖斯合作理论的基础上又推出“礼貌原则”。

---

① 刘海龙. 大众传播理论：范式与流派[M]. 北京：中国人民大学出版社，2008：222-225.
② 马丁·海德格尔. 路标[M]. 孙周兴，译. 北京：商务印书馆，2000：1-10.
③ Grice H.P. *Logic and Conversation*[M]. New York: Academic Press, 1975.

利奇起先只是说，“礼貌原则”是“合作原则”的“援救”队，是对其不完善地方的必要补充。后来利奇意识到 “礼貌原则”的重要性，就把“礼貌原则”与“合作原则”等量齐观。“礼貌原则”包括：得体准则、慷慨准则、赞誉准则、谦虚准则、一致准则、同情准则。

得体准则：尽可能少地让会话对象受损，尽可能多地让会话对象得益。

慷慨准则：尽可能多地让自己吃亏，尽可能少地让自己获利。

赞誉准则：最小限度地贬低会话对象，最大限度地褒誉会话对象。

谦虚准则：最大限度地贬低自己，最小限度地褒誉自己。

一致准则：尽可能地把双方的分歧减到最低程度，把一致性增加到最大程度。

同情准则：尽量把对会话对象的厌恶减到最低程度，把好感增加到最大程度。

“礼貌原则”体现出毫不利己、专门利人的美德和君子风度，在一定程度解释了有时人们在会话中为何不一定严格遵守合作原则的原因。“礼貌原则”和“合作原则”由于是在西方文化土壤中孕育的，拿到东方，有时难免会“水土不服”。如美国人之间一方赞美另一方时，另一方都会直截了当地表示“谢谢”，而中国人之间遇到此种情境则会谦虚地说，“哪里哪里”。中国人用“哪里哪里”是为了符合礼貌原则而“牺牲”了合作原则中的质量原则。一般情况下，“如果合作原则与礼貌原则之间发生冲突，优先满足礼貌原则，而宁可牺牲合作原则。因为只有在礼貌的前提下，人们才可能进行正常有效的会话交际。”[①]“合作原则”和“礼貌原则”是具有普遍价值的语用原则，要使跨文化交际中的会话能够顺利有效进行，则需对双方的文化有深入的了解。要理解语用规则，更要懂得文化心理。

语言需要“编码”和“解码”，文化传播中，不同的语言符号只有有效对接，进行语言转换，才有可能实现国际理解。母语的传播不仅是转换一套语言，更在于是转换一套价值观念和思维方式。语言不仅是传播和交

① 索燕华，纪秀生. 传播语言学[M]. 北京：北京师范大学出版社，2011：66-68.

流的工具，同样是文化传承和创新的载体，语言除了负载字面的明指意义，还包含字面“冰山”之下的暗含意义。语言不是“真空”包装，它只有被在一定语境、一定文化背景的人们使用才有意义。国际理解不是语言字面的浅表化理解，它是切入国家间文化肌体和文化骨髓的深层次理解。“作为负载文化信息的符号系统，语言的深层含义是超越语言本身的，它深入到文化的底层。因此要把握对方语言的深层含义，就必须深入了解对方的文化。在此，文化充当了一个‘过滤器’，它对我们所传递或接受的某一特定的语言符号加以界定，从而决定其最终的表达方式和诠释方式。”①

（三）情感社会学维度

“国之交在于民相亲，民相亲在于心相通”，这句源自《韩非子·说林上》的经典话语有力地说明了国与国之间交往的关键和主体是人，国与国之间交往程度取决于国与国之间人民的情感互通程度，只有相互了解、文明互鉴才是走向理解、友好的重要纽带和桥梁。亚当·斯密早在《道德情操论》中就宣称：“无论人们会认为某人怎样自私，这个人的天赋中总是明显地存在着这样一些本性，这些本性使他关心别人的命运，把别人的幸福看成是自己的事情，虽然他除了看到别人幸福而感到高兴以外，一无所得。这种本性就是怜悯和同情，就是当我们看到或逼真地想象到他人的不幸遭遇时所产生的感情。”②人类具有原始和基本的情感，这是毋庸置疑的。乔纳森·H. 特纳是当代美国资深的情感社会学家，他在《情感社会学》和《人类情感的起源》等书中也认为，人类是地球上最具情感的动物。人类的认知、行为以及社会组织的任何一方面几乎都受到情感驱动。在人际互动和群体中，情感是隐藏在对他人的社会承诺背后的力量。情感具有双重性，可以成为建构社会的力量，亦可成为解构社会的动力源。情感可以使人们与他人建立友谊，也可能被误解和错解而反目成仇。特纳认为，人们善于察言观色，不仅仅是因为情绪通过这些载体表达，更重要的是因为人类是以视觉为主导的。因此，情感的社会学研究要求我们应注意情感的视觉维

① 关锐，李智. 母语传播概论[M]. 北京：中国传媒大学出版社，2011：7.

② 亚当·斯密. 道德情操论[M]. 蒋自强，钦北愚，朱钟棣，沈凯璋，译. 北京：商务印书馆，1998：5.

度，因为这是我们进行角色采择和知晓他人情绪的线索。特纳把人类基本情感分为愤怒、恐惧、悲伤和高兴四种，把高兴归为正性情感，把愤怒、恐惧、悲伤统称为负性情感。如果人们在互动中满足了自我、他人以及情境的期望，通常会体验到中等强度的正性情感，反之，则会体验到一种或多种的负性情感。

乔纳森·H. 特纳还认为，人类至少具有自我实现、获益交换、群体归属、信任、真实五种交易需要。所有这些需要都将生成互动对象的期望状态，由交易需要，特别是自我实现需要和获益交换需要生成的期望状态得到越多的满足，互动之中的人们越可能体验到正性情感，并进行自我归因，同时对团结-生成互动仪式中的他人给予正性情感激励。反之，人们越有可能把这种需要不能满足的情况知觉为他人的惩罚，并由此产生强烈的负性情感。并且，负性情感的强度越高，越有可能激活防御机制，导致人们进行外部归因。①

笔者多次到哈萨克斯坦、吉尔吉斯斯坦、塔吉克斯坦等中亚国家的孔子学院进行课题调研，也在新疆师范大学国际文化交流学院为主要来自中亚的留学生授课，发现中亚国家的学生，相比中国学生，性格更为开朗、直率，交往处于低语境。中亚国家的学生学汉语主要是工具理性的需要，学好汉语能够有能力竞争高薪水的岗位，能够实现自我价值，为家里争光等。这和特纳交易需要相吻合，属于自我实现需要和获益交换需要。在课堂上，老师对学生学汉语的热情和汉语能力进行赞许，这就会使需要生成的期望状态得到某种满足，也可能使学生体验到愉悦等正性情感，往往学生也会自我归因，认为“我很棒”，从而对学汉语更加充满信心。一些汉语好的学生也会对班里的其他学生起到示范和带动作用。

按照李泽厚的说法，相对于西方的“罪感”文化，中国乃是一个“乐感文化”，成“情本体”文化。“情本体”构成了乐感文化的核心：“自孔子开始的儒家精神的基本特征便正是以心理的情感原则作为伦理学、世界观、宇宙论的基石。他强调：‘仁，天心也’，天地宇宙和人类社会都必须处在

① 乔纳森·H. 特纳. 人类情感：社会学的理论[M]. 孙俊才，文军，译. 北京：高等教育出版社，2009：7-111.

情感性的群体人际的和谐关系之中。”[①]“和合”是中国文化的精髓，中国追求人与自然的和谐、人与社会的和谐。人与人的和谐、人与心灵的和谐，从本质上也是为了人人能安稳地、从容地、快乐地生活。“学而时习之，不亦说乎？有朋自远方来，不亦乐乎？”“道始于情”“恻隐之心，人皆有之”“留得青山在，不怕没柴烧”“山重水复疑无路，柳暗花明又一村”等等，皆从某个角度诠释了中国文化的内在精神和情感维度，这种积极乐观、豁达进取、昂扬向上的人生态度，是特纳所说的正性情感，充满了正能量，是充满希望的文化；“快乐地生活”“快乐地工作”既被视为“十二分”健康的人生态度，又被理解为人生理想的至高境界。

诚如清华大学彭林教授所言，中国道德的培养主要是经由对情感的“礼乐教化”，而非理性的认知训练，这一点应是中华文明不同于西方文明的重要方面。[②]情感不仅仅只有正性情感，即便是正性情感的释放仍有很大提升和发展的空间。譬如人不仅要摆脱情绪的困扰，还要把情感上升为情操高度。又比如说同情，同情是人类底层的原始情感和心理积淀，在现代社会或国际交往中，同情也无处不在。“强不执弱，富不侮贫。”交往中关注交往主体的感性存在是必要的，但不要因为对方的地位与自己对比处于弱势或需要帮助，就只有怜悯、同情，而没有尊重。文化理解应超越同情文化走向尊重的伦理。每个人都是有尊严的，不能因是与弱国交往就认为是不对等的，是去“扶贫”或拯救他们去了。与交往对象不但要保持对其权利的尊重，还要表现对其人格的尊重。在情感交流中获得尊重，在相互理解中获得尊重，是国际理解理想的尺度。

（四）公共外交维度

“从国际法的角度来看，国际法的主体就是国家。可是，从国际关系来看，‘人’在国际关系的移动频度，已远远超过‘国’在国际政治上的交往频度，因此，‘人’也即将发展成国际关系的主体。透过人的国际移动，势必造成‘人’之背后所代表的‘文化移动’，因之造成‘族群文化’‘民族文化’‘国家文化’间的接触，进而产生文化交流、文化摩擦、文化扬弃、

① 李泽厚. 中国思想史论：上册[M]. 合肥：安徽文艺出版社，1999：314.
② 萧风. 中华礼乐文化[EB/OL]. [2007-12-19]. http://www.hhfg.org/fjywh/f316.html.

文化接受、文化融合、文化触变以及文化创新。”[①]在全球化的熔炉中，多元文化、不同文化的人需要交流，需要文化碰撞、文化触变、文化共生与文化理解，在文化休克、文化冲突和文化冷战中则更需要国际理解。

霍曼斯指出，人与人间的交往，本质上是一个社会交换过程，它不仅有物质品的交换，还包括非物质，如信息、服务等各方面的交换。我们要深入发掘传统文化中“和合”外交、“共生”原则、“天下体系”等智力资源以丰富西方主导的传统国际关系理论；构建“不对抗、不冲突”“相互尊重”“合作共赢”等多重内涵。

公共外交不能仅仅是教科书上笼统的理论说教或口头意义上的重视，它是一门实践性很强的学问，是和认识论如影随形的。它需要用事实去说话，用行动去打动人心。外交家吴建民曾举了一个例子，说的是他的夫人施燕华当卢森堡大使的时候，丹麦驻卢森堡大使一见施燕华就夸中国人心灵美。原来，有一年丹麦驻卢森堡大使让他的儿子到世界上最有活力的地方——中国去走走看看，但给钱不多，不许住高级饭店。“男孩子一个人在中国跑，座硬座车，半夜上车，又热，鞋脱了，袜子几天不洗，有味儿，干脆把袜子也脱了。一觉醒来，袜子没有了，再一看，旁边有一个绳，袜子有人给他洗干净了，晾在那儿，是谁洗的，对面一位大妈。这位大妈就是中国人啊，她想自己的孩子也可能这样，就给他洗了。”就由于这件事情，这位丹麦大使到处说中国人善良，这也是公共外交。外交家赵启正也谈道，中国人民大学程天权教授有一次在访问美国密苏里大学，晚上散步时，遇到一位老人找不到自己的家了。“程教授决心把他送回家，一家一家敲门去问，他们进入一家院子时，主人竟端着步枪出来了（在美国不经允许进入私人院子是违法的）。他们继续折腾了一个多小时，总算把老人的家找到了。不会外语的中国老大妈和会外语的中国教授都是表达了助人为乐的传统，都可以算是感情交流的外交吧。”[②]

无论是公共外交还是情感外交，都要以理解信任与和谐相处为基础，讲真实感人的中国故事，讲中国老百姓朴实善良的故事，讲孔子学院课堂

---

① [日]平野健一郎. 国际文化论[M]. 张启雄，冯青，周兆良，黄东兰，译. 北京：中国大百科全书出版社，2011：5-6.

② 赵启正，吴建民. 交流，使人生更美好[M]. 北京：世界知识出版社，2010：127-128.

内外乐于助人的中国故事，讲中国海外企业促进文化理解的中国故事，尤其要讲好民间外交方面一出出、一幕幕直指人心的动人故事，运用国际理解的方式讲外国人听得懂、听得进的中国故事。中国故事的情节无须那么曲折离奇，也无须那么多的艺术感染力，实际上对外讲中国故事，纵有语言障碍和文化差异也不一定都讲述得那么困难，以上不会外语的中国老大妈和会外语的中国教授朴实真诚的故事，无须渲染和加工，也无须那么多的“解码”，外国人就可能听得懂、听得进。正因为故事是那么的简单、那么的平实、那么的真实，以至于我们每一个人都可以有能力去做，而又并非每一个人都会去做，如果有人去做了，大家在心灵深处就会有莫名的或油然而生的感动。对外讲中国故事，这是一个增添相互信任的过程，也是一个理解加深的过程。理解的信条应该是先解其人，先打动别人。当有人为不被理解而痛心疾首，高唱理解之歌的时候，是否也能扪心自问，你理解别人吗？

三、国际理解的意义及实践价值

在全球日益成为地球村的时代，地球村里的居民，需要淡化“圈内”“圈外”和狭隘的民族主义意识，树立国际理解意识，塑造国际理解能力，这不仅仅是一个重要的理论问题，更是一个重大实践命题。

（一）有助于形成重叠共识

在马克思看来，改变现实不是观念意义上的，而是实践意义上的。在不合理的国际秩序中，以国际理解促成和谐的交往，以国际理解促成不公正现实世界的改变。批判现实并改变现实是马克思现实观的灵魂，是马克思主义哲学的最终使命，也是国际理解的核心价值所在。

第一，在国际理解中，“重叠共识”可以理解为人们在承认价值方面发生分歧的同时，在规范方面却具有共识——不同价值的人们认可和遵守同样的规范。① 在世界上，两个人之间，对所有问题不可能有百分之百的共识；同理，两个国家之间，对所有问题不可能有百分之百的一致看法。所谓的共识，只是也只能是叠加的共识，交叉的共识，互动后彼此影响一方或双方做出改变后的共识（包括妥协的共识）。中国与中亚国家在政治制度上不同，在价值观上亦不尽相同，但不妨碍我们能够在上合组织的框架下就反恐、经济、社会、文化合作等方面达成一致意见，不影响就反对霸权主义、强权政治和反对西方文化中心主义获取基本共识。

第二，在国际理解中，"重叠共识"可以理解为人们在承认观点方面发生分歧的同时，在态度方面却具有共识。② 强调"重叠共识"，并不是说没有"合理分歧"。重叠意味不一致，有分歧，共识强调多元形式下认同和一致性。"重叠共识"蕴含的是即便理解双方观点上不一致，在态度上却具有或达成共识，即持不同观点的人们都愿意以合理的态度彼此相待。在罗尔斯看来，说一个人是"合理的"，是指一个人"准备提出原则和标准作为公平的合作条件，并且准备自愿地遵守这些原则和标准，同时肯定别人也能够自觉遵守这些原则和标准。""'合理的'限制条件至关重要，它和'理性的'有所不同，当我们说一个人是'理性的'时候，是指我们不知他的目的，而只知道他是理智地追求目的；当我们说一个人是'合理的'时候，是指我们知道他愿用能共同推理的原则指导其行为，并考虑行为对他人的影响。'合理的'并不是从'理性的'那儿来的，也不对立于它，但它肯定与自我主义不相容，另外，'合理的'也是公开的，而'理性的'并不尽然。这就意味着我们所要承认和接受的多元并不是接受一切多元，而只是一种合理的多元，虽然这种合理多元的范围仍然是广阔的。" ③ 就像我们能接受伊斯兰教教义，而不能接受宗教极端思潮一样；尽管宗教极端者也自诩为他的主义是理性的，但实际上却是不合理、不合法、非理性的，最起码它不是公开的、透明的和包容的，其进行的暴力恐怖活动，无关宗教，无关民族，无关信仰，是反人类、反社会的，这种任性的、疯狂的、超越道义底线的"多元"是人类断然无法接受的。

---

① 重叠共识[EB/OL].www http://baike.baidu.com/item.2009-10-12.
② 重叠共识[EB/OL].www http://baike.baidu.com/item.2009-10-12.
③ [美]约翰·罗尔斯. 正义论[M]. 何怀宏，何包钢，廖申白，译. 北京：中国社会科学出版社，2009：50-102.

第三，在国际理解中，“重叠共识”可以理解为，不同的人们在承认现在的观念存在着分歧的同时，在未来的目标上却具有共识；或者说目前持有不同观点和立场的人们，努力寻求通过和平共处、平等交往而形成或加深彼此理解，甚至追求“视域融合”。[①]“视域融合”中包含看、听、说三个方面。此三者中任何一方都投射着其他两方，它们同出于一源，融通无间地展现出“此在”活泼的生存境域。通过融合，使三者都得以和谐的发展，使交往的有声语言与无声语言有机地融合在一起，使分歧在有效的交往中能够求同存异，达成“重叠的一致”。在中国与中亚的文化交往中，中国努力构建和平的发展观，以“一路一带”倡议来推进中国新一轮的对外开放，来增进沿线各国的共同利益和共同文化繁荣，在未来的发展理念、发展目标上与中亚各国达成较为普遍的共识。

实际上，按照人际关系的逻辑，“不存在人际关系双方心理世界完全重合的情况。无论人们的关系多么密切，情感多么融洽，也无论人们主观上怎样感受彼此之间的完全拥有，关系的卷入者都不可能在心理上取得完全一致。两个人是两个世界，是两种理解、两种情感、两种利益的基点。人与人之间只存在多大程度上相一致的问题，而不存在完全相一致的情况。”（见图 2-1）也就是说，人与人之间不存在完全的共识，只有重叠的共识。人与人之间如此，国与国交往亦如是。[②]

对人类社会来说，交往是不可或缺的。不仅个体自我的发展要从社会因素、人际交往中获得资源，而且社会的发展也是人们相互交往和协作的产物。在中国与中亚的人文交往中，不能“光荣孤立”。我是光荣的，也是孤立的。这不是在玩一种修辞和进行滑稽的调侃，这种交往的困境事实上是存在的。交往是为了谋求某种程度上对等性和公平性，是为了世界更为和谐，使世界形成命运共同体，而不是仅仅为了使自己获取比对方多得多的利益，也要使对方更高、更强；更不能把交往的对象当作客体来对待，用俯视的眼光去扫视自己的交往对象，用对方的弱彰显自己的强。一个传播主体每每呈现过度的自信，以自我为中心，孤芳自赏，这难免陷入光荣孤立的境地，这样的曲高和寡便真正失去了人类交流的价值与意义。

---

① 重叠共识[EB/OL].www http://baike.sogou.com/Show.

② 章志光. 社会心理学[M]. 北京：人民教育出版社，2007：80-90.

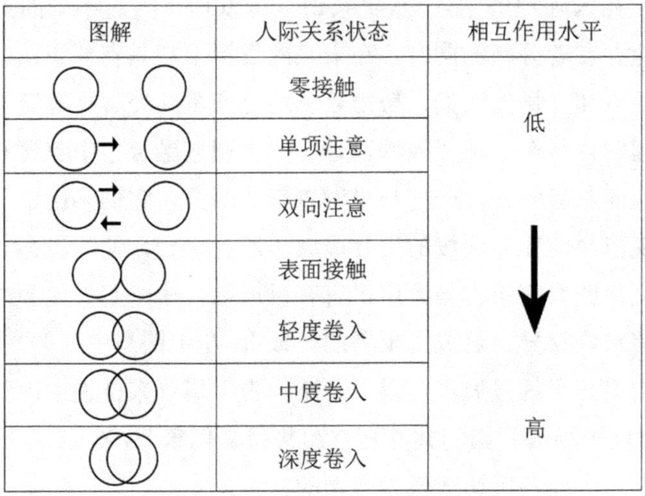

图 2-1　人际关系状态及其相互作用水平

（二）有助于形成有机的团结

凤凰卫视 2015 年 2 月 4 日的《震海听风录》节目的解说中曾谈到，距离柏林墙倒塌已经过去了四分之一个世纪，但国家间的冲突却首次取代了经济危机和环境恶化，像瘟疫一样蔓延到世界的每一个角落。在世界经济论坛发布的《2015 全球风险报告》中，近 900 名专家一致认为地缘政治已经重新回到了国际舞台的中心。从欧俄冲突到叙利亚内战，从“伊斯兰国”恐怖主义到国际油价危机，在科技、网络、新经济形势的推波助澜下，世界政治格局重新洗牌，新一轮利益追逐战似乎不可避免。但被列为地缘政治焦点的却是亚洲，因为历史遗留问题、过度分散的语言文化，一直悬而未决的亚洲领土、领海争端几乎成了国家间关系的定时炸弹。当民族主义情绪悄然复兴，世界对亚洲的关注焦点已经从经济转向了政治与安全。[①] 世界经济论坛的预估报告表明，今年最大的风险不是什么 ISIS，也不是经济下行，而是地缘政治，也就是国与国之间的冲突。

正像《震海听风录》所说的那样，当今世界因为有更多的误解、乱解而造成更多局势的动荡，天下还很不太平。中国此时更应树立负责任的大

① 世界经济论坛：地缘政治重登国际舞台中心[EB/OL].[2015-02-10]. http://blog.ifeng.com/article/34987849.html?touping

国形象，在与周边国家的交往中，尊重人类良知和国际公理的底线，贯彻“亲、诚、惠、容”的理念，坚持“与邻为善、以邻为伴”，坚持“睦邻、安邻、富邻”的中国周边外交原则，通过中国与周边国家（包括中亚）的人文交流，将一个完整的中国介绍给世界，增强战略互信，使双方努力成为好朋友、好邻居、好伙伴；同时，传播中国和平发展的声音，传播真善美，把一个客观真实、公平正义、和平发展的中国介绍给世界，用中国话语传播和平与正义，爱与善良。使中国与周边国家（包括中亚），通过孔子学院等孔道，能形成有机的团结，而不是机械的团结。

（三）有助于提升中华文化影响力

中国超强的经济发展速度，创造了震撼世界的奇迹，用 30 多年的时间走过世界发达国家 200 多年的道路，成为世界最大的贸易国、世界工厂、最大的外汇储备国，等等。这些成就使中国更加增强了中国特色社会主义的理论自信、道路自信、制度自信和文化自信，但令人遗憾的是，中国文化的发展却没有与此同步，文化产品的出口也一直处于“赤字”状态，中国文化的对外影响力还比较小。2012 年我国文化产业总产值突破 4 万亿元，文化产业增加值占 GDP 的 2.85%。按平均增速估算，2016 年我国文化产业增加值占 GDP 的比重将达到 5%，在全国范围内可以实现文化产业成为国民经济支柱性产业的目标。不过，与美英日等发达国家文化产业占国内生产总值 10%以上相比，差距仍然显著。[①]例如，美国这样的老牌文化强国正利用“大片、芯片、薯片”向各国进行文化渗透，其目前文化产业占到 GDP 的近 14 %。

美英国家的对外文化传播的强势触发了中国文化提高自身影响力的紧迫感和危机意识，同时西方敌对势力西化、分化中国的图谋亦须引起我们高度警惕。“中国威胁论”等妖魔中国的言论阴魂不散，也需要我们及时消解和化解。在此时我们更应高举国际理解的大旗，向世界传播中国和平崛起和和谐世界的理念，中国不想打破既有的国际秩序，但中国也有必要发出自己的声音，讲中国的故事，在尊重理解、公平公正、合作共赢的基

---

① 严昭柱. 文化的力量[J]. 求是，2004（2）.

础上，加强与各国的友好交往，以提升中华文化的影响力，努力实现建立和谐世界的目标。

四、国际理解与孔子学院文化传播

孔子学院的发展与建设正是国际理解实践的成果体现。在孔子学院这个平台上，不同文化、不同文明、不同的价值观频繁交流与碰撞，彼此间的共性与区别越来越多地被关注。孔子学院顺势而为，以一种高层次的、理性和谐的思维观，多元文化的价值观和国际理解的交往方式完成人才培养、科学研究、社会服务、文化传承创新的历史使命。

（一）孔子学院文化传播积极促进国际理解

1. 发挥孔子学院文化传播使者的作用

公元前497年，孔子率三千弟子周游列国，传播“仁爱之道”与“和”的文化理念。21 世纪的今天，孔子又“飘洋过海”，作为中国面向世界的“文化名片”，作为中外文化交流的使者，以其命名的国外汉语教育机构——孔子学院，担负着中华文化传播平台、跨文化交流通道的重任，担负着树立和传播国际理解理念、培养国际视野和跨文化交流能力人才，增强理解与互信，构建和谐世界的责任。

“仁爱至善、情感交融、理解互动、传承发展”，这十六字特色化教育建设箴言，不仅是新疆师范大学中亚孔子学院健康发展、稳中求进的指导方针和根本保证，也是孔子学院教师贯穿始终的教育理念。

以大爱与理解收获尊重。在办学过程中，孔子学院始终坚持尊重当地教育，遵循教育规律，在“外方主动、双方理解、彼此尊重、合作发展”的本土化原则下开展工作。由于各国间教育差别较大，教育管理水平有差异，如何适应当地教育教学习惯，同时又保持自己的精神风貌和职业操守，这是孔院老师们首要面对的问题。在这方面，孔院要求所有老师首先做到因地制宜，严于律己，充分尊重当地居民的宗教信仰和风俗习惯，按照当地学校的规定着装，遵守当地教学制度，凡事沟通为先，与当地院校领导、教师、学生共建互信，通过情感交流搭建友谊之桥，以此赢得了外方的尊重。孔子学院的培训课程与当地学校错时开设，分设上午班和下午班。尽管这样使得老师们授课时间分散，时间拉长，形成一周六天工作制，辛苦程度增加，但是考虑到这样的安排既能满足学员们的学习愿望，又不会对学生的正常学习产生大的影响，孔院老师们都没有怨言，愉快地接受了。

以敬业与关爱赢得信任。孔子学院作为吉、塔两国汉语教学的权威机构和辐射全国的中心，下设众多的教学点，教学工作任务非常繁重。孔子学院教师周平均课时量达到 18 节，教学对象从幼儿园到成人，年龄跨度大，教学层次多样，既包括业余培训又包括第二外语选修，既有中学主课专修又有大学专业学习，教学备课工作量也随之增加。此外，教师们还需要面对教材短缺、教学设备陈旧、教学资源和条件欠缺，频繁停水、停电、停气等工作、生活诸多方面的问题。在这种条件下，孔子学院的老师们依然能够做到以敬业体现职业素养，以关爱体现师德模范。孔院教师们对待每一节课、每一个活动都是全情付出、积极对待，课前准备扎实，课堂教学严谨、互动充分，课下答疑解惑，作业认真批改、及时辅导，从来都是不厌其烦、孜孜不倦。许多老师都针对个别需求自愿地与学生一对一授课，这些工作都是在课余时间进行。其中，法国驻吉尔吉斯斯坦大使馆大使先生的夫人（参赞）、在家长陪伴下的幼儿学生，都是“小灶”教学的受益者。老师们还利用业余时间与学生及家长保持密切联系，培养感情。对于一些家庭条件比较差的学生，老师们经常自己掏钱补贴学生参加培训的路费和午饭，办公室为学生们免费提供饮用水和简单的糕点，孔子学院还负责接送参加孔子学院活动的孩子，使家长非常放心。

自 2005 年起，中国充分利用孔子学院这一平台加强与中亚国家人文交流与合作。截至 2016 年年底，中国在中亚国家已建成 11 所孔子学院（哈萨克斯坦 4 所、吉尔吉斯斯坦 3 所、塔吉克斯坦 2 所、乌兹别克斯坦 2 所），乌、吉、塔最先成立的 3 所孔子学院分别是在 2004 年、2007 年、2008 年上合组织成员国元首峰会上确定签署成立的。跟随我国孔子学院在世界舞台上异军突起的步伐，我国与中亚国家合办的孔子学院在数量上也取得了较快发展。如何在保证数量的同时，确保每一所孔子学院都能真正地担负起传播中国文化，搭建友谊桥梁，增强相互理解，促进民间外交的使命和责任，而避免遭遇“暂停”或者“关闭”的尴尬处境，这是每一个躬耕于汉语国际推广事业的人都应该认真思考的问题，而这也是促使本书以吉尔吉斯斯坦和塔吉克斯坦孔子学院的文化传播为研究对象，抛砖引玉，为其他孔院的本土化探索提供推动力的直接原因。

中国政府提出构建“丝绸之路经济带”的伟大倡议，一方面将重新激活“古丝绸之路”巨大的经济价值，为沿线国家带来直接的经济利益，唤醒亚洲大陆强劲的经济活力；另一方面也将促进中国与中亚，乃至欧洲的文化交流，形成更高层次的文化共识，拓展中外文化发展的新空间。

“中亚总体上是一个伊斯兰文化区，但在其周边则分布着多种不同的文明，是伊斯兰、东正教、佛教等不同文化交流与碰撞的多文明交汇区域。从大文化上看，中亚的伊斯兰文化、斯拉夫文化、汉文化、印度文化、波斯文化互相影响、互相渗透；从宗教上来看，伊斯兰教、天主教、东正教、佛教等在这里发挥影响：从意识形态上看，共产主义意识形态、宗教激进主义、西方价值观在这里互相撞击；从思潮来看，泛突厥主义、形形色色中亚大民族主义有所抬头。总而言之，中亚地区是世界上各种文化、思想、宗教互相撞击最激烈的地区。相互交错的文明板块给不同文化的友好交流和相互促进提供了机会，同时也造成了不同文明之间的矛盾与摩擦。阿富汗战争后，美国领导下的海洋基督教文明进驻阿富汗和中亚，伊斯兰文化与西方文化的矛盾显现。”①

在中亚，伊斯兰教以主体宗教的地位存在和发展着，这也深刻地影响着人们的思维和生活方式，可以说，伊斯兰教不仅关乎中亚人民的现实福祉，更关乎其精神富足。现代伊斯兰国家也将中亚国家看作增强伊斯兰力量的重要场所，不断扩大伊斯兰教的传播范围和伊斯兰文化的影响；由于中亚国家经历了漫长的沙俄统治和苏联时期，当代中亚国家的历史记忆早已打上了深刻的俄罗斯文化烙印，而中亚国家的现代化进程中对俄罗斯经济的依赖性又进一步强化了俄罗斯文化的影响力；欧洲、美国等西方文化也正通过多渠道的传播在中亚扩大影响。在多元文化的环境中，不同文化之间的相互包容的弹性空间通常比较大，这既为孔子学院寻找到一席发展

① 陆俊元.中亚地缘政治新格局及其对中国的战略影响[J]. 世界地理研究，2011（02）.

空间提供了可能，但也客观的昭示出孔子学院在发展和提升的过程中势必面临极其激烈的竞争和复杂的局面。

此外，孔子学院在中亚地区还要面对其他国家语言文化推广机构的竞争。目前，仅在吉尔吉斯斯坦，就有美国开设的吉美大学、俄罗斯开设的斯拉夫大学及土耳其开设的玛纳斯大学。这些大学借鉴西方的办学经验，并且进入中亚的时间已经相当长了，早已形成了一套完善的办学模式。孔子学院要想在各国语言文化推广的竞争中更好地发挥文化使者的作用，就必须研究其他国家语言文化推广机构的发展现状和发展策略，做到知己知彼，取长补短，将这些机构成熟的经验借鉴过来，进而打造具有自我特色和竞争力的发展模式。

2. 拓展孔子学院文化搅拌机的功能

马克思反对把“整体”及其运动归结为某一种单向的、直线的、机械作用和这种单向的、直线的因果联系，反对把“整体”割裂开来，变成一个个单个存在，将立体“有机联系”的“整体”变成分裂的“没有生命力的平面图”。在马克思看来，“整体”是有机系统。

孔子学院是国家文化走出去的重要平台，是国家文化传播的有机系统的重要组成部分，如果仅仅把孔子学院当作语言教学的机构，仅仅是为培养外国人语言能力服务的，这恐怕有些短视，因为语言仅仅是文化的“胶囊”，外面包裹的是语言的外壳，里面却是实实在在的文化元素和内容。孔子学院既是语言传授的机构，也是文化传播的机构，是提升中华文化影响力和中国文化软实力的主要链条和桥梁。孔子学院就是文化的搅拌机，只有中国文化与目的国文化相互搅拌，才能使目的国人们更好地认知、理解中国的语言，以及语言背后的文化，包括价值观。

文化理解也在于文化体验。中亚的孔子学院注重以文化体验熏陶真情与温暖，丰富多彩的文化活动永远是孔子学院最美丽的旋律和最生动的亮点。孔子学院的场地内处处都能看见不断更新的中国文化元素，中国结、剪纸、书法、各类展现中国风土人情和经济发展的精彩图片，不断地吸引着当地师生的注意力和好奇心，成为大家关于中国文化、中国国情的最好的“交流吧”。贴近学生学习生活，孔子学院逢节日必过。老师们带领着学生一起过中国传统节日，如中秋做月饼、吃月饼、讲月饼，孔子诞辰吟诵

《论语》、讲孔子故事，重阳节登山，冬至包饺子，老子诞辰讲最简单生活哲理——“道”，引导学生清明节踏青，端午节做粽子讲屈原，等等。同时，节日庆祝不是单方面的，文化多元才是情感交流的真谛。每逢当地节日，老师们都积极参与学生们组织的庆祝活动，让学生们真正感受到了中国老师们的温暖和真诚。文化社团是学生们文化体验、实践和展示个人风采的好去处，孔子学院根据学生们的兴趣协助学生组建中国画、书法、剪纸、汉语歌曲、传统戏剧、太极拳、太极剑、腰鼓、秧歌、古筝、葫芦丝等各种文化社团，并提供所有的资金和道具支持。

以朴实与真诚传递真爱和友善，把“增信释疑”纳入国际汉语教育与推广范畴，使之成为孔子学院促进中亚双边合作、贯彻国家对外政策的一个法宝，是新疆师范大学的创举，体现了孔子学院在驱散外交迷雾问题上的“仁爱”智慧。在孔子学院就读的当地学生，不仅在课堂上认真学习汉语，积极用其并不丰富的汉语词汇表达情感，在家中还将汉语教给自己的家人和朋友。孔院教师所到之处，既能听到大人们腼腆地用着“洋腔洋调”说着“你好”“欢迎”“谢谢”，也能听到孩童稚嫩而响亮的“您好”“老师”。看着一张张笑脸，听着他们那一声声“你好”，使得横亘在语言不通、文化不同、习俗相异的两国人民间的隔阂瞬间消弭得无影无踪。离开之前，长辈们会为我们的女老师围上洁白的头巾，为男老师戴上吉尔吉斯传统白毡帽，以示对客人的最高敬意。

（二）国际理解有效指导孔子学院文化传播

1. 国际理解是世界文化传播的重要理念

目前，高等教育日益国际化，中国的高等教育以及孔子学院的发展应放置于整个人类社会发展的系统和整体之中，放置在当今世界发展大格局、大背景中去思考谋划，树立全局、战略和前瞻意识，在高等教育国际化大潮中抢占先机，在秉持人才培养、科学研究、社会服务、文化传承创新四大功能的基础上，更应强调国际视野和国际眼光，强调国际化的思维和人类跨文化理性交往方式，提升教育者与被教育者整体的跨文化交往素养和能力，把国际理解作为高等教育的第五功能，把国际理解作为新的教育发展观、孔子学院建设一个重要方向和师生知识结构核心素养去建构，以促进人类心灵的沟通与共鸣，以促进人类的和谐和人自身的全面发展。

2. 国际理解是当下文化交往的可贵品质

世界面临诸多的纷争，如果我们能冷静理性地面对，就能够找到理解和被理解的孔道。提供多种平台和空间，努力消解跨文化的冲突，增强师生跨文化适应和国际理解的能力，这是孔子学院的神圣使命，也是当下文化交往的可贵品质。

中亚孔子学院先后与新疆特变电工、中国路桥公司、中兴通讯公司、紫金矿业、塔中矿业、中铁五局等大型企业以及华人华侨联合会等社团加强沟通，开展有针对性的本土员工汉语培训、翻译、咨询等无偿服务，增强华人企业和当地企业、本土员工的交流与联系。中亚孔子学院学生和中亚来新疆的留学生不仅承担了中国-亚欧博览会部分展馆的导引和翻译工作，而且在实践中开阔了视野，进一步了解了中国的国情和新疆的区情。吉尔吉斯斯坦奥什国立大学孔子学院与当地一家福利院签订了协议，将定期组织师生对该院进行慰问活动，并承诺为该院的孩子们免费提供在孔子学院学习的机会。吉尔吉斯斯坦奥什国立大学孔子学院还开展了大型家访活动，足迹遍布奥什市、巴特干市、贾拉拉巴德市、乌孜干地区、卡拉苏地区、阿莱地区和琼阿莱地区等 7 个南部城市及地区，走访了 120 余名学生家庭。在家访中了解到，大多数吉尔吉斯斯坦（以下简称吉国）人对中国持友好态度，且对中国文化充满好奇。很多居民认为，中国近年来的飞速发展对世界的影响不容小觑。因此，很多学生的父母都建议并支持孩子选择进入孔子学院学习汉语。在哈萨克斯坦有一个流行的说法：“如果你想离开这个国家，就去学英语；如果你希望留下，那就去学汉语。”

3. 国际理解是孔子学院文化传播的核心精神

现在世界面临着理解的危机，我们要树立努力去理解别人的忧患意识。李嘉诚曾说：“（我）决定一件事时，事先都会小心谨慎研究清楚，当决定后，就勇往直前去做。”而据特别熟悉李嘉诚的人士说，他是一个危机感很强的人，他每天 90% 的时间，都在考虑未来的事情。他总是时刻在内心创造公司的逆境，不停地给自己提问，然后想出解决问题的方式，“等到危机来的时候，他就已经做好了准备”。①

中国建设孔子学院的初衷就是为了中国与世界人民能够相互理解，能够和平共处，通过外国人学汉语能够更加了解懂得中国，知晓中国文化。在某种意义上，孔子学院塑造师生的包括跨文化交际和国际理解能力，国际理解是孔子学院文化传播的核心精神之一。以吉尔吉斯国立民族大学孔子学院、奥什国立大学孔子学院和塔吉克斯坦国立民族大学孔子学院为依托，通过举办各类中国文化专题讲座，组织书法、墙报、朗诵、歌咏、舞蹈等系列比赛活动，开展节日庆典、节日体验等各类文化活动；通过面向社会举办大型文化推介活动，每年举办一届“大学生汉语桥比赛”“中学生汉语桥比赛”，举办孔子学院中文图书全国巡回展暨赠书仪式，来展示中华文化的源远流长、博大精深，蕴涵着天人合一的宇宙观、协和万邦的国际观、和而不同的社会观、人心和善的道德观；来展示“讲仁爱、重民本、守诚信、崇正义、尚和合、求大同”的中华民族传统核心价值观；来展示“己所不欲、勿施于人”“推己及人”的克己情怀，“和而不同”“和为贵”“民胞物与”的文明多元共生理念所孕育的天下和谐观和理解互动观。使师生们认识到，今天的世界需要我们改变原有的、不同文明对话的二元解释方式，不但要利己，更要利他。在相处中要努力能成为朋友，需要时都搭把手，不需要时也能心里惦记，这样世界就会变得更美好。

机遇不可多得、机遇稍纵即逝。在新的起点上，中亚孔子学院要抢抓机遇、不断地超越自己，高扬国际理解的理念和旗帜，克服传播中国文化往往等同于传播中国古代文化、等同于传播中国器物文化，以及单向、强势传播和推广的倾向，以国际化的思维和行为方式，向世界传播深深根植于中国文化传统的和谐理念，传播中国共同发展的声音，把一个客观真实、和平发展的中国介绍给世界，用中国话语传播大爱和善良，传播真诚和信任，传播和平与正义，充分展示中国的文明大国形象、东方大国形象、和平大国形象、负责任大国形象，进一步提高国家文化软实力，为实现民族伟大复兴中国梦和人类和谐做出新的、更大的贡献。

---

① 86 岁的李嘉诚嗅到危机 给自己系好了安全带[EB/OL].[2015-01-13]. http://finance.eastmoney.com/news/1344, 20150113467100253.html.

第三章　孔子学院文化传播方式的创新

在对外文化传播过程中，我们有一种强烈的感觉，那就是传播学中关于传统的“二分法”和“五分法”不能很好地契合文化传播的形式，分类过于笼统，不能很好地体现传播的特点和提供引领作用，如“五分法”中以传播的主体和媒介形态将传播划分为：人内传播、人际传播、群体传播、组织传播、大众传播，等等。那么，按照“奥卡姆剃刀法”所提出的简约原则，对外文化传播到底可归类为人际传播、群体传播，还是组织传播的范畴？这样的确不能直截了当地做出相关判断。另外，对外文化传播的主要形式——情感传播，是属于“五分法”的哪种类型？这种情感传播的向度肯定和“五分法”的五种类型都有交集，这样反而使本身的区分更加复杂化了。这种杂糅会让初学者不知所云，使其在实践中缺乏鲜明的指导性。

孔子学院文化传播的主体对象是某个国家或地区，从整体上是属于国际传播的范畴；但国家并不是国际传播的唯一主体，国际传播的对象可以是企业、各种社会组织和个人。那么孔子学院文化传播主体既可以是组织传播（群体传播），亦可以属于人际传播。按照以上这种分类标准，不但不能凸显孔子学院文化传播性质，反而容易因分类的不确定性，而造成边界的不清和逻辑上的混乱。

一、传播形式的传统的“二分法”和“五分法”

传播在古代汉语中主要是指上对下、下对上（上下级），左对右、右对左（平级）的，小范围的信息流通和传通。在现当代社会，尤其是信息技术的革命使人类社会进入互联网、移动互联网和大数据的时代，传播更强调全天候的、全球范围的、即时性的、超链接的互动与共享。

在传播学中，传播的类型和途径通常分为两种。

（1）“二分法”——亲身传播，大众传播。亲身传播是以人体自身为媒介，以语言为主要手段，以表情和动作为辅助手段的传播方式，传播主体是一种显性的存在；大众传播是以机械化、电子化的大众媒介为手段的传播方式，传播主体是一种隐性的存在（谁是传播者，存在形式是怎样的，已无关宏旨）。

传统的“二分法”区分了传播主体是否在场，把传播主体是直接传播还是间接传播作为划分的标准。这种传播方式突出了人在传播中的主体地位，即便是不在场传播，传播主体也不外显地事实存在着。

（2）“五分法”——以传播的主体和媒介形态将传播划分为人内（自我）传播、人际传播、群体传播、组织传播、大众传播。这是西方传播学的经典分法。在国内也有“四分法”：人内传播、人际传播、组织传播、大众传播。由于中国社会的发育程度还较低，群体传播与组织传播在中国没有明显的疆界，基本上是通用的，我们往往把两者等同看待。

传统的“五分法”是在借鉴“二分法”的基础上对在场和不在场的再分类和具体化。亲身传播（在场传播）包括人内（自我）传播、人际传播（我与你）、群体传播（我们与你们）、组织传播（我们与你们）；而不在场传播包括大众传播（隐性的我们与你们、他们）。

正如我们为“传播是什么”下一个本质主义的定义显得并不明智，对传播传统的代表性分类现在看来也并非即是经典的和包罗万象的。传统的“二分法”与“五分法”只是强调了传播主体是否在场的传播样式、视域及空间，界定了彼此相关类型的传播范畴，而尚未展示传播的向度和取向，未揭示传播的时间取向，传播主体的传播行为取向和心理取向。用一句形象的话说，我们只为几种传播样态分割了各自的房子，但用什么样方式，即用什么样的向度、强度和价值取向把相关内容传播出去还不够清晰或基本未涉及。实际上，以传播类型来衡量，只有在传播形式上负载了能预示和昭示传播倾向性和路径的那些手段才会使传播更具指向性和显示度。

二、传播形式的新“二分法”

换一种视角，以辩证统一、注重时空向度、关注主体行为和内心取向的思维方式和方法来界定传播形式是一种新的尺度，是对传播方式的新探索，是对传播分类标准的丰富和发展。从传播的行为取向和施力程度不同可将文化传播分为刚性传播与柔性传播，以传播的思维方式和心理取向为尺度可把传播分为理性传播和情感传播，从传播活动的时间持续取向上可以将传播分为韧性传播和间歇传播，以上三种方式是辩证统一的传播方式和开放式关联系统，是新的传播向度和结构形态。

唯物辩证法注重思维全面性和整体性。黑格尔强调运用“积极的思辨”，“在对立的规定中认识到他们的统一，或在对立双方的分解和过渡中认识到他们所包含的肯定”。不包含肯定的否定，不是辩证法，而是怀疑主义，是“彻底怀疑一切认识形式的否定性科学”。[①] 马克思认为，世界是由各种事物相互统一、相互关联、相互作用所构成的整体。全面性和整体性更多强调各种事物和社会要素之间的有机关联及相互作用，要超越非此即彼的线性和二元论思维模式，更加注重将“整体”视为生命体来对待。我们在运用唯物辩证法时，不能仅看到否定方面，亦应该深刻认识到认同、确证、肯定、同一方面的价值。

强势传播与柔性传播、理性传播与情感传播、韧性传播与间歇传播是从三个向度对传播形式的新拓展，是时空坐标的契合，是传播形式的对立和统一。这三种传播形式既涵盖了传播的思维方式和心理取向、传播主体的行为取向和施力程度，拓展了传播主体的心理空间和行为空间，又兼顾了传播过程和时间取向 ，是一个立体的、动态的、开放式的传播结构。它打破了传播形式的传统的“二分法”和“五分法”中以人是否在场，人是直接传播，或者是间接传播的，传播的物理范围和规模如何等一般分类标准，将传播的思维类型、行为方式和传播过程的时间取向，纳入了传播分

① [德]弗里德里希·黑格尔. 小逻辑[M]. 贺麟，译. 上海：上海人民出版社，2009：171.

类的视野，分类即为传播的路径和方法，从而使传播方式更为立体、更为多元、更为直观、更为简明，也更为实用。在传播中，不仅要让受众意识到传播者是否在场，更要使受众领略到传播主体的传播势能、动能、心态和双向性的传播样态。毋庸置疑，传播形式的新“二分法”不是对传统的“二分法”“五分法”的否定，而是一种“积极的思辨”，是对传播分类法的丰富和拓展。传统的“二分法”“五分法”仅仅区分了是个人还是一群人，是人在场还是不在场的传播的形态；而新“二分法”既可以是传播的典型形态，亦可作为传播的基本手段，传播的价值取向和内容指向更为明确。新“二分法”如果作为手段和方法时，其实与传统的“二分法”“五分法”皆存在交叉关系。譬如，人内传播、人际传播、群体传播、组织传播、大众传播五种传播类型中隐含着强势传播与柔性传播、理性传播与情感传播、韧性传播与间歇传播等变量关系。在人际传播中，既可以进行强势传播、理性传播、韧性传播，同时可推行柔性传播、情感传播和间歇传播，新“二分法”是传统“二分法”“五分法”布局传播策略的一种选择，新“二分法”与传统“二分法”“五分法”是彼此相容的，是紧密联系的一个整体。

在传播中，通常仅仅以传播的主体和媒介形态将传播划分为人内传播、人际传播、组织传播、大众传播、国际传播等，换一种视角，从传播的行为取向和施力程度不同又可将文化传播分为强势传播与柔性传播，这是一种新的传播向度。强势传播具有传播取向的扩张性、传播方式的直接性、传播行为的主动性、传播意图的明指性等特征；柔性传播具有方法的含蓄性、内容的曲指性、行为的内敛性、目标的暗指性。强势传播和柔性传播各有优长，强势传播可析出“有的放矢”“反客为主”“多管齐下”“与时俱进”等途径，柔性传播可分为“抛砖引玉”“他山之石”“绵里藏针”“求同存异”等策略，尤其是柔性传播，更可作为中华文化对外传播的基本方式。

理性传播和情感传播是以传播的思维方式和心理取向为尺度的传播形态，是对通常的以传播主体和媒介形态作为划分标准的另一传播向度的审视。理性传播和情感传播是一组对立传播形态的辩证统一。理性传播具有语言的精确性、内容的客观性、行为的理智性、目的的工具性等特征；情感传播具有语言的感染性、内容的主观性、行为的亲近性、目的的价值性等特点。理性传播和情感传播各有千秋，关键是把握好契机、场合和火候，注重双向主体性，得体变通施力。理性传播可概括为“针芥相投”“实事求是”“刚柔相济”等策略，情感传播可析出“动之以情”“情感运作”“触景生情”“托物寓感”等途径。

从传播过程或者是活动的时间取向上，可将传播分为韧性传播和间歇传播，作为一种新的传播向度。韧性传播具有语言交流的本土性、传播过程的连续性、传播行为的持久性、目标的稳定性等特征；间歇传播含有语言沟通的便利性、传播过程的间隔性、行为的非持续性、目标的相对灵活性等特点。韧性传播和间歇传播优长互补，具有通约性。韧性传播可厘定“一以贯之”“持之以恒”“潜移默化”等途径，间歇传播可析出“以逸待劳”“张弛有度”“曲径通幽”等策略。如图 3-1 所示。

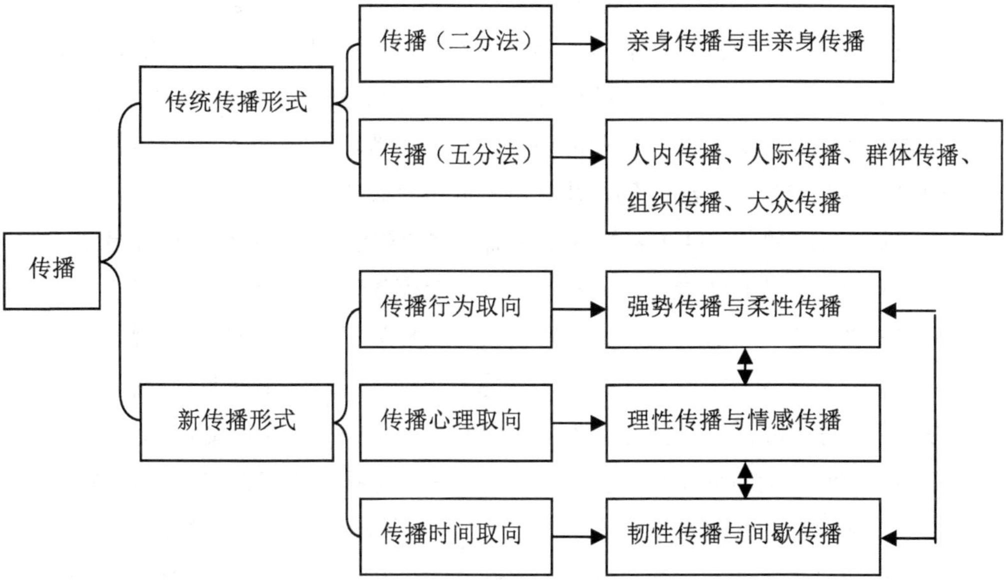

图 3-1　传播形式比较

三、新传播形式的特点

强势传播与柔性传播、理性传播与情感传播、韧性传播与间歇传播是从时空维度对传播尺度的一个新的划分，那么它们与传统的是否在场的区分标准相比，具有以下的特点。

1. 更加鲜明的主体性

主体性是指人在实践过程中表现出来的能力、作用、地位，即人的自主、主动、能动、自由、有目的活动的地位和特性。无论是强势传播与柔性传播、理性传播与情感传播，还是韧性传播与间歇传播皆具更为鲜明的主体性。

第一，这种主体性主要体现在传播主体的编码上。用强势的、柔性的，或者用理性的、情感的，或是韧性的、间歇的传播方式，不管是一个人在“战斗”，还是多个人一起“战斗”，都需要传播主体对当时传播总体形势做出判断，对当事国进行了解或认知，对传播对象进行整体和立体观察或探究，对自我的优势或不足加以及时审视，对传播过程和传播效果进行设置或把控等等，并施用合适的传播手段和方式，化解解码（译码）的歧义和跨文化冲突，才能达到最佳的传播效果。只有知己知彼，才能百战不殆；只有发挥传者最大的自主性和能动性，换位思考，设身处地为受众着想，做足功课，编好码、编对码，才有可能取得理想的受众效果。

第二，这种主体性主要体现在传播主体的在场上。只要传者闪亮登场，进入到设置的传播场域，进入一种交互和交流的情境，新“二分法”的传播指向性就更为明确和具体，主体价值取向更为鲜明。传统“二分法”也分在场和不在场，但不在场即意味着隐匿了传播主体，不能明确指称是谁在传播，怎样传播，传播主体性当然显得不够鲜明。远亲不如近邻，说明距离近有利于面对面交流，就会提供更多情感加深、增厚的机会。当然文本等平面媒体的传播可以使人“手拉手”，但双方全在场的互动传播方式，更能体现“主体间性”的原则，如果新“二分法”的传播方式运用得体、得当，不仅使双方能“手拉手”，更能“心连心”。记得一位文化学者说过，几个世纪以来中华文化的世界形象，可以说已经搭建了三座桥：古典学理之桥、世俗民艺之桥、信息传媒之桥；但这三座桥还不够，需再搭“第四座桥”，这座桥就叫“文化交流之桥”。“文化交流之桥”也可称之为心灵之桥，更需要在场传播，更需要柔性传播和情感传播。正所谓“国之交在于民相亲，民相亲在于心相通”。

2. 新的传播样态与传统样态相互包容

新的传播样态与传统样态相包容，具有开放和共享特征。也就是说传统的在场传播、不在场传播，人内（自我）传播、人际传播、群体传播、组织传播、大众传播都包含“新二分法”的三组样态；“新二分法”的三组样态都可带有传统“二分法”“五分法”的传播形式。

传统“二分法”和“新二分法”相包容，人在不在场，“新二分法”的三组样态都客观和事实地存在着。西方传播学的经典的“五分法”以传播的主体对象和媒介形态，将传播划分为人内（自我）传播、人际传播、群体传播、组织传播、大众传播五种形式。其中，群体传播与组织传播因界限不太明显还出现混用的状况。这种传统的“五分法”虽然把传播客体做了切分，但同时亦为传播主体对象和媒介形态设置了疆界，使彼此分离。而强势传播与柔性传播、理性传播与情感传播、韧性传播与间歇传播三组传播形态其传播视域具有历时和共时结合的特征，与大众媒介传播相融合。大众传播中的报刊、广播、电视、互联网等其传播皆存在强势传播与柔性传播、理性传播与情感传播、韧性传播与间歇传播三组传播样态，这几组传播类型是各个媒体皆可共享和互通的，可以是“大众传播＋强势传播与柔性传播”，可以是“大众传播＋理性传播与情感传播”，可以是“大众传播＋韧性传播与间歇传播”等。大众传播的隐形主体也在进行“新二分法”的三组样态的传播。

与此同时，人内（自我）传播、人际传播、群体传播、组织传播这组具有明显的主体在场的传播形态与强势传播与柔性传播、理性传播与情感传播、韧性传播与间歇传播三组传播类型也是共享和包容的。对于人际传播而言，可以是“人际传播＋强势传播与柔性传播”，可以是“人际传播＋理性传播与情感传播”，可以是“人际传播＋韧性传播与间歇传播”。对于群体传播而言，同样可以是“群体传播＋强势传播与柔性传播”“群体传播＋理性传播与情感传播”“群体传播＋韧性传播与间歇传播”等。

3. 传播形态易产生叠加效应

强势传播与柔性传播、理性传播与情感传播、韧性传播与间歇传播具有时空的维度，同时在传播过程中又表征着传播主体的认知、情感、态度和意志，体现了传播主体的价值取向和行为取向。时空的交差和对应同样会产生传播主体和受众认知共振和情感叠加效应。对于韧性传播与间歇传播而言，既可以是“韧性传播＋强势传播与柔性传播”，也可以是“间歇传播＋强势传播与柔性传播”；既可以是“韧性传播＋理性传播与情感传播”，也可以是“间歇传播＋理性传播与情感传播”。如果是“韧性传播＋柔性传播”或者是“韧性传播＋情感传播”，这两种传播方式叠加，则放大了传播的正面效果。而如果三种方式叠加，“韧性传播＋柔性传播＋情感传播”，则使传播效果愈加显著，以上这两种叠加或三种叠加互通传播方式也是目前比较主流的对外传播方式，持之以恒地坚持下去，就会达到“春风化雨”“润物无声”的传播效果。

当然强势传播与柔性传播之间、理性传播与情感传播之间、韧性传播与间歇传播之间并不是截然对立的，两者内部的有机整合和结合既是可能的，也是必要的。过分地强调一端或一种传播方式，往往过犹不及或欲速则不达。譬如，在对外传播中，采取以强势传播为主、强势传播与柔性传播相结合，以情感传播为主、理性传播与情感传播相结合，以韧性传播为主、韧性传播与间歇传播相结合的方式，同样能达到直指人心的效果。有时即便是采用以强势传播为主、强势传播与柔性传播相结合的方式（刚柔相济），也可能会点石成金，化腐朽为神奇。

四、三种对立统一的传播形式

（一）强势传播与柔性传播

传播是指社会信息的传递或社会信息系统的运行。信息是传播的内容，传播的根本目的是传递信息，是人与人之间、人与社会之间，通过有意义的符号进行信息传递、信息接收或信息反馈活动的总称。[①]在传播中，通常仅仅以传播的主体和媒介形态将传播划分为：人内传播、人际传播、组织传播、大众传播、国际传播等，可换一种视角，从传播的行为取向和

① 郭庆光．传播学教程[M]．北京：中国人民大学出版社，2001：5-6.

施力程度不同可将文化传播分为强势传播与柔性传播，这是一种新的传播向度。

强势传播也称刚性传播，其传播态度和行为方式以去柔性的刚性为主；柔性传播反其道而行之，其传播态度和行为方式以非硬性的柔和、内敛的方式为主。中华文化传播是一个双向互动共享的过程，也是一个刚柔并济的事业。中华文化的对外传播渠道主要通过中国与各个国家官方外交活动、媒体传播、孔子学院、驻外企业、民间交流等形式，随着中国在各个地区国家的经贸活动日益增长，中华文化在世界的传播也不断受到重视，中华文化传播事关中华文化“走出去”、中国国家形象的塑造、中国文化软实力的提升和中华民族伟大复兴梦的实现。

1. 强势传播的内涵与特点

（1）强势传播的内涵

强势传播是指通过一种硬性的、去柔性化的态度和行为方式去传播物质和精神成果，强势传播有较强的确定性、公开性、直接性、进取性和功利性。文化传播机构和组织通过特定传播优势对受众进行强劲的传播，其表现为：一是有严格组织领导、明确的目标和传播规则要求；二是往往传播技术手段具有优势，信息拥有垄断权；三是力推传播主体国家的主流或流行文化。

（2）强势传播的特点

①传播取向的扩张性

只要有传播的欲望就总有一股向外拓展的冲动，常常表现为一种主动出击的姿态和行为，以不断扩大自身的传播版图和文化版图，强势的语言和文化尤为如此。语言的优势就是文化的优势，如欧美文化借助英语优势在世界范围内传播，使欧美文化迅速成为世界主流文化之一。英语是目前世界上使用范围最广泛的语言，也是国际通用语，它虽然在世界上使用人数居于第三位，但其普及性及使用范围全球第一。伴随着弱小族群语言不断消失，英语尤其是以美国英语为代表的强势语言已成为国际关系中的霸权语言。托夫勒在《权力的转移》中指出：“世界已越来越离开依靠暴力与金钱控制的时代，而未来世界政治的魔方将控制在拥有信息强权的人手中，他们使用手中掌握的网络控制权、信息发布权，利用英语这种强大的文化语言优势，达到暴力与金钱无法言语的扩张性。”①

②传播方式的直接性

强势传播行为的途径是直线性的，如人际传播是单层的层级传播模式，在听话人和说话人两者之间往往不通过第三渠道。语言行为的传播通常是面对面的，以“在场”的方式输送明确的信息，直截了当，目的性清晰。即便是面对高语境的国家，也往往开门见山，能使对方一点即透，信息识别率高。“强势传播”下的政府形象传播往往呈现出信息量大、密集度强，但同质化高，传播的内容、方式、视角都较为单一的特点。②

③传播行为的主动性

强势传播表现出传播行为的主动性，即强势传播要么以自身优势的语言文化压倒对方，呈现出有为的进取态势，要么自身通过先进的信息技术手段控制媒体，在强势传播需要时，按照自己的意志把握传播内容和传播受众。强势传播往往都是以自身国家经济和军事优势为后盾的。强势传播注重对媒体的掌控，在传播需要时，拒绝提供新闻或提供似是而非的新闻。传播主体加强新闻控制，通过强势体现自己声音，利用自己具有得天独厚的传播优势，传达有利于自己国家的文化信息。

④传播意图的明指性

强势传播的意图是非常明确的，就是凭借软硬实力的优势，通过各种传播手段按照本国组织领导和传播目标进行的特定传播行为。信息传播过程中传播的速度和质量决定着一个国家的地位和软实力。强势传播方式将自己的政治主张、思想观点、价值观念、生活方式、行为方式等千方百计地传播到世界各地，具有鲜明的目的性。

2. 柔性传播的内涵与特点

（1）柔性传播的内涵

柔性传播指以一种温和、友善的姿态和行为方式进行传播，通过一些非硬性传播特质来实现传播的策略。其内质贵在柔性，行为方式和意图具有较强的含蓄性、内敛性、暗指性，柔不一定柔弱，柔中也会带刚，往往以柔克刚。通过某些柔性特质与对象国开展文化交往，可达到文化理解、

① [美]阿尔温·托夫勒. 权力的转移[M]. 刘红，等译. 北京：中共中央党校出版社，1991：49.
② 黄月胜. 论西方网络文化的强势传播与影响[J]. 江西社会科学，2005（6）.

互惠和共赢的目的。其表现为：一是多为非政府和民间组织主导；二是倡导从柔性特质的角度着手，注重发掘隐藏在文化下的具有某些特质的传播边际内容，以轻柔、持久的方式潜入受众头脑，以达到春风化雨的目的；三是充分考虑对象国文化特征和受众接受方式，采取更为本土化的方式，正确处理与对象国的异质文化关系，消解因文化输出带来的焦虑、冲突，甚至敌意。

（2）柔性传播的特点

①传播方式的含蓄性

柔性传播方法的含蓄性指传播的方式曲径通幽，不直截了当。如果是语言传播往往含有深意，藏而不露，不做正面介入，用委婉隐含的策略把话语表达出来。含蓄实际上是艺术表现中的一种方式。作为艺术方式来看，它是在不损害揭示客观事物的本质，不减少形象感染力这一前提之下，一种更简捷、更概括、更有回味的意境表达方式。含蓄，是一种巧妙和艺术的表达。

文学艺术贵在含蓄，在艺术中，音乐的语言差不多是最含蓄的了。即使是最明快的音乐语言，其实质也是含蓄的。文化传播，也贵在含蓄，尤其在高语境的国家。低调的、含蓄的艺术性传播往往比高调的、莽撞的、攻击性的直白强势传播更有力量。

②传播内容的曲指性

柔性传播内容往往具有隐藏性和曲指性，柔性传播内容及语言的含蓄是一个十分重要的特征，含蓄中的隐藏不是简单地把它藏起来，使人看不到，而是用曲指的方式来表现它，即以隐为显、以藏为露。柔性传播中的曲指，是把重要的、有价值的传播内容巧妙隐藏起来，虽不显露，却能使对方意会，这就是常说的“言有尽而意无穷”或“只可意会不可言传”。曲指性甚至可以说是柔性传播的基本前提，是“淡化”和“抑制”强势传播的一种形态，部分的曲指就是抑制，一定程度的曲指则为淡化。传播的最高境界就是通过曲指的语言表现出更多、更深、更浓的意蕴，重意味亦即言外之意、味外之旨、弦外之音。

③传播行为的内敛性

柔性传播行为具有内敛性，由能指和所指组成。能指是作为传播手段而显现的呈符号形式的事物（即物质载体）；所指是指作为传播符号背后的含蓄意义（即心理上所创造出来的意义）。柔性传播行为中具有大量的能指和所指，通过能指和所指的结合，传播符号的直接意指功能则可以实现。柔性传播符号包含三种信息：语言学信息、编码的形象信息和非编码的形象信息。语言学信息是柔性传播中文字语言符号所承载的信息，如标题、解说词、附加的说明文字、名称、对白等。事实上，语言学信息存在于每个柔性传播活动中。非编码的形象信息是柔性传播中所有编码的形象信息所共同负载的象征信息，也就是含蓄所意指的信息，是非连续的、甚至是毫无关联的。

④传播目标的暗指性

柔性传播就其本身而言不彰显鲜明的目的性，具有内敛之美。传播给人感觉是淡淡的、朦胧的，其边界和轮廓是不甚清晰的，但其内容和意义呈现出某种暗指特征。柔性传播着重强调含而不露这一暗指的效果，即目标隐藏在表象中。柔性传播的暗指性表现在多方面，可以利用双关、含蓄比较、暗喻等修辞手段，或使用别出心裁的表达法，来凸显传播行为的暗指特性、特征和优长。柔性传播目标的暗指性在文化传播活动发挥重要作用。如暗指性的柔性传播方式会给各国受众提供了广阔的想象空间，引发不同受众的不同想象思维，激发各国受众对中华文化的联想，激起他们的认知欲望。用柔性传播目标的暗指性传递文化传播活动之外的种种感受，使各个国家受众能够体会到隐藏于汉语学习背后的中华文化内核，从而达到事半功倍的传播效果。

3. 强势传播与柔性传播的比较

（1）强势传播的优劣

强势传播从自身的优势角度制定传播方略、设计规划与组织实施，具有明确的方向和目标，往往主动性强，短期内见效快。传播手段往往是“速入式”的，具有直接性和气贯长虹的态势，手法上采用主动出击式的策略，且具有相当的传播密度和广度，其传播效果快捷、迅速，能够在短时期开拓疆域，打开局面，以达到预期效果。

强势传播的劣势：一是虽然强势却非能持久，强弱会有转化的过程；二是无论传播主体是否具有“同化”的心态，都会使主体对象国本能地产生“排异”反应，不易处理好与异质文化、主体对象国的关系；三是一味地强压，不考虑受众接受情绪，往往引起对象国的抵制和反弹，传播效果不佳。

（2）柔性传播的优劣

柔性传播具有间接性、曲径通幽的特点，注重传播的长期性，传播效果属于慢热型，简单来说就是通过讲述曲折动人的故事来传递深层次文化。

柔性传播具有浸染性、渗透性、感染性，是将传播内容渐进内化的一种传播方式，它通过耳濡目染，从而达到春风化雨、水滴石穿的效果。柔性传播更讲究传播的艺术，不需要硬性灌输，讲故事是一种好的方式。从传播的角度说，故事是最容易打动人的，也是最容易让人记忆的。如《舌尖上的中国》就是典型的柔性传播，这种方式不是说教，没有任何的强制性，将中华饮食文化故事化、纪实化，让国外受众产生记忆，因而容易产生良好的人际传播的效果。中华文化故事的价值并不在于故事本身，而在于故事是对中华文化的有力诠释。

柔性传播易通过文化故事体现传播的价值导向，从而塑造良好的国家形象。一个国家文化，总有一个主导价值。但任何一个主导价值，都可以层次化，甚至是具象化。层次化体现的是国家文化价值的丰富性，具象化体现的则是受众对于他国文化的感知与体验。这种体验，往往是出现在特定受众和他国文化的关系界面，很多时候，柔性传播中的国家形象设计会成为一个国家形象的组成部分。对于国家形象来说，受众有了感知与体验，才真正能够与他国文化产生互动，才会收到文化双向互动传播的效果。

柔性传播的劣势：一是由于传播方式的含蓄性或模糊性，传播的内容掌控有时不易把握；二是由于信息盲点，有时传播的时机和分寸感不好判断；三是柔性传播的效果具有迟滞性，见效较慢，要做好长期作战的思想准备。

（3）强势传播和柔性传播的契合点

强势传播与柔性传播是对立统一的两种传播方式，在一定条件下可相互转化。关键在于对不同传播主体采取何种传播态度和方式，对某一主体在不同情境中具体采用什么传播策略。人际传播、大众传播和组织传播的传播过程都会体现要么强势，要么柔性，要么两者兼而有之的传播特点和功能。

强势传播也会达到一定的效果。能够抓住传播对象国的公众的“眼球”，策划并实施强力的文化传播行为，快速达到相应的目标；而一旦令传播对象反感，其传播效果将大打折扣，有时还会引起中低程度的抵触，甚至激烈的反抗。

柔性传播与强势传播的结合往往能够达到传播峰值，针对当前国家汉语推广过程中侧重强势传播方式而言，注重中国文化和中国形象的柔性传播愈显重要。强调柔性传播并非意味着全盘否定强势传播的作用，而是通过与强势传播的结合发挥更大作用。在中华文化传播和中国形象塑造过程中，只有强势传播与柔性传播适度结合，共同合理运用，才能取得事半功倍的传播效果。

4. 强势传播与柔性传播的具体策略

战略是顶层设计，策略是中观和微观的设计。强势传播可析出“有的放矢”“反客为主”“多管齐下”“与时俱进”等策略，柔性传播可分为“抛砖引玉”“他山之石”“绵里藏针”“求同存异”等策略。

（1）强势传播的具体策略

①“有的放矢”

有的放矢的传播策略就是指要做到有目标、针对性的传播，文化传播受众、传播内容、传播途径都要有针对性和目的性。

例如，中亚五国的国情和文化现状不同。开展文化传播就是要有的放矢，开展国别化传播策略，对中亚五国制定不同的传播策略，其内容要有针对性，不能一概而论，须充分考虑各国政治、经济、文化、社会、生态等因素，制定相对完善的传播策略，力求主动、管用、有效。

又如，一名中亚孔子学院中方老师在授课中就遇到一位听课不认真，经常与同学用俄语窃窃私语的学生。刚开始老师用眼神请这位学生安静。这位学生好像感到不自在，就郑重其事地对老师说：“老师，你继续上课，就好像我不在教室里一样的，普京现在竞选俄罗斯总统，我很支持他，我现在有很重要的事情要考虑。”老师很生气地说：“这是国家的事情，现在在上课，你说话影响老师的工作，如果一定要讲就请出去讨论。”这位学生很不耐烦地收拾好书包，白了老师一眼，重重地关上门就走了。第二天快下课的时候那位学生又来了，老师问："为什么现在才来上课，你可以直接去吃饭了。"那位学生说："今天俄罗斯选总统，我很喜欢普京，所以一直看电视，他现在是俄罗斯总统了，我特别高兴，所以来上课了。"

面对不同文化圈的外国学生，我们要有的放矢，充分考虑他们的文化需求，积极沟通，学会理性控制情绪，多从学生角度来考虑授课内容。对于普京的"粉丝"，可寻找兴趣点，因势利导。教师不必一味责备，可以顺着学生的话回答："你说的竞选非常有意义，那你是否了解俄国和中国的国家领导人选拔制度的不同呢？"进而向其介绍中国的国家制度及文化。

②"反客为主"

反客为主的传播策略即把握传播主体优势，逆势而为，变被动为主动的行为方式，把主动权慢慢地掌握到自己手中来。

个人作为传播主体发挥的作用渐渐凸显，显现出大众传播所不能发挥的独特作用。个人作为传播主体有意识或无意识地参与传播过程，必然会以更加生动、鲜活的形象和语境，从不同的角度构建一个丰满而立体的国家形象，同时也拓宽了"双主体"的传播策略，达到更佳的传播效果。在人际传播中，面对"西风美雨"的强势，中国公民要不卑不亢，在面对面的传播中做到有理有利有节，变被动为主动，争取文化传播的话语权，发出中国声音。

反客为主的传播策略就是要揭穿当今世界所散布的"中国威胁论"和"中国文化入侵"的迷障和谣言，把一个民主、公正、和平、富强、繁荣、发展、真实的中国介绍给世界。要变当下的文化产品和文化服务贸易出口的赤字为文化产品和文化服务贸易出口的盈余，变被动的文化传播为主动的文化进取，扭转中国文化传播的弱势地位，通过传播主体多渠道的主动行为充分发掘博大精深的中华文化，积极传播正面、合意的中国形象。

③"多管齐下"

多管齐下的传播策略即指充分利用多种传播渠道，达到文化传播的立体化、分层化的传播效果。文化传播渠道按性质划分，可以分为大众传播、组织传播、人际传播等渠道。随着手机、移动媒体等新兴媒体的快速发展，信息的传播已经不再局限于广播、电视、报纸、期刊等四大传统媒体，开始呈现传播渠道的多元化和立体化。

中华文化对外传播渠道呈现多元化倾向，这就要求，一是巩固电视、广播、报纸等传统媒体的传播地位，做好主流媒体的“走出去”工作；二是加强网络新媒体文化传播，新媒体在传播中影响力越来越大，文化传播可以采用各种微信、微博等方式传播；三是做好人际传播，强化与各国公众面对面的互动与沟通，重视公共外交和民间外交。

传播方式要加以整合，加快构建覆盖广泛、技术先进、多语种、受众广、信息量大的文化传播体系和创新体系。推进现代信息技术、数字技术和网络技术与文化的融合对接，打造以高新技术为依托、以自主知识产权为核心的新兴文化业态，是提升文化创新力、传播力、竞争力的有力举措。充分利用卫星数字平台，创新传播模式，运用好互联网平台，同时也注重人际传播，通过多渠道文化传播途径改变国际社会对中国的负面看法，增强与中国交往的内在动力。

④“与时俱进”

与时俱进的传播策略就是指在文化传播的方式和理念上采用现代理念，在文化传播的内容上注重现代文化的传播，注重文化传播方式的现代性。与时俱进是主动建构，而非被动取舍。

中华文化具有历史的传承性和延续性。在现代化的今天，传统的农业文明受到现代工业文明和后工业文明的严峻挑战，中国要尽快实现传统文化向现代化的转变。中华文化在传播过程中应注重传统文化的传承和发展，运用现代观念对不合时宜的传统文化元素进行改造、创新和发展，创造出闪亮于时代的中国特色现代文化。在现代文化传播过程中，需要考虑各国受众的特殊接受心理和习惯进行改进和调适，如在各国汉语教材的设计上就可以增加一些他们熟悉的本土化内容，辅之以一些现代的手段，使得中国的语言文化尤其是当代文化融入其中，进而推动中华当代文化的传播。

（2）柔性传播的具体策略

①“抛砖引玉”

抛砖引玉的传播策略就是充分发掘中华文化中的软性内容。中华文化传播活动有一种倾向，内容指向性太强，如传播内容中过分强调“中国形象”“中华文化”的传达，往往导致传播内容过“硬”，缺乏趣味性，难以引起世界各国民众的兴趣。抛砖引玉就是通过对文化传播软性内容的发掘，倡导从中华文化及中国形象传播的边际入手，细腻地挖掘与各国受众生活贴近的人和事，使中华文化传播“随风潜入夜，润物细无声”，取得良好的效果。中华文化的传播是一个长期的过程，文化传播内容切忌空洞和不切实际，应注重通过描述各个国家受众关心的人和事，导入中华文化相关内容，培养各国公众对中华文化的情感，久而久之，良好的中国形象就会树立起来。传播媒介对中华文化传播行为的解释也应更富有人情味儿，越加贴近对象国的公众生活。

例如，在中亚孔子学院不用多媒体讲授中国音乐史，授课效果往往不太好。但如果老师教外国学生中国歌曲，他们就能很快学会，还会在课堂上主动表演，有的学生能够只教两遍就学会了中国歌曲，以后还主动请求老师教唱中国歌。以上案例体现了孔子学院学生的文化情感认同和“群体”意识。中华文化是抽象的，只有通过传授中国音乐、舞蹈、书法、剪纸、脸谱、武术等方式才能生动展现中国文化，才可以通过抛出的中国艺术这块“金砖”来引出和全面展现中华传统文化瑰宝。传播中华文化要有人情味儿，更加贴近中亚国家的公众生活，可以使中国形象通过中国歌曲在中亚广泛传播。因此，我们可以采用抛砖引玉的文化传播策略，充分发掘中华文化中的软性内容，教师们可以从大的软性文化着眼，从具体的软性内容入手。

②“他山之石”

“他山之石”是指文化传播活动积极借鉴其他国家的文化传播策略和方法来推进中华文化有效传播。柔性传播倡导的是传者和受者之间的“平等”，有利于中华文化与世界各国文化之间理解与互信。“他山之石”的传播策略就是在柔性传播思路的指导下使中华文化传播活动具有平等性和双向互动性，如欧美国家在开展文化传播中通常注重发挥民间组织的作用，而非通过政府强势传播。在中国经济和影响力日益强大、世界“汉语热”逐步形成的背景下，对中华文化传播的具体实施，可以通过中国民间组织来搭建平台，这样更加有利于世界各国公众从情感上认知中华文化。并且，这种“平等双向”关系有利于把中国和世界各国民间力量连接起来，在民间组织的互动过程中建构主体与媒体、受众的良好关系。

2013 年 6 月的一天，笔者到塔吉克斯坦国家图书馆去做课题调研，进入他们的展厅参观。我们发现中国馆位于二楼，但在这里学习和看书的人较少。但是，当我们来到四楼美国厅，发现那里有很多学生，他们有的在聊天，有的在上网看电影，通过访谈调查发现，这里每天有三场文化讲座，从周一到周五不间断。从案例中我们可以感到只重视硬件的建立，忽视软件的建设，对于文化传播是无益的。文化是一种无形的东西，我们需要感受，只有通过自己切身的感受才能学习了解到文化。这一点我们可以积极借鉴他国的文化传播方法。在中亚国家传播中华文化可以在一些固定场合，如国家图书馆、大学设立流动的孔子讲堂，通过聘请对中华文化了解的当地汉学家或对当地国家熟悉的中国学者开展滚动讲座和文化普及活动，安排孔子学院老师做公益性的文化讲座，更加重视文化的开放性展现和互动沟通。

③“绵里藏针”

“绵里藏针”就是柔中有刚的软性传播方式。中国要有自己的文化自信，但不一定过分张扬去正面进攻，可采用迂回的战术，一样能达到效果。要运用轻柔方式把中华文化“细细诉说”，注重文化传播内容的细节性、现场感、亲切性和认同感。[①]“绵里藏针”的传播策略是通过细节展现成败的交流过程，合理运用柔性传播手法，关注柔性传播效果，能拉近双方传播距离，增强各国公众对中华文化传播内容的深刻理解，取得超出预期的传播效果。

文化传播不仅仅是语言要翻译，更需要一种文化的理解。也就是说，中国故事，国际表达。《梁山伯与祝英台》是个好故事，比起《罗密欧与朱丽叶》或许更感动人，但是《罗密欧与朱丽叶》全世界都传播开了。《梁山伯与祝英台》如果用越剧来唱，过长江过黄河都很困难；如果用小提琴协奏曲，外国人就能听得懂。这就是一个很好的中国文化传播案例，这就是中国的故事，国际的传播。中华文化的中亚传播就需要这样绵里藏针，我们传播中华文化的时候，要针对外国人进行交流和互动，内容介绍要通俗易懂，同时自己还要在公共场合或媒体上发声，表达见解，解疑释惑，使外国人听得懂、看得见、能接受，运用轻柔方式去展现中华文化的叙事魅力。

---

① 肖荣春.“软传播”：政府形象传播的一种新思路[J]. 对外传播，2008（1）.

④求同存异

求同存异的传播策略就是利用文化的共性来加强他国对本国文化的理解与互信。文化的共性决定了人类对于真理的追求一致，我们对于新鲜事物有强烈的兴趣，但同时也本能地产生排斥和戒备。因此，在传播中华文化时应以文化共性为基础，逐渐打开通向另一文化的窗口。

没有一种文化的传播是没有冲突的，尤其是那种通过强迫使对方接受的文化传播方式。中国文化在传播过程中，应展现和谐文化的内涵和品位，避免与其他文化的冲突，我们要调整姿态接受和学习对方文化。因此，在考虑自身文化传播的途径时，必须考虑对方文化的接受性问题。在经济全球化的同时，我们也应该看到世界文化的多样性，中国文化向来提倡以和为贵，要与不同民族、不同性格、不同价值观的文化共融于世界，首先就要承认彼此的相同性，并睿智地看清不同文化的差异所在，尊重对方的文化，理解、包容对方传统文化习俗。[①]在求同存异的基础上尝试中国文化和其他文化的结合，例如中华文化在中亚传播时，可以让中亚学生来表演中华文化节目，中国教师表演中亚文化节目，求同存异、互相尊重，才能进一步深入传播中华文化，直至最后被中亚国家公众所理解、认同、接纳，达到两种文化和谐共融，和平共处。

求同存异的文化传播策略就是利用文化的共性来加强传播双方文化的理解与互信，文化的共性决定了双方交流与合作的基础一致，对于与自己有共性的文化易于接纳，降低差异导致的排斥和冲突。因此，在传播中华文化时应以文化共性为交流基础，逐渐建立通向中亚地区国家文化的桥梁。[②]

中华文化的对外传播，要注重刚柔并济的表达手法，把原本较为深厚的中华文化内容深入浅出地传播出去，以彰显文化的亲和力和独特魅力。中华文化对外传播需要妥善处理与对象国本土文化的关系，正视跨文化传播中的文化差异。通过文化双向交流与合作，以对象国语言传播交流双方文化，扫除语言文字和理解上的障碍，与对象国文化相契合，实现本土化

① 郑天亮. 华人形象塑造与中国文化软实力建设[J]. 新闻战线，2012（10）.

② 廖华英，鲁强. 基于文化共性的中国文化对外传播策略研究[J]. 东华理工大学学报（社会科学版），2010（2）.

传播策略。[①]

（二）理性传播和情感传播

以传播的思维方式和心理取向为尺度可把传播分为理性传播和情感传播两类，是颠覆通常的以传播的主体和媒介形态为划分标准的另一传播向度的审视。人内传播、人际传播、组织传播、大众传播已被公认为通用的传播形态，而理性传播和情感传播则是一组对立传播形态的辩证统一。理性传播是指传播活动主体思维采用理性思维，以理性思维逻辑为架构和尺度的传播活动，所有传播活动均按理性认知和模式来建构。情感传播与理性传播相反，传播活动主体思维采用情感逻辑的结构和指向方式，通过情感主体活动影响传播受体，以情感为基础和传播纽带，力求达到传播活动的目的和需求。

1. 理性传播的特点及情感定向

（1）理性传播的特点

理性是指按照事物发展的规律和自然进化原则来思维和处事的一种向度。考虑问题、处理事情不随意、不冲动，不凭感觉、直觉做事情。理性传播是跨文化传播和国际传播中的一种形态，是在更为理智、客观的思维和心态下的一种传播行为方式。在中华文化对外传播中需要更为科学务实的国际视野和战略思维，也亟须创新传播理念和方法。

①语言的精确性

理性传播语言的精确性是指在传播中用明晰的概念、准确的判断和严密的推理来摆事实，讲道理；用理性传播语言表达出来的概念、判断和推理基本达到准确无误，不掺感情，不做修辞的目的。也就是说，丁是丁卯是卯，符合相关事实，经得起时间推敲和验证。或者说，通过不同句式的变化，不同论证手段和说明方法的使用，使表达层次更鲜明，逻辑更清晰，增强语言的说服力。

②内容的客观性

理性传播要求传播内容具有客观性，不以人的意志为转移，以事实为

① 李建军．新疆现代文化发展战略的实现途径[J]．新疆师范大学学报，2012（1）：18-28.

依据，不合理想象，倡导逻辑推理和工具理性。在传播过程中，对人和事物的解释，力求准确，做到观点明确，结构严密，具有逻辑性、规律性、分析性和有序性，对人和事物的评判力求客观公正，尊重事实和真理，透过现象能抓住本质，不感情用事，不带传播者的主观色彩及个人偏见。

③行为的理智性

理性传播不仅要以理性的思维和冷静的态度去面对，而且要让自己的行为不为受众的情绪化所左右。理智是一个人用以认识、理解、思考和决断的能力，也是辨别是非利害关系以及控制自己行为的能力。理性传播行为的理智性强调行为的可控性，在传播过程中传播主体力求言语张弛有度，场面井井有条，行为拿捏恰到好处，使处事简洁、合理、有序、得体、冷静。传播行为理智性还应体现在传者和受者的合作共赢、双向互动上，传播者的行为不仅受益于传播主体，而且也有益于受众。

④目的的工具性

理性传播是注重功利性的一种传播样式。理性传播不打无准备之仗，而是考虑利害得失，精于成本计算，讲求有效产出和有效回报。笛卡尔认为世界都是以“精密数学知识”为依据建构起来的。理性传播一般都经过议程设置，传播目标明确，准备工作充分，论证过程翔实，工作进度有序，传播路线可操作，能够预测或计算出传播的成本和实际效果。要想有合理的回报，不是只关注自己的利益取向，同时更应关注对方的需求焦点。只有懂得对方的利益诉求，能让对方获得满足，自己才能获得更大的利益。利益是双向的、互馈的、共赢的。

（2）理性传播中的情感定向

理性传播是人的传播，再客观也难免会加入情感因素。通常情况下，在熟人和陌生人之间，人的态度和情感表现往往有所不同，对熟人可能会更亲近一些，话题更多一些；反之，对陌生人则会相对疏远和出言较为谨慎。对自己和他人的评价常常有所差异化，利己时情感评价会主观一些，利他时情感评价会客观些。

理性传播与情感传播是依据传播思维取向的两面——理性和情感而分类的，理性与情感是一对合作伙伴。在文化传播活动中，情感传播是原动力，而理性传播是执行力。理性传播和情感传播有以下几种情况：其一，两者传播皆弱，冲突也就弱，其表现则较为舒缓和平庸。其二，双方传播力量对比悬殊，情感传播能力强而理性传播能力弱，或理性传播能力非凡而情感传播能力不敢恭维。在这两种情形下，冲突皆不严重，因为一方稳占支配地位。这样的传播活动往往可能一事无成，但也可能出奇制胜。其三，两者皆强，因而冲突和误读则会异常激烈和直接。然而，倘若理性传播中结合情感定向，情感传播中伴随理性选择，就能有效化解冲突和矛盾，从两者的交错和结合中衍生出最佳的传播途径。

理性传播是以理性思维和理性逻辑关系为尺度的传播活动，但传播活动是非常复杂的，不仅仅用理性传播一种样式即能顺利完成，在同一情境的传播过程中也需要传达和补充必要的情感信息，需要传送丰富的道德情感和高尚的审美情怀，这是一般抽象的理性传播语言很难同步做到的。如果固守理性传播一种样式而无变通，使理性至高无上、曲高和寡，最终则会陷入韦伯所描述的“理性化的栅栏”之困境，毕竟理性是无法替代理想、情感和意义的。因此，在理性传播中赋予情感定向能消解理性的冰冷、僵硬、过于功利的刻板印象，更能有效地传达人文关怀和安身立命的情感信息。情感和思想均可作为理性传播信息予以传达、交流和反馈，这不失为一种融通、豁达的包容性选择。强调理性传播中的情感定向同时也是为了克服贬低直觉、顿悟、灵感的倾向，它背离了逻辑与直觉的互补性；排斥偶然、无序等非理性的东西，违背了偶然和必然的统一、无序和有序的统一，非理性和理性的统一的规律；忽视思维的形象性、整体性，割裂了创造思维的想象力和理解力互补互动的结构[①]，使理性传播在情感定向中得以得体抒情，使情感传播在理性选择中自由表达思想。

2. 情感传播的特点及理性选择

（1）情感传播的特点

从柏拉图到霍布斯，从康德到黑格尔，包括多米尼克·莫伊西，哲学家们总是青睐情感概念的传统地位和影响。“这个世界情感的边界变得与地理边界一样重要。而且两者不能够进行机械对比。随着时间的流逝，情感

① 朱联营，郭墨池．新闻的价值取向与理性传播导向[J]．延安大学学报（社会科学版），2007（6）：123-126.

地图将变得合理合法而且必要，就像地理上的地图一样。”[①] 情感传播具有自身的特质和传播机理，在传播过程中需要把握传播的价值取向，采取更为积极的传播态度，以柔克刚，以情感制胜，找寻和挖掘情感传播的密码和传播机理。

①语言的感染性

感性是人天生的一种生命本能，情感传播体现出很强的感性色彩，感情饱满，语气强烈，丰富传神的富于情感的语言具有感染性、直觉性、传导性、扩张性及诗性美。当语言呈现出对受众的关切和尊重，并持积极乐观的态度时，受众就会受到感染，从而搭起一座心灵沟通的桥。当人与语言处于虚拟的意向关系时，语言的指称、陈述、交流功能丧失，语言成为陶醉于审美光芒的自主自为的语言。[②]情感传播使语言更加丰盈、更加风格多样，语言的感染性和亲和性有效地沟通着人与人的情感。语言愈有真性情，更愈具有贴近性、吸引力和感召力。情感是人与人之间关系的润滑剂和推进剂，在对外传播中，如中亚地区的不少各族民众属于诗性民族，诗一样的语言富有激情、灵感、爆发力和想象力，因而具有了无可比拟的巨大交流能量，同时也为情感传播增添“心动力”。

②内容的主观性

与理性传播相比，情感传播内容具有一定的主观性，浸透了传播主体的主观意志和情绪色彩。如若是人内传播的话，情感传播更像是在读一部具有复杂情节的创造性的文学作品。而在人际传播中，则强调传播对象的“在场”，以面对面的信息沟通和情感互动来消弭传播主体与欣赏对象间的距离感，寻找对话的共同点、兴趣点和贴近性，消解跨文化传播中传播主体与不同受众交往的盲点和误区。情感传播内容的主观性能够依据传播活动现场重新调整自己的语境及传播内容，使诗性（形象）语言的传播更为直接、畅通，也更为随心、随性、率真。为了拉近与受众的情感，可在传播时阐发和发挥自己的主观意识，但这种伸展的空间及弹性是有限度的。

---

① [法]多米尼克·莫伊西.情感地缘政治学：恐惧、羞辱与希望的文化如何重塑我们的世界[M].姚芸竹，译.北京：新华出版社，2010：170-171.

② 叶世祥.诗性语言研究的新拓展——评马大康《诗性语言研究》[J].文艺理论研究，2007（2）：75-79.

③行为的亲近性

情感呈现出肯定与否定的两极性情感，在两极性情感的中间地带有着不同强度的情感类型。情感和认识的过程不同，情感不是对客观事物本身特性的反映，而是对客观事物与人的需要之间关系的反映。肯定与否定情感行为虽然呈现出情绪性的色彩，但并不意味我们在考虑问题、处理事情时就不加掩饰和控制自己的情绪，就要冲动，凭感觉和关系亲疏办事。情感传播行为与情感行为不同，由于情感传播行为具有明确的传播意图和指向性，换句话说，如果某种个体或群体需要，也能在传播中不断克服情绪化的消极因素，更多地表现出行为的亲近性和主动性。实际上从心理学的角度，有两种动机影响人们的社会交往：一是亲和需求，它是指一个人寻求和保持许多积极人际关系的愿望；二是亲密需求，指基于归属的需要，人们追求温暖、亲密关系的愿望。[①] 情感传播主体也需具有人际吸引力。虽然针对不同的传播对象，其传播行为表现有所不同，但传播行为的亲近性是行为情绪性的正向反映，是情感传播的正能量。情感传播有快热和慢热两种状态，其传播行为不仅仅在于见面熟式的快速出击，更在于可进行一个相识、相近、相亲的柔性递进。情感是最能让人确信的。亲近减少陌生感，亲近拉近距离感，亲近增加信任感，“国之交在于民相亲，民相亲在于心相通”。但情感传播行为要得体、中和，亲近也要讲究适度，否则过犹不及。不能热情得使人感到虚假、伪善，不要过火得让人倒胃口、吃不消。

④目的的价值性

与理性传播的目的工具性和可计算性相比，情感传播更注重价值的传播，这只是相对而言的。情感传播的理想诉求是要凸显传播主体的文化品格和人文关怀，是要在冷漠和过于刚性的世界中诉诸传播情感，影响心灵，从而增强受众的可塑性。情感传播赋予直觉性语言的情感特征，传播主体在人与语言、世界的三个向度的关系中不断赋予新的价值阐释，在与人交往中更加增强义务感、责任感和亲和力，用美好的言谈、举止、思想、风格产生愉悦和享受的体验，将人与传播内容共同带入审美之境和精神故乡，使情感传播更富有道德感和美感。在情感传播中，发自内心地去微笑，让

---

① 侯玉波. 社会心理学[M]. 北京：北京大学出版社，2002：129.

对方感受你的真诚和友爱；与人握手总是多握那么几下，让对方体会到你的友善、信任和尊重。

（2）情感传播的理性选择

情感传播不是单纯地传播情绪、情感体验，也需要真诚地传播像情操那样的核心内容，需要传播语言是抽象的、推理形式的道德符号，表意确切而固定。通情才能达理，道始于情，理智感是情感的一种范型，是人根据某种认识和追求真理的需要而对一定的客观事物所产生的情感。我们对科学和真理的热爱、对谬误和偏见的蔑视就属于理智感。

人情的泛化会滥情，过多的情感释放会影响判断力，易造成情感的失控和走极端。情感的内容指向是模糊的，行为张力是很强的，有时就需要增强理智感，把理性传播作为一种互动和补充。理性选择能够精确地辨明情感的种类，明确地传达情感的强度，准确地表现情感的过程和表达状态。这种确切的表达含义从概念到判断、从判断到推理具有显著的逻辑结构联系，而情感传播难以直接地把握和呈现情感这种逻辑关系和内在联系。①中华文化的对外传播需要以丰富、生动、浓烈的抒情去感染受众，但也需要理性"抒情"的形式，单纯一种传播样式总有欠缺和疏漏之处，情感传播需要理性选择，有必要去拓展情感传播的理性价值，提升情感传播的表达形式，形成复合高效的传播效果。

3. 理性传播与情感传播策略

理性与情感传播的理论和实践表明提升传播力可从传播内容和技术手段两方面着手。传播内容从根本上决定了理性与情感的传播力和影响力。在中华文化对外传播策略设计上，我们要把握时代特点，融入现代意识，增强中华文化传播内容的创意，秉承"和而不同、敬其所异"的理念，加大内容的信度和传通效度，增强中华文化魅力，使中华文化焕发出"直指人心"的力量。

（1）理性传播策略

理性传播不是为了眼前利益，而忽略长远利益的传播方式；也不是一味强调自身单向利益，而不重视双向互惠的传播方式；更不是要把人逼得

① 梁苗，张彩琴. 传播学视域下中学思想政治课的有效师生互动[J]. 东南传播，2014(1)：131-133.

走投无路、采取冰冷的强制性传播方式。理性传播不追求漫无目的的“撒播”行为，理性传播青睐“传播是游戏”——一种理性的游戏规则。

①“针芥相投”

《吴书》曰：“虎魄不取腐芥，磁石不受曲针。”磁石引针，琥珀拾芥，因以之相投契。“针芥相投”就像针尖对上了麦芒，是一种一拍即合、志同道合、志趣相投的传播策略。“针芥相投”强调传播主体和受众的思维方式、行为方式和价值观大体相同、有共同的兴趣和爱好，像很久没有见面的朋友，交往起来有种天生的默契。针芥相投的理性传播策略就是以寻找共性，谋求共识，寻求互惠的方式来传播。

②“实事求是”

实事求是原指一种治学态度，亦可作为一种思想和传播方法。即从实际对象出发，探求事物的内部联系及其发展的规律性，认识事物的本质。理性传播是客观公正的传播，不带感情色彩和“有色眼镜”，忠实于事实，笃信于真理，不虚构、不夸大、不粉饰、不颠倒黑白，讲究有理有据，用事实说话。这就需要“实事求是”地讲求客观性的传播策略。

③“刚柔相济”

《周易·蒙》有云：“刚柔节也。”就像阴阳互补一样，刚强和柔和不能截然分离，可相互调和与帮衬。刚与柔是对立统一的，欲刚则刚，欲柔则柔；既可柔中带刚，亦可刚中有柔，“刚柔相济”是一种理想的传播策略。

情感和思想可以通过理性传播进行传导和交流，我们称之为理性传播的情感定向。然而，情感和思想的传播特征却又大有差异，思想信息可以用语言较为准确明晰地表达，情感信息却很难直接通过语言传播，往往借助肢体语言等其他途径得以体现。因为“情感是心灵中的不确定的模糊隐约部分”（黑格尔语），[①] 所以理性传播中的情感需要定向，在不同层面采用不同表达方式，不能一成不变，需要适度把握情感定向。

（2）情感传播策略

情感是个内涵丰富的概念，有正面的、有负面的，也有中性的情感。感情不可选择，但我们所要做的是控制和判断我们的行为，即情感传播的

① 梁苗，张彩琴. 传播学视域下中学思想政治课的有效师生互动[J]. 东南传播，2014(1)：131-133.

表达方式。情感传播强调情感作为一种干扰力量的存在，并关注情感如何影响信息传播的具体过程。情感传播的内容维度是以人际传播理论为基础的，因此，情感传播的内容维度构成传播双方联系的纽带，这种纽带即情感互动，它是情感传播维持的需要，也使情感传播活动不断开展，形成情感传播策略。

①“动之以情”

“动之以情”是通过情感体验实现传播目的，该理论基础源于社会心理学中的情感互动体验理论和情景理论。[①] 情感互动体验理论认为：在所有的情感体验下，受众都对传播内容表现出一定的期望。这些期望由不同的因素引发，但都与受众个体有情境关联。当期望被满足或者没有得到满足时，受众的情绪会产生变化，如何利用这种变化来调整情感传播策略即“动之以情”的传播策略。

“动之以情”传播是“晓之以理”在前，“动之以情”在后。如果你是一个环保主义者，你在国外传播环境保护方面的知识时，你可能会列举出种种“经济有增长、无发展”的现象及其危害，去“晓之以理”，然后使受众感同身受，去“动之以情”，接着大声呼吁：我们人类盲目地追求经济增长是在毁灭整个地球，其实也在毁灭我们自己。层层递进，启发和引导受众更多的对我们人类自身发展模式进行思考。意之深、情之切；理性铺垫在先，情感抒发在后，情理交融，这样循循善诱、循序渐进则会收到正面效果。情感是一种力量，发动和开启情感也是一种力量。人类亟须心灵的碰撞和交流，因为只有真正发自内心的东西才会使人欣然接受。在传播方式日益多样化的今天，抓住了传播对象国家受众的心理和情感取向，就相当于赢得了情感传播。

②“情感运作”

“情感运作”策略的理论基础源于社会学中的情感背景理论。情感背景理论认为：情感是个体在特定情景规范和文化观念的背景下所进行的表演。[②] 情感运作需要充分考量受众的文化背景、国别背景。传播主体需要

---

① 陶薇. 论组织战略性公共关系维持中的情感传播策略[J]. 商业时代，2011，13：33-34.

② 李建军，刘会强，刘娟. 强势传播与柔性传播：对外传播的新向度[J]. 东北师大学报（哲学社会科学版），2014（3）：190-195.

充分考虑受众的成长背景及文化差异，通过有效的途径控制情感机制运作，如：身体动作、个体行为和认知运作。[①]

中华文化在对外传播中，不是情感释放的越多越好、情感强度越炽烈越好，情感要有分寸感，有张有弛，有时一个真诚的微笑、一个会意的眼神胜过千言万语。传播主体应该考量与受众间的情感运作背景，并对情感进行控制，根据受众文化背景进行情感控制，以达到传播策略与文化背景、传播情境相契合的目的，更好地运用情感控制机制来进行自我表达。当然，在对外传播中，关键是对人的传播，要与受众建立良好的人际关系，有赖于情感的投入。只有当我们充分关心对方、尊重对方时，我们才能切实考虑对方的感受和需要，我们才会用适切的情感传递方式，使我们的观点和立场被受众所理解和接受，使传播赋予正能量。[②]

③“触景生情”

“触景生情”可称为积极情感的最大化策略，其理论基础来源于迈克尔·哈蒙德的情感最大化理论。迈克尔·哈蒙德认为，人类生来就具有寻求积极情感的内在需求，我们的行为方式就是为了使积极情感最大化。人们通常采取三种策略来实现这一过程：一是建构多重情感纽带；二是建构不同强度纽带；三是将情感纽带进行价值区分。[③]受这一理论启示，中华文化对外传播可采用如下几个层次的“触景生情”策略。

第一，中华文化对外传播应有意识与受众国构建多重情感纽带。多重情感纽带可通过人际情感纽带、组织情感纽带、部门情感纽带、国家情感纽带得以实现，针对对象国的公众采取立体多维情感联系，我们可以使中华文化与对象国的公众建立多重情感纽带，使对象国的公众持续有效地充当“信息桥”的角色，实现深入推广中华文化的目的。

第二，中华文化对外传播纽带强度设计要通过不同层次活动实现。中华文化对外传播可以利用对象国的公众的节假日、国庆日、大型社会活动等特定的具有标识性的时机对其进行中华文化表达，并将所有传播媒介系统性、协调性地利用起来，如节假日针对受众国首脑、政要、社会知名人

① 焦若薇. 中国新疆主流媒体中亚传播受众需求研究[J]. 新疆师范大学学报（哲学社会科版），2014（5）：110-116.

② 李建军.中华文化中亚传播的战略态势和优选方向[J].当代传播，2013（4）：102-104.

③ 陶薇. 论组织战略性公共关系维持中的情感传播策略[J]. 商业时代，2011（13）：33-34.

士发送中华文化活动邀请；特殊日期进行官方正式祝福，如发贺信、贺电等；用标识性的时机唤起受众国公众的特定情感，如两国建交阶段性时间，10 周年纪念，20 周年纪念，等等。

第三，对中华文化对外传播情感纽带进行价值区分。对象国的公众对中华文化传播有不同层次的价值需求，有的出于个人经济需求，有的出于文化爱好，有的出于国家利益。中华文化传播应在世界不同区域针对他们不同的价值需求制定不同的传播策略，例如在中亚地区，学习汉语和中华文化更多是出于个人成长和经济利益方面的原因，我们可以有的放矢，通过“丝绸之路经济带”倡议实施、政府奖学金资助等方式来影响和惠及这些国家，从而实现中华文化的有效传播。

④“托物寓感”

“托物寓感”亦称之为情感管理策略，该策略的理论基础是情感目标结构变化理论，这与“感时花溅泪，恨别鸟惊心”的移情效应有异曲同工之妙。该理论认为情感的本质是个体的目标在面对不同情境中产生的心理、生理反应即情感。[①]个体目标是个体对特定对象未来状态的选择性构想和想象，个体目标实现会对个体心理产生有序性正面影响，个体将会产生积极的正面情感。如果个体心理目标实现过程受阻，个体心理系统无序性增强，则产生消极负面情感。[②]

依据“托物寓感”的传播策略，中华文化对外传播需要采用适当的情感表达，协调中华文化传播战略目的和对象国的受众心理预期的一致性，使对象国的受众产生积极的认同情感。中华文化对外传播需要通过人性化和个体化的方式去关注受众国公众愿望和诉求，并以此作为文化传播的出发点。在理解和互信的基础上实现中华文化对外传播，让中华文化传播主体对自己的文化传播活动充满信心，体现中国梦即世界梦的共同理想追求。

传播技术手段对于提升中华文化传播力具有重要的意义。当前，随着新媒体技术的迅猛发展，中华文化传播手段越来越多样化。中华文化国际传播的特点和趋势表明传播越来越需要充分利用新技术手段，拓展传播渠道，满足人们对中华文化的日益多样化的需求。因此，只有把握和顺应这

---

① 章凯.情绪的目标结构变化说与情感管理的发展[J].中国人民大学学报，2004（3）：56-58.
② 肖荣春.“软传播”：政府形象传播的一种新思路[J]. 对外传播，2008（1）：50-52.

些新的技术潮流和趋势，并不断结合中华传统文化内容进行创新，才能推动中华文化传播在变革中发展。

如今虽然生活在信息时代，但我们并不比历史上的人能更好地理解其他人，而且事实正好相反：各种图像和数据并没有让我们对世界的看法更为清晰，反而更加模糊了。我们正在生活的世界会以复杂的方式，包括虚拟形态呈现，各种文化、各个国家和个体，都会与他们的身份有更紧密的联系。这种联系不只会强化情感在国际政治中的分量，也会加重情感在跨文化和国际传播中的砝码。

（三）韧性传播与间歇传播

以传播主体和媒介形态作为分类标准，可把传播分为人内传播、人际传播、组织传播、大众传播、国际传播等，这似乎已成为惯例。[①]可换一种方式，从传播过程或者是活动的时间取向上可将传播分为韧性传播和间歇传播，成为一种新的传播向度。韧性传播也称为持续传播，指为达到传播效果，传播主体所采用的一种持续的不间断的传播行为和过程，具有长期性、稳定性、不间断性的特点。间歇传播与韧性传播相对，指传播主体为实现最终传播目的而采用的一种间歇性、非持续性，但整体上仍具有延展性和趋势性的传播行为与过程，以力求最终达到传播意图和效果。

1. 韧性传播的特点

（1）语言交流的本土性

韧性传播的表达方式可不尽相同，但语言内容和传播主题显示了惊人的一致性，皆为某一议程设置目标而尽力。韧性传播如果想取得理想的传播效果，就需要使传播语言本土化，最理想的是能采用目的国的语言。这实际上是在促使文化交流和传播过程中共同使用一种语言，最好为当地语言。一种语言使用范围广泛，那么该种语言的传播就具有一定的优越性。例如，美国人民分布在900多万平方公里的土地上，却只讲着一种语言，美国交际语的这种一致性就没像其他国家因地理不同而产生方言隔阂，也没有因社会性产生种姓和阶级的隔阂。同一种语言产生的交流的畅通性对

① [法]多米尼克·莫伊西.情感地缘政治学：恐惧、羞辱与希望的文化如何重塑我们的世界[M].姚芸竹，译. 北京：新华出版社，2010：170-171.

国家人民的生活产生了重要影响，有利于国家的强大和统一，是形成美国现代文化繁荣的原动力，造就了美国文化的特征——包括人口的地区性流动、公共教育制度、广播和电视网、全国性报纸杂志的批量发行，以及所有这一切对于人民文化生活的深远影响。这种语言交流在地域和区域的普及性和畅通性，大片、芯片、薯片的有力推广，加之美国经济强大作为后盾，推动了美国文化的对外有效传播，也进一步促使英语成为世界强势语言。

（2）过程的连续性

韧性传播的传播过程是一道不间断的向目标递进的曲线，体现出连续性的特征。韧性传播内容一旦确定，则具有相对的稳定性，要确保传播形式和内容的连续性，传播需围绕相同主题和内容逐渐扩展，中华文化的传播尤为如此。中华文化博大精深，传统文化与现代文化相互交织，若想提高中华文化的传播效果，则需充分考虑中华文化传播内容的整体性、结构性、延续性、关联性，使中华文化传播由全局到部分、由主到次、由内到外的渐次推进，保持传播内容的递进和张力，有助于使受众系统全面了解中华文化的精髓。

（3）行为的持久性

韧性传播不踩大油门、不搞强刺激，不追求疾风暴雨和立竿见影的效果，在复杂形势中保持传播的连续性和稳定性。其传播主体行为长期的不间断性为取得循序渐进、润物无声的绩效提供了保障。持续传播能够不断强化传播内容，扩大受众对传播内容的认可度，也可以提高传播内容的普及度，使传播效果达到最大化。有的民间文化传播组织针对本国文化的传播能够持续上百年不间断，还有传教士对宗教教义的传播，往往从其诞生之日起就不间断向世界各地拓展。文化传播需有耐心和树立长期作战的思想，持之以恒，经过数代人的不懈努力，最终能够使中华文化在世界发扬光大。

（4）目标的稳定性

韧性传播一般目标明确，有一个整体规划和设计，不受大的外力干扰（如战争因素），其目标是持续稳定的，不会轻易做出改变。一旦目标确立，就要严格执行，并在不同阶段分步骤地具体实施。各个阶段目标可以不一致，但都为整体目标所统领和服务，使整体目标具有长期稳定性。中华文化传播是将中华文明的影响遍及地球村，加强中国与世界其他国家的文化交流互鉴，增强中国与世界的理解与互信，实现和谐世界的目标。传播主体须围绕该目标制定持续稳定的传播策略，不断推进，最终实现该宏伟蓝图。

2. 间歇传播的特点

（1）语言沟通的便利性

相比韧性传播，间歇传播的方式可以更加灵活多样。间歇传播并不一定非要追求语言的本土性，亦可把语言的区域性、国际性作为一种便利性的选择。即是说你到中亚的塔吉克斯坦，不一定去讲塔吉克斯坦国语——塔语，但亦可适时适度地说俄语，因为俄语同样是塔吉克斯坦国民能听懂的交际语言。根据语言沟通的便利性原则和取向，语言的传播主体对传播语种具有可选择性。传播语种可变性是语言使用者在传播过程中对语言的有意识运用的结果，是一种适切、适度的表现形式。间歇传播语言沟通追求便利性的特点，为语言传播主体在某一语境中运用提供一种选择，但这种选择是有限度的，不能让人觉得卖弄和不舒服，毕竟不说目的国国语本身是会冒一定风险的，可能拉长的不仅仅是交流的距离，抑或是会拉长情感的距离。只要该选择能使传播主体达到传播目的，则是有利的。间歇传播的语种选择是动态的、随机的，可因场景、时空变化等做出相应的变通。

（2）过程的间隔性

间歇传播与韧性传播的传播目标总体呈现一致性的特点，可传播形式却具有很大的差异。相对于韧性传播时间的连续性而言，间歇传播可表征出传播过程的间歇性特征。即在传播主体目标和内容明确的前提下，传播过程和方式可以时断时续，不刻意秉持时针的连续性。一分耕耘不一定就有一分正面的收获，有可能是负面的收获、零收获和半分收获。持续、持久传播不一定有效，需因地因时因人制宜，有时跑得太快了，可以歇歇脚，有时暂时的退却是为了更好的前进。进入了传播的盲区，我们不能一味地持续推进，而要观察和思量一番再决定进退，避免因误读而造成文化传播活动的误判与冲突。

（3）行为的非持续性

间歇传播行为是非持续性的，在对外文化传播过程中，因思维方式、生活方式、价值取向的不同通常会出现文化休克[illegible]文化冲突的场景，这是可以理解的。传播主体针对不同文化现象制定不同的传播策略，如在文化传播过程中出现文化冲突时，我们就要采用间歇传播策略，暂停一些可能被对方认为传播过激的行为，暂停有可能被对方视为消极的文化传播活动，等待时机，静观其变。如果是两国关系发生紧张时，更应及时停下来，争取和静候新的传播契机。

（4）目标的相对灵活性

间歇传播具有间隔、非持续性的传播行为特征，与韧性传播相比，在长期目标和意图保持一致的基础上，相对而言，间歇传播的短期目标具有一定的弹性，可以因间歇的特点而做出相应的调适。当然，在一定的变量中，间歇传播甚至对长期目标亦可进行修正，而韧性传播一旦确定目标，就需具有相对的稳定性，保持目标长期不变，就像传教士传播那样。间歇传播同时表现出策略的相对灵活性。即开展间歇传播时，针对不同时期和不同传播阶段以及受众的传播效果，及时调控传播手段和方式。譬如，开展文化传播伊始，会遇到一定的抵触，这个时候我们权衡利弊，及时调整传播策略，可以采用经济和文化产品交流的柔性方式，通过物质产品媒介平台促使双方逐步了解，相互交流以实现能够“走进去”的传播目标，然后把握时机，采取得体的路径，再实现能够“走上去”的传播目标，从而最终为实现与世界和谐相处、互惠共荣而贡献力量。

3. 韧性传播与间歇传播的主体取向及受众影响

韧性传播与间歇传播是以时间取向来界定传播形态的两个最基本的传播方式，它们之间是对立、辩证和统一的，就像传播之树上两个枝干一样，相互帮衬，相互补充，同为一体，谁也离不开谁。

（1）韧性传播与间歇传播的主体取向

无论是韧性传播，还是间歇传播，皆无法脱离传播的特定环境，也没有任何一种文化传播能够脱离传播者和受众所处的现实社会环境。[①]文化传播的关键在于传播主体，在于传播主体所迸发出的创造性力量。传播主体对传播对象和行为过程的调控具有主动性，一种文化持续传播需要传播

① 孙英春. 全球社会中的社会关系与社会交往——跨文化传播研究的“问题视域”[J]. 国际关系学院学报，2007（3）：65-69.

者像传教士那样去传播，哪怕是撒播，我们要深刻体验传教士那种专注、忘我的心劲和意志。

韧性传播是心劲和意志的较量，是传播主体在时间刻度上的持续行为，关键是要一以贯之、持之以恒、潜移默化、润物无声，做到水滴石穿、金石可镂。中华文化传播需要充分发挥传播主体的力量，需要把握受众的需求，用生动活泼的语言，用国际化的方式持续地讲好中国的故事。

受众是间歇传播的主体对象和取向，依据受众特质，制定不同风格、不同内容的传播策略。譬如，可利用中亚国家民众风俗习惯与中国新疆地区民众相近或相同的优势，尊重中亚地区特色的民族风情，区域情调，讲述好中国新疆丰富而生动的文化故事。中华文化传播要把韧性传播和间歇传播整合起来，取长补短，兼收并蓄，形成传播的磁场和共振效应。

（2）韧性传播与间歇传播的受众影响

依据传播效果的相关理论，文化传播内容可以议程设置，虽然这不能决定受众怎么想，但可决定受众想什么。[①]对于中华文化传播这一主题，韧性传播使受众在传播主体的持续传播活动中逐步认识到什么是中华文化，什么是中华文化的具体内容，中国国家形象是什么。使受众持续地感受中华文化的动态发展，了解中华文化的内在含义。许多国家民众无法亲身感知中国，只有依靠传播主体的持续传播去了解中华文化，因此，韧性传播所展现的中华文化是一种持续性过程，是一种持续性的心理接触和感应。

间歇传播通过非持续性传播可影响到受众对中华文化的认知态度，使负面或不良的认知通过间歇传播发生改变，依据“沉默的螺旋”理论，不少国家受众对中国的认知，一般希望自己和其他国家大多数民众意见一致，站在世界大多数国家的一边，而非要保持自己的独立倾向；但如果觉得世界舆论与自己的意见不同，他们对中国的认知宁愿保持沉默。[②]因此，间歇传播需要通过非持续性传播活动，使一些国家民众对中国的负面看法发生改变，对中华文化的认知从传统走向现代，从线性走向立体。间歇传播的内容需要不断适合各个国家受众的欣赏口味，满足各个国家的受众需要。

① ［英］丹尼斯·麦奎尔. 受众分析［M］. 刘燕南，李颖，杨振荣，译. 北京：中国人民大学出版社，2006：121-126.

② ［德］伊丽莎白·诺尔-诺依曼.沉默的螺旋［M］. 董璐，译. 北京：北京大学出版社，2013：16-18.

4. 韧性传播与间歇传播策略

（1）韧性传播策略

①“一以贯之”

“一以贯之”指用一个根本性的事理贯通事情的始末或全部的道理。最早出处是《论语·里仁》。子曰：“参乎，吾道一以贯之。”曾子曰：“唯。”子出，门人问曰：“何谓也？”曾子曰：“夫子之道，忠恕而已矣。”

“一以贯之”的传播策略是指传播目标、传播策略要有连续性，围绕总体目标持续韧性传播，将总目标分解成不同阶段分段进行。如中华文化传播的总目标就是指中华文化在世界各地区的传播，使中国与各个国家相互理解与信任，塑造良好的中国形象，实现中国和谐世界的理念。我们可以分阶段实施这一总目标，前期可以是中华文化体验，中期可以是中华文化与各国的文化交流，后期则是中华文化的走进去、走上去。每一阶段可以制定不同的策略和步骤来推进文化传播总方略的实施和总目标的实现。

②“持之以恒”

持之以恒，原指有恒心，持续不间断，从头彻尾地、自始至终地进行。语出清代曾国藩《家训谕纪泽》：“尔之短处，在言语欠钝讷，举止欠端重，看书不能深入，而作文不能峥嵘。若能从此三事上下一番苦工，进之以猛，持之以恒，不过一二年，自尔精进而不觉。”

萧伯纳曾说，“有信心的人，可以化渺小为伟大，化平庸为神奇。”持之以恒的传播策略是指传播主体对传播行为和过程不间断的把控，对传播目标的矢志不移、锲而不舍的坚守，具有持续的专注、忘我的心劲和百折不挠的意志，不怕艰难困苦，不在乎一时的精进，因势而谋、应势而动、顺势而为，着眼于未来和最终的传播效果。

③“潜移默化”

“潜移默化”指人的思想或性格不知不觉受到感染、影响而发生了变化。北齐颜之推《颜氏家训·慕贤》有云：“潜移暗化，自然似之。”

潜移默化传播策略是指不在于追求表面和近期的轰轰烈烈、势如破竹，而是可采取“随风潜入夜，润物细无声”的方式，通过身体力行和言传身教，使受众不由自主地受教益和启迪。

纵观众多的信息传播方式，通过潜移默化地传播中华文化不啻是一种较为理想、有效的手段。“潜移默化”的韧性传播真正抓住的是人类的心灵沟通和交流，因为只有真正发自内心的东西才会被感染、感动而毫无怨言地接受。特别是在传播方式日益多样化的今天，抓住了各个地区的受众心理就等于获取了走进去的“通行证”，就有可能赢得文化传播美好的未来。

（2）间歇传播策略

①“以逸待劳”

“以逸待劳”原意是指作战时采取守势，养精蓄锐，让敌人来攻，然后乘其疲劳，战而胜之。原作“以佚待劳”，最早出自《孙子·军争》：“以近待远，以佚待劳，以饱待饥，此治力者也。”

间歇传播讲究利用合适的时机进行传播，不一定非要主动狂飙突进，这样易造成身心疲惫，使传播影响来得快、去得也快。可采取守势和被动传播的方式，以逸待劳的等待对方主动发出邀请或伸出橄榄枝，然后变被动为主动，通过扩大传播辐射范围和受众面来提高传播质量，提升传播文化品质，以巩固传播效果，扩大传播影响力。

②“张弛有度”

张弛有度即张弛有道，是指主体能够有尺度控制事件发生、发展的轻重缓急和结果的趋向。出处为《孔子家语·卷七·观乡射第二十八》：“张而不弛，文武弗能；弛而不张，文武弗为；一张一弛，文武之道也。”

张弛有度策略是指韧性传播与间歇传播的有机结合，做到有张有弛，松紧有度。“张弛有度”关键是对度的权衡和把握。张多了太松，弛少了过紧，这是一门学问，也是传播是否有效的“试金石”。“张弛有度”的传播需要传播主体把各种资源整合起来，把自身综合素质及时展现出来，把受众充分调动起来，形成持续和间歇的优势叠加和扩散效应。

③“曲径通幽”

“曲径通幽”原指弯曲的小路通到隐蔽幽深的地方。出自唐朝诗人常建作的《题破山寺后禅院》：“曲径通幽处，禅房花木深。”虽然写禅房僧境，但道出一个曲折前进的哲理，是客观辩证法的体现。

文化传播的道路同样是起伏不平、曲曲折折，只有经过艰苦跋涉才能达到光辉的顶点。中华文化对外传播的最终目标是塑造良好正面的中国国家形象，提升中华文化的软实力。但实现最终传播目标的道路并非一马平川，不可能一蹴而就，没有那么多的捷径可言，平坦的大道是自己走出来的；所以需要我们不畏艰险，不断地摸索柔性传播的有效步骤和方式，精心适时调整传播策略，绕弯子，解扣子，从“大水漫灌”转为“喷灌”“滴灌”，以实现文化传播的“曲径通幽”。

5. 中华文化对外传播典型案例分析

（1）中国卫星节目落地中亚的案例

2004 年 10 月 17 日，由中国新疆电视台精心制作的柯尔克孜语（以下简称柯语）《走进中国》栏目通过卫星传送，正式在吉尔吉斯斯坦国家电视台播出。同年 6 月 10 日，新疆人民广播电台柯尔克孜语的“中国之声”节目在吉尔吉斯斯坦国家电台主频率播出。这是中国文化走出去的有机组成部分，中国的广播电视节目为中亚打开了一扇了解中国的窗口，架起了一座加强友谊的桥梁。

从电视栏目落地到广播落地距今已经有十多年的时间，在这十多年里，中国新疆在对外文化交流方面，尤其是广播电视方面取得了突出成绩。首先，落地范围不断扩大。除了柯尔克孜语节目落地外，新疆人民广播电台制作的维吾尔语广播节目还在乌兹别克斯坦落地等。其次，节目内容更加丰富。近年来，随着电视节目和新闻广播传播技术的成熟，传播内容更加丰富，涉及中国的经济、文化、民俗、旅游等多方面，极大地丰富了中亚国家对中国文化的了解。再次，传播技术更加完善。随着传播技术的完善，画面清晰度、流畅度以及广播的音质等都取得了很大突破。最后，广播电视方面具有了一定显示度。在中亚国家广播电视节目具有一定的影响力，一定程度上满足了中亚国家民众希望了解中国的需求和意愿。

（2）中国中亚卫星节目落地案例分析

课题组 2012 年 8 月前往吉尔吉斯斯坦就柯语节目落地中亚效果进行调研。并通过电视台实地调研、家庭走访、问卷调查等方式对柯语落地传播效果进行调查分析。中华文化走进中亚，虽然取得了丰硕的成果，但也存在着仍需进一步完善的地方。

① 传播范围较为狭窄

新疆柯尔克孜语节目虽然在中亚落地，但中亚国家的广播电视基础设施仍相当陈旧，我国对中亚国家中亚广播电视的资金支持目前仍可谓杯水车薪。由于我方资金投入不够等原因，吉尔吉斯斯坦国家电视台将柯语节目调整到“非主流频道”——民族电视频道，播出时间是在当地时间下午4点。

收看柯尔克孜语节目人数较少，主要原因：一是吉尔吉斯斯坦民众主要喜欢收看的是俄语节目（50%）和吉尔吉斯斯坦语节目（32.8%）；二是节目播放时间非黄金时段，正处于上班时间，因此大多受众无法观看。

② 受众年龄分布不太均衡

柯语节目落地受众年龄分布分析，收看柯尔克孜语电视节目主要人群为中年或老年人占 86.5%（其中，中年 50%，老年 36.5%），中老年有一定的时间收看节目，青年人相对时间较少。此外，通过访问了解到吉尔吉斯斯坦民众收看柯尔克孜语节目的受众主要是有家庭成员或朋友到过中国，或自己到过中国，对中国有一定的感性认识。中年受众收看中国柯尔克孜语节目的主要动力是经济因素，希望自己的孩子通过学习汉语能增强自身综合竞争力，能到中国企业工作，更盼望自己的孩子能到中国留学。

③ 传播途径较为单一

从调研数据可知，吉尔吉斯斯坦国民对柯尔克孜语节目内容有一定的认识，但收看并能记住节目的人数相对偏少，传播途径仅有广播和电视。通过调研传播方式的喜好发现，87.2%的调研对象认为通过电视了解中国途径好于广播，而认为广播好于电视的只有 6.4%。在移动互联网和大数据的时代，传播途径的相对单一，很难达到传播目的。

④ 内容须满足受众需求

通过对柯语频道内容进行调研发现，目前柯尔克孜语电视节目主要涵盖专题报道、经济信息，文化、民俗、旅游等多方面，影视剧相对较少；他们最想了解的是中国现代文化类信息（36.2%），其次是政治类信息（34%）、地理旅游（12.8%）、科技类（8.5%）节目。吉尔吉斯斯坦民众希望通过翻译更多具有中国现代气息的优秀影视节目等多种形式，来加强两国人民交流，促进友谊发展。

（3）传播策略应用

①“一以贯之”策略应用

柯语节目落地中亚是中国文化传播战略一部分，传播作为一种符号交往活动，要注重话语研究，需要传播者一以贯之地以持续的立场和视角去传播中国文化。柯语节目落地需要中国持续性加强该节目建设，不断更新形式和内容，使之适应当前经济、政治、文化的发展。在财力允许的范围内，中国政府可以加大对吉国的广播电视财政扶持，力争把广播电视节目不仅放到主流媒体播出，而且同时还要放在黄金时段上播放，这样才能增强传播效果的有效性。

②“持之以恒”策略应用

中国新疆部分民族与中亚国家民族同宗同祖，语言相通。中亚国家历来对中国及新疆的发展变化比较关注，中国新疆与毗邻的中亚各国在政治、经济、文化交往以及民间友好往来日益增多，柯语节目落地中亚增强中国与中亚的沟通，增进中国与中亚国家的相互了解和传统友谊，我们要充分利用语言相通、地缘相邻的优势，持之以恒地传播中华文化。柯语节目应注重双向互动，改变强势推广的宣传模式，采取柔性和韧性传播相结合的方式，节目内容尽量减少意识形态的输出，通过对方感兴趣的内容和方式传播中华文化，以增强理解与互信。

③“潜移默化”策略应用

传播是文化的语境，文化是传播的结果。潜移默化传播策略就是通过一切与文化有关的活动或项目来推介中华文化。柯语节目落地中亚要注重打造高水平国际化文化传播平台，例如，充分利用亚欧博览会等高水平传播平台开展文化宣传工作，邀请中亚五国广播、电视、网络、报纸、期刊等境外媒体组团来中国采访。中国必须创造性地运用这一高水平国际化展示平台，把大美中国、壮美中国传播出去，把艺术中国、文化中国传播出去，把多元中国、立体中国传播出去，把历史中国、现代中国和未来中国传播出去，把富强中国、民主中国、文明中国、和谐中国传播出去，把中国梦、亚洲梦、世界梦传播出去，从而达到向周边地区推介、传播、示范、服务的目的，同时起到促进学习和借鉴作用。[①]

④“以逸待劳”策略应用

经调查，吉尔吉斯斯坦国民喜欢柯尔克孜语电视节目中有关中国方面

① 李建军. 提升新疆文化对外传播力的路径选择[J]. 当代传播，2012（2）.

的内容主要是：中国文化（占 70.6%）、中国经济（13.7%）、中国旅游（11.8%）。喜欢电视节目的类型依次为：人文艺术（占 32.7%）、新闻类（20.4%）、功夫电影（20.4%）、电视剧（10.2%）。因此，传播节目内容需多元化，依据需求制作相应的节目，以满足中亚受众的需求。文化传播也可“以逸待劳”，有所为，有所不为，不能仅仅依靠柯尔克孜语电视节目落地一种方式，应通过多种途径共享，加快构建覆盖广泛、技术先进、多语种、受众广、信息量大的文化传播体系和创新体系。要利用互联网和移动互联网等新媒体传播手段，同时还需发挥人际传播作用，通过多渠道传播，使中亚国家受众切实感悟中华文化，增强与中国交往的内在动力。

⑤“张弛有度”策略应用

柯尔克孜语电视节目落地中亚并非每天都要播出，亦可采取隔日播出的方式，做到“张弛有度”，以利于精心制作节目，提升节目质量和文化品质。目前，传播语言相对单一，主要是柯尔克孜语，可以尝试使用吉尔吉斯斯坦通用语言比如俄语或土耳其语来播报中国电视节目，丰富传播途径。同时，目前电视节目时常较短，仅一个小时，可以尝试增加节目时长，开辟网络传播等途径来丰富中国电视节目在中亚的渠道传播。亦可抽出时间，注重受众和传播效果的研究，即有关柯语落地中亚国家的实际传播效果究竟如何，通过调查结果和信息反馈，有针对性地改进节目内容，以提高传播的关注度和有效性。亦可借鉴著名的国际化媒体如英国广播公司（BBC）、美国广播公司（ABC）等的本土化、精细化传播和管理手段，增强中国媒体在国外的适宜性、辐射度和显示度。

⑥“曲径通幽”策略应用

柯语节目落地中亚的过程是曲折的，传播中华文化的过程是曲折的，但提高中华文化软实力，建立和谐世界的前途却是光明的。虽然道路坎坷崎岖，有时还异常凶险，甚至会付出生命的代价，但我们有信心、有决心使中国“文化辐射”比“GDP 辐射”更有穿透力和渗透力。[①]中华文化传播不宜总是直言不讳地宣传要走向世界，而应扎扎实实地通过经贸交流、文化产品输出、民间交往、旅游观光等多维方式，委婉地含蓄地有序推进。

① 李建军，刘会强，刘娟. 强势传播与柔性传播：对外传播的新向度[J]. 东北师大学报（哲学社会科学版），2014（3）：190-195.

中国新疆应充分利用其地域民族特色浓郁的优秀文化资源，塑造自身文化品牌，提高文化传播力和影响力，使中国新疆文化走向国际、走向世界，建立面向中西亚的国际文化交流中心，重振丝绸古道雄风，开启文化发展的“新丝路”。[①]

① 焦若薇. 中国新疆主流媒体中亚传播受众需求研究[J]. 新疆师范大学学报（哲学社会科学版），2014（5）：110-116.

第四章　国际理解视域下的中亚孔子学院中华文化传播态势与构想

自中亚各国独立以来，中国与中亚各国在政治、经济、安全等方面的“硬合作”蓬勃开展，卓有成效。在文化、科技、教育、体育、环保等人文合作领域虽起步较晚，却呈井喷之势，前景不可估量。中华文化中亚传播随着中国综合国力的增强，双方政治上的互信，双方文化上的部分相似，上海合作组织的多边外交，双方广泛的人文合作等已日益加强。但中方应清醒地看到，这种文化交流还是初级的、浅层的，远未达到情感上的交融和文化上的认同，中华文化中亚传播在前方仍有重重迷雾，正等待着拨云见日，抑或是荡雾后的月朗风清。

一、中亚孔子学院中华文化传播的态势

随着中亚与中国经济合作尤其是能源合作的进一步加深，中亚作为中国战略大后方和能源通道的地位越发重要和显著。

（一）中亚孔子学院中华文化传播的优势

1. 地缘优势

地缘，是指由地理位置上的联系而形成的关系。由于对某个地区历史、文化和人群生活习惯等方面的熟悉和了解，特别是在区域内具备相应的人脉资源，所形成的相对外来个人或群体的优势，就称为地缘优势。中国事实上是亚洲拥有邻国最多的国家。俗话说，远亲不如近邻，近邻不如对门。时空的相近性，在文化交往和传播过程中就具有一种天然的吸引力，易于产生邻里效应。中国与中亚哈萨克斯坦、吉尔吉斯斯坦和塔吉克斯坦三个国家接壤，拥有边界线 3000 多公里。历史上的丝绸之路既是把中国的丝绸

运到中亚和欧洲，同时也把中华文化传播到中亚和欧洲。财政部国际司副司长吴晋康说："中国参与 CAREC 合作具有非常重要的意义，中亚国家经济与中国经济互补性强，合作领域不断在拓展。新疆在 2002 年就开始参与中亚区域经济合作，2011 年新疆同中亚贸易额占中国与中亚贸易额的 60% 以上。CAREC 的 6 条交通走廊有 4 条与新疆连接，CAREC 正在研究将交通走廊发展为经济走廊，新疆在此方面将大有可为。随着中国全方位对外开放，新疆向西开放、沿边开放的区位优势、人文优势和资源优势将再度凸显。"①

2. 跨境民族优势

跨境民族，顾名思义，就是居住在不同国家的同一民族。恩格斯曾指出，"没有一条国家的分界线是与民族的自然分界线，即语言的分界线相吻合的。"② 跨境民族具有同源文化的优势。这种文化背景、民族思维方式、习俗、生活方式的相似性，易于产生"自家人"效应。作为历史积淀的同源文化对作为文化载体的民族和国家有着强大的内聚力和向心力，并以其共同文化特质的历史认同功能和文化亲和功能成为构筑国家联想和加强国际合作的纽带，同源文化有着共同的思想观念、历史记忆、价值观念、精神信仰和生活方式，由此产生共同的情感归属，这就构成了建构和催生国际合作与交流的逻辑前提、媒介桥梁和建构手段。

中国与中亚的跨界民族在中国国内主要集中在中国新疆。"跨境民族的历史形成的原因是中亚与中国新疆跨境民族形成的最重要原因。中亚国家间跨境民族数目较多，与中国新疆地区的跨境民族有 8 个。即哈萨克族、吉尔吉斯族（在新疆为柯尔克孜族）、塔吉克族、俄罗斯族、鞑靼族（在新疆为塔塔尔族）、乌兹别克族（在新疆为乌孜别克族）、维吾尔族和汉族等民族。哈萨克、乌兹别克、吉尔吉斯、塔吉克和土库曼等现代民族，几乎都是由历史上曾在该地区活动过的塞种、坚昆、乌孙、匈奴、突厥、粟特以及后来的乌古斯、黠戛斯、样磨、葛逻禄、契丹、蒙古等氏族或部族不断融合、吸收和涵化才逐渐形成的。中亚位于亚欧两大洲的十字路口，自

---

① 李敏.中亚区域经济合作（CAREC）战略推介会在新疆召开[EB/OL].[2012-10-20].http://www.tianshannet.com.

② 马克思恩格斯全集. 第 21 卷[M]. 北京：人民出版社，2003：224-245.

古以来就是连接东西南北文明的重要纽带，历史上就与中国有着密切的经济和文化交流，因而形成与中国新疆地区较多的跨境民族。”“1991年中亚五国独立后，原先与苏联发生关系的跨境民族，演变成与若干个国家发生关系。中亚的哈萨克族、乌兹别克族、吉尔吉斯族、塔吉克族和土库曼族在其他新独立的独联体国家中都存在，形成多元跨境民族的态势。”①

3. 互补优势

仅从中国新疆而言，新疆是中国的一个部分，并且是不可分割的一部分。中国与中亚3000多公里的边界线都在新疆境内，新疆在地域文化生活方面与中亚有天然的交流交往优势。而且与中亚国家比较，新疆地区在经济的许多方面具有比较优势，轻工业发达，基础设施先进，经济实力较为雄厚，在经济结构上与中亚国家互补性比较强，因此，与中亚国家的经济合作是新疆经济发展的一个便捷途径，对于解决中国发展边疆省份经济的任务是一个出路。从沙俄吞并中亚之后，一直到中国改革开放之前的100多年里，中国新疆的社会和经济发展一直落后于中亚。目前中国新疆经济和社会发展整体上略占优势，这是一个历史性的转变。

中国经济发展的优势形成一种比较效应和经济的牵引力。乌兹别克斯坦的“四金”：黄金、白金（棉花）、蓝金（天然气）和黑金（石油），哈萨克斯坦的石油，土库曼斯坦的天然气对中国经济和能源需求具有很大的吸引力，中国的消费品在中亚市场占很大的份额，双方形成了依存和互补的态势。中亚最大的安全威胁是恐怖主义，但中亚的防御能力十分薄弱，因此需要中国和俄罗斯助力。

4. 上海合作组织优势

上海合作组织是中国主动参与以地区和全球多边国际机制为内容的多边外交实践的生动范例，是中国外交由侧重“韬光养晦”至“有所作为”的积极展现。上海合作组织本身是中国在中亚利益的一种载体和体现，中国与上海合作组织存在特殊关系，这是迄今为止在中国境内成立、以中国城市命名、总部设在中国的区域性国际组织。目前依托上海合作组织来推动多边文化交流，使多边文化传播力得以加强。深化上海合作组织中的中

① 纪勇. 论现代中亚与中国新疆的跨境民族及跨境民族问题[J]. 科技风，2008（10）.

亚国家合作目的是为了深化睦邻友好，增进政治互信，加强安全协作，维护地区稳定；坚持互惠互利，推进务实合作；扩大文化交流，巩固传统友谊。2002 年 4 月，上合组织召开第一次文化部长会议，签署了《文化部长会晤联合声明》，启动了多边文化合作机制，迄今已会晤了 10 多次。上海合作组织已成为新的文化符号走上前台，上海合作组织是以理解、互信为基础开展安全合作伊始的，随着组织的发展，包括经济合作、社会互动和文化交流的全方位、多侧面的合作将会日益拓宽和加深。

5. 孔子学院传播平台优势

截至 2014 年 9 月底，全球 123 个国家（包括 25 个尚未与我国建交的国家）和地区已建立了 465 所孔子学院和 713 个孔子课堂，注册学员约 300 万人，参加汉语水平考试的超过 100 万人次。孔子学院有力地推动了世界范围“汉语热”的持续升温，全世界学习汉语的人数已超过 1 亿。① 亚洲已有 30 个国家和地区 75 所孔子学院，其中在中亚正式挂牌成立的孔子学院已达到 10 所，涵盖乌兹别克斯坦、哈萨克斯坦、吉尔吉斯斯坦、塔吉克斯坦等国家。截至目前，仅新疆师范大学在中亚地区已建立 3 所孔子学院，孔子课堂 8 所，汉语中心 1 所，各类教学点 34 个。② 英国文化委员会首席执行官马丁感叹：“仅用短短几年，孔子学院走完了英法德西等国语言推广机构几十年甚至上百年的路，和中国经济发展一样，堪称世界奇迹。” ③

作为在海外设立的以教授汉语和传播中国文化为宗旨的非营利性公益机构，作为传播中国文化的品牌，孔子学院、孔子课堂已为不同国家、不同肤色的人们提供交流、借鉴、合作的新平台。

（二）中亚孔子学院中华文化传播的挑战

影响跨文化传播的决不仅仅是文化传播本身，而是国家间文化系统内部的诸要素的合力，而且是国家间文化内外环境和社会各系统和层面协调共振的结果。国家之间政治上的任何敌视行为都会造成文化交流的终止，

① 陈至立. 孔子学院创建 10 年：建立 465 所孔子学院 713 个孔子课堂[N]. 人民日报，2015-01-12（10）.

② 周作宇，郭卫东，熊文红. 新疆高校国际化研究——以新疆师范大学为例[J]. 新疆师范大学学报（哲学社会科学版），2012（5）：17.

③ 刘汉俊，翁淮南. 孔子学院：中国文化“走出去”的成功范例——访国务院参事、国家汉办主任、孔子学院总部总干事许琳[J]. 党建，2011（11）：54.

任何经济上的制裁都会影响到人文合作。当然两国文化传播上的龃龉和攻讦一样会牵一发动全身，会大大增加两国关系的负能量，加速两国关系的去和谐化。

1. “中国经贸一边倒”

中亚国家经济结构的不合理性和经济发展的滞后性为中国物美价廉的商品进入打开了方便之门。当初，中国廉价商品出口中亚对处于转型阵痛的中亚国家起到了改善人民生活的作用。但由于中国商品在中亚贸易额中总处于顺差地位，中国对中亚投资额的不对称性的扩大，尤其是对中亚能源的收购和天然气合作（截至2010年底，中国对哈萨克斯坦投资总额达100多亿美元），中国对中亚商品出口多为制成品，中国从中亚进口的主要是能源和原材料，使中国经济在与中亚国家经济贸易中呈现出“一边倒”的优势地位和状态，中亚国家的一些人为此担心自己沦为中国经济的附庸，从而丧失经济独立，到最后丧失政治和文化独立。中亚国家还积极奉行能源输出多元化战略，注重全方位外交和大国之间的外交平衡，这从“中亚—中央（俄国）”天然气管道，“中亚—中国”油气管道，以及土阿巴印四国天然气管道项目论证等即可窥一斑见全豹。

2. 中国的中亚移民

与俄罗斯担心中国移民的意图不太一致，中亚国家更担忧中国劳动移民对本国岗位的挤占。由于中亚国家经济的欠发达、工业化发展进程的迟缓，独立后人口的迅猛增长，致使本国可承载吸纳的就业人口十分有限。中亚国家尤其是吉尔吉斯斯坦在与外国公司在本国合资办厂时，总把雇佣本地人作为优先的考虑。中亚国家不少年轻人不得不去国外打工，俄罗斯无疑是第一目的地。据统计，中亚在俄罗斯的劳动移民约200万，其中乌兹别克斯坦80万，吉尔吉斯斯坦50万，塔吉克斯坦80万，考虑到吉尔吉斯斯坦和塔吉克斯坦都为人口600万左右的小国，他们在俄罗斯的劳动移民数量是极为庞大的。随着中国与中亚国家各个层面交往的不断扩大，中国公民到中亚旅游、经商、留学等的人数急遽增多，一些中小城市也侨居了中国公民，但这属于双方交往中的正常人员流动，不能妄加评说，打上所谓人口威胁论的烙印。虽然2012年10月21日，中国企业在吉国参资的“塔迪布拉克左岸金矿”发生中国工人与当地居民大规模斗殴事件，造成数名当地人受伤；但这是偶发事件，吉尔吉斯斯坦的投资环境比较复杂，一些法律法规也不够完善。其他国家企业在当地也遇到过类似事情，并非针对中国。[①]

3. 文化植入

中国于2004年11月在首尔建立第一所孔子学院后，孔子学院如雨后春笋，迄今孔子学院、孔子课堂已有1500多所（个），其发展势头盖过老牌海外语言学院“法语联盟”“英国文化委员会”“歌德学院”“塞万提斯学院”等。孔子学院的迅猛跃进引起一些国家，包括中亚国家的担忧，害怕中国语言文化的强势推广对构建本国的主体民族文化不利。中国《玛纳斯》史诗申遗成功在吉尔吉斯斯坦引起的激烈反应似乎印证了这一点。目前中亚一些国家对中国开办孔子学院和媒体在中亚落地已持审慎态度。中亚全为新兴的独立国家，尚未形成具有民族和时代特色相结合的文化。在中亚国家影响较大、有号召力的是宗教文化，即伊斯兰文化和东正教文化。而在中国影响重大的是社会主义先进文化、革命文化和传统的儒家文化，宗教信仰相对淡漠。宗教信仰的不一致或信教不信教都会在情感上对文化交往产生影响，这是不言而喻的。吉尔吉斯斯坦反对派人士库巴内奇别克说，吉尔吉斯斯坦社会对中国非常警觉，害怕中国扩张。因此中国在政治、经济，特别是文化领域更应理解吉尔吉斯斯坦人的处境。

4. 跨界水资源

关于中亚跨界水资源，位于上游的吉尔吉斯斯坦、塔吉克斯坦水资源丰富，位于下游的乌兹别克斯坦、土库曼斯坦和哈萨克斯坦的部分地区水资源短缺。由于环境和气候的变化，水资源减少，以及人口的增长、工业的发展大大增加了水资源的需求，这些都进一步加剧和放大了中亚跨界水资源问题。关于中亚跨界水资源的分配，上游国家和下游国家纷争不断，大有剑拔弩张之势。塔吉克斯坦罗贡水电站或成为中亚动荡的导火索。中国与中亚同样存在跨界河流和水资源问题：一条是伊犁河，另一条为我国唯一一条自东向西流入北冰洋的河流——额尔齐斯河。关于伊犁河，哈方抱怨中方排放了污染物质，造成巴尔喀什湖的水资源污染。对于额尔齐斯

---

① 黎俊，柳玉鹏，毕方圆. 中国工人在吉尔吉斯斯坦与当地居民大规模斗殴[N]. 环球时报，2012-10-25（3）.

河，中哈形成共识仍然任重而道远。按照国际法的一般原则，双方在其境内都享有公平合理开发，利用水资源的权利；但如何才算公平合理开发由于双方站的角度不同，很难标出一个双方认可的尺度。在政治上避免水资源问题的政治化和国际化，成为中哈双方不得不考虑的议题。正视问题，求同存异是理性解决跨界水资源纠纷的不二选择。

中亚五国皆为刚刚独立才 20 多年的国家，十分看重独立、主权和安全，这是可以理解的，中亚五国不想再重蹈过去的“铁幕”生活。对中国是既爱，又保持一定距离。中国的和平发展让周边国家共同繁荣，中国的日益强大也让周边国家担忧和焦虑。其实，中国发展绝对不以牺牲别国利益为代价，中国绝对不做损人利己、以邻为壑的事情，将坚定不移地做和平发展的实践者、共同发展的推动者、多边贸易体制的维护者、全球经济治理的参与者。

二、国际理解视域下的中亚孔子学院文化传播优选方向

中国语言文化传播既是中国的需要，也是世界的需要。文化软实力的竞争在某种程度上，也取决于语言实力的竞争。中国经济等硬实力的崛起，而文化对外影响力的滞后，客观上要求汉语乃至中华文化有个向外传导、辐射的诉求。海外汉语热已持续升温，势不可挡，但热中有忧，理应冷静面对。中国语言文化传播应具有全球视野、开放创新理念和守土有责的意识，实现传播理念、传播内容、传播方式、传播取向、传播路径和传播层次的六大转变。

（一）传播理念：实现由“单主体”向“双主体”原则的转化

当前，在对外宣传（传播）过程中，我们基本上是坚持“单主体”的传播原则，这种原则在过去相当长时间里对维护国家利益，传播中华文化，提高文化软实力发挥了积极作用。但不容忽视的是，一味地“以我为主”，而不考虑对象国的文化背景、接受程度和主观感受，把对象国当作文化输出的客体，这不符合当前文化交往的“主体间性”的原则，即“双主体”

的原则，即两个主体的对等交流和合作，而不是一方对另一方的压制和臣服。这种只管耕耘，不问收获的撒播方式，不见得有何传播效果。传受双方都“以我为主”，缺乏开放包容的态度，遇任何事皆不妥协、不让步，就容易产生文化的拒斥，造成文化的误读、冲突和对抗。本来意图使文化走出去，结果是文化没有走进去、走上去，反而会背负“文化入侵”和“文化殖民”的恶名。过分强调“以我为主”，我的利益，把意愿、目的和行为过于明确化，反而欲速则不达。“以我为主”、以我的出发点为原点，以我的语言态度为准绳，以我的文化情感为尺度，估计对方即便是小国、弱国，也会产生反感或对抗情绪。

讲“主体间性”有助于塑造我国民主、文明、公正、进步、和谐、负责任的大国形象。讲“主体间性”和文化交往的对等原则，不是忽视和淡化本国国家利益，而是在互利共赢基础上，去增强理解与互信。讲“主体间性”不是为了去识别与他国文化的差异性和特殊性，而是为了寻找交往的共同点和兴趣点。那种认为只有文化不同点越多、文化交往价值越大的观点，往往是一厢情愿的，在交往中可能更多地只拥有欣赏的价值，而不具有“走近”和“走进”的价值。讲共性的并不一定就会失去自我，使本国的文化同质化而没有品位和价值。讲双方共同点恰恰可缩小文化交往的距离感，增添理解和互信的平台，志趣相投、志同道合才容易成为好伙伴、好邻居、好朋友。在交往中，为何我们就不能强调“我和你是一样的”，而淡化“我与你是不一样的”；我们走出去是为了求同存异，不是为了单纯独树一帜，好像只有拥有差异性，才能把握话语权，方能显示出自身的存在。而一些公理和规律恰恰是普遍性的，并不仅仅是“地方性知识”。

（二）传播内容：实现由中华传统文化传播向中华整体文明传播的转化

首先，应该厘清一个概念，中国传统文化不等于优秀传统文化。传统文化具有相对的稳定性和鲜明的民族性，但并不意味着迄今我们仍保留传统文化的基因，就认为传统文化是优秀的。因为文化本身就包含好的文化和不好的文化，我们现在的态度是对于优秀文化给予弘扬，对于健康文化给予提倡，对于落后文化给予改造，对于腐朽文化给予抵制。对于传统文化当然有一个分类和鉴别的过程，需把自己的文化家底搞清楚，把正能量的东西亮出来。中华传统文化传播一定是优秀传统文化的传播、健康传统文化的传播。对于传统文化中的糟粕和僵死的部分，不一定非得进“博物馆”，成为“博物馆”文化，而是要好好打扫房间，是垃圾和不洁之物，就应毫不犹豫地清除出去，给文化传播一个清新靓丽的空间。对优秀传统文化不仅仅是一个继承的问题，也是创新和发展的命题，两者有一个结合度的把控，也需要把握传统文化和现代文化的关系。诚如文化产业专家陈少峰所言：“需要反思传统文化、反思最好的路径便是去认识传统文化、对传统文化进行细分，认识传统文化的不同形态”“反思传统文化、认识传统文化，目的是去继承传统文化，但是继承传统文化需要一定的原则，需要摒弃那些违背现代文化社会价值理念的元素，保留那些凸显人类公理和道德高地的那部分成分”。[①] 按照鲁迅对待中外文化遗产的态度：“总之，我们要拿来。我们要或使用、或存放、或毁灭。那么，主人是新主人，宅子也会成为新宅子。然而首先要这人沉着、勇猛，有辨别，不自私。没有拿来的，人不能自成为新人，没有拿来的，文艺不能自成为新文艺。”的确，传统是过去的现代，现代是未来的传统。现代文化，是传统文化的连接点、临界点、起点、创新点和超越点。

其次，还应明确另一个概念，中国文化不等于中国古代文化。我们传播中国文化往往等同于传播中国古代文化，将中国文化遥远化、局部化、断层化、碎片化，这不是今日的中国，这不是一个完整的中国，真实的中国。无可否认，中华文化的家国情怀、共同价值、和谐理念，是促进中华民族发展壮大的精神滋养。但中国现在已不是先前穿汉服和唐装的中国，中国现代人的装束已经和国际接轨，中国现代化的程度与日俱增，和其他国家没有什么两样。只讲祖先的荣耀，并不能给自己和后代增添多少含金量，反而是对自身的矮化。一些古老的文化传统，更多的只有缅怀和欣赏价值。自己现在日常生活中都不碰的古代物品，如裹脚布，可能不会具有更多的现代价值和合理性，只能做反面教材。倘若外国人误把这些当作现代物什，这并不是件值得荣耀的事。也许外国人会问，你们展示的都是祖

① 陈少峰. 文化的力量[M]. 北京：华文出版社，2013：260.

爷爷辈的文化，你们现在有什么值得展出的？我们总不能像阿Q那样频频说我的祖先比你阔多了，这只会变成精神胜利法。对于有未来时间取向的人来讲，人家看的只是你的将来抑或是现在。对于大变革的现代中国来讲，不能有太多的过去时间取向，我们会有追忆和缅怀，但不能沉溺其中，我们更应正视的是未来。

再次，要注重中华整体文明的传播。要不忘本来，吸收外来，面向未来。不仅要传播古代文明，也要传播现代文明。现代文明也是文化传播的主战场。不谋全局者，不足以谋一域，要为中国文化软实力增添现代元素。“我们媒体报道的海外汉语热，中国文化热，与我在海外经历到的现实存在一定差距。以国家财政为依托的孔子学院在海外的主要活动项目，包括最为常见的教授太极拳，展示中国书法、少数民族服饰，包饺子，边缘性质地教授最为浅显的短平快三五个学生的小班非学分汉语课，从后殖民批评的角度来观察，未尝不是将中国文化的本质浪漫化、女性化、中古化、凝固化。我所熟悉的某个孔子学院为当地中小学制作的‘文化百宝箱”，从罗盘、中国结、团扇到陀螺，包含的几乎全是‘自我异国情调化，自我东方化’的物件。孔子学院在海外打造的中国形象，往往较少表现近现代以来中国现代化建设的成就。中国政府一直在国际舞台上韬光养晦，所以孔子学院顺理成章地常常将中国自我东方化、自我弱化和自我女性化。”①

当今中国并非难于启齿，乏善可陈。改革开放30多年的中国经济奇迹已为世界所瞩目。中国的神舟十号飞船与天宫一号目标飞行器实现自动交会对接，中国建立宇宙空间站指日可待；中国北斗卫星导航与美国的GPS、俄罗斯的格洛纳斯、欧洲的伽利略并称为全球四大卫星定位系统，目前已有23颗卫星向亚太地区提供定位、导航及授时等多项服务，计划在2020年前后，建成北斗全球系统，向全球提供服务；还有蛟龙探海、航母昂行……中国当代科技呈现出向西方先进国家加速追赶的态势。时速达380公里飞奔的和谐号高铁巨龙，展现我国科技创新力量，中国高铁代表中国发展的速度，代表世界陆路奔驰的速度，是中国快速崛起和中华民族努力实现伟大复兴的象征。中国的“天河一号”“天河二号”“神威·太湖

① [美]张宽. 孔子学院：一个自我东方化的危险[N]. 社会科学报，2013-08-29（5）.

之光”先后成为当今世界运算速度最快、综合技术领先的超级计算机，形成世界对中国的追赶之势。这些都可以成为孔子学院对外传播中华文化的传播内容。

（三）传播形式：实现由课堂语言教学向课内外“语言与文化教学”的转化

在非母语区，语言教学是重要的，这是中国语言文化传播的基础。对学生人数、汉语考试、教育技术应用情况、教学法创新情况、本土化教学资源开发情况、教学质量的学生和专家评价结果、单位时间内教学效率专家评价要有一个基本的把握，要对孔子学院的教学质量进行评估，绩效实行考核，这都是语言教学抑或是语言传播的题中应有之意。但是语言教学不单单是同语言标准、语言师资、语言教材、语言设施相关联的传播现象，它还和对象国的语言政策、国情、文化背景等密切相关。而且语言是文化传播的工具和载体，没有文化的语言教学是不存在的。语言是个胶囊，它的内部包含着文化和价值观。

不能把语言与文化截然割裂开来，实际上二者也无法分离。在汉语课堂教学中，不单单是要求上语言教学课，还要开设诸如“中国文化史”“中国文明史”“中国国情”等文化教学课程；即便是在课堂语言教学中，建构语言与文化相结合的教学模式也是一种更高的层次和境界。文化元素始终是教师授课内容的背景和内核，文字是隐形的翅膀，是文化的基本元素，要让非母语区的学生不是感到汉字的难学（书写的笔画顺序，发音的音调等），而是能体悟到汉字文化的博大精深和汉字的美，每一个汉字背后都有一段值得讲述的动人故事。汉字是表意象形文字，其发展源远流长，是中华文化的最基本元素，具有跨越时空的穿透力，对中华文化的记录和传承起决定性作用。汉语极为丰富的形象感、简洁度以及超深厚的文化底蕴是西方语言有所不同的。汉字具三美，意美以感心，音美以悦耳，形美以悦目。①

与此同时，把课堂语言与文化教学与更广阔的课外语言与文化“教学”

① 高占祥. 文化力[M]. 北京：北京大学出版社，2007：1-9.

相结合。既注重课堂语言与文化教学，又重视在课外闲暇时间的利用，这是汉语言与文化习得的理想状态。八小时之外很重要，个体的学习兴趣十分关键。不要鼓励“头悬梁、锥刺股”那样的自虐式的苦学，须引导学生精神舒畅式的乐学。新加坡一家华文杂志的总编辑王道伟说过：“为什么？老师没有逼我，父母没有逼我，完全是我自已喜欢看‘课外书’——这么说吧，是丰富好看的‘课外书’，让我的华文进步于潜移默化之中。在中国台湾，国小就看完金庸小说、《三国演义》的比比皆是。我相信，在新加坡，小学能看完什么大部头英文名著的也不在少数。我要说的其实很简单，‘教育’应该是广义的，不只是课堂的。与其在‘狭义’教育上鞭策学生去学华文，不如创造“广义教育”上的华文环境。白话点说，就是多一些好看的华文读物（不只是书、杂志、漫画，也包括了影视）。”①

（四）传播取向：实现由强势话语传播为主向以柔性话语传播为主的转化

语言国际传播的决定性因素在于国家综合实力，尤其经济、军事、科技、教育等方面的硬实力，谁占据硬实力的制高点，谁就能在国际竞争中掌握主动权和话语权。语言实力背后依托着国家的硬实力。在语言实力的较量中，实力定位和实力移位是不可避免的，语言竞争实力决定语言国际传播事业的成败，当然，语言传播取向、态度和传播方式也会影响传播的速度和效果。

语言是文化的一部分，文化是一种软实力，是一种生命现象，文化向来是国家间关系中最柔韧又最有穿透力的成分。既然文化总呈现出柔韧的一面，最好则不要硬来，不要硬碰硬，去用硬实力的方式到处行事。在资本主义殖民扩张时期，一些老牌资本主义国家一度对外采用了殖民化的文化强势传播模式，包括语言的输出皆为强制性的，后来随着殖民地国家纷纷独立和民族解放，即便是英国也逐渐改变了“殖民”“殖语”，采用较为柔性的模式，以和平、友好、合作、交流、商业开发等形式开展语言文化

① 王道伟. 推广华文教育不该只从“教育”做起[EB/OL]. [2014-01-20]. http://www.zaobao.com/forum/views/opinion/story20140120-301536.

传播。[①] 新兴的美国更是利用英语这个超级国际语言地位，大肆进行柔性话语传播，看看美国“大片、芯片、薯片”等文化传播模式，基本是“糖衣裹着炮弹”。

在中国语言文化传播中，我们也亮出“汉语推广”强势的口号，的确有较强的经济实力背景和文化忧患意识驱动。以语言作为文化走出去的突破口的愿望和诉求是积极、主动、明确、理性的。但价值取向和举措未必要锋芒毕露、一览无余。在新世纪新阶段，我们更应更新传统的语言传播理念和模式，实现由强势话语传播为主向以柔性话语传播为主的现代模式转化。在传播取向和方式上，把“汉语推广”改为“汉语传播”“汉语交流”这样更为学术和中性的话语，不再强调中国文化的单向、强势传播和推广，不再强调意识形态的灌输，更注重行为体之间的文化交往与互动。

“骤雨打荷叶”不如“随风潜入夜”，春风化雨、水到渠成是一种理想的传播方式。以温和、间接和隐蔽的方式来推广是当前语言文化传播的潮流。以柔性话语传播为主并不是要否认强势话语传播的作用，有时候，单刀直入式的迅速推进，也会赢得主动或打开局面。语言与文化传播既可以“糖衣裹着正能量炮弹”，亦可使“正义的炮弹”不加伪装地发出去，但须选择时间和火候。文化传播或文化走出去不可能不输出价值观，也不要怕别人议论输出价值观，文化是引导社会进步的罗盘，是张扬真善美的旗帜。只要站在道义的高地上，传播的是正能量，对象国最终会理解或接受。

（五）传播路径：实现由单一平台传播向立体化传播的转化

孔子学院和孔子课堂已成为中国语言文化传播的主平台和主渠道。自2004 年在韩国设立第一所孔子学院以来，孔子学院如雨后春笋般发展起来。据国家汉办预计，到 2020 年，海外学习汉语的人数将会达到约 2 亿人。英国文化委员会首席执行官马丁感叹：孔子学院“仅用短短几年，走完了英法德西等国语言推广机构几十年甚至上百年的路，和中国经济发展一样，堪称世界奇迹。”[②]

当然孔子学院的官方色彩和快速推进引起了一些国家的疑虑。早在

① 吴应辉. 汉语国际传播研究理论与方法[M]. 北京：中央民族大学出版社，2013：78-79.
② 李建军. 中国与中亚的文化交流力的建构[J]. 中南民族大学学报，2013（1）：81-84.

2011 年，美国、德国、英国就对当地的孔子学院进行调查，包括对教材和信件的审查；2012 年 5 月美国国务院对持有 J-1 签证的孔子学院中国教师限同年 6 月 30 日前离境，后又取消了这一做法；就连美国学者、“软实力”概念提出者约瑟夫·奈也对中国向海外推广孔子学院的做法不太理解。虽然孔子学院推广受到颇多质疑，但中国文化还必须要走出去。语言文化走出去有大众传播、人际传播、组织传播等多种方式，也不必拘泥和依赖于孔子学院单一的强劲推进之势，这样往往会成为众矢之的，也为“文化渗透”和“中国威胁论”制造借口。

媒体包括网络等新媒体传播同样是中国语言文化传播所推崇的方式。央视的《中国汉字听写大会》、河南卫视和爱奇艺打造的《汉字英雄》等原创文化节目，对弘扬和传承优秀传统文化大有裨益，其中《汉字英雄》第二季宣传片不仅在“美国纽约时报广场连播 3 天，赚足了眼球；而且英国广播公司（BBC）、《纽约时报》等外媒都对这档节目表现出浓厚的兴趣。”《中国汉字听写大会》选手人数预计达 2000 万。[①] 倘若这类节目能在海外播出，或选手是学汉语的外国人，效果岂不更好？！

各种会展、文艺汇演、庆祝活动、学术交流等等都是中国语言文化传播的有效手段。“中×”文化日（文化周、文化年）活动、“中×”建交××周年系列文化活动、“中×”艺术节（艺术季）、“中×”文化交流活动重大项目、××“聚焦中国”文化主题活动、孔子学院大会、“东亚文化之都”活动、“香江明月夜”“濠江月明夜”大型中秋综艺晚会、中国-亚欧博览会、深圳文博会、上海电影节、博鳌亚洲论坛、中国新疆国际民族舞蹈节等等文化传播形式，同样为增强中华文化软实力做出新探索，增添新亮色。

建立中国文化中心，为中国语言文化传播搭建新平台。从 1988 年贝宁中国文化中心的落成，截至 2013 年年底，中国已在海外 14 个国家建立文化中心，包括巴黎、曼谷、东京、柏林、马德里、莫斯科、开罗、首尔、马耳他、乌兰巴托、毛里求斯中国文化中心等。开展文化中心与中国的部省合作，便是文化部最近几年推出的新举措。通过每个文化中心为一个省担任平台、桥梁一年，推动各省市区的对外文化交流。比如今年浙江与柏

① 邢虹.“汉字听写大会”导演：第二季选手或达 2000 万人[N]. 南京日报，2014-01-29.

林中国文化中心合作，推出了浙江文化年系列活动。青海通过与贝宁文化中心合作，成功签署了手工业合作协议。[①]2014 年海外中国文化中心达到了 20 个，到 2020 年，中国将力争建设海外中国文化中心 50 个，形成覆盖全球主要国家和地区的传播和推广中华文化的主干系统。[②]语言文化传播已由孔子学院为主的单一平台，向立体化的多元渠道转化。正如莫言所言：中国追求的是“和为贵”的精神，为的是增强彼此的了解，实践的是“如切如磋，如琢如磨”的理念。

（六）传播层次：实现由文化软资源向文化软实力的转化

“今天世界任何地方的人，只要懂汉语，就容易谋取到一份工作，而遍布世界的孔子学院已经表明中国文字将随着中国崛起而成为中国最大的软实力之一。”[③]汉语言是一种宝贵的资源，但必须得到推广和传播，才能真正成为文化软实力；只有当像手机一样，使世界人民感到生活须臾离不开之际，汉语言才能当仁不让地成为中国最大的文化软实力。

用英语、法语、西班牙语、德语、俄语等讲中国的故事，这是中国不断走向国际舞台、不断展现语言文化柔韧性而不是频亮“肌肉”的必要过程。但最终，中国仍要用中国语言去讲中国的故事，依托汉语言强大的语言地位和功能去讲原汁原味的中国故事。讲中国故事必须是真实的，不是经过刻意包装和裁剪的，虽然有可能经过策划，但不能媚俗和矫情；讲中国故事会讲古代亮丽岁月的壮阔、悠远和华美；也会讲近代充满迷茫、挣扎和奋争的重低音；还会讲现代中国和平崛起、创造世界经济奇迹的故事。讲中国故事必须是“直指人心”的。只要是话语可能，就要说出来，但问题的关键是你的话语有没有力量，人们愿不愿意听。[④] 能体现“己所不欲，勿施于人”“己所不欲，也勿强加于人”的道义；能展现真善美、又能超越“地方性知识”的文化总有一股“直指人心”的精神力量。两届网球大满贯冠军李娜是亚洲和中国的骄傲，她精湛的球技、昂扬拼搏的精神和幽默的

---

① 王珏，任姗姗. 在这里，世界读懂中国——我国在 14 个国家设立海外文化中心，为文化“走出去”搭建桥梁[N]. 人民日报，2013-11-07.

② 应妮. 到2020年中国将建50个海外中国文化中心[EB/OL]. [2015-02-11]. http://www.chinanews.com/gn/2015/02-11/7055428.shtml

③ 张维为. 中国震撼[M]. 北京：中信出版集团，2016：1-2.

④ 李建军. 中国与中亚的文化交流力的建构[J]. 中南民族大学学报，2013（1）：81-84.

话语令世界观众折服，她是中国的形象大使和语言文化传播的使者。她是会用网球实力去讲中国故事的人，是会用英语去讲中国故事的人，是会用中国式的幽默去讲中国故事的人，李娜的中国故事是真实的、生动的，也是“直指人心”的。一年一度的春晚正在飘洋过海，成为中国语言文化传播的巨大平台，它的主题就是要好玩、温暖、真诚、振奋和传递青春的正能量，使中国节庆文化具有与时俱进、“直指人心”的力量。

讲中国故事是向世界传播深深根植于中国文化传统的和谐理念，传播中国和平发展的声音，把一个客观真实的繁荣发展的中国介绍给世界，使中国语言文化跨越时空、超越国度、富有永恒魅力和内在的强大感召力及吸引力。讲中国话语需要中国“粉丝”，需要有中国话语的倾听者。他们可能是为功利而听，可能是为兴趣而听，但最终我们希望他们为道义而听。理想很丰满，现实却骨感。用国际通用规则讲中国的故事，并不意味着中国总是游离于规则之外，是个旁观者和局外人的角色，并不意味着规则总由西方来主导、制定和裁判，中国每每呈现出边缘者和“举手机器”的命运。中国要努力去做国际通用规则的共同制定者和裁判者，使国际规则被中国所认同，使中国诉求被国际所关注、所接纳。①

汉学家是中国语言文化传播的软资源，不仅使他们能听懂我们、读懂我们，而且还须使我们能够听懂他们、读懂他们。这就需建构一个双方不断深化交往的平台，有思想的碰撞、激荡交集和领悟，以不断拓宽文化视域，增强情感力量，提升双方主体的尤其是我们的国际化水平和跨文化交流能力，使“知华派”能在新的互动中真正为中国语言文化传播服务。清华大学国学研究院副院长刘东在“汉学家与中外文化交流”座谈会上强调：在当今这个全球化时代，即使你只是在关心着中国问题，你的阅读视界也必定属于跨文化的。因此一方面，我们必须怀着强烈的求知欲，自觉意识到任何一次开卷，都是在主动拥抱新异的知识。但另一方面，对于这种跨文化阅读中的异质性，我们不仅要知其然，更要知其所以然，要具备深厚的汉学史知识，了解那些汉学家的言说背景，以便看穿他们的“洞见”与“不见”。②

① 李建军. 新疆现代文化发展战略的实现途径[J]. 新疆师范大学学报，2012（1）：18-28.
② 高颖. 中国文化西传，求同也求异[N]. 环球时报，2013-12-27（13）.

三、国际理解视域下的中亚孔子学院中华文化内容传播

新加坡已故的内阁资政李光耀言："文化决定（民族国家）命运"，文化战略是人的生存战略。如果把文化战略置身于国际关系和全球关系的大视野下，文化战略就是关乎民族国家生存和发展的文化传播战略。[①] 中国亟须制定文化传播的顶层设计和长远方向，必须关注中亚孔子学院中华文化传播的方略，尤其是其传播的优选方向。

人类学家乔治·马尔库斯（George Marcus）曾说过："文化差异根植于情感之中，也根植于不同民族对个人和社会关系本质的思考之中。"文化虽有不同之处，但也可以成为共同联系的纽带。赵华胜先生认为用历史文化符号来表示中国与中亚的历史联系的话，最鲜明最突出的符号莫过于"西域""丝绸之路""边塞诗"，这是非常有眼光的。倘若再扩展的话，李白、《福乐智慧》、《突厥语大辞典》、《玛纳斯》等符号亦可收进"宝囊"之中。如自然观，整体地看问题，天人合一观，善行仁慈精神，必将丰富人类的精神世界。

2015 年 1 月 15 日至 24 日，韩国 KBS 电视台推出 7 集 2015KBS 特别企划纪录片《超级中国》。题目分别为"13 亿的力量""钱的力量""中国治世""大陆的力量""软实力""共产党的领导力""中国之路"。这部纪录片从中国的人口规模、雄厚的财力、军事力量、自然资源、文化软实力和执政党的领导力角度讲述中国的发展现状。[②] 此档节目获得了出人意料的高收视率，也引起了在对外传播过程中如何利用孔子学院传播中华文化的思考。

（一）汉语言传播

语言传播是交流工具的传播，是文化最基础的传播，在任何时空都应成为文化传播最优先选择的方向。一个民族的语言文字是一个民族文化的精神血脉，是民族认同的利器，是心灵的港湾和家园。汉语是世界上最古

---

① 李智. 中国国家形象——全球传播时代建构主义的解读[M]. 北京：新华出版社，2011：138.
② 韩专家：超级中国已在眼前 中韩应寻求共存共荣[N]. 环球时报，2015-02-13.

老的语言之一，亦和中华文明一样是历史悠久未中断的语言。随着经济的快速发展和科技的巨大进步，拥有着丰厚的文化积淀，世界5000万学习者，与大部分现代技术均可兼容，影响力、显示度正在从亚洲的“汉字文化圈”扩大到世界各个地方的汉语，也可望在不远的将来成为与英语一样的“强势”语言。

新加坡学者韩福光直言：“我要说的是，全球最大的经济体可以在利用我们的同时也促进我们的增长，但我们得用对方的语言与他们建立联系。我们借英语与欧美和英语世界建立联系，也因而取得进展；为什么现在我们就不能也精通华语，与中国建立联系，进而一起增长？中国在未来20、30年、甚至40年里，都会是全球增长最快的经济体。”①

汉字是表意象形文字，是古老的，亦是常新的。白话文、简化字和汉语拼音等语言文字方面的创新大大方便了汉语的学习和推广。在1979年的一次国际会议上，有位西方专家对中国著名科学家钱伟长说，汉字将影响你们的现代化，因为今后是信息的时代，而你们的文字是无法进入计算机的。他还预言，“你们的文字落后，你们的文字进入计算机要靠我们了”。回国后，钱教授四处奔波，成立了“中文信息学会”，计算机输入技术在20世纪80年代取得了重大突破，当年预言“你们的文字进入计算机要靠我们”的西方人，如今却购买了中国发明的汉字输入编码的专利。②

法国汉语教师协会会长白乐桑先生曾表示，教法国孩子学习汉语，主要目的不在于掌握另一种语言工具，而是通过学习汉语来开发法国孩子的智慧。美国教育部前部长玛格丽特·佩林林斯强调，学习汉语符合美国的利益。学习汉语需经过内心的默诵联想，需要更多地使用大脑，有助于人的思维能力、想象能力的发展。据BBC科技报道，说汉语的人在讲话时同时使用大脑两侧，而说英语的人只使用大脑一侧。比较起来，汉语更具开启心智的作用。我国的文字，除象形外，在语音上，韵多声少、响亮悦耳，音节匀称、成双成对，声调抑扬、优美动听；在语汇上，遣词灵活、词源雄厚，词意精确、形象生动，成语丰富、言简意赅；在语法上，结构简明、

① 韩福光，李光耀：新加坡的硬道理[M]. 北京：外文出版社，2015：210.
② 郁乃尧. 汉字的故事[M]. 北京：中央编译出版社，2006：165.

辨义明晰，词序固定、句式淬炼，虚词多样、生动传神。[①]“今天世界任何地方的人，只要懂汉语，就容易谋取到一份工作，而遍布世界的孔子学院已经表明中国文字将随着中国崛起而成为中国最大的软实力之一。”[②]绵绵悠长的方块字，不但没有放到博物馆里供人欣赏，反而历久弥坚，迸发出新的活力。越是中国的，可能越是世界的；越是世界的，可能越是中国的。

（二）丝路文化传播

中国与中亚在古代共享丝路文化的发展，是双方曾经共有的辉煌。传统器物文化传播构建了中西方文化交流的桥梁，也使中国新疆和中亚地区成为世界几大文明的荟萃之地，丝绸之路的影响力以及对世界文明的贡献永彪青史。

16世纪前，中国一直走在世界的前面，丝绸、陶瓷等器物文化表征着一个民族的文明高度、科技水平和审美素养。四大发明所代表的科学文化传播更是对西方资产阶级革命产生重大作用。美国学者德克·卜（德）称，“纸张对后来西方文明整个进程的影响无论怎样估计都不过分”,“世界受蔡侯的恩惠要比许多更知名的人的恩惠更大。”[③]

美国学者德克波德（Derk Bodde，1909—2003）说：“倘使没有纸和印刷术，我们将仍然生活在中世纪。如果没有火药，世界也许会少受点痛苦，但另一方面，中世纪欧洲那穿戴盔甲的骑士们可能仍然在他们有护城河围绕的城堡里称王称霸，不可一世，而我们的社会可能仍然处在封建制度的奴役之下。最后，如果没有指南针，地理大发现的时代可能永远不会到来，正是这个地理大发现的时代刺激了欧洲的物质文化生活，把知识带给了当时人们还不了解的世界，包括我们美国。”弗朗西斯·培根说：“我们应该看到各种发明所具有的力量、效能和后果。这些发明，无论从哪方面看，都不如古人闻所未闻的那些发明，即印刷术、火药和指南针来得惹人注目。因为这三项发明已经使整个世界的面貌和状况为之一变。”由于培根在科学

① 高占祥. 文化力[M]. 北京：北京大学出版社，2007：8-88.
② 张维为. 中国震撼[M]. 北京：中信出版集团，2016：1-2.
③ 冯天瑜，何晓明，周积明. 中华文化史[M]. 上海：上海人民出版社，2005：124.

和哲学方面的崇高影响，四大发明学说得到广泛地认同和传播。但是四大发明之说并不一定能准确、全面地反映中国古代科学技术发明的成就，它是从东西方交流这一层面所做的评判，尤其是四大发明作为推动欧洲资本主义发展的强大动力在西方历史上取得了令人瞩目的成就。于是，这几项西方当时最缺乏、最需要的技术被当作了中国最重要的科学技术成就。其实，中国古代的科学技术成就远不止这四大发明，在农耕技术（精耕细作）、铁铜冶炼、油煤开采、机械制作、中医药学、天文数学（10进位制，赤道坐标系）、陶瓷、丝织和酿酒等方面都取得了巨大的成就。①

世界著名科技史家李约瑟博士认为，中国“在3世纪到13世纪之间保持一个西方所望尘莫及的科学知识水平”，他在皇皇巨著《中国科学技术史》中曾列举了中国传入西方的26项技术，为何只有26项，那是因为用完了A到Z排序的26个字母，所以简约为26项技术。而美国学者坦普尔在《中国发明与发现的国度》一书中详细描述了中国古代100项技术发明。

技术发明依器物表征而存在、彰显，技术发明创造了器物的高端和优势，中国传统器物文化传播完成了其他文明当时不可企及的弹跳，镀亮了一个民族鲜活的脸庞。

培根说过，知识的力量不仅取决于其本身价值的大小，更取决于它是否被传播，以及传播的深度和广度。中国古代文化璀璨夺目，中国古代文官制度对西方的文官系统产生了重要的启迪，中国的古代学术思想对欧洲启蒙运动起到了巨大的推动作用，中国的古代艺术影响了西方人的生活，中国古代的四大发明直接推动新的文明到来。

在历史文化方面，唐“西域边塞诗”可谓独树一帜。轮台、天山、楼兰、乌孙、玉门关成为一种鲜明的地理符号和西域符号。

如“诗仙”李白《关山月》“明月出天山，苍茫云海间”里的“天山”；李白《塞下曲》（其一）“五月天山雪，无花只有寒”中的“天山”；李益《从军北征》“天山雪后海风寒，横笛偏吹行路难”中的“天山”；李白《塞下曲》（其一）“愿将腰下剑，直为斩楼兰”中的“楼兰”；王昌龄《从军行》（其四）“黄沙百战穿金甲，不破楼兰终不还”中的“楼兰”；岑参《武威送

① showchina. 看中国——中国古代发明[EB/OL]. http://www.showchina.org/zt/zggd. 2011-10-31.

刘单判官赴安西行营便呈高开府》“浑驱大宛马，系取楼兰王”中的“楼兰”；常建《塞下曲》“玉帛朝回望帝乡，乌孙归去不称王”中的“乌孙”。王昌龄《从军行》“青海长云暗雪山，孤城遥望玉门关”中的“玉门关”；王之涣《凉州词》“羌笛何须怨杨柳，春风不度玉门关”的“玉门关”。

自从天宝八年（公元749年）开始，岑参两度出塞（岑参一生三次出塞），在边塞居住了十多年，他熟悉边塞生活，善于描绘西北边疆的奇异景色。先赴安西任掌书记，后赴北庭任节度判官，经历了长达多年的边塞生活，历练成为一个西域边塞诗人。现在的新疆轮台县在西汉神爵二年（公元前60年），境内设西域都护府，历时72载，统领西域诸国。唐时属龟兹都督府乌垒州。汉武帝曾把一个宫殿的名字命名为轮台宫殿，并在轮台宫殿里下《罪己诏》。轮台是岑参戍边生活的地理标识和诗歌创作的意境方位符号，是岑参西域诗出境最高的地理名词。如《送李副使赴碛西官军》“火山六月应更热，赤亭道口行人绝。知君惯度祁连城，岂能愁见轮台月”中的“轮台月”；《白雪歌送武判官归京》“轮台东门送君去，去时雪满天山路。山回路转不见君，雪上空留马行处”中的“轮台”；《走马川行奉送封大夫出师西征》“君不见走马川行雪海边，平沙莽莽黄入天。轮台九月风夜吼，一川碎石大如斗，随风满地石乱走”中的“轮台”，具有浓浓的轮台情结和边关效应，代表了盛唐边塞诗的雄浑、磅礴、豪放、浪漫、悲壮、瑰丽的美学风格，可谓西域的水墨画。《走马川行奉送封大夫出师西征》写在诗人任安西北庭节度判官期间。走马川为唐轮台西边的白杨河（轮台在今天乌鲁木齐的西边），这里是当年安西节度使封常清西征播仙的必经之地。行，是乐府诗体的标志。封大夫为即将出征的御史大夫封常青，本诗是为他壮行而作，这首诗集中描写了在走马川中顶风冒雪夜行军的紧张场面，充分展示了西域地理、风俗之魅，凸显了人性和人文之光。

中国与中亚国家的丝绸之路复兴已恰逢其时，不仅要全力创建经济、能源新丝路，还须打造文化新丝路，使丝路文化薪火相传，血脉赓续，泽被久远。丝绸之路是开放之路，是文明之路，是繁荣发展之路，是幸福之路，是走向和谐世界之路，同时是中华文化在中亚传播的必经之路。

（三）仁爱思想传播

仁爱思想是孔子创立的学说，不是孔子自己著的书。孔子也并未给“仁”下个确切的定义，而是针对弟子的提问和弟子们行为的偏差，注重言传身教，有的放矢地去让弟子自己感受和体会何为仁。譬如，看你爱心不够，就说“仁者爱人”；看你油嘴滑舌，就说“木讷近仁”；看你由己及人方面有所不足，就说“仁”是“己欲立而立人，己欲达而达人”。虽然解释的角度和针对性不同，但九九归一，都指点着让你成为一个好人，一个善者。“成仁”即成就道德，就是做一个好人。[①]人性是善的。《易经》讲厚德载物，正所谓，“恻隐之心，仁之端也。”“今人乍见孺子将入于井，皆有怵惕恻隐之心。”（《孟子·公孙丑上》）“恻隐之心，人皆有之；羞恶之心，人皆有之；恭敬之心，人皆有之；是非之心，人皆有之。恻隐之心，仁也；羞恶之心，义也；恭敬之心，礼也；是非之心，智也。仁义礼智，非由外铄我也，我固有之也，弗思耳矣。故曰：‘求则为之，舍则失之。’”（《孟子·告子章句上》）从孔子的仁，到孟子的性善，再到宋明的理学，无非皆在言说一个词，那就是良心。讲良心，做善人是中国文化的一个基本特征。

孔子曰：“人而不仁，如礼何？人而不仁，如乐何？”意思是说，人要达不到仁爱，他怎么能实行礼呢？人要达不到仁爱，他怎么能运用乐呢？君子是仁义的。君子要“尚志”，志于仁义，按仁义行事，处处以仁义为最高的价值选择，即所谓的“仁义而已”。“仁是天下最广大的居所，义是天下最平坦的大道，只要居住在仁的居所里，行走在义的大道上，不做任何不仁不义的事情，就可以成为大人了”。[②] 余秋雨先生说，孔子心中的“君子世界”，是一个礼仪世界，而未必是一个觉悟的世界。或者说，礼仪在前，觉悟在后，已是君子。而孟子却认为“君子世界”应是觉悟的世界。君子身教胜过言传，君子坦荡荡，要有浩然正气：“其为气也，至大至刚，以直养而无害，则塞于天地之间。其为气也，配义与道；无是，馁也。是集义所生者，非义袭而取之也。行有不慊于心，则馁矣。我故曰：‘告子未尝知义，以其外之也。’必有事焉而勿正，心勿忘，勿助长也。无若宋人然；宋

---

① 杨泽波. 孟子与中国文化[M]. 贵阳：贵州人民出版社，2000：178-179.
② 杨泽波. 孟子与中国文化[M]. 贵阳：贵州人民出版社，2000：142.

人有闵其苗之不长而揠之者，芒芒然归。谓其人曰：‘今日病矣，予助苗长矣。’其子趋而往视之，苗则槁矣。天下之不助苗长者寡矣。以为无益而舍之者，不耘苗者也；助之长者，揠苗者也。非徒无益，而又害之。”（《孟子·公孙丑上》）

“己所不欲，勿施于人”是孔子名言。语出《论语·颜渊》：“仲弓问仁。子曰：‘出门如见大宾，使民如承大祭。己所不欲，勿施于人。在邦无怨，在家无怨。’”孔子此即言仁。《论语·卫灵公》：“子贡问曰：‘有一言而可以终身行之者乎？’子曰：‘其恕乎。己所不欲，勿施于人。’”此又言恕。孔子常以“恕”释“仁”。朱熹《四书集注》：“恕，推己以及人也。”也即子贡所说：“我不欲人之加诸我也，吾亦欲无加诸人。”（《论语·公冶长》）以后儒家都强调“己所不欲，勿施于人”以实施“仁政”。

教育，先教“做什么”，再说“为什么”，正是礼仪使文化变成了行动，使无形变为有形，使精神可以触摸，使道德可以依循。文化的最终目标，是在人世间普及爱和善良。文化是一种手手相递的炬火，未必耀眼，却温暖人心。文化的魅力，就在于摆脱实用、摆脱功利，走向仪式。现在有些知识分子嘲讽天下大道，宣扬宫廷权谋，颠覆文化等级，甚至直接提出“宁要真小人，不要伪君子”的小人逻辑。[①] 这是非常不应该的。包括以色列人民都永远难忘中国对犹太人患难时的生死相助，中华民族的“仁”和“道”所迸发的巨大力量，正推动着人类文明的发展。

（四）和合价值观传播

“和合文化”源远流长，“和合”的理念博大精深。“和合文化”释义中华民族是一个崇尚和合的民族，在中国传统文化的宝库中，蕴藏着丰富的和合思想资源。中华古老经典《周易》直言“天地睽而其事同也”，“君子以同而异”。孔子曰：“君子和而不同，小人同而不和。”庄子最早阐述天人合一的精神，《庄子·达生》强调：“天地者，万物之父母也。”所谓和合的和，是指和谐、和平、祥和；合即合作、合好、融合。和合是指自然、社会、人际、心灵、不同文明间诸多有形和无形相互冲突、融合，以及在

① 余秋雨．何谓文化[M]．武汉：长江文艺出版社，2012：7-10.

冲突、融合的动态过程中各形相和无形相形成的新生命、新事物、新结构的总和。诚如刘梦溪所言：“‘和而不同’是中国人面对这个世界的总原则，也是中国文化贡献给人类的大智慧。”

“和合”是一种社会秩序观，“和合”属于中华民族独特的优秀伦理范畴。①

中医本身就是和合文化的最深刻的体现。中医学重视疾病诊治与患者所处环境的结合、重视疾病诊治与个体因素的结合、注重预防与治疗相结合的健康体系的建设、注重医药结合与辨证用药。中医学以“阴阳”哲学推演人体“阴阳”，将人体看作一个有机的整体，从整体出发，用宏观、综合、系统的方法及实践手段，研究和认识疾病，注重分析人体功能失调。

罗马教皇的使者、法国方济各会教士鲁不鲁乞在 13 世纪的游记中这样看待中国：“一种出乎意料的情形是礼貌、文雅和恭敬中的亲热，这是他们社交上的特征。在欧洲常见的争闹、打斗和流血的事，这里却不会发生，即使在酩酊大醉中也是一样的。忠厚是随处可见的品质。他们的车子和其他财物既不用锁，也无须看管，并没有人会偷窃。他们的牲畜如果走失了，大家会帮着寻找，很快就能物归原主。粮食虽然常见匮乏，但他们对于救济贫民，却十分慷慨。”鲁不鲁乞夸赞中国民风淳朴与马可·波罗所论述的内容具有惊人的一致性。

张立文教授是研究和合文化的大家，他认为，“和为贵”是中国人长久不变的行为准则，“和合”是中国文化的首要价值和人文精神的精髓，它植根于五千多年中华文化的深厚土壤。他说，有一个现象值得十分注意，就是中国文化能够延绵几千年而不衰，中国宗教众多但从未有过宗教战争，关键因素就是中国独特的和合文化的作用。“在 21 世纪，和合将是化解人类由工业文明向信息文明转型过程中所凸现出来的人类共同面临的冲突和危机最优化的文化选择。针对人类共同面对的危机，张立文教授提出了化解危机的五种和合原理。一是和生原理。社会的再生产包括经济、自然和人自身三者的再生产，这其中存在着主体意愿和客观限制之间的矛盾。要促进社会可持续发展，就要和合三者，即运用智能技术和生物技术手段使

① 邓长江，吕清华. 从“和合文化”看新时期中国外交策略[J]. 电子科技大学学报（社科版），2006(05).

产业结构生态化，达到和生境界。二是和处原理。工业文明孕育了现代文明，人文主义使人的观念从对天国的向往转变为对现世的追求，获得最大限度的金钱和财富是人类活动的目的。社会以物化水平为进步标准，使人与自然、社会、人际以及国家、民族、宗教间关系紧张。这种情况使世界多极化、多元化前所未有的重要，面对不同，和合是相处的关键，即所谓的'和而不同'。三是和立原理。万物的自立、独立形式是、也应该是多样的，具体来讲，各民族、国家、企业都要走自己的路。但最终要'殊途同归'，'同归'于兴旺发达。做到这一步需要和立，竞争不应该是你死我活的对立，而应该被看成激活自己的动力。中国自古有'己欲立而立人'的精神，在竞争中，双赢是唯一完美的结果。四是和达原理。'不均衡'是造成冲突、动荡的最重要、最根本原因，世界的宁静与发展必须做到'己欲达而达人'。先进富裕的国家、地区帮助不发达的国家、地区是时代趋势和要求。五是和爱原理。和生、和处、和立、和达内在的核心是和爱。爱心是人最起码的本性，'泛爱众'才不会生怨气，不会以暴易暴。人乐天乐、人和天和、天人和乐是人类追求的境界。"①

20 世纪 80 年代，有本小册子，《展望 21 世纪——汤因比与池田大作对话录》，讲到东亚崛起，作为文化基础，有"根"有"底气"的就是中华文化。1988 年，法国巴黎，诺贝尔奖得主齐聚一堂，他们在《巴黎宣言》中写道，人类如果在 21 世纪生存下去，必须回头 2540 年，去吸取孔子的智慧。②

（五）当代中国代表符号传播

记得曾执导《红河谷》《嘎达梅林》的著名电影导演冯小宁先生，在美国举办首次中国电影周期间，他的《黄河绝恋》在好莱坞上映时，冯小宁自己的票都让出了，票仍然供不应求。于是有人要求进入放映场，躺在地板上看。因为美国法律规定，不允许站着看电影。这是中国文化符号的一次精彩亮相。

---

① 张立文.中国五千年文明及人文精神的精髓：和合思想文化[EB/OL].[2012-12-04].http://www.nblog.sina.com.cn/s/blog_726f4aa001014.

② 韩卫东. 论中国传统文化的现代价值[J]. 理论前沿，2007（2）.

中国可谓当今“地球村”里变化最快最大的国家。古老和现代交织的中国，回忆与梦想铺就的中国，敞开大门拥抱世界、放眼未来。中国文化交流与传播善于“引进来”，却很少“送出去”，导致文化的守势单向性和非均衡性，“入超”态势明显，“文化赤字”严重。中国文化交流与传播存在着“厚古薄今”的倾向，偏重传统文化的传播。在国际受众的心目中，中国的文化形象不能仅仅是“长江、长城，黄山、黄河”抑或是 “智慧而苍老的老人”，中国更应重视当代中国代表符号的传播。

1. 当代中国科技的代表符号

（1）高铁

高铁可谓当代中国高科技的代表符号。高铁具有输送能力大、速度快、安全性好、受天气变化影响小、正点率高、舒适方便、能源消耗低、环境影响轻、经济效益好等优势。中国高铁代表中国发展的速度，代表世界陆路奔驰的速度，是中国快速崛起和中华民族努力实现伟大复兴的象征。2011年7月1日，京沪高铁开始正式运营，《华尔街日报》报道了一个有意思的细节。文章说，列车快到上海的时候，一位实习列车员问一位在列车上采访的美国记者，说美国有高铁了吗？这位美国记者说，基本没有。列车员沉默了一会儿说，哦，真的吗？脸上露出了抑制不住的笑容。① 在中国开通时速350公里的世界最快列车后，印度《金融时报》的社论指出，虽然中国用了20多年将列车的时速从43公里提到100公里，但随后仅用9年就提速三倍。当印度领导人继续争论各项指标的相对性时，中国已计划在未来三年修建42条高速铁路，覆盖13000公里。1秒钟跑出97米，比飓风还快两倍；运行的列车上，一元硬币能站立10秒不倒，杯子里九分满的水全程未溢出一滴；设有一等车厢和餐车，还有电视……②

中国高铁从无到有，在短短几年中，经过对西方高铁技术的引进、消化、吸收和再创造，使中国成为高速铁路系统技术最全、集成能力最强、运营里程最长、运行速度最高、在建规模最大的国家，不论是总量规模，还是技术水平、运营管理，都已经走在世界最前列。中国这种陆路奔驰的

① 王姗姗. 美媒：高铁展现中国发展速度 奥巴马赞叹不已[EB/OL]. [2011-07-01]. 中国新闻网，http://www.chinanews.com/cj/2011/07-01/3150791.shtml.

② 张雅平，王秋菊. 郑西高铁1秒钟能跑97米 运行列车上可立硬币[EB/OL].[2010-01-30]. http://www.sina.com.cn.

速度使地域空间大大压缩，将带来中国诸方面的深刻变化，高速铁路全面改变中国的时代已经到来。奥巴马曾在国情咨文中提到中国高铁，这是自从1978年底中美建交以来，作为美国总统第一次以近乎羡慕的口吻谈论中国，列举中国发展高速铁路与领先开发新能源的事实，来激励美国人重新奋起、迎头赶上。目前中国中车研发时速逾500公里极速列车近日落成，将进一步完善中国高速列车技术体系，使我国在高铁领域拥有更大的国际话语权。

港媒体刊发题为《在中国坐火车》的署名文章，时任美国密歇根大学孔子学院督导、底特律中华商会顾问汤姆·沃特金斯（Tom Watkins）在文中说，在中国旅行时，看到了美国的两种未来：要么赶紧拼命赶超，要么甚至比现在落得更远。文章称，中国有一套有效的公共交通系统，是由高铁、公共汽车，甚至还有公共自行车构成的。铁路运输系统未来对中国的作用就像20世纪50年代艾森豪威尔总统的跨州公路系统对美国的作用一样。中国计划到2020年修建1.6万公里长的高速铁路网。中国的这一努力推动着国家向前发展，方便了人员流动，带来了经济与技术的发展。[①]2014年年底，中国南车、北车“对等合并、着眼未来”等为原则合并变身为“中国中车股份有限公司”，这一合并不仅能强力加速中国轨道交通装备业由“中国制造”向“中国创造”的转变，还将有力推动中国高端装备业的产业升级，推进中国由“制造大国”向“制造强国”“创造强国”迈进。顺应了经济全球化和市场一体化的大趋势，也符合“一带一路”倡议以及我国优化产业布局、发展高端装备制造业的产业政策。[②] 中国南车、北车的合并为中国高铁插上了腾飞的翅膀。目前中国高铁走向海外势头正劲，已中标俄罗斯莫斯科一喀山高铁项目，项目总里程770公里，最高设计时速400公里，轨距为1520毫米；已成为印尼雅加达至万隆高速铁路项目建设和运营的主角，该高铁项目全长150公里、最高设计时速为350公里，并于当地时间2016年4月21日正式开工，计划3年建成通车……

① 汤姆·沃特金斯. 美国人坐完中国高铁的感受：美国该向中国学[EB/OL]. [2014-03-14]. http://www.xilu.com/20140314/10000100004.

② 中国南车正式宣布与中国北车合并[EB/OL]. [2014-12-30]. http://news.163.com/14/1230/21/AEOA0US40001124J.html.

（2）中国超级计算机系统

2010年11月，中国首台运算速度可以达到每秒2570万亿次的超级计算机系统“天河一号”雄居全球超级计算机第一名。然而，仅在8个月之后，日本、美国的超级计算机就将“天河一号”“挤下擂台”。2013年6月17日，世界超级计算机TOP500组织正式发布第41届世界超级计算机500强排名榜，国防科技大学研制的“天河二号”超级计算机，以峰值计算速度每秒5.49亿亿次、持续计算速度每秒3.39亿亿次双精度浮点运算的优异性能，成为当今世界运算速度最快、综合技术领先的超级计算机。这也是继“天河一号”之后，中国超级计算机再次夺回世界第一的桂冠。与上一届世界冠军美国“泰坦”超级计算机相比也是遥遥领先。“天河二号”计算速度是“泰坦”的2倍，计算密度是“泰坦”的2.5倍，体积却比它小了15%。世界超级计算机TOP500组织专家、美国田纳西大学教授杰克·唐加拉对“天河二号”的评价是：“中国元素、中国技术越来越多。”不仅如此，“天河二号”的体系设计已经成为超级计算机的一支重要流派，引领了世界超级计算机发展的潮流。在“天河一号”研制中，国防科大研究人员在国际上首创了CPU＋GPU的异构融合计算体系结构。“这种结构最大的好处就是实现了超级计算机的低成本、低能耗、高性能。”“天河二号”团队设计出的“异构多态体系结构”不仅继承了“天河一号”CPU结合加速器的传统，又增加了兼容性，实现了与客户软件的“无缝对接”。李楠解释说：“这就意味着，所有在英特尔芯片上使用的软件都能迅速在“天河二号”上运行，不需要再另外进行编程。”①

“与美国、日本的超级计算机主要解决科学工程计算问题不同，在中国，超级计算机是一个公共应用平台，不仅被用来解决科学研究的问题，还关系国家经济建设和社会发展。”“天河二号”工程总指挥、总设计师廖湘科研究员说，“天河二号”主要应用于大科学、大工程以及产业升级和信息化建设领域。这就要求“天河二号”有更为高效的大数据处理能力、更高的吞吐率以及更高级别的信息安全服务。事实上，“天河二号”的几大领先国际的创新亮点：异构多态体系结构、微异构计算阵列、高速互连以及

① 李建军. 中华文化中亚传播的战略态势和优选方向[J].当代传播，2013（4）.

新一代高性能通用 CPU 飞腾-1500 都是在应用需求牵引下的技术创新。据《中国科学报》记者了解，作为广州超级计算中心的主机，“天河二号”今年下半年将在广州安家。届时，“天河二号”将为生物医药、新材料、工程设计与仿真分析、天气预报、气候模拟与海洋环境研究、数字媒体和动漫设计、智慧城市、电子商务、云计算和大数据分析等多个领域提供高效服务。以基因分析为例，华大基因利用自有计算机系统需要一年才能做出的 500 人规模全基因组信息关联性分析，在“天河二号”上只需 3 个小时就能完成。[①]2014 年 11 月 17 日，在美国发布了全球超级计算机 500 强最新排行榜，中国国防科技大学研制的“天河二号”超级计算机，以每秒 33.86 千万亿次的浮点运算速度获得四连冠。美国能源部下属橡树岭国家实验室的“泰坦”则连续 4 次屈居亚军，其浮点运算速度为每秒 17.59 千万亿次。排行榜主要编撰人、美国田纳西大学计算机学教授杰克·唐加拉对新华社记者说，落户在国家超级计算广州中心的“天河二号”是个“非常强大的系统”,“在 2017 年前，我看不到美国的超级计算机可以与其竞争”。[②] 2016 年 9 月 20 日，根据国际 TOP500 组织当天发布的榜单，“神威·太湖之光”的浮点运算速度为每秒 9.3 亿亿次，不仅速度比第二名“天河二号”快出近两倍，其效率也提高 3 倍。

2. 当代中国体育明星的代表符号——李娜

李娜红遍全球，是中国当代最有代表的文化符号之一。单打最高排名曾位列世界第二，是中国最出色的网球运动员。活泼、机智、能言善辩，一口流利的英文和顽强拼搏的作风赋予了李娜很强的个人魅力和感染力。作为 2011 年的法网女单冠军得主，李娜是第一位在象征网球最高荣誉的四大满贯赛中捧起单打桂冠的亚洲选手。在国际上，她以 1840 万美元登上福布斯 2012 年全球收入最高女运动员榜单第二位。[③] 根据谷歌美国主页 2013 年 1 月 27 日的搜索数据，“李娜”为三亿零九百万条，高居中国体育明星榜首。2013 年澳网比赛期间，截至 2013 年 1 月 26 日 18 时，新浪微博上

① 钟华，王握文，蒋自成. 天河 2 号如何重返第一：体积比世界第二还小 15%[N]. 中国科学报，2013-06-18

② 林小春. 中国“天河二号”再次夺得超级计算机冠军[EB/OL]. [2014-11-18]. http://www.ithome.com.

③ 澳媒赞李娜价值超悉尼歌剧院 团队 1 年开销超 500 万[EB/OL]. [2013-01-28]. http://www.sports.sina.com.cn/t/2013-01-28/03166.

题为“李娜冲击澳网冠军”的话题讨论量已超过 1500 万条，其中 23685 条原创微博发自赛事举办地澳大利亚。中国国内有 3 亿多观众收看了决赛。虽然未能夺冠，但再次回到大满贯决赛的李娜，几乎征服了所有人。澳媒更是大赞李娜价值超越悉尼歌剧院。女单决赛之前，澳大利亚联合通讯社刊发了一篇名为《李娜扛起中国大旗》的文章，直言这位大器晚成的“中国一姐”已经成为中国体育的新旗手，其影响力超过昔日的偶像人物姚明、刘翔等。这次决赛尽管未能夺魁，但是她在赛场上两次意外受伤后仍然坚持拼搏的勇气与决心却征服了全世界网球爱好者。《福布斯》杂志 2012 年 5 月公布本年度的全球最具影响力名人排行榜，网球选手李娜排名第八十七位，成为唯一入选的中国人。

中国女网教练张琪说，“李娜的技战术风格迎合了国际女子网坛的先进潮流，那就是力量化、男子化。综观当今世界网坛，像辛吉斯那样追求技术型打法的选手已经逐渐退出了历史的舞台，而达文波特、小威廉姆斯等力量型的女子选手却日益走俏。在所有中国女网选手中，李娜的击球力量和速度都首屈一指，这也使得她在应对同样类型的欧美选手的时候具有一定的竞争力。”[①]2013 年 4 月 18 日，美国《时代》杂志今日发布 2013 年度全球百大最有影响力人物名单，中国“女网一姐”李娜成 7 个封面人物之一，并被列入“偶像人物（Icons）”的类别榜单，而同列其中的还有美国“第一夫人”米歇尔·奥巴马、英国凯特王妃等知名人士。此外，根据 WTA 女子网球协会官网的报道，李娜还以超高规格成为《时代》于 4 月 29 日出版的这一期杂志封面人物，而她在答谢辞中也表示对自己感到非常自豪。[②]

随后，2013 年 4 月 23 日在斯图加特参赛的李娜就接受了国际女子网球协会 WTA 的采访。WTA 问：“近来你成了《时代》杂志最有影响力 100 人，同时也是封面人物。对此你有什么感想？”李娜回答：“当我看到封面照片时，我的第一反应是：‘噢，我想我认识这个姑娘。’当时我是在做一个正手击球的动作，头发都在乱飞。我想我还记得拍这个照片时的情景。

---

① 李娜[EB/OL].[2016-09-23]. http://www.baike.baidu.com/view/59350.htm.

② 李娜成为《时代》杂志封面人物 自述非常自豪[EB/OL].[2013-04-18]. http://www.sports.sina.com.cn/t/2013-04-18/2201.

这对我来说当然很兴奋，是我生命中发生过最棒的事情之一。”① 2014 年 9 月 19 日，李娜宣布正式退役。2015 年 2 月 1 日，李娜获得 2014CCTV 体坛风云人物最佳女运动员奖、评委会大奖。2015 年 2 月 11 日，李娜获得 2015 年劳伦斯世界体育奖最佳女运动员奖提名。

3. 当代中国文化名人的代表符号——莫言

“他是爱吃饺子、爱讲故事的著名小说家，20 年来持续旺盛的创作力，在海内外赢得了广泛声誉。2012 年，他获得了世界诺贝尔文学奖，成为中国文化品牌走出去的里程碑，也在全球范围内提升了中国国家品牌形象，为中国文化赢得全球的尊敬。”这是 2012 年品牌中国年度人物电视颁奖晚会主办方对著名作家、2012 年诺贝尔文学奖获得者莫言荣膺“2012 品牌中国年度人物”的评价。② 莫言已被公认为当代中国文化的一张名片。2012 年，莫言荣膺诺贝尔文学奖，打破了中国获不上诺贝尔奖的魔咒，使中国人不仅扬眉，而且吐气；对繁荣和振兴中国现当代文学功不可没，对后继者是种有力的激励和砥砺。经过鲁迅、老舍、沈从文、巴金等作家与诺贝尔文学奖多次擦肩而过和漫长等待之后，中国籍获奖作家终于由“0”变“1”了。“将魔幻现实主义与民间故事、历史与当代社会融合在一起”的莫言，携《红高粱家族》《丰乳肥臀》《蛙》等深度系列作品瞬间成为举世瞩目的焦点，成为中国文学界丰碑式和功勋般的人物。”中国民众形成了强烈的“诺贝尔情结”，“中国距离诺贝尔奖究竟有多远”之类的话题也不时在坊间和媒体上热议。莫言斩获诺贝尔文学奖，证明中国的教育和文化体制不仅没有问题，甚至还优于某些西方大国，中国培养了众多的科研人才，为科学的发展提供了坚实的人才保障，增强了迎难而上、攻坚克难的能力。这是中国知识和教育的胜利，是中国科学进步的体现，是中国文化大发展大繁荣的见证，是全体中国人的骄傲，极大地提振了国人信心、民族自豪感和中国梦想。③莫言现为中国作家协会副主席，北京师范大学鲁迅文学院文艺学硕士，香港公开大学荣誉文学博士，华东师范大学、山东大学兼

① 李娜机智回应登上时代杂志封面：我认识这个姑娘[EB/OL].[2013-04-23]. http://www sports.sina.com.cn/t/2013-04-23/1506.

② 2012 诺贝尔文学奖获得者莫言荣膺 2012 品牌中国年度人物[EB/OL].[2012-12-22]. http://www.news.hexun.com/2012-12-22/149341755.h. 2013-01-24.

③ 莫言获诺贝尔文学奖极大提振国人信心和自豪感[EB/OL].[2013-01-27]. http://www.chinadaily.com.cn/hqcj/fxpl/2012-.2013-01-27.ts.cn/.

职教授，青岛科技大学客座教授，汕头大学兼职教授，北京师范大学教授。2013 年 10 月 30 日，中国首家培养网络文学原创作者的公益性大学“网络文学大学”开学，莫言担任该校的名誉校长，2014 年 12 月 6 日，莫言获授澳门大学荣誉文学博士学位。①

湖北大学派往美国孟菲斯大学孔子学院的中方院长杨夷平说：“孔子学院本身就是一个精彩的中国故事。”2013 年 12 月 18 日，莫言在第八届孔子学院大会闭幕式上演讲。莫言感慨：“不到 10 年的时间里在全世界开创了 440 多家孔子学院，还有 600 多个孔子课堂。孔夫子折腾了一辈子才 3000 弟子，里面只有 72 贤人，而且到处流浪。我到过 5 所孔子学院。”莫言认为：“一部文学作品只有表现了人类的最普遍的最基本的感情，然后翻译成外文之后才可能打动外国的读者。一个艺术作品也只有表现了人类最基本的感情之后也才能够感动其他国家的观众。我们的汉学教育实际也是这样。只有把我们最基本、最符合人的基本情感的东西拿出来率先介绍出去，可能更能赢得其他国家人民的认同。孔夫子还讲过一句非常好的话叫作‘己所不欲，勿施于人’。我觉得，当下这个时候，‘己之所欲，也不要强加于人’。我们过去总是觉得我先进，你落后；我文明，你野蛮。我就把我的先进和文明强加给你，这就是一种很好地符合国际惯例，也符合道德水准的事。但是，从文化的角度来考量，确实有很多事情很难用先进与落后、文明与愚昧来衡量。因为一种特殊的文化产生往往是跟它当时的社会环境以及跟当地的其他所有因素结合在一起。所以这种把自认为是先进的、是文明的东西强加给别人的做法，我觉得不适合这个社会。因此就是应该在孔夫子的‘己所不欲，勿施于人’的基础上，再引申一步‘己之所欲，也不要强加于人’”。②中国拥有渊源悠长、博大精深的文化，中华文化更需具有世界水准的中国文化名人去诠释、去传播、去弘扬。

4. 当代中国经济发展的代表符号——深圳

讲深圳的故事，见证当代中国经济的跨越式发展。1980 年前的小渔村、一个人口不足 3 万人的小镇，到 30 年后成为 1000 万人口的现代化、国际化大都市，深圳拥有众多神奇和令人感动的故事。深圳是中国第一个经济

① 莫言[EB/OL].[2015-02-13]. http://www.baike.sogou.

② 孔子学院：怎样讲好中国故事？[N]. 光明日报，2013-12-18.

特区，是中国第四大城市，是中国南方重要的高新技术研发和制造基地，是亚太地区重要的交通枢纽，是世界第四大集装箱港口、中国大陆第四大航空港、亚洲最大的陆路口岸，在中国经济占有举足轻重的地位。

中国社科院发布《全球城市竞争力报告 2011—2012》显示，深圳、广州、东莞居中国内地城市综合竞争力排名前十。其中，深圳排名仅次沪京位列第三，全球城市综合竞争力排名深圳为 67 位。深圳作为创新型城市，名列福布斯中国大陆创新城市排行榜的首位。深圳基本建成“以高新技术产业、先进制造业为基础，以现代服务业为支撑的适应现代化中心城市功能”的新型产业体系，电子及通信设备制造业为第一大工业行业。据凤凰财经报道，2012 年 8 月 22 日，第二届中国海外投资年会在香港会议展览中心隆重举行。深圳市原市长许勤发言时称，“深圳作为中国的经济中心城市，过去 30 多年 GDP 年均增长超过 25%，2011 年经济总量超过了 1.15 万亿元，居中国内地城市的第四位，人均 GDP 超过 1.7 万美元，居中国内地大城市的首位。2011 年出口总额达到了 2455 亿美元，约占中国出口总量的 1/8，连续 19 年居中国内地城市的第一位。”[①] 据报道，2012 年深圳地税收入为 1405 亿元，居全国大中城市首位。据大公财经 2 月 6 日讯，深圳市统计局最新数据显示，2014 年，深圳全市生产总值（GDP）达 16001.98 亿元（约合 1.98 万亿港元），较上年增长 8.8%。从 2011 年 GDP 迈进“万亿元城市俱乐部”之后，深圳 GDP 继续位列内地大中城市第四位。而香港 2013 年 GDP 总值为 2.12 万亿港元，折合成人民币为 1.7 万亿。[②] 2015 年深圳 GDP 总值为 17502.99 亿元，按可比价格计算，比上年增长 8.9%；2015 年香港特区国内生产总值 GDP 初值 24025.06 亿港元（折合成人民币近 2 万亿），同比增长 2.4%。

有人问：深圳是什么地方？深圳是一个年轻而最具活力的城市；深圳是一个没有外地人概念的地方；深圳是一个三十结婚都嫌早的地方；深圳是一个从一个地方到另一个地方不用下高速公路的地方；深圳是一个你整天都很忙碌很充实的地方；深圳是创业者实现梦想的摇篮，是失意者跌倒

① 佚名：许勤：深圳人均 GDP 超 1.7 万美元 居内地首位[EB/OL]. [2013-01-24]. http://www.finance.ifeng.com/news/special/hwtz_2.

② 毛丽娟. 深圳 2014 年 GDP 突破 1.6 万亿 今年超港板上钉钉[EB/OL]. http://www.finance.takungpao.com/dujia/2015-02-06/.

了还想爬起来的地方；深圳是第一个敢吃螃蟹的地方；深圳是“发展是硬道理”体会最深的地方；深圳是中国梦放飞的地方；深圳是勇于实践“人的自由而全面发展的地方”……深圳创造了举世瞩目的三天建一层楼的“深圳速度”，是“时间就是金钱”“时间就是效率”的首创者和践行者，是当代中国经济发展速度的标杆，是中国高速现代化的象征，是中国改革开放的象征。李克强总理就对深圳寄予厚望，“今天仍要紧紧扭住经济建设这个中心不放，不改革开放只有死路一条”“探索、探索、再探索，大胆地去闯、大胆地去干，闯的、干的都是中国特色社会主义”“要允许特区先行先试，给你们发展的宽容度”。

中国国家汉办原主任、孔子学院总部原总干事许琳曾说孔子学院是搅拌机，这个比喻非常生动形象。其实中国文化与中亚文化都需要搅拌机，这个搅拌机就是文化传播。搅拌不是单向的，而是文化的互动与共享，文化传播被接受应是最终目标。

第五章　塔吉克斯坦国立民族大学孔子学院文化传播实践

一、塔民大孔子学院建设与国际理解理念构建新契合

塔吉克斯坦国立民族大学（以下简称塔民大）孔子学院是经塔吉克斯坦教育部和中国汉办/孔子学院总部批准成立，由塔吉克斯坦国立民族大学和中国新疆师范大学共同合作开办的非营利性教育机构。经中塔两国友好协商，塔吉克斯坦国立民族大学孔子学院于2009年2月底正式开始运营。

经过中塔双方六年的共同努力，目前，塔吉克斯坦国立民族大学孔子学院已经发展成为拥有包括大中小学、幼儿园在内的各级汉语教学点22个，中塔教职员工42名，年均各类汉语学习者超过4000人次，年均举办各类文化交流活动达百余场次的大型汉语教育与中国文化传播机构。[①]孔子学院已经初步建立起覆盖塔吉克斯坦全境，指导塔吉克斯坦全国，推动塔吉克斯坦汉语教学发展的汉语教学网络体系，在塔吉克斯坦确立了孔子学院汉语教学权威和指导中心的地位。此外，孔子学院每年举办的一系列文化活动受到了塔吉克斯坦社会和民众的高度认可，一批具有影响力和显示度的活动，例如“中塔一家亲”大型文艺演出、塔吉克斯坦中国电影周等，得到了塔吉克斯坦文化部及政府其他相关部门的高度评价，有力地推动了中塔两国的文化交流。

目前，塔吉克斯坦国立民族大学孔子学院已经发展成为中塔双边人文交流的四大平台：一是文化交流的平台，通过大力开展各种文化活动，有力地推动了中国文化在塔吉克斯坦的传播和交流；二是教育学术交流的平

① 数据统计截止到2015年4月。

台，依托孔子学院，全面开展学术研究、教育交流已经成为中塔高校及相关学术单位的基本共识和重要途径；三是成为塔吉克民众，尤其是塔吉克斯坦年轻人了解中国的平台和窗口，孔子学院每年通过组织大、中学生汉语桥比赛、奖学金学生选拔、夏令营活动等让越来越多的塔吉克斯坦学生有机会去感受中国，了解中国，从而为中塔两国的友谊打下牢固的基础；四是成为服务塔吉克斯坦本土企业和当地中资企业的平台。

塔吉克斯坦国立民族大学孔子学院这些年所付出的努力、做出的成绩为增进中塔两国之间的相互理解、睦邻友好，促进民心相通，践行当前中国倡导的“一路一带”建设发挥着不可替代的重要作用，已经成为全球化背景下中国加强文化外交，推行对外文化传播方略，争取国际理解空间的成功典范。

（一）塔民大孔子学院建设之初的国际理解差异

作为中国文化传播的重要孔道，中华文化传播的重要桥梁，中国国家形象展示的重要平台，孔子学院在其成立之初，就已经明确了其办学宗旨和目标。那就是致力于适应世界各国（地区）人民对汉语学习的需要，增进世界各国（地区）人民对中国语言文化的了解，加强中国与世界各国教育文化的交流合作，发展中国与外国的友好关系，促进世界多元文化发展，构建和谐世界。和谐世界的理念是孔子学院的最高追求，和谐、包容、互信成为孔子学院对外传播中华文化的重要信念，但是互信、理解、包容、和谐世界是建立在国家之间所共同享有的普遍性价值的理解或对彼此差异性的认可和接受基础上的，在传播过程中会受到文化差异、价值观、国家利益观、思维方式、生活方式等等因素影响，传播的效度和精度可能会打折扣，这也是文化传播普遍遇到的问题，同样在塔吉克斯坦国立民族大学孔子学院建立之初也存在认知、互动和交流上的差异。

塔吉克斯坦国立民族大学孔子学院的成立得益于两国高层领导的友好协商推动，在两国共建孔子学院协议签署之前，塔吉克斯坦国立民族大学和中国新疆师范大学尚无直接的合作交流与联系。因此，孔子学院建立之初，双方高校在孔子学院建设上就存在一些不同的意见。

2008 年 8 月，在接到国家汉办/孔子学院总部通知后，孔子学院总部委派中国新疆师范大学代表团一行，赶赴塔吉克斯坦为孔子学院创设进行前期沟通与协商。在杜尚别国际机场，前来迎接中方代表团的是塔吉克斯坦国立民族大学哲学系系主任穆罕默德夫先生，这使得中方人员感到十分惊讶。当系主任先生做了自我介绍之后，中方代表团在那一刻马上明白了塔方对创建孔子学院存在着一定的认知偏差和误解。显然，双方今后的沟通还需要花费更多的时间和精力。在接下来的几天里，塔吉克斯坦人热情地接待了中方代表团。但是，在具体的商谈过程中，特别是在与塔方不同层面的人员进行会谈的过程中，中方代表越发能够感觉到，塔方对孔子学院这一"新生事物"并不了解。时任塔吉克斯坦国立民族大学校长的奥迪纳耶夫先生非常清楚地表达出这一点。他说："我们知道中国是我们的邻居，知道孔子学院是好的，但是我们不知道这和我们学校有什么关系？"此后，中方代表了解到，正是因为塔吉克斯坦高层认为孔子是一位享誉世界的哲学家，因此特意指定将孔子学院放在塔吉克斯坦国立民族大学哲学系里建设，而这也正是哲学系系主任出现在机场迎接中方代表团的原因。

可见，塔吉克斯坦国立民族大学孔子学院的建设就是在这样一个双方并没有充分沟通的情况下开始的。认识的偏差与误解已经成为双方开展合作的理解隔阂，而这种理解隔阂常常会成为导火索，诱发合作过程中的诸多需要协调和协商的地方。如何平稳顺畅地达成一些合作建设的共识，同时又能够避开矛盾，不至于伤害彼此的意愿和感情，这成为中方代表团接下来需要面对的重要课题。经过内部的探讨，中方人员一致达成这样的共识：塔方对于孔子学院的认识和理解需要一个过程，因此，在如何开展合作办学的磋商中，中方需要坚持原则，同时又需要保持一定的灵活性，不能指望一次性解决所有问题。在这样的思想指导下，经过几轮商谈，双方最终敲定了合作建设孔子学院的具体内容与相关细节：孔子学院的财务问题，在中方代表的坚持下，最终确保了中方的充分使用权；孔子学院办学场地问题，留待协议签署后再进一步商谈；至于塔方提出在中国对等建设塔吉克斯坦文化中心的问题，则由外交部专业人员回复为中方欢迎建设，但应另择时机商榷。就这样，塔吉克斯坦国立民族大学孔子学院的共建单位和相关人员完成了双方最初的接触。

2009 年 1 月，中国新疆师范大学代表团再次访问塔吉克斯坦国立民族大学，一方面巩固上次会谈磋商达成的成果，同时就几个关键的问题再次进行沟通，以期为孔子学院落地达成切实可行的协议。首先是要具体确定孔子学院的建设场地问题，这也是有效保障孔子学院基本办学条件的重要前提。最初，中方希望能够变更孔子学院的办学地点，依照孔子学院开展语言教学和文化交流的功能特点，建议将孔子学院建设在语言系或者其他独立场地。但是，由于塔方对孔子学院依旧没有基本的概念认识，因此，塔校方依然坚持孔子学院应该建在哲学系，原因仅仅因为这是政府高层的指示。经过几轮接触商洽之后，中方接受了塔方的意见。当时，中方代表团的认识是：存在这样的误解，更加说明了在当地建设孔子学院的必要性，只有建设成孔子学院，有了合作的平台，双方才有机会进行沟通和交流。万事开头难，第一要务是确保孔子学院能够建设起来，这是最紧要的。接下来，中方不得不接受另外一个现实，由于哲学系本身的办公场所非常紧张，几乎无法腾出专门的场地来建设孔子学院。经过和塔方一起实地考察后，中方最终接受了一个分为楼上楼下，总计大约 150 平方米的场地。中方代表团认为双方交流的平台应该先搭建起来，有了孔院这一平台，相信今后的合作与交流会逐步深入，从而使塔方在交往交流中领悟孔子学院的真正价值，为今后孔子学院办学空间的拓展和办学实力的提升，以及为中塔友好交往提供桥梁方面发挥更大作用。

可见，由于存在对孔子学院了解不深的现实，中塔双方高校在孔子学院建设上存在很多不一致的意见，塔方对孔子学院建设理念的理解和认识存在偏差，这只是中塔文化正常交流中必须走的路。孔子学院作为一个文化传播机构，不可能被所有国家都能正确地认知和理解，这就需要在国际理解的视域下，加强双方的交流与合作，多沟通，多协商，求同存异，这正是孔子学院建设的精髓所在。

（二）塔民大孔子学院建设过程与国际理解理念的构建

塔吉克斯坦国立民族大学孔子学院建立之初，中方已经感受到了中塔文化的差异和在孔子学院建设上的沟通与交流还不充分的现实，但是，作为中塔国家交往重要合作项目，作为担负传播中华文化重要使命的载体，作为中塔文化交流的重要平台，中塔双方在协商基础上也都明晰，在孔子学院的建设过程中，达成合作共识是至关重要的。这里要提到“主体间性”的问题，中方作为孔子学院建设的主要推动方，一定不能给对方造成不必要的误解，出发点和落脚点一定是放在促进中塔文化交流、中塔两国友好交往的基础之上，我们既要有自己明确的立场主张，但同时也要充分尊重理解塔方的诉求和愿景，本着友好协商的态度，积极推动双方在孔子学院建设过程中精诚合作，这才是建构中塔双方之间理解与互信的应有的理性态度。

在孔子学院落地的过程中，中方一直保持“主体间性”原则，注重换位思考，充分尊重双方互为主体的地位，不急不躁，稳步推进。不一致的观点，相互协商；不一致的立场，双方求同存异；不一样的思路，双方并行不悖。正是由于中塔双方人员友好真诚的沟通与交流，才使得语言不通、对孔子学院缺乏认识等障碍得到妥善的解决。这就要求中塔双方在沟通与协商过程中，要多一分宽容，多一分耐心，多一分微笑。例如，在最初开办汉语培训班的对象选择上，塔方认为孔子学院只需要给塔民大校内的大学生，甚至是哲学系里的学生进行一些语言培训就可以了，没想过，也不愿意校外的人员进入校内到孔子学院来学习汉语。对此，中方从造福塔吉克斯坦国家和社会的高度，多次和对方进行了真诚地沟通和交流。中方告诉塔方，如果孔子学院仅仅只为了满足塔民大一所学校，或者某些院系的学生，那不应该是两国高层推动建设孔子学院的目的。作为塔吉克斯坦最高学府，塔民大有义务担当起为国家培养更为复合多元社会人才的责任。如果有更多的校外人员来塔民大学习汉语，这不仅能够满足塔吉克斯坦的社会需要，而且也体现了塔民大作为国家最高学府的办学责任担当，同时也将进一步提高塔民大在塔吉克斯坦的社会地位和影响力。最终，塔方认可了中方对孔子学院的定位，接受了招收校外人员的建议。

“国之交在于民相亲”，经过数次耐心的沟通，数次站在平等主体思维基础上的磋商，塔方也真正感受到了中方的诚意，慢慢接受了中方孔子学院的办学宗旨和精髓，也逐步认识到了孔子学院对于塔中两国友好往来的重要意义，以及对于提升塔民大社会声誉和影响力具有十分重要的推动作用。类似这样的交流合作过程，考验的是中方的耐心和智慧，也是慢慢摸索与塔方建立起交流机制的过程。这一机制的建立为塔民大孔子学院的顺利落地和工作开展提供了重要保障，塔方对于中方的协商也开始报以积极支持的态度。

1. 以互信达成办学场地的共识

办学场地是孔子学院开展教学和文化活动的必要条件。如前所说，中方当然希望孔子学院场地能够一次性到位。但是，面对现实，中方选择了接受塔方的安排。中方的这种态度，体现的并不是对孔子学院的建设认识，而是对塔方的理解、信任和尊重。作为回应，塔方表示，所有哲学系的现有教室及会议室都可以在课余时间对孔子学院开放。同时，塔方还表达了今后视情况给予孔子学院更多专用场地的支持态度，这也为孔子学院今后的专用场地扩展提供了可能性。当然，争取将这种可能性转换成现实，需要中方用更多的事实和成绩来说服对方。在接下来的工作中，中方人员克服了孔子学院办学初期师资严重不足的问题，迅速地开办起足够多的汉语教学班，为孔子学院营造出一定的规模效应。此外，在每一个汉语教学班开班之前，中方都邀请塔方院长到场讲话。在教学进行过程中，也经常邀请塔方院长进教室去查看学生学习和考勤情况。通过这样的参与，塔方院长目睹了孔子学院的受欢迎程度，了解到了塔吉克斯坦社会对汉语学习的强烈需求，也意识到孔子学院建设确有必要，并且需要发展壮大。慢慢地，塔方院长成为孔子学院发展的积极支持者，他开始和中方一起考虑孔子学院场地扩大问题并主动向校长反映诉求。正是有了塔方院长这样一个沟通桥梁，孔子学院的许多工作成绩和影响得以不断地传递到塔方校级领导甚至更高层面。在这一基础上，中方同样地利用一切可能的机会，邀请塔民大校长来孔子学院考察情况。尤其是在师资严重不足的情况下，孔子学院充分借助在塔中国留学生的力量，精心编排出一些富有中国文化特色的歌舞节目，并且利用各种机会让这些节目亮相，扩大孔子学院的影响力。在2009年的孔子学院总部巡演以及岁末中国使馆举办的新春招待会上，塔民大孔子学院的学生编排的节目都得以亮相。同时受邀参加上述活动的塔民大校长在享受和惊叹孔子学院学员们表演的同时，也享受到了来自其他各方的赞誉以及由此而来的荣耀感。这些都使得塔民大校长开始认真考虑给予孔子学院更多的场地支持。毫无疑问，正是孔子学院开展的语言教学和文化活动成果不断地促进了塔方对孔子学院的认识和理解。最终，经过一年多时间的沟通交流，到2010年暑期，塔民大设法再次为孔子学院增加了专用场地。至此，孔子学院的场地问题基本得到了解决。

由此可见，互信、互尊、互谅是双方合作交流机制的精髓所在，中方在孔子学院建设过程中，给予对方更多尊重，更多理解，在有限资源内，发挥无尽的能量，最终赢得了塔方的理解和互信，这一好的经验和机制建立，为中塔孔子学院办学积累了非常宝贵的经验。

2. 以互尊应对办学空间上的疑虑

随着孔子学院各项工作和活动的有序开展，塔方对于孔子学院也有了越来越多的认识和了解。但是，孔子学院的边际何在，也就是孔子学院的工作能够延展到怎样的一个空间，这是对孔子学院中方办学能力的重大考验，也是塔方最难以消除的疑惑之一。中方推动建设的孔子学院主要以合作大学为基点，进而覆盖和影响更多的大学、中小学乃至于社区，这是孔子学院的目标追求。但对于塔方而言，他们更习惯于将孔子学院认定为大学内的一个组成部分，希望孔子学院的活动边界不超出大学的范畴，这是合作过程中遇到的又一个现实的理解差异。为了消除这样的理解差异，引导塔方积极支持孔子学院走出校园，开展多方接触和交流，中方还是本着友好协商的态度，对于塔方短时间内还不能接受的事实，采用分步骤循序渐进的方式开展协商，推进孔子学院走向更为广阔的舞台。首先，中方着手改变目的性较强的主动出击形象，而是采取更易于塔方接受的方式，那就是被动接受申请方式，从而消除塔方疑虑。即延展到校外的诸多当地合作对象与合作项目，并不是中方自己去延揽的，而是对方主动来联系和要求的。在孔子学院的拓展之路上，在和当地各个合作对象接触的过程中，当中方和对方达成初步共识或者合作意向后，都会提出合作方还需要与孔子学院的塔方院长进行沟通，去向塔民大提出汉语学习的诉求和意愿。例如，在彭吉肯特师范学院教学点的开办过程中，该学院院长非常积极，通过中国驻塔吉克斯坦使馆找到塔民大孔子学院。经过几次交谈和实地考察，塔民大孔子学院认定发展这一教学点很有意义和价值，并与之达成了合作共识。在此之后，塔民大孔子学院中方院长要求该学院院长尽快和孔子学院塔方院长见面，提出他们的设想和请求。经过这样的程序，孔子学院塔方院长真正感受到自己被尊重，也对孔子学院的社会需求有了更多的认识。

正是利用这样的方式，越来越多的当地合作方找上门来，让塔方确确实实地感受到孔子学院在当地的受欢迎程度和发展潜力。其次，中方在开展一些超出校园之外的孔子学院活动时，总是第一时间与塔方院长进行商量。这既是一种机会，也是征求意见和争取支持。同时，中方也切实听取塔方的意见，完成一些校方认为必要的手续和程序。这让校方感受到尊重，也了解到活动合法合规，从而可以放心支持。最后，孔子学院力求把每一次走出校园的活动都能够办得出色，办得精彩，办出影响力，让塔方放心，同时也让塔方能够从中受益。这种互惠的做法在不耽误孔子学院发展的同时，也保证了程序正确，体现了对孔子学院合作方塔民大的尊重。这些做法最终让塔方越来越愿意支持孔子学院一步一步发展壮大，逐步成为一所超越校园、面向塔吉克斯坦全社会的汉语学习和中国文化传播机构。

尊重是相互的，尊重是不分国界的，是一种社会共识的礼仪，作为中华文化传播的重要载体，孔子学院依托的是外方的高校，依托的是外方的资源和条件，因此，充分的尊重能够拉近彼此的距离，减少彼此的隔阂，这也正契合孔子学院的传播宗旨，这也正契合了中华文化的包容与文明。

3. 以互谅拉近彼此的距离

在尊重对方的基础上，能够体谅到对方的难处，从而消除对方的疑虑，也是孔子学院建设过程中双方达成的共识，从而取得了显著成效。以项目和活动来推动发展，是孔子学院最主要的办学特色，开展层次多样，内容丰富的各种文化项目和活动是孔子学院除了语言教学之外最重要的工作任务。因此，每年孔子学院的文化活动和项目都呈现出数量多，创新多，质量好的特点。这让塔方从一开始就有些目不暇接的感觉。一方面不太愿意投入太多的时间和精力与中方一起“折腾”，另一方面，也对这样的运营模式感到困惑，甚至并不认同。为了调动塔方的积极性，让他们愿意参与到孔子学院的文化项目和活动中来，中方同样采取了建设性的方式去推动。如在掌握财务话语权的前提下，孔子学院坚持所有项目和文化活动尽量采取中方全资的方式，专款专用，消除塔方的经费负担顾虑。此外，孔子学院将许多项目和文化活动以塔民大的名义来开展，更多彰显塔民大的社会声誉和影响力，而不有意突出孔子学院。这让塔民大能够不断地收获赞誉，同时感到满足。例如，塔民大孔子学院在 2010 年举办了塔吉克斯坦首届图书教材展，经与塔民大协商，此次图书展的举办单位为塔民大，孔子学院为承办单位。图书展邀请到塔吉克斯坦文化部部长及中国驻塔吉克斯坦大使参加，在塔吉克斯坦引起广泛反响。塔民大也在这样的活动中赢得了很好的社会声誉。

由于不懂汉语，英语也不好，孔子学院塔方院长一般是不浏览中方孔子学院总部网站的。为此，中方专门选取一些孔子学院，尤其是中亚其他国家孔子学院的一些活动新闻，以简报的形式送给塔方院长阅读。同时，中方也充分利用每一次邀请塔方来中国参加会议、开展交流的机会，积极给塔方讲解，使之明晰世界孔子学院的发展状况。这既使得塔方充分了解中国海外孔子学院的发展概况，也能够为塔方因地制宜发展本国的孔子学院提供借鉴。当然，更为重要的是，中方特地设计了一些既符合塔民大发展需求，也符合孔子学院工作要求的活动和项目，让中塔双方可以从中找到利益的共同点。例如，在 2009 年新学期伊始，塔方院长告诉中方，塔民大国际关系系想在当年 10 月举办一场旨在庆祝中华人民共和国成立六十周年的学术研讨会，希望中方能够联系和邀请一些中方人员来参加。获知这一信息后，中方迅速对年度项目进行了调整，主动与塔方协商，将此次研讨会作为塔民大国际关系系与孔子学院联合举办的活动。孔子学院不但联系邀请使馆及中资企业代表参加，学院也派出老师参加并做主题发言。在会务花费上，孔子学院也给予了大幅度的资助，会议取得了圆满成功。通过这样的互动参与，塔方也越来越理解孔子学院，认可孔子学院所开展的各类活动与项目。彼此的互信、互谅，能够为孔子学院在海外的发展找到利益契合点。中方可以发挥人力、物力和财力优势，为中华文化海外传播助力。同时，我们也需要充分尊重外方，让外方能够在孔子学院建设过程中看到利益共同点，以此寻求更多的支持，增添更多的信任，通过树立孔子学院形象，来加强外方对中国的了解，为更好地了解、理解中国打下坚实的基础。

孔子学院是中国在全球化背景下主动走出去，构筑国际理解的最重要途径之一。在塔民大孔子学院的建设过程中，中方通过各种努力，不断地与塔方进行沟通与交流，逐步和塔方形成顺畅有效的沟通机制，求同存异，达成共识，消弭彼此的认知偏差，争取塔方的最大理解和支持。这种理解和支持与孔子学院的语言教学及文化活动相辅相成，相互促进，逐步形成一种具体而恰当的国际理解。这种在合作共事的工作中逐步构建起来的国际理解，让孔子学院开展的各项工作更加富有成效，同时，也为孔子学院今后开展有趣、有力的语言教学和文化传播活动奠定了良好的内外部环境。

二、塔民大孔子学院文化传播新思路

文化作为一种软实力，只有在彼此的传播与理解互信中，才能迸发出最大的能量和活力。作为中华文化传播的重要载体，孔子学院为中华文化的海外传播提供了重要平台。在这一平台之上，我们必须遵循“主体间性”原则，始终追求平等、公平、公正的准则，昂首阔步迈向互信、包容、理解的征程。塔吉克斯坦国立民族大学孔子学院的建设，为中华文化中亚传播提供了新的思路，展示了新的渠道，建构了新的体系，为中华文化中亚传播积累了宝贵的经验。

（一）国际理解：孔院宗旨与柔性话语传播的契合

国际理解，这是文化传播的最高层次。国际理解追求的是世界大同，追求的是和谐世界。这也是孔子学院的理想和追求，如何实现国际理解，纵观海外孔子学院的传播经验，一定是达到孔子学院宗旨和柔性话语传播的契合。需要指出的是，孔子学院的宗旨本身就是立足于全球化视野下的文化传播定位，对于每一所孔子学院而言，需要时刻把握这种宗旨，在国际理解的视域下，不断拓展文化传播之路。一般来说，孔子学院建设存在着三个层面的理解。首先是合作双方建设共识中的态度理解与支持，其次是合作双方建设过程中的内容理解和共识，最后则是随着孔子学院的不断发展，在所在国或所在地更广泛领域里形成的社会理解和共识。事实上，这三个理解层面既有着相互依存的渐次递进关系，也是不断拓展的语言和文化传播历程。在这一过程中采取什么样的传播策略，则直接影响着这些不同层面理解达成的信度和效度。

所有成功的合作，首先要求至少其中合作的一方对所合作的事务有着正确而深刻的认识与理解，对于孔子学院这样旨在走出国门传播汉语和中华文化的机构来说，尤其如此。因为外方基本对孔子学院不了解或知之甚少，这是孔子学院的工作起点，也是孔子学院的工作难点。这就要求中方尤其要对孔子学院有正确的理解和把握，进而采取适当的工作方法与路径，促使双方的合作向正确的方向发展，最终达成双方共同的理解与认识。在对孔子学院办学宗旨进行了认真的研习之后，结合塔吉克斯坦的实际情况，塔民大孔子学院的中方团队认为，在与塔方开展合作的过程中，中方需要采取更加柔和、内敛的方式来达成我们的目标，即采取柔性的话语传播方式，来推进孔子学院的各项工作。

柔性传播指以一种温和、友善的姿态和行为方式进行传播，通过一些非硬性传播特质来实现传播策略，通过某些柔性特质与对象国开展文化交往，达到文化理解、互惠和共赢的目的，其表现方式体现含蓄性，行为则体现内敛性特点。孔子学院的目的是传播汉语与中华文化，而中华文化博大精深、兼收并蓄、持中和谐的特征恰好与柔性传播方式有着天然的耦合。因此，塔民大孔子学院中方团队认为，要建设一所成功的孔子学院，始终坚持柔性的话语传播方式是一种更加能够为塔方所接受的交流和工作方式。

孔子学院文化传播一定不能是强势传播，强势传播也不符合中华文化本身的特性。柔性传播正是寻求到了中华文化海外传播的一个支点、一个契合点、一个助力点，传播方式一定是润物无声，不图回报，不图名利。从塔民大孔子学院实践可以看出，中方基本上承担了全部孔院运作经费以及额外项目活动，孔子学院的运行，中方会主动征求外方院长意见和建议，从而彼此协商，妥善解决分歧，这正是柔性传播的魅力所在。

（二）互信包容：获取充分认可与理解

互信包容，是合作的前提和基础。互信才能达成共识，包容才能共商大局。因此，这需要双方共同耕耘和呵护。在塔民大孔子学院的建设初期，语言是合作双方最大的障碍。塔方对汉语了解不多，而中方的院长和老师也只是掌握一些基础的俄语及塔语。中方认识到，建设孔子学院并不应该是从一个个活动和项目开始，而是应该从学习开始，从学习对方的语言，了解对方的文化习俗开始。为此，首先到任的中方院长和老师利用一切可以利用的时间和场合，尽快地学习和掌握当地的语言。为了更好地获得塔方的认可，中方院长选择把塔语作为主要学习语言，这从感情上能够更好地获得塔方的认可，进而容易拉近双方的关系。事实证明，学习塔语对于推动孔子学院中塔双方院长建立起良好的私人关系，创造融洽的工作氛围，更好地开展工作起到巨大作用。与此同时，中方老师们的努力学习也逐渐得到回报。随着掌握语言熟练程度不断增加，中方老师们越来越为塔方所认可。由于语言障碍的消除，塔方在情感上不知不觉已经开始把中方老师们认同为自己人了。大家相互之间的联系、交流不断增加。不仅仅是在工作时间里，在工作之余，彼此也经常会联系，相互交往，一起参加聚会，等等。这些活动反过来又会进一步增加彼此的关系和感情。

不仅如此，中方始终把传播汉语及中华文化看作是一个互动共享的过程。这其中有一个思维转换的问题，一方面，孔子学院是在异国他乡传播汉语和中华文化，而对方对这些并不了解，这就需要中方必须主动地去讲、去做、去展示和交流。另一方面，孔子学院又需要对方能够主动地参与进来，以“主人翁”的意识和中方一起来宣传，来传播，来推动和拓展。由此，争取合作方的这种“主人翁”意识是一门传播的艺术，也是传播的重要方式。为了达成这样的目的，首先要求中方在工作中要去“我”化，不能以“我”自居，不能因为各种项目与活动涉及的是自己更加熟知的内容而忽略塔方的存在，忽略塔方的意见与感受。相反，中方认识到，就当地的工作环境、习惯、节奏及方式而言，对方才是更熟悉情况的专家。孔子学院在建院不久，决定刻印一枚孔子学院专用公章。最初，中方希望刻印一枚中式印章，以便从细节上展示中华文化。但是在与塔方商量的过程中，塔方院长认为，印章既然刻用，那就应该起到实质作用，而要想起到实质作用，还是刻印塔方社会的规范印章最为合适。中方认识到塔方的建议是重要的而且是合理的，中方不仅采纳了这一建议，并且将这项工作全权委托给塔方院长。不仅如此，在公章刻印完成后，中方也主动提出将印章存放在塔方院长处。曾经有人对此提出异议，认为这对中方来说将会失去部分重要的权力。但是塔民大孔子学院中方团队的想法恰恰相反，大家认为，这为自己更多地与塔方院长进行工作交流提供了理由和机会。

此外，在开展的各种文化活动中，塔民大孔子学院的中方老师们始终坚持把请塔方走上台面，中方完成各种具体的台前幕后准备作为一条工作原则。在所有孔子学院的活动中，但凡塔方院长能够参加，中方都选择请塔方院长来代表孔子学院讲话、总结或者表彰、颁奖。最初，塔方院长以对孔子学院了解不多等理由婉转推辞，但是中方会反复耐心地与他沟通，告诉他孔子学院的所有活动都是双方共同的工作，需要他作为合作方的支持，需要他利用语言优势来表达态度，说明情况，宣传活动，促进理解。中方认为把塔方院长塑造成一名孔子学院的宣讲人、代言人，更能够体现孔子学院的合作办学宗旨，更有利于孔子学院的发展。2009 年 7 月，时任塔吉克斯坦教育部部长及中国驻塔吉克斯坦大使一同前往孔子学院考察。在考虑如何做好接待工作时，中方始终把塔方院长当作是更有经验的长者，所有的细节都和塔方院长商量，倾听他的意见，采纳他的建议，配合他的安排，这让塔方院长的参与热情与责任感倍增。在整个考察过程中，所有的孔子学院宣讲介绍、活动讲解与说明都是由他来主持和完成。塔方院长这种主人翁的表现，使接待活动获得了非常好的效果。而听从塔方院长意见安排的一个短暂而私密的茶歇，更是成为接待工作的亮点，这也让中方从中得到了锻炼。

当然，在自己更熟悉的领域，中方依旧需要有自己坚持的原则，但同时也展示出最大的耐心与诚意，让塔方逐步地接受与认可中方的想法和做法。在孔子学院场地最初进行装修时，中方一直希望装修能够富有中国文化特色，为此，孔子学院花费了一些时间来寻找合适的装修公司。在长达近两个月的寻找和洽谈时间里，塔方并不明白中方的工作效率为什么如此缓慢。为此，塔方院长不止一次地告诉中方院长，如果找不到装修人，他可以让学生们来做，三五天就可以搞好了。显然，他对于孔子学院场地装修的认识只是基础性的，仅限于简单地粉刷之类。对此，中方院长一方面耐心地告诉塔方院长目前正在洽谈，一方面也充分听取他的想法。最终，当中方历时将近半年，终于将原本破旧的场地装修得焕然一新且富有中式风格时，塔方除了对中方所做的工作交口称赞之外，也对中方在工作中表现出来的耐心和高标准的要求印象深刻。从钦佩与尊重开始，塔方逐步理解了中方的职业精神和工作态度，对双方共同建设的孔子学院工作也有了更深入的理解与认同。

互信与包容，使得中塔双方在孔子学院建设进程中完美地配合，精诚地合作，使得孔子学院蒸蒸日上，各项工作得以顺利开展。既加深了中塔之间的情感交流，也为中华文化传播、中国国家形象的建构做了很多有力的诠释。

（三）合作深化：构筑多层次合作体系

合作是开展工作的基石，深化是开展工作前进的动力，在国际理解深化的过程中，孔子学院海外传播需要分清主次，需要构建多层次合作体系，这样为孔子学院传播中华文化的范围和覆盖面的扩大提供了更为广阔的支持。在争取了塔方的理解和支持之后，孔子学院的工作局面也就此逐渐打开。有了这样的基础，在之后的合作过程中，中方始终将构建更大范围的国际理解作为孔子学院的工作追求。这种国际理解构建要求孔子学院在开展各种文化传播活动的时候，需要采用一种更加柔和、对等的态度和认识。塔民大孔子学院的中方团队始终坚持这样一种柔性传播的方式，不断拓展工作新局面。

截止到 2015 年初，塔民大孔子学院已经扩展到拥有 22 个教学点，其中，大学教学点 14 个，中小学教学点 6 个，幼儿园教学点 1 个，国家图书馆教学点 1 个。这是短短六年时间里所取得的非凡成就。更为难能可贵的是，塔民大孔子学院的规模拓展始终秉持着外方主动的原则，是以一种柔和、渐进的方式逐步来实现的。应该说，孔子学院一经出现，立刻在塔吉克斯坦社会，特别是教育领域受到高度关注。许多大、中小学甚至是教育行政部门、培训机构都前来寻找合作的机会。对此中方并不拒绝，但也没有为了追求一时的业绩盲目地进行扩张。对于所有前来寻求合作的对象，中方都进行考察、接触，确定一些能够达成的共识，彼此可以接受的合作方式，进而再开启双方的合作。例如，杜尚别卡夫拉特私立中学，因为其私立性质，校长和校董对于能够和孔子学院一起合作办学十分高兴，行动相比塔吉克斯坦公立学校也更具效率。但是中方对与其开展教学合作持非常谨慎的态度，先后多次前往该学校进行考察，并与该学校的校董反复进行沟通，从多方面对该学校的资质及社会影响力进行确认。中方了解到，这确实是一所非常优秀的私立学校，校内硬件设施优越，校外社会认可度较高。但是，在接触过程中，中方也感觉到，该学校的校董总是习惯从商业利益的角度来考虑和孔子学院的合作，而对与孔子学院共同开展一些合作项目与文化活动兴趣不大。针对这些掌握的情况，中方在合作商谈中保持了一定的克制，不急不躁，坚持自己的原则，反复强调孔子学院工作内容的全面性与必要性，而并不急于立刻接纳该所学校为孔子学院的教学点。与此同时，孔子学院也刻意在工作中加强与该所学校负责人的联系与交流。每逢孔子学院有活动，都会邀请该所学校的校董及校长前来出席参加。经过近半年的交往交流，该所学校的校董及校长对孔子学院的性质、工作内容等都有了直观的认识和比较透彻的了解，希望与孔子学院建立完全合作关系的愿望也越发强烈。此时，中方认为时机已经成熟，经履行程序，最终正式将其接纳为孔子学院教学点。由于沟通充分，该所学校自成为孔子学院教学点以来，始终对汉语教学极为重视，对开展中华文化活动积极支持，成为孔子学院最为活跃的教学点之一。

另一方面，塔民大孔子学院中方负责团队在迅速了解塔吉克斯坦的教育整体状况之后，也逐步形成了如何在当地推进汉语教学、开展文化传播活动的布局考虑。这其中，塔吉克斯坦国立师范大学是塔民大孔子学院重点考虑的一个发展对象，因为该大学的师范性质为中方所看好。虽然一直想与之进行合作，但是孔子学院并没有采取自我主动推销的方式。相反，孔子学院保持了极大的耐心，一直等待和寻找着合适的时间和机会。2012年年末，孔子学院教学点之一的斯拉夫大学举办了一场语言学学术研讨会，孔子学院中方院长应邀参加。在此次研讨会上，塔吉克斯坦国立师范大学外语系主任也同时参会。这样，双方终于有了直接的接触。当塔吉克斯坦国立师范大学外语系主任得知面前的人就是孔子学院中方院长时，他首先表达的就是：“我这几年对孔子学院已经听说过很多了，我们知道孔子学院是做什么的，我们也一直想与孔子学院开展合作。”正是有了前期孔子学院在已有教学点扎实的工作铺垫、出色的工作成绩和不断增强的社会影响力，才会使塔吉克斯坦国立师范大学对孔子学院早有所闻而心向往之。最终，双方一经见面，立刻擦出“火花”，其后的合作商谈也就顺理成章，水到渠成，合作非常愉快。至今，该校也已经成为孔子学院最重要的教学点之一。

正是秉承这样一种渐进的、内敛的发展方式，孔子学院历时六年多的时间逐步扩展，最终建立起一个初步覆盖塔吉克斯坦全国的汉语教学网络体系。随着这一体系的建立，孔子学院的影响力也走出塔民大校园，扩展到整个塔吉克斯坦教育领域。在这一体系中，孔子学院作为一个核心点，联结着塔吉克斯坦的各个大学及中小学。因为与每一个合作点的交流都非常充分，并且有着非常一致的工作原则、合作态度和交流行为准则，孔子学院在塔吉克斯坦教育领域获得了高度一致的形象认知，即柔和、真诚、敬业、可信赖、值得合作的中国教育伙伴。这一形象的确立为孔子学院开展各类语言教学及文化传播活动提供了极为难得的外部环境和外方支持。

与建立良好的双边合作同样重要的是如何长久地维护与维持好这种合作关系。塔民大孔子学院清楚地认识到，中方与塔方彼此间的合作越持久，相互之间的理解就会越深入。为此，塔民大孔子学院在工作中有针对性地做出了一些要求。例如，孔子学院要求所有在教学点工作的中方老师都必须以教学点工作为重，要积极主动地融入各自的教学点中去，而不是服从中方管理，却不在意教学点塔方的意见或感受。孔子学院要求所有的老师都不得以孔子学院工作需要为理由，在教学点随意调换课程或者请假缺勤。有时候，虽然孔子学院本部教师也非常紧缺，但孔子学院依然要求各教学点中方老师的课时安排必须以塔方为先。有中方老师提议和教学点商量，将教学点课时进行调整，以便于教学点老师可以腾出时间来孔子学院上课，对此，孔子学院没有采纳。因为孔子学院不希望各个教学点产生孔子学院厚此薄彼，对教学点的工作并非百分之百支持的负面印象。另外，孔子学院要求所有教学点的老师们都必须根据自己教学点的实际情况，每学期独立开展一定数量的文化活动。很多时候，孔子学院的中方老师们有一种思维定式，他们在教学点开展各种文化活动时，习惯根据孔子学院中方院长的时间来进行安排，以孔子学院中方院长能否出席活动为最重要期望。对此，孔子学院反复和老师们强调，一定要把各自教学点的塔方领导、老师及负责人放在优先的位置上予以考虑与尊重，所有的活动都要以获得他们的同意与认可作为前提，要通过在教学点开展大量活动来传播中华文化，促进更多师生理解与认同中国及中华文化，不能把教学点的活动搞成孔子学院的内部事务。这些点点滴滴的细节要求，对于维护好孔子学院与每一个教学点的良好合作关系，保证双方合作的持续健康进行，推动在每个教学点顺畅地开展汉语和中华文化传播都起到了不可或缺的促进作用。

内敛、含蓄代表了中方孔子学院海外发展的一种思路。这与中华文化的精髓是相通的。孔子学院的发展，需要我们不断精耕细作，需要我们无私奉献，同时也要维护好、经营好中国国家形象以及自己所代表的中国人的形象，在孔子学院建设过程中，多寻求合作的契合点，不拘泥于孔子学院这一种形式，时时刻刻践行中华文化传播的宗旨和理念，为中华文化海外传播做出实际贡献。

（四）加强互动：建立广泛交流传播圈

当今世界，正是一个又一个文化圈的重叠与交集，才有了各国间的交流与合作，才有了世界文化的繁荣。开展孔子学院教学也同样如此，我们不能固化在一个圈内，因为我们不可能在每一个大学都建立孔子学院，因此我们要以建立孔子学院大学为圆心，把这个圆画得更大，让更多的海外国家了解中国文化，为中华文化与世界其他国家文化交流创造条件，打下基础。作为孔子学院，要加强学校—家长—学生—社会之间的互动，因为孔子学院作为语言教学和文化传播的重要平台，我们不能仅仅围绕学生教学而教学，我们要让学生家长，让学校和社会各界看到中国文化的身影，进而有了解的需求，从而走进中华文化。因此，这个圈就要画得大一些，远一些。

中亚各国的国情民情决定了在这一地区开设孔子学院应该更重视每所孔子学院的规模和示范性价值，而不应该单纯以增加孔子学院数量来应对发展需求。具体到塔吉克斯坦，在孔子学院设立之前，当地的汉语教学只局限在俄塔斯拉夫大学与塔吉克国立语言学院两所大学里。当地社会民众基本对中华文化没有接触和认知。因此，塔民大孔子学院成立之后，其目的不仅是要在更多的学校内开设汉语课程，开展文化活动，还要通过在社会更大领域、更高层面举办各种项目与活动，把中华文化传播给更多的受众。

1. 重视学生家长圈

家长是学生最早的启蒙者和最好的老师。家长对于学生人生观、价值观的形成具有重要影响作用。因此，首先要抓住家长这个圈，我们才能获得来自家长的支持，收获更多的文化传播使者。如果仅仅从教学考虑，学生与家长是完全不同的对象，但如果从文化传播的角度考虑，则两者没有区别，家长同样也是孔子学院需要争取的一个重要目标人群。带着这样的认识信念，孔子学院在举办各类文化活动时，尽量都告知孔子学院的学员们，让他们邀请自己的父母、亲戚、朋友一起来参加活动。许多家长的身影因此出现在汉语桥比赛、孔子学院大型文艺演出等活动现场。2013 年 1 月，孔子学院举办“华为杯”首届微电影大赛颁奖晚会时，特地设学生家长专席，邀请参加演出的学生家长一起来参与活动。通过各种不同场合的参与，学生家长们不仅看到了自己的孩子是如何在孔子学院接受教育，学习汉语的，同时自己也有机会亲身体验和感受到中华文化，并由此增加了对中国的认识和了解。孔子学院学生、学生家长及孔子学院进入一个相互理解与支持的良性循环。2014 年上合杜尚别峰会期间，塔方为各国元首准备的专场文艺演出中出现了一个由杜尚别市第 55 幼儿园的孩子们表演的中国舞蹈节目，而该幼儿园恰好是塔民大孔子学院的一个教学点。在后来与该演出晚会导演接触后，孔子学院了解到，正是因为他的外孙女也在这个幼儿园学习，并且每次从幼儿园回家之后，都会把在那里学习到的中国歌曲和舞蹈表演给他看，这才让他了解到孔子学院，并产生了让这些孩子们到上合峰会专场晚会上去表演的想法。可以说，在孔子学院发展和开展中华文化传播的过程中，孔子学院的学员们、家长们作为传播中介，成功地帮助孔子学院扩展了中华文化的传播边际。

2. 重视社区圈

舆论的力量是无穷的，舆论场的发源地往往来自社区，因此，孔子学院作为中华文化传播的使者，需要真正走进社会，走进社区，走进社区民众心里，从而起到传播中华文化、展示中国形象的功能。孔子学院的各个教学点都有着各自的社区影响，利用好每个教学点各自的社会影响力来宣传孔子学院和传播中华文化，同样是孔子学院工作的重要方式。而且这种方式往往更能够为当地社会所接受，产生更好的社会效应。2009 年 9 月，孔子学院教学点俄塔斯拉夫大学校领导主动找到孔子学院，希望和孔子学院一起举办一个庆祝中华人民共和国成立六十周年的图片展活动。对此，孔子学院给予积极地回应。在随后的合作筹划中，孔子学院主要负责提供图片，邀请中国驻塔大使等中方嘉宾出席参加活动，斯拉夫大学则负责提供场地和活动现场服务，邀请当地媒体等。这样的合作使得这一图片展活动品位得到了极大的提升，并在当地社会产生了广泛的影响，有力地宣传了当代中国的同时，也有效地扩大了孔子学院的影响力。

3. 重视社会圈

塔孔子学院另一教学点塔吉克斯坦国立语言学院同时也是塔中友好协会主席单位。了解这一情况后，孔子学院主动参与到塔中友好协会的各种活动中去，成为该协会的一个常务理事单位。由此，孔子学院得以一起参与塔中友好协会每年的活动计划制定，并和其一起每年举办一些在当地产生非常大影响力的活动。这些活动包括一年一度的联合慰问中资企业员工演出、塔吉克斯坦中国电影周、孔子思想学术研讨会等。在这些活动的举办过程中，孔子学院尽量给予经费及活动内容支持，塔中友好协会则主要负责活动宣传，邀请当地各界人士参与等。随着一次次活动的成功举办，孔子学院与塔中友好协会之间越来越形成一种相互间的行为默契与理解共识。这种良好合作的“化学反应”反过来又对每一次新的文化活动的策划与举办起到了积极的促进作用。

4. 重视外交圈

作为海外中华文化传播机构，我们可以依靠的资源十分有限。但是海外使领馆的支持会为孔子学院在海外的推动起到保驾护航作用。加强与所住国使领馆的联系，有助于推动孔子学院得到海外国家官方支持和必要的便利协助。因此，这个圈一定要把驻外使领馆涵盖其中。随着活动外延的不断扩展，孔子学院越来越成为塔吉克斯坦当地社会最重要的一个中国文化符号，受到各方的广泛关注。在这其中，中国驻塔吉克斯坦使馆给予了极大的支持，孔子学院同样也充分依托使馆，利用好使馆牵线达成的各种联系，积极开展各类丰富多样的文化活动，使孔子学院成为使馆文化教育领域工作的有力延伸。孔子学院所开展的每一项工作，付出的每一分努力，都获得了中国驻塔使馆的高度评价，也给孔子学院带来了充分的信任。孔子学院许多教学点的建设，都是经由中国驻塔使馆牵线搭桥完成的。例如，孔子学院杜尚别市总统中学教学点的建立正是如此。中国驻塔大使在参加一次当地组织的文化活动中，偶然获得了该中学希望开设汉语课程的信息。此后，使馆及时将这一信息反馈到孔子学院，随后多次从中联系，促成孔子学院与该中学进行开设汉语课程的商谈。最终，在各方努力下，该中学也顺利成为孔子学院的教学点之一。

2012 年，位于杜尚别市中心的塔吉克斯坦国家图书馆顺利落成，成为塔吉克斯坦标志性的建筑物之一。该图书馆开放后，很快开始联系各国驻塔使馆，商量共建各国文化中心事宜。中国驻塔使馆在与塔方洽谈的过程中，从头到尾始终邀请孔子学院共同参与，并明确该文化中心今后将由孔子学院来具体负责运营。有了使馆的担保和力荐，塔吉克斯坦国家图书馆也对孔子学院给予了充分的尊重与信任，双方由此很快达成了共同建设的具体协议。2013 年 1 月 24 日，塔吉克斯坦国家图书馆中国厅在中国驻塔范先荣大使及塔方总统办公厅、文化部、教育部等政府高级代表的共同见证下正式开放。富有浓郁中华文化特点的中国厅很快成为塔吉克斯坦国家图书馆内最能吸引读者与参观者的场所，受到塔吉克斯坦社会各界的高度关注与赞誉。孔子学院则充分利用这一场地，定期开展免费语言培训及各类文化活动，使之成为在塔吉克斯坦传播汉语和中华文化的又一重要窗口。

5. 重视文化圈

近年来，随着中塔两国间文化领域交流的日渐频繁，每年都会有一两次中方派出的专业演出团队来塔吉克斯坦进行文化巡演。每一次这样的演出活动，孔子学院都会接受使馆委托，协同负责组织接待等工作。在这一过程中，孔子学院强烈地感受到塔吉克斯坦社会民众对富有浓郁中华文化特色的文艺演出非常欢迎与喜爱。与此同时，孔子学院也感觉到当前中塔两国间的官方文化交流合作频率远远不能满足塔吉克斯坦社会民众了解中华文化艺术的渴望。因此，孔子学院经过与使馆商量探讨后，会同塔吉克斯坦文化部、塔中友好协会等单位，从 2014 年起，共同推出了一年一度的“中塔一家亲”大型文艺演出活动。在孔子学院的精心准备下，这样的文艺演出充分融合了中华文化和塔吉克斯坦文化特色，受到塔吉克斯坦社会各界的高度好评。目前，这一大型文艺晚会已经成为中塔两国文化交流交融的一张名片。

6. 重视华人文化圈

有华人的地方，就有中华文化的印记。有华人的地方，就有中华文化的身影，有华人的地方，就有中华文化浓浓的亲情。华人文化圈是一个介于海外文化中华文化交叉的地带，对于中华文化的亲情相对浓厚，对于孔子学院也更为亲切，这是对于中华文化的亲情所在。利用一切可以利用的群体与场合，开展中华文化传播活动，是塔民大孔子学院的重要工作理念。除了与塔方各界进行广泛的接触之外，孔子学院与当地华人社团、中资企业等也形成了良好的互动关系。这种良好的互动也有助于孔子学院在当地建立起更加广泛的联系，开展更加广泛的文化宣传，扩大孔子学院的社会影响力。孔子学院每年在举办大量的文化活动时，都会邀请当地华人及中资企业代表们参加。当他们在异国他乡看到当地学生展示的中华文化时，在由衷地产生感情共鸣之余，他们也会第一时间想到把这些中华文化展示给各自企业或公司的本土员工们。例如，在孔子学院承办的 2013 年度塔吉克斯坦中学生汉语桥比赛活动中，孔子学院特地邀请了在当地承建火电厂的中方公司负责人来担任比赛评委。第一次看到当地学生表演中华才艺的公司老总感到非常意外，对当地学生们表演中华才艺的能力大为惊叹。他不但表示今后愿意更多地参加孔子学院的活动，而且很快就在公司组织的一次中塔员工联谊活动中，邀请孔子学院学员前往表演，让公司里更多的人感受中华文化的独特魅力。

此外，在塔吉克斯坦的许多中资企业都面临着如何更好地适应当地社会、融入当地社会的问题，例如，怎么样让当地工人更好地了解中国的企业文化，更好地掌握相关的工作技术等。了解到企业的这些需求之后，孔子学院利用自身的优势，与企业展开了积极的互补合作。孔子学院先后为塔中电信公司、塔中矿业公司等开办了本土员工汉语培训班。这些培训班不仅让企业的本土员工掌握了基础的汉语，同时也让他们更多地了解了中国和中国文化，为企业文化和企业凝聚力的形成起到了关键的促进作用。由于与当地中资企业建立起了良好的联系，孔子学院每一次在举办大型文艺演出活动时，都会专门向这些企业派发门票或邀请函，邀请企业领导及员工们前来观看。来自塔吉克斯坦社会各个阶层人士的一次次参与，一次次体验，不但让孔子学院在当地社会留下了交口称赞的良好口碑，更让孔子学院所致力推动的语言和文化传播拥有了更多的当地受众。

孔子学院作为文化传播的载体，一定要把这个圈画得足够大，这样才能更为广泛地传播中华文化，中华文化的影响力、国际社会理解力才会增强。我们要用和谐的理念，增进彼此的认同感，使得中塔亲如一家，友谊源远流长，这也是塔吉克斯坦孔子学院的崇高使命，作为中华文化传播的有益经验，也为中国海外孔子学院的文化传播提供有益借鉴。

三、塔民大孔子学院文化传播新模式

塔吉克斯坦国立民族大学孔子学院基于以上传播思路，结合中塔文化传统友谊深厚以及孔子学院发展良好态势，在塔形成了自己的特色，在中华文化传播上开辟了新的天地，不断创新改革，为中华文化海外传播实践积累了宝贵经验。

（一）多元文化场域与情感交融互补

作为传播学经典理论，文化在场与不在场理论在文化传播中起到尤为重要的作用，在场与不在场对于文化传播都至关重要，如何在不在场情况下也能传播中华文化，是孔子学院研究的重要课题。孔子学院文化传播路径是多元的，场域是丰富的，在其中加入感情因素的传播，真正实现了在场与不在场的深入融合，文化传播实现了全天候、全时空。孔子学院是全球化时代的产物，是多元文化交流的需要。孔子学院的实质，就是要构建一个多元的文化场域，在这样的场域里，各种不同的文化能够相互交流与学习，最终达成人性的和谐。如果仅仅将孔子学院设定为一个单向度的单一文化传播场域，那么其吸引力与生命力都会令人怀疑。一些人认为，孔子学院的使命是传播汉语和中华文化，因此孔子学院应该是一个单一文化的场域，并由此保持其传播的效度。这无疑是一种错误的认识。今天的中华文化已经无时无刻不处在一种多元文化的场域中，各种不同的多元文化在同一场域激荡，促使文化的“扬弃”，促使中华文化能够兼收并蓄，去糟粕而留精华，从而屹立于世界文化之林，并且5000年生生不息，从未间断。

这也是中华文化永葆其生命力的“法宝”。事实上，孔子学院从来都不可能百分之百地传播所有的中华文化，而只能是在多元的文化场域中全方位地展示自身，进而寻找不同文化之间的共性。随着交流的不断扩大与深入，这种不同文化之间的共性也将逐渐形成交融的最大值。

单向度的文化传播由于很难获得受众的反馈，因此也就无法确定其传播效度。塔民大孔子学院认识到，只有始终将孔子学院看作是一个双向的多元文化交流场域，孔子学院才可能受到更多的欢迎，才可能在寻求相互的理解中，完成所有的语言教学与文化传播。这种双向的交流要求中方首先要尊重对方的语言与文化，其次要以学习的态度去认识、了解对方的语言与文化。塔民大孔子学院历任中方教师在工作期间，都学习了当地的通用语言，都品尝与适应着当地的饮食，都学习和理解着塔吉克斯坦的社会发展、历史和文化。这些都是构筑多元文化场域的一个重要组成部分，也是孔子学院能够真正获得当地认可的必要前提。

所有的语言与文化都是基于人的习得与传承，所有的语言与文化传播也只能是基于人的交流与学习。在这样的过程中，人的理性思维与个体情感起着非常重要的作用。在多元的文化场域里，情感传播的内容维度构成传播双方联系的纽带，这种纽带即情感互动，它是情感传播维持的需要，也使情感传播活动不断开展，形成情感传播策略。孔子学院特殊的合作机制决定了其在实施语言与文化传播的过程中，相比理性传播方式，采用情感传播的方式更能够为对方所接受，也更具有传播效度。因此，塔民大孔子学院着重在孔子学院内外创造出双方情感交流的场合，营造出双方情感交融的氛围。

相互间情感的产生既可以是在个体与个体之间，也可以是个体与团体之间，还可以是团体与团体之间。塔民大孔子学院始终坚持通过情感传播的方式来开展工作，注重做好语言与文化交流中的细节，致力于通过富有感染力的活动在个体与团体层面实现融洽的情感交流，逐步达成个体与团体间多个层次的国际理解。

（二）真诚相待的个体情感培养深化

情感是无国界的，爱也是无国界的，孔子学院作为中华文化仁爱思想的传承者，一直坚信仁爱是和谐世界的价值追求。孔子学院就如一个家庭，这个家庭是家长和孩子之间的爱的空间，这个空间会随着时间慢慢变得更加浓厚。作为文化传播的使者，孔子学院的一言一行都是在传递文化，都是在践行文化，也都是在践行爱。孔子学院老师肩负着传播汉语与中华文化的使命，在出国之前，老师们都接受了许多与之相关的培训，包括一些非常具体的中华才艺。即使如此，当老师们初到各自的工作岗位之时，他们依旧会觉得紧张，担心自己的才艺不足，水平不够，无法胜任教学工作，不能完成传播中华文化的职责。针对老师们的这种心理，塔民大孔子学院在每位老师到岗之后，都会告诉老师们：在孔子学院工作，相比具体的个人才艺，老师的个体言语行为更为重要。每一位老师本身就是中华文化的符号，代表着中国，代表着中华文化，每一个人言语行为所体现出来的东西，就是鲜活而真实的中华文化，每一位老师最重要的就是做好自己。

做好自己，做塔吉克斯坦人的好邻居、好老师、好朋友，真正地做到敬其所异，和而不同，真诚相待，这是塔吉克斯坦国立民族大学孔子学院对每一位孔子学院老师言语行为的定位与期望。无论是工作还是日常生活，老师们也都是以这样的要求与每一位当地人、每一位学员进行相处和交流。在当地工作和生活，因为文化和习俗不同，老师们或多或少都会遇到一些文化的差异与冲突。如何化解这些矛盾与冲突，直接影响着相互间情感的建立与走向，进而影响当地人对中华文化传播的认识、理解与接受程度。面对交往过程中各种文化差异的遭遇，孔子学院的老师们努力做到敬其所异，理解、尊重与适应。例如，陈文老师在回忆自己初到塔吉克斯坦的感受时说到，自己对当地女孩的贴面礼刚开始极为不习惯，但是想到这是当地人表示友善的一种方式，也就慢慢去适应，并最终习惯了。李磊老师则用笔记录下了自己初来塔吉克斯坦的文化差异遭遇与适应经历："虽然我来之前有了解过这里在工作时的着装礼仪，但并没有太引起我思想上的重视，即便我也带了西装过来。由于国内在学校里穿衣这方面遵循个人自由的原则，在国内时很少穿也不习惯穿西装，所以刚到那天我就想，等星期一再穿西装去上班吧。第二天是周六，他们这实行单休日，周六是要上班的，所以我依然穿了那身半正式的休闲装来到了学校，跟着丹加拉国立大学外事副校长熟悉学校人事及工作环境。在校园里，当地的老师用既陌生又好奇的眼光打量着我，我也没太在意，均以微笑回应着。之后站在教学楼前空地上跟外事副校长交谈时，我察觉到不远处有两位老师的目光时不时打量着我并议论着什么，从他们视野的投射点上，我感觉到他们可能在说我这身非正式的着装。看着他们一身笔挺的着装、铿亮的皮鞋，我顿感一丝不好意思，这才明白他们为什么对我会有那样的眼光。我对他们来说本来就陌生，结果又是这样一身与他们不同的着装，人家能不陌生吗？虽然当时不会说塔吉克语，俄语也不怎么好，但我还是走过去，跟这两位老师握手问好，并且伸出了一根手指示意了一下我这一身衣服，然后又把手放在胸前郑重其事地用俄语说到“星期一”。站在面前的两位老师会意地笑了，用手拍了拍我的肩膀并友好地伸出大拇指给了我一个赞。这样的经历让我更加明白，由于国内生活环境与这里有很大不同，所以在我们看来较为随意的事情，在人家眼里可能是要一丝不苟才行。在这儿我感受到的是这样的细节才是尊重他人的起点。穿着得体、优雅、不随意，在另一个文化环境中生活，首先要尊重并学会别人的文化礼仪方式，这才是人与人接触的必要和首要态度。”

尊重塔吉克斯坦当地的文化与习俗，并且主动地适应与融入，这是建立和培养相互间感情的重要途径。这样的行为能够赢得当地人的感情，让他们更加认同中国和中国人。在塔民大孔子学院，王惠娟老师不但有着人尽皆知的一个当地姑娘的名字“GULCHEHRA”，而且时常穿着塔吉克斯坦女孩的传统服饰，说着一口流利的塔吉克语，这些都让她赢得了当地人的喜爱。无论是塔方的老师还是孔子学院的学员们，在提到王惠娟老师时，总是会说“我们的 GULCHEHRA 老师”。这是一种认可，更代表着一种接纳。而这种接纳的态度和情感是孔子学院在当地开展汉语和中华文化传播的必要前提。

当然，虽然敬其所异，但是塔民大孔子学院的中方老师们也会坚持自己的一些文化习俗，坚持自己的一些行为方式，老师们相信，这同样是传播中华文化。例如，在塔吉克斯坦的传统节日里，当地人依旧保持着相互走访的习俗。往往这个时候，学生们都会邀请我们老师到家里去做客。按照当地人的惯常做法，这时候去做客并不需要带礼物。但是孔子学院的老师们每一次都会带一些礼物到当地人家里去。老师们告诉学生和学生家长，礼轻情意重，中国人的习俗就是这样的。理解了这一点的当地人在接受了老师们心意的同时，对中国人和中国文化也有了更多的了解，对中国人和中国文化也更加敬重了。在如何处理当地文化习俗与课堂教学秩序时，老师们也有相类似的经历。在塔吉克斯坦国立师范大学教学点工作的田虎老师说："虽然对当地男人见面之后相互都要握手问候的习俗有所了解，也理解和习惯了，但是这样的情况频繁发生在课堂上，对于上课要求一贯很严格的自己来说，还是不能完全认同。"刚到教学点上课的时候，有一次，课已经上了大约二十分钟，一位迟到的男生进来了。因为课程正在进行，所以田虎老师就示意这名学生赶紧到自己的座位上坐下。但没有想到的是，这位男生还是不慌不忙地在教室里绕了一圈，和班里所有的男生完成了握手问候的礼仪，然后才回到自己的座位。实在按捺不住的田虎老师放下手中的课本，对这位男生进行了责备。但让他意想不到的是，他发现其他的学生们似乎都不认同他的做法。此后课堂气氛沉闷，学生们有了明显的抵触情绪。后来，田虎老师和学生们进行了沟通与交流，知道握手行礼是学生们非常看重的礼仪。在这之后，再次遇到男生迟到的情况，田虎老师总是主动和迟到的男生先握手，并且笑着对学生说，老师这是代表所有的男同学和你握手，替大家和你问好，咱们赶紧上课吧。看到这种情况，学生们也都会意地笑了。以这样一种缓和的方式对自己的教学原则和彼此的文化理解进行调节，达到了良好的效果。学生们在感受到老师对自己的文化习俗理解并尊重的同时，也对中国教师的课堂教学及要求有了更深的认识。

其实，无论是与他种文化敬其所异地相处与适应，还是和而不同地交往与沟通，老师们最重要的就是做到了真诚相待。这份真诚衍生出来的情感，成为联系孔子学院每一位老师和当地人的纽带。2014 年 10 月的一天，塔民大孔子学院中方院长邓新老师的办公室里突然来了两位"不速之客"，她们是杜尚别第一语言中学的老师。两位上了年纪的女老师手里拿着一束鲜花和一大包自己家制作的烤包子。原来，那一天正好是塔民大孔子学院汪玲玲老师的生日，两位老师是专程赶到孔子学院来为汪玲玲老师过生日的。这样的场景让孔子学院的老师们既感动，又欣慰。感动是因为那一份真情，欣慰则是因为中方老师们同样付出的真情有了这样的回报。在孔子学院办公室工作的汪玲玲老师由于工作需要，和孔子学院各个教学点的塔方老师们联系非常频繁和密切。在工作交往的过程中，做事细心的她也记住了很多塔方老师的生日。在这些塔方老师生日到来那一天，汪玲玲老师都会以学院的名义送一份小礼物，表达孔子学院的问候与祝福。正是这样细致而又倾情地工作，让塔方的老师们记住了孔子学院，记住了孔子学院里这个开朗、活泼、可爱的中国姑娘。也才有了在她生日到来之时，塔方老师们专程赶来祝贺的“意外惊喜”。

全力付出，真诚相待，塔民大孔子学院第一任中方院长邓新老师同样是这样的一个典型。在任六年的时间里，他始终在和当地人做朋友，无论是学院的司机、学校的门卫，还是来自其他城市的老师、朋友，抑或是教育部或者政府其他部门的领导、工作人员，他总是用同一份真诚与他们交往和相处。和当地老师一起聚餐，一起跳塔吉克斯坦舞蹈，与当地学生一起踢足球，一起春游休闲，在当地朋友的婚礼上用塔吉克语送上祝福，驱车几百公里去参加当地学校的文化活动……所有的这些，对于他来说就是日常的工作和生活。2013 年暑期的一天，在孔子学院留守的邓老师接到了来自卡夫拉特中学教学点二年级一位学生家长的电话。原来，再过两天是他孩子的生日，孩子和家长都特别希望学校的汉语老师能参加在家里举办的孩子生日庆祝会。但是孩子的汉语老师已经回中国休假了，因此，孩子的父亲辗转找到了邓老师的电话。得知这样的情况后，邓老师毫不犹豫地答应下来。第二天，当买了礼物的他准时来到孩子的家里参加生日庆祝时，孩子的全家人都非常感动。他们再一次近距离地感受到了这位塔民大孔子学院“领导”的真诚友善。

对于邓老师来说，用自己的付出来换取当地人的尊重是一种在孔子学院工作和生活的信念。记得一次出行的时候，邓老师在距离杜尚别 60 公里的一座小城吐尔逊佐达遇到了当地的一家人。当他们得知眼前的中国人是汉语老师后，马上向邓老师表达了非常希望自己的孩子能有机会学习汉语的愿望。为此，他们盛情邀请孔子学院派老师到当地学校去开展汉语教学，并主动联系了当地学校。但是，经过考察后，孔子学院认为当地的条件还不适合成为教学点，因此没有选派老师前往。这让这家人既感到失望、焦急，又心有不甘，他们始终和邓老师保持着联系。在随后到来的暑期，这家人的家长又带着孩子来到了孔子学院。他们想让孩子利用暑假的时间来学习一点儿汉语，感受中华文化。但是，新的问题又出现了，这家人在杜尚别没有亲戚，也没有住处，而如果孩子每天往返的话，既花钱，又耗时。面对这一家人的热情与渴望，邓老师决定利用假期老师们回国的空档，把自己的房子腾了出来，让这家人的孩子和家人来住。就这样，连续两个暑期，邓老师都做了这样的安排与付出。虽然在暑期短暂的时间，这家的孩子并没有学到多少汉语，但是汉语的种子已经深深地埋下了。如今，这家的孩子已经中学毕业，选择到中国继续学习，并且成为一名中国大学的本科生。而在几年的交往与相处中，这家人已经在心底里把邓老师当作了自己家的“贵人”，自己家的亲人。每逢过年过节，他们都会打电话邀请邓老师到家里去做客。每次到杜尚别来，他们也一定会带着当地的土特产到孔子学院来看望邓老师。

作为一名创业的院长，邓新老师始终是用心在融入塔吉克斯坦当地社会，用心在与当地人交往。他对当地人文的认知、对当地文化的理解、对当地人的尊重，无时无刻不感染着孔子学院的每一位老师，感动着孔子学院的每一位学员。许多到过塔民大孔子学院的国内代表团都有这样的印象和感受，那就是邓老师的言语行为，与当地人都极为相像，如果不是用心去融入，是不可能做到这一点的。在拓展彭吉肯特师范学院教学点时，该学院院长盛情邀请邓老师前往彭吉肯特实地考察学校具体的办学情况。当时正值寒冬一月，彭吉肯特距离杜尚别有三百多公里的路程，道路崎岖，深沟巨壑不断，并且时常伴有大雪封山和雪崩的危险。然而，面对该学院院长的真诚邀请，邓老师毅然决定随同其一起前往。一路上风雪交加，在其中一段不到二十公里的地段足足走了六个多小时。然而，正是有了这样“同甘共苦”的经历，才真正拉近了邓老师和当地人的距离，让当地人从内心深处认可他，接受他，尊重他。在孔子学院的发展过程中，许多棘手的问题，许多老师们感觉沟通不畅的问题，经过邓老师交涉与处理，总是能够很快得以解决。正如塔吉克斯坦国立民族大学现任校长伊马莫夫先生所说：“邓老师是一个符号，是中国在塔吉克斯坦的文化大使，但是，他同时也是我们塔吉克人，是我们的人。”

王雅茗老师是塔民大孔子学院最有名的一位“中国妈妈”。孔子学院组建的第一批学生舞蹈队由王雅茗老师负责。在教授中国舞蹈的过程中，王雅茗老师严厉又不乏关爱，慢慢习惯了的学生们都开始亲切地叫她妈妈。活泼的当地姑娘费玲玲，从十四岁时到孔子学院来学习开始，就这样称呼着王雅茗老师，一直到了现在，她已经成为一名中国大学的本科学生，但是无论走到哪里，无论什么时候，提起王雅茗老师，她总是以“妈妈”相称。做得一手中国好菜的王雅茗老师，平时经常会在自己的家里做各种中国饭招待学生们。几年下来，已经记不得有多少塔吉克斯坦学生对中国菜的喜爱、对中国和中国人的亲近是从王雅茗老师的家里开始的。到现在，这些塔吉克斯坦的学生们从中国回来之后，都会去王雅茗老师家里吃一两顿“中国妈妈”做的中国饭。王雅茗老师有一位学生有幸拿到了中国奖学金前往中国学习，王老师在这位学生求学期间，对他的家庭十分照顾，为的就是要他安心学习。在中国学习期间，塔吉克斯坦意外发生了地震，得知这名学生家的院墙被震倒了。王老师第一时间召集班里的男同学，在周六一起去了这名学生家里抗震救灾。这样的举动让这名学生的家长深深感动，也让远在中国求学的学生感受到无比的温暖。王老师的一位学生在他的作文中写道：“王老师不但是我们的老师，而且也是我们的妈妈，她人品好，把我们当成自己的孩子，跟妈妈一样对待我们。我们老师现在也快变成塔吉克人了，上课的时候说话半个中文，半个塔文。”

无论是“贵人”邓新老师，还是“妈妈”王雅茗老师，以及在孔子学院勤勤恳恳工作的其他老师，他们都是中华文化传播的一张张重要名片，他们在用爱来传播中华文化，同时用尊重的态度去学习和欣赏塔吉克文化，这是一种基于平等文化的认同，因此孔子学院得到了塔方的高度认可，为中华文化在塔吉克斯坦的传播奠定了良好基础，孔子学院传播中华文化一定是基于亲情、尊重的态度之上的传播，一定是文化和谐基础上的共融，孔子学院就是双方文化沟通的桥梁。

（三）润物无声的集体情感教育拓展

情感教育的最高境界就是润物无声。孔子学院作为中华文化传播的常驻机构，是一种长期行为，因此，传播中华文化也就是在其日常工作和生活中用润物无声的方式，潜移默化地让别人喜欢中国文化，愿意了解、亲近中国文化。其中，集体情感教育一个非常重要的方式就是触景生情教育。

“触景生情”是情感传播的有效策略之一，这种策略，能够将积极的情感最大化。实现“触景生情”的情感传播，首先，需要构建多重情感纽带。孔子学院开展中华文化传播活动，需要有意识地与受众国当地社会构建多重情感纽带，而孔子学院的场域和形象本身，正是一个最为重要的情感纽带。

对学院办公与教学场地进行精心地布置，让所有人一进入孔子学院就能够感受到浓浓的中华文化氛围，感受到一种亲近的感觉，这是塔民大孔子学院在办学之初就开始考虑并践行。虽然塔民大孔子学院场地十分有限，但是学院仍然在走廊里放置了沙发，以方便学生及家长们休憩。不仅如此，孔子学院还在走廊里放置了免费的饮水机。这在塔吉克斯坦还是一个相对新鲜的事物，而且长期消费起来，花费也比较多，但是孔子学院依旧坚持了下来。因为这不仅仅是提供一口水，一杯茶，更是能够让学生和家长们感受到孔子学院的体贴、关心与温暖。塔民大孔子学院的每一位中方老师到任后，很快都会给自己起一个地道的当地名字。同时，老师们也会给有意愿的学生起一个中国名字。随着一个个“陌生”的名字变成了一个个“熟悉”的对象，孔子学院的师生交往，自然而然地出现了文化交融的景象。初到塔民大孔子学院的人可能会被迷惑，那个叫苏小兵的其实是孔子学院的学生，而那个叫朱尼别克的则是孔子学院的老师。这样融洽的气氛充分显示了孔子学院师生之间和谐亲密的情感交融关系。

让当地的学员们感受到孔子学院这样一个集体的温暖，让学生们在内心对孔子学院产生喜爱、认可与依恋的情感。做到这一点，孔子学院就能够让自己的每一个语言与文化传播活动达到应有的效果。王婷婷是一名塔吉克斯坦小姑娘，她从八岁开始，就到孔子学院来学习汉语。可爱的小姑娘刚学习汉语不久，就要让老师给自己起一个中国名字，而且执意要和老师一个姓。在王婷婷最初来孔子学院学习汉语的那两年时间里，由于年龄小，每一次都是她的妈妈陪伴着过来学习。当孩子在教室里学习的时候，办公室的老师总是请她的妈妈到办公室里来休息，或者送上一杯热茶水。记得有一次，王婷婷的妈妈把她送过来之后，因为家里临时有急事，不得不提前赶回去。下课之后，王婷婷一个人留在了孔子学院里。当任课老师了解到这个情况并反映给学院后，邓老师马上决定，由孔子学院出钱，让任课老师打车把王婷婷送回家去。第二次上课，满怀感激的王婷婷妈妈要把出租车钱还给孔子学院，但被孔子学院老师谢绝了。孔子学院老师告诉她："孔子学院有王婷婷这样可爱的学生，我们都非常高兴，她是你的女儿，也是我们孔子学院的孩子，做这点儿事完全是应该的"。自那之后，王婷婷和她的妈妈到孔子学院来得更勤了。长期坚持学习汉语的王婷婷参加了孔子学院几乎所有大大小小的活动。如今，这个说着一口流利汉语的塔吉克斯坦小姑娘已经成为孔子学院名副其实的小明星。

为了营造出良好的班级氛围，孔子学院通过一些具体的举措来支持和鼓励老师们做好与学生交流的工作。孔子学院始终鼓励老师们多和自己的学生相处，多和自己的学生交往。为此，孔子学院还专门拿出一些费用来让老师和学生们一起过生日，或者一起出去吃饭、春游，等等。还有一些学生，家庭比较困难，没有办法及时缴纳培训费，孔子学院会根据这些学生的具体情况来减免他们的学费。孔子学院的老师们相信，对于孔子学院来说，挣钱不重要，留住人心才是最终的目的。阿穆尔丁是孔子学院最早的一批学员，后来获取孔子学院奖学金到中国完成了本科学习，现在已经是一名中国政法大学的研究生了。回忆起自己最初在孔子学院的学习经历，阿穆尔丁写道："参加孔子学院考试后没过多久，得知我获得了孔子学院四年本科奖学金名额。我当时的状态和心情是又开心，又激动，又悲伤，又沮丧，我不高兴的是我连去中国的机票钱都没有，更不用说在他国异乡的生活费，邓老师得知情况后，将手放在我肩膀上说：'这点你不用放在心上，只要你以后好好学习，我们帮你出这个费用。'与老师聊天，只觉得心里有一阵暖流，有说不出的舒服和感动。"

为了开展更多更好的文化活动，塔民大孔子学院组建了学生艺术团。孔子学院的学员们在艺术团里学习中华才艺，参加孔子学院的各种演出活动。在这样的过程中，孩子们感受到学习汉语和中华文化的乐趣，时时刻刻被孔子学院的氛围所吸引和感染，因此，总是喜欢把更多的业余时间花在孔子学院，并且乐此不疲。正如孔子学院艺术团学生何小薇的妈妈告诉孔子学院老师的那样："不知道孔子学院有什么魔法，我的孩子一下课，回到家，急急忙忙吃两口饭，就往孔子学院赶。"这样的感慨反映出孔子学院通过点点滴滴的细节努力所营造的集体氛围已经在潜移默化中融入学员们的内心，进而逐步培养出学员们对孔子学院的深厚情感，对汉语和中华文化的认同与喜爱。

润物无声反映的是对中华文化传播事业的热爱和执着，一句温暖的话语，一个坚定的眼神，一杯温暖的热茶，这看似小小的举动，却能在海外学子心里留下了温暖的记忆，将对中国人的喜爱，推及对中华文化的喜爱，这是一个正向传递，我们要用润物无声的情感，去感染身边的学生，用中华文化的魅力去赢得学生的喜爱，塔吉克斯坦孔子学院正是这一传播方式的真正践行者之一。

（四）相互愉悦的情感共鸣追求传承

美好的事物总是相通的，正如大家都有对美好生活向往的憧憬。在中华文化传播过程中，我们如何有效抓住这些愉悦的时刻，如何在愉悦时刻过后留给当地社会一些与众不同的感受，是我们需要深入挖掘的文化传播方式。塔吉克斯坦孔子学院真正体味到了情感共鸣的教育能够领悟彼此的思想，一些共通的理念能够赢得大部分人的喜爱。中华文化对外传播纽带的强度需要通过不同层次的活动来实现。在孔子学院看来，当地的公众节假日、国庆日、大型社会活动等都是传播中华文化的有利时机。在这些时间节点上，塔民大孔子学院都会积极组织参与当地的文化活动。这让当地人产生“普天同庆”的喜悦感，感受到有他人和自己一同庆贺的愉悦欢快。同时，也让中华文化有机会在更多的场合、在更多的人群中传播。纳乌鲁孜节是塔吉克斯坦一年一度的最大节日，在此期间，每所学校都会举办各种大型的庆祝活动。这时候，塔民大孔子学院都会组织自己的学员一起参与到各个学校的表演活动中去。每一次孔子学院的中国节目表演都会成为聚会人群最大的意外和惊喜，带给他们愉悦的享受。孔子学院教学点之一，杜尚别国际中学每年都会邀请在塔的各国使馆人员到学校来参加一场各国美食展。自从孔子学院建立之后，孔子学院每年都代表中国使馆参加这一美食展。孔子学院每次都会积极准备，认真参加这样的活动，在这样一个多元文化交流的场合，尽情地展示中华文化和孔子学院的风采。正是因为每一年的坚持参与，使得越来越多的人知道了孔子学院，了解到中华美食文化。后来，塔吉克斯坦国家“萨菲娜”电视台要录制一个类似于展示各国文化的节目，他们第一时间找到了孔子学院，因为他们已经在之前的参与报道中了解到了孔子学院。最终，孔子学院先后参与了五六期这家电视台录制的专题文化节目。这些节目一经播出，在塔吉克斯坦当地社会引起了极大的反响，也极大地提升了孔子学院的影响力。参与节目的孔子学院老师到市场去，甚至都会被市场的小商贩认出来，他们拉着老师的手，伸出大拇指说："萨菲娜，马娜戴斯！"[①]

利用好当地的每一个时机，利用好当地的每一个合作对象，利用好当地的每一个标志性建筑，利用好当地的每一家传播媒介，塔民大孔子学院在尽可能大的范围内努力做到展示与传播中华文化。而在这样的传播过程中，孔子学院追求的是一种和谐共鸣的情感交流，而不是单向度的、强势的文化推广。诚如之前提到的"中塔一家亲"大型文艺晚会，其演出地点始终是在杜尚别市中心标志性的芭蕾歌舞剧院里进行，这保证了活动最大程度的宣传效果。而在具体的节目编排中，孔子学院邀请塔民大"纳乌鲁孜"学生艺术团和塔吉克斯坦国家音乐学院的师生们共同来参与表演。尤其是孔子学院老师用古筝和当地乐队把中国民乐与塔吉克斯坦民乐完美地结合在一个节目里表演，让到场的观众们听得如痴如醉，群情激昂。这样的演出受到当地社会民众和主流媒体的一致赞誉，也让中华文化的传播达到了应有的效果。塔民大孔子学院运行至今的六年时间里，几乎所有杜尚别市区内有名的剧院、演出场地、活动场所，都留下了孔子学院和中华文化的足迹。对于孔子学院来说，这是一种有意识地不断开拓，是将中华文化放在更多的舞台上去展示，去传播。以这样的方式，孔子学院接触了更多的人群，结识了更多的朋友，也让更多领域里的当地人了解了孔子学院，欣赏到中华文化。

开展喜闻乐见的活动是扩大宣传的最好方式之一。塔民大孔子学院在设计和实施活动的时候，始终注意活动形式的多样性，力求开展学生和当地社会民众最喜欢、最容易接受的活动，以达到最好的宣传和传播效果。微电影是近年来兴起的一种新的艺术表现形式，也是年轻人非常喜欢和认可的活动形式。2013 年，塔民大孔子学院克服各种困难，顺利开展了第一届孔子学院微电影比赛活动。虽然拍摄条件非常有限，但是学生们的参与

---

① 俄语音译，非常好，了不起的意思。.

热情高涨。他们不仅积极地用汉语进行表达和表演，甚至还主动地提供微电影拍摄场地，邀请自己的父母朋友参与到微电影表演中来。在最后的颁奖晚会上，所有参与表演的学生以及学生们的家长都来到了现场，气氛十分活跃，活动也获得了非常好的效果。学生们通过拍摄微电影，更好地学习了汉语，了解了中华文化。学生的家长朋友们，也通过参与，感受到了学习汉语的乐趣。杜尚别国际图书展是当地影响力非常大的一项活动，孔子学院通过与塔吉克斯坦文化部门联系，获得了参加这一书展的机会。在参与的过程中，孔子学院通过精心准备，使得这一广受当地人喜爱的图书展同样也成了中华文化传播的舞台，让每年前来参加书展的读者们也成为中华文化的阅读者、欣赏者。

孔子学院举办的许多大型活动，都致力于追求社会公众的情感认同。寻找彼此认同的社会群体来完成不同的活动。塔中友好协会和塔民大孔子学院一直有着良好的合作关系。塔民大孔子学院的许多活动都是和塔中友好协会联合举办的，例如塔吉克斯坦中国电影周等。联合举办的好处在于能够随时听取塔方的意见和建议，从塔方的视角出发来组织和实施活动，从而让活动能够得到双方的认可，获得更大的情感认同。2012 年年底，塔民大孔子学院和塔中友好协会商量组织一场孔子思想研讨会，后来塔中友协传递消息说，在塔的俄语中心也有意举办类似的活动，看能不能三家联合起来搞。对此，塔民大孔子学院欣然同意。最终，一场孔子思想研讨会在塔吉克斯坦俄语中心顺利举行。三家联合主办使得活动无论是参与者人数、层次，还是产生的社会影响力，都达到了最大化，同时也充分体现出了以孔子思想为代表的兼容并蓄的中华文化风范。和塔中友好协会合作最为典型的还是慰问当地中资企业的演出活动。大量的中资企业进驻塔吉克斯坦，为塔吉克斯坦筑路、架桥、通电、开矿，不但发展了企业，也极大地改善了塔吉克斯坦民众的生活，成为中塔两国邻邦友好的典型代表。塔中友好协会从 2011 年起，和塔民大孔子学院一起，每年都进行一次慰问在塔中资企业员工的演出活动。这样的活动，能够彰显中塔两国的深厚友谊，让所有参与的各方以及所有的参与者都能够产生情感上的相互愉悦与共鸣。而这样的活动一经当地媒体报道之后，更是能够产生极大的社会认同与共鸣。孔子学院正是通过这样的各种活动走出校园，广泛交朋友、谈合作、办活动，以最为合适的途径为汉语和中华文化在当地进行传播不断做出努力，并且取得了显著成效。

情感的共鸣使得孔子学院桥梁的作用更加凸显，塔社会各界都高度关注和由衷赞赏。这正是相互愉悦的文化传播方式，使得参与彼此都得到了心里满足，使得双方都感到合作的愉快，因此孔子学院对外文化传播得以顺利开展。这一有效的文化传播方式，为中华文化中亚传播提供了很好的路径借鉴。

四、构建孔子学院文化传播可持续发展道路新探索

文化传播可持续发展这一主题为孔子学院提出了新的命题：如何在秉承孔子学院办院宗旨的基础上，灵活运用各种资源，辅之各种文化传播方式和方法，从而真正达到可持续传播中华文化的目的。孔子学院文化传播可持续发展的方式我们可以借鉴法语联盟、歌德学院、塞万提斯学院等文化传播机构的一些有益经验，但是我们也要注重中国特色的传播机制和方式的构建，只有在成熟的文化传播体制和机制下，结合不同海外文化特点，进行渐进调试，从而真正实现中华文化与海外文化的完美契合，为和谐世界理念建设共同努力，这才是孔子学院文化传播可持续发展道路的新选择。

（一）文化传播机制构建与文化的韧性传播相结合

在从事对外语言和文化传播的过程中，如果说一种传播理念的确立是一所孔子学院的灵魂，一种传播方式的确立是一所孔子学院的性格，那么，一种传播机制的确立则是一所孔子学院的肌体。对于一所孔子学院而言，没有灵魂就可能浑浑噩噩、忙忙碌碌而无所作为，没有性格就可能千篇一律，而毫无特点。在孔子学院的建设过程中，这两者显然异常重要。但是，如果一所孔子学院没有传播机制建设，就好比一个人没有实实在在的肌体，那样的人是不存在的，那样的孔子学院也是不可能办起来的。因此，在孔子学院的建设过程中，文化传播机制的建立是基础性的，也是根本的，是不可或缺的工作。文化传播机制作为一所孔子学院的肌体，不仅应当存在，

而且还应当高度重视。这就好比一个人，不仅要有身体，还需要有一个好的身体。只有这样，一个人才可能正常地生活与工作。对于孔子学院而言，同样如此，孔子学院不仅仅需要有传播机制，而且还需要将其作为核心工作来建设，唯有如此，孔子学院才可能健康地存在，并持续发展下去。

孔子学院的工作千头万绪，内容庞杂，既要对外交流与传播，也要对内联络与反馈，还需要和各个领域、各个层次的人群交往与互动。这些工作几乎都是在相同的时间段里同时在开展或者进行的，这就要求孔子学院必须要有合理的分工来推动和完成这些工作。没有合理的分工，则可能出现孔子学院工作一锅粥，老师各自为政的情况，导致工作效率低下，一些工作甚至没有办法推进与开展，长期下去则会累积成问题与矛盾，最终影响到孔子学院的建设。当然，仅仅有分工对于一所孔子学院的机制建设而言，还不足够。因为分工具有灵活性、多变性和临时性的特点。要想让所有的分工能够完全地发挥作用，还需要有制度建设来提供保障。一所孔子学院，只有有针对性地做好自身的制度建设，才可能保证孔子学院发展的健康与持久，也才可能使孔子学院的对外文化传播成为一种韧性传播。

任何的组织机构都需要有切合自身实际的运行机制和分工合作机制，对于孔子学院这样一个始终坚持中外双方合作办学的机构来说，尤为如此。如果没有合理、和谐的分工保证，孔子学院则可能落入不断的纠纷与矛盾中，非但不能产生传播汉语和中华文化的应有效果，甚至与直接的合作方也容易产生误解，影响合作的可持续性。孔子学院的事业不是一朝一夕的事业，而是有着百年甚至更久目标的国家发展战略，实现韧性传播是孔子学院的本质属性要求。韧性传播首先要求孔子学院作为传播主体，需要进行可持续建设，需要在发展过程中厘清中外双方的关系与职责，明确双方的分工与合作内容。与此同时，在孔子学院具体的工作中，也需要有具体的分工协作。只有建立起制度层面的分工机制，才可能保证孔子学院的可持续建设与发展，也才可能在孔子学院实现对汉语及中华文化的韧性传播，并通过这样持续性的接触，最终达成应有的国际间理解。

由于国外的绝大多数民众无法亲身感知中国，只有依靠传播主体的持续传播去了解中华文化，因此，孔子学院在开展文化传播的过程中，需要始终做好韧性传播。韧性传播所展现的中华文化是一种持续性过程，是一种持续性的心理接触和感应。显然，这种持续地文化传播关键在于传播主体，对于孔子学院而言，即在于孔子学院建设。

润物无声讲求的是久久为功。因此，孔子学院一定要注重长远机制的建设，不可逞一时之快，中华文化源远流长，注定文化传播是一个长期的进程，这一进程不可能是一帆风顺的，由于受到所在国政治、经济、文化，以及一些反华势力的阻碍，文化传播的道路是一个曲折但螺旋上升的道路，我们需要足够的耐心，需要持久的恒心，还需要坚强的决心，用韧性传播的理念，打造属于孔子学院自身的传播机制，这一机制一定是动静结合的机制，因地制宜才能得到所在国的支持和信任，才能将中华文化在当地生根。中华文化是一种和谐的文化，我们注重交流而不侵入，我们注重平等而无压迫，我们注重和平而无战争，因此需要孔子学院克服困难，站在和谐世界的高度，造福中亚文化，造福世界人民。

（二）以和谐分工推动工作有序展开

统筹分工有利于工作效率的提升，孔子学院作为一个常设机构，牵涉人权、事权、物权等多重因素，如果没有好的统筹规划，工作效率会大大降低。同时，中外有效分工也是对彼此尊重的一种体现，更有利于孔子学院内部团结。因此，在孔子学院工作开展的过程中，和谐分工有助于推动文化传播的进程，文化传播的效率也会大幅提升。在文化传播实践中分工负责，互相协作，才能够使孔子学院功能得以最大程度的发挥。塔民大孔子学院在短短六年的时间里发展非常迅速，从最初只有两名院长发展到2015 年年初拥有 42 名中塔教职员工，22 个教学点，每年培训超过 4000 名学生的超大机构，这源于孔子学院全体教师的不懈努力，同时也得益于孔子学院合理、和谐的分工协作。塔方对于孔子学院的设立予以了高度重视，从 2010 年起选派了专职塔方院长。在中塔双方院长的分工上，双方本着平等协作、优势互补、各司其职的原则开展工作。基本上，所有与塔民大的沟通均由塔方院长来完成，而和中国方面的沟通则由中方院长负责，双方在工作中保持沟通交流，随时交换各自的信息与意见。孔子学院教学点工作的推进，则主要由中方负责，这既可以避免教学点与塔民大之间的关系困境，也可以为教学点提供更多、更直接的支持与帮助。孔子学院既不是单纯的教学机构，也不是单纯的文化机构，而是一个综合性非常强的机构，工作内容也相对丰富。另一方面，孔子学院的中方院长及教师都面临着一个任期轮换的问题。初到岗的老师们虽然经过了国内的培训，但是对于具体的工作，还需要有一个认识和适应的过程，而那些经历了实践磨炼，具有了丰富经验的老师往往又将结束任期回国。实现新老任期的顺利交接显得尤为重要，为了孔子学院的发展，妥善安排新老人员工作衔接，确保文化传播工作正常开展，这对于孔子学院功能继续发挥十分关键。

针对这种情况，在具体的教学与文化活动中，孔子学院始终把分工协作作为最重要的工作机制来进行建设。塔民大孔子学院根据工作需要，首先设立了四个副院长岗位，这是实践的创举，也是符合实际情况的有效举措。四位副院长分别负责教学、文化活动、财务与科研，他们有效地分解了孔子学院院长的工作，使得院长能够有时间和精力来负责学院的整体运行、外事交往以及学院拓展。在四位副院长之下，塔民大孔子学院又把具体的工作进行了分工，并且分设不同的老师来进行对应负责。因为孔子学院的老师们都有着上课的要求，因此，老师们的分工都是课时之外的兼职。为此，塔民大孔子学院尽量地把工作细化，合理地安排老师们来分担，这样既能保证孔子学院各项工作正常运转，又不耽误和影响老师们的教学任务。例如，在宣传工作中，孔子学院根据需要，一共配置了五名老师来分别负责网页建设、文稿撰写、活动背景设计、照片采集和视频采录。细致分工的结果，是老师们都能够很快地掌握各自所负责工作的内容和技术要求，从而以最快的时间适应与投入工作，多快好省地根据需要完成自己所负责的工作。经过这样的分工，孔子学院的工作效率和效果都得到了大幅度的提升。

教学工作是孔子学院的重中之重，为了确保教学工作能够始终保质保量地完成，学院除设立了专门的教学副院长之外，还设立了教学安排负责人、教材负责人、汉语水平考试（HSK）与推广考务负责人等。及至2013年，孔子学院的规模不断扩大，教学层次也更加丰富。针对不断出现的新情况，孔子学院经过研讨，认为需要设立不同的教研室来强化教学管理。为此，2013至2014学年第一学期，孔子学院专门召开教学研讨会，根据实际需要分别成立了大学专业汉语、大学公共汉语、中小学汉语及孔子学院本部培训等四个教研室，将老师们划归到不同的教研室里去。经过如此进一步地分工之后，孔子学院的教学管理进一步得到了细化与加强，教学的规范性及教学效果都得到了有效的提升，老师们的教学研讨也有了更加明确的方向。这些措施的采取，保证了孔子学院汉语教学的长久可持续发展。

塔民大孔子学院从建立之时起，就已经开始注意到孔子学院工作的延续性问题。在对孔子学院的各项工作进行了不同分工的同时，也在孔子学院老师内部之间进行了传帮带的工作，有序交替与划分。例如，学院的档案工作，学院始终分派两名老师来进行负责，而且两位老师的任期时间有差别，这样就保证了档案的收集与整理始终不会间断。汉语水平考试（HSK）是孔子学院的一项重要工作，也是推广汉语的重要方式之一。塔民大孔子学院在成为塔吉克斯坦唯一一家汉语水平考试（HSK）考点之后，立刻选派了优秀的老师来专门负责这一项工作。不仅如此，每一次有新的老师到岗，学院都从中物色合适的人选，放到汉语水平考试（HSK）这项工作中去，和之前的老师一起负责。这样，经过较长时间的适应和熟悉之后，这些老师在前任老师离岗之后，立刻就能够接手开展工作，从而保证了这项工作的良性持续开展。合理分工与有序延续，这成为塔民大孔子学院的最大的工作特色。

在设计和规划每一年度的文化活动时，塔民大孔子学院同样注意到不同的层次分工。早在建立之初，塔民大孔子学院就提出了文化活动要融入日常教学中去，要融入每一个教学点中去的思路。孔子学院的文化活动不是要追求短期效果，不是一锤子买卖，而是需要一个持续的传播过程和不断叠加的工作效果。为此，塔民大孔子学院对文化活动的开展制定了三个层级的要求，首先，是要求每一位老师要在所在的班级开展文化活动，要把文化活动融入日常教学中去，达到语言学习与文化认知相辅相成的效果。其次，要求每一个教学点的老师们要在教学点开展文化活动，这些活动并不需要追求规模效应，但是需要融入教学点，能够获得教学点的支持与理解，成为教学点汉语教学的重要组成部分。最后，则是从孔子学院层面设计实施一些重大的活动项目。这些活动立足校园，延展至社会，尽可能地产生社会影响力，达到最大的宣传效果，形成最广泛的社会认同与情感共鸣。多年来，塔民大孔子学院始终坚持这样的工作思路与理念，形成了分工有序，层次分明，张弛有度的工作模式，使学院成为一个持续不断地传播汉语与中华文化的立体的充满活力的重要机构。

（三）以制度确立保障工作有效实施

制度建设是管理孔子学院的一个重要因素。人浮于事不可能干好工作。用制度管人才能真正做到公正、有效。孔子学院作为常设机构，注重长期效应，要在人事权方面建立完善的工作责任制度，这不仅有利于孔子学院工作有效开展，同时也是在展示中国国家形象，是展示一个严谨、认真、有序的国家形象，这对于中华文化传播而言是一种无形的资产，从而在外方面前树立良好孔子学院形象，对于孔子学院工作开展将大有裨益。对于一个机构而言，如果想要保持其发展的可持续性，仅有分工协作还是不够的。如果没有制度保障，一些分工则可能达不到应有的效果，一些工作也很难持续地推进下去。因此，孔子学院的制度建设也是其实现韧性传播的必要条件之一。塔民大孔子学院在逐步落实分工协作机制的同时，也积极制定与完善具有针对性的学院规章制度，力求通过制度保障来推动工作的可持续发展，进而实现在塔吉克斯坦传播汉语与中华文化的连续性，形成不断叠加的传播效果。

塔民大孔子学院是从零到一的全新建设，在人数与规模没有达到一定的程度时，规章制度的作用并不明显。最初的许多工作，往往是中塔两方院长相互一商量就可以确定下来，并且予以实施。随着教师人数的不断增加，教学点的不断增多，工作内容的不断扩展，没有制度指导、制度约束与制度激励的工作，就会逐渐呈现出散漫的不连续状态，进而影响孔子学院传播汉语与中华文化的实际成效。认识到这一点，塔民大孔子学院逐步开始了自身的制度建设。实践证明，对于中塔双方的合作而言，制度确立的过程是一个逐步加深对孔子学院工作认识与了解的过程，也是中塔双方相互之间加深理解，形成共识的过程。例如，在有关教学的规章制度设立过程中，塔民大孔子学院就很好地参考了当地高校的教学管理制度，而不是简单地把中国的教学管理经验拿过去应用。这是因为孔子学院的教学对象是当地的学生，当地的教学管理制度对于他们来说更加熟悉，也更加容易理解与接受。塔吉克斯坦的所有学校对于学生的穿着都有着严格规范的要求，这和中国迥然不同。中方的教师在教学过程中往往会忽略对学生的着装要求。记得有一年暑期，时任塔民大校长萨伊多夫先生来到孔子学院视察。当看到学生们穿着非常随意时，校长先生立即对学生进行了严肃地批评。他面向中方教师说："你们看，中国的老师也穿着正式的服装，你们怎么能不穿正装来上课呢？要知道，你们在这里是学习汉语，了解中国文化，但是你们同样不能丢掉自己的文化和习惯！"校长先生的这番话对孔子学院中方老师们触动很大。大家认识到，虽然中方教师已经非常注意在着装上的自我要求，以适应当地工作与生活，获得塔方的情感认同。但是，如果忽略与当地学校的制度接轨，不在孔子学院里确立相应的制度，那么孔子学院仍然不会被塔方很好地接受。自此之后，孔子学院对于学生的着装也进行了和当地学校一致的制度要求。

另一方面，塔方对于孔子学院确立的一些明显有别于他们的制度要求，也有一个逐渐理解和接受的过程。例如课堂的纪律要求，塔方往往比较松散随意，但是中方老师普遍比较严格，并且会将课堂表现计入平时成绩。对此，塔方欣然接受，并且认为这是中国教学质量过硬的一种表现。为了推进工作，孔子学院实行教师例会制度。因为老师们平时都在各自的教学点工作，如果集中开会，往往都是下午下课之后的时间。而这个时间点在当地就已经是下班时间了。塔方院长对于这样的工作形式最初也不是很理解。他认为工作的布置与安排是随时可以进行的，为什么一定要在下班时间来开会呢？后来，孔子学院中方在开会时特意邀请塔方院长参加了几次这样的例会，虽然由于语言不通，很多时候他并不清楚例会具体的商谈内容，但是看到老师们都非常地认真，丝毫没有困倦厌烦的情绪表现，会议气氛也总是热烈和谐，他也就认可了这样的工作方式。最重要的是，通过例会布置与安排的一些工作，往往很快就能够显现出效果来。看到成绩的塔方院长对于例会制度也有了积极支持的态度。在以制度确立为重要内容的合作磨合中，塔方能够感觉到更多的平等合作，也能够更好地认识到孔子学院办学与举办各类文化活动的长期性，这些都为孔子学院的可持续发展奠定了良好的基础。

在制度确立的过程中，除了与塔方逐步磨合之外，中方教师内部对制度的理解与认可也是事关孔子学院建设成效的重要方面。孔子学院中方教师任期具有周期性，铁打的营盘流水的兵，老师们的团队认识、集体意识需要有一个逐步培养的过程。在许多初到的老师看来，孔子学院的工作主要由汉语教学与文化活动构成，这些更多需要的是个人的能力，制度的作用似乎并不重要。显然，这是一种错误的认识与理解。没有制度的约束与保障，老师们的个体劳动可能并不能够形成一种合力，学院的发展也将会在同一水平与层次不停反复，难以形成可持续的积淀与进步。这些都会影响到孔子学院的长久发展，影响孔子学院传播汉语与中华文化的效果。为此，孔子学院制定了一系列的规章制度，并且要求每一位老师认真研读，严格遵守。例如，塔民大孔子学院制定了详细的档案管理办法，要求所有的老师要及时地整理、上交在工作中产生的各类档案。如果有老师逾期未能提交，则在其申请年度休假、参与年度考评及履行离任鉴定等程序时都会有所反映。如此严格的制度要求使孔子学院的教师时时刻刻都具有了档案意识，每一次活动，每一项工作都留下了珍贵的档案资料，这些为孔子学院的可持续建设发挥了重要的作用。合理的制度建设也使得孔子学院的老师们拥有了更加职业的工作态度，形成了不因人废事的工作状态。每一位老师所付出的努力都成为孔子学院有序建设的一块砖石，一个组成部分，使孔子学院真正成为一个铁打的营盘，成为能够长久持续地传播汉语与中华文化的场所。

（四）以经典塑造带动工作循序渐进

文化传播的形式多种多样，作为孔子学院一定要因地制宜打开一个突破口。通过塔吉克斯坦孔子学院的工作实践，孔子学院寻求到了以经典活动带动文化传播进程的思路。把文化向心力通过活动的方式去展现，通过活动的举办提升中华文化的影响力和辐射力，提升中华文化的受欢迎程度，从而起到传播中华文化的效果。在孔子学院逐步建立起合理的分工机制、有序的制度保障之后，孔子学院的工作运行变得更加顺畅，工作效率也更加富有成效，这就为孔子学院集中精力，突出打造一批重点活动，不断提升孔子学院工作水平，确保孔子学院工作循序渐进，不断发展，进而不断增强孔子学院的社会影响力创造了积极的前提条件和可能性。汉语是世界上最古老的语言文字之一，中华文化具有悠久的历史，博大精深的内涵，这些构成了孔子学院传播的主要内容。但是，对于语言和文化传播而言，只有丰富的内容还是不够的，如何让这样的传播能够为别人所接受，并且具有可持续性，还需要有能够吸引人的传播形式。孔子学院在传播汉语和中华文化的过程中采取怎样的活动形式同样决定了传播的效果和可持续性。塔民大孔子学院自创立以来，始终坚持不断创新活动形式，增强活动吸引力，通过打造一批经典的活动来达到宣传孔子学院、传播汉语与中华文化的目的。

首先，在活动的形式设计上，塔民大孔子学院追求的是融入性。孔子学院将举办的所有活动都能够体现双方合作办学的特色作为一种最重要的工作追求。如前所述，在过去的几年时间里，塔民大孔子学院所举办的许多活动都是以和当地合作院校或者合作单位联合举办的形式出现的。这些合作的对象，除了固有的塔吉克斯坦国立民族大学之外，各个教学点、塔中友好协会、中国驻塔吉克斯坦使馆、塔吉克斯坦国家武术协会、中资企业、塔吉克斯坦教育文化部门，等等，都成为孔子学院的合作者。多样化的合作带来了最大程度的认同，也产生了广泛的社会影响力。联合举办成了塔民大孔子学院举办各类文化活动的一大特征。在这样的活动形式下，各方力量凝聚起来，成为共同推动汉语和中华文化传播的坚实后盾。塔民大孔子学院与塔吉克斯坦国家武术协会的合作使得当地的武术教师们仿佛找到了组织，找到了正宗中华武术的联系源。孔子学院也因势利导，根据文化教学的需要，聘请其中的一些老师来为孔子学院的学员们教授中华武术，这样的举措让这些当地的武术教师有了回到大家庭的感觉，孔子学院举办的每一次文化活动，他们都积极组织自己的学员前来参加。不仅如此，孔子学院在了解到塔吉克斯坦武术发展现状并不理想、武术教师们水平还比较有限、学员生源不足、武术教师经济收入很难有保障等现实情况后，积极与国内专业同行牵线搭桥。这样，塔吉克斯坦武术协会与中国的交往活跃了起来，武术教师们的教学水平有了很大的提升，学习武术的生源也有了很大的改观，以上这些都让他们坚持学习与传播中华武术的劲头更足了。与此同时，孔子学院在自己没有武术老师的情况下，每次活动都和塔吉克斯坦武术协会达成一致，邀请他们积极参与。通过此种方式，孔子学院的文化活动也因为他们的参与多了一份亮色。孔子学院与塔吉克斯坦武术协会在合作过程中实现了互惠双赢的局面。为了和孔子学院建立持久的联系，塔吉克斯坦武术协会坚决要求聘请孔子学院中方院长邓新老师担任塔吉克斯坦武术协会的荣誉秘书长。

其次，塔民大孔子学院十分注重所开展活动的稳定性与可延续性。“汉语桥”比赛是孔子学院进入塔吉克斯坦之后带给当地汉语学习爱好者们的一项经典赛事。但是，由于塔吉克斯坦的汉语教学还只是刚刚起步，普及度还很不够。因此，孔子学院在具体承办“汉语桥”比赛的时候，除了公平公正地办好比赛，还多了一份宣传和普及的责任。在孔子学院的长期组织与坚持下，塔吉克斯坦的“汉语桥”比赛开始实行各个高校与中学轮流承办主场的做法。这极大地调动了各个相关学校的积极性，使“汉语桥”比赛一年一次，届届延续成为传统。如今，每年的三四月份，各个学校就已经开始自主地准备“汉语桥”赛事，有意愿的学校也开始和孔子学院联系，主动申请承办该项赛事。塔吉克斯坦汉语教学研讨会是塔民大孔子学院着力推动的另一项重要活动。在最初设计时，塔民大孔子学院就将这一研讨会确定为两年一届，每一届都涵盖塔吉克斯坦所有的汉语教学单位，期待办成高规格、高水平的研讨会。在已经举办的三届研讨会中，第一届在塔吉克斯坦外交部新闻中心会议厅举办，第二届在塔吉克斯坦宾馆会议厅举办，第三届在最新落成的杜尚别 PLAZA 会议中心举办，每一届的会议选址都体现了高规格、高水平。每一次的参会人士都包括塔吉克斯坦教育部、总统办公厅代表以及各个高校、中小学的代表，中国驻塔吉克斯坦使馆也会专门派代表参加。如今，这一研讨会已经成为塔吉克斯坦汉语教学界的一次盛会。

最后，塔民大孔子学院还致力于不断创新活动的形式，以此吸引更多的受众，让汉语与中华文化得到更加广泛的传播。从“中塔一家亲”大型文艺演出到塔吉克斯坦中国电影周活动，再到微电影大赛，塔民大孔子学院通过不断地创新以及精心地打造，将每一项活动都办成了经典活动，办成了让当地人和所有学员均十分期待、愿意参与的文化活动。2014 年 6 月，塔民大孔子学院联合中国驻塔吉克斯坦使馆以及杜尚别市教育局，共同举办了中国国情知识竞赛。塔民大孔子学院主动邀请杜尚别市教育局参加到这一活动中来，并且创造性地将比赛分为预赛与决赛，让杜尚别所属的百余所中学都得以参加。活动最终取得的效果令中国驻塔吉克斯坦使馆赞叹不已，也让汉语与中华文化、中国国情知识得以传播到最大范围的学生群体中去。同年，塔民大孔子学院配合“一带一路”的宣传热点，在塔吉克斯坦推出了“丝路华韵”大型中华文化巡演活动。这次系列巡演活动没有借助国内专业力量，所有的演出节目都完全由孔子学院学员自己完成。此次中华文化巡演活动先后在塔吉克斯坦全国五座城市展开，演出达到十余场次。这样的活动将浓浓的中华文化气息带到了每一座巡演的城市、每一个巡演的场地，都取得了非常显著的效果。

经典活动的成功挑选和举办，为中塔文化交流架起了友谊的桥梁。以活动带动文化传播，在无形中添加了中华文化元素，这种被双方都能认可和接受的方式，成为孔子学院影响力提升的重要途径。这需要孔子学院在经典活动挑选和组织上因地制宜，不能脱离当地情况，同时要保持经典活动的连续性，这样才能调动参与经典活动的积极性，在孔子学院所在地形成强大的舆论场和磁场效应，为孔子学院扎根、落地、发芽、开花和结果打下良好的基础，为中华文化走向世界，世界了解中华文化提供可行的孔道，事实证明，这一方式为中华文化传播、中国国家形象建构起到了十分重要的作用。

在过去六年的时间里，塔吉克斯坦国立民族大学孔子学院以热忱、谦虚、稳健、柔性的工作方式和优秀的团队精神，与塔方展开了良好的合作，创造出一个又一个经典的活动，努力践行文化传播的理论，推动着孔子学院不断向前发展。在全体教师的努力下，塔吉克斯坦国立民族大学孔子学院已经成为中国在塔吉克斯坦的形象代言，成为数以万计的孔子学院学员精神与情感归属的家园。当地的青年学子与社会民众通过孔子学院及其开展的丰富多彩的活动，不断学习汉语，了解中华文化，并由此逐步加深了对中国的认识与理解。在中国当前致力于拓展国际理解空间，加强汉语与中华文化海外传播之际，塔民大孔子学院的实践经验与理论探索，必将会成为一笔宝贵的财富，为推动中国“一带一路”倡议实施和中塔两国友好交往发挥重要的作用。

塔吉克斯坦国立民族大学孔子学院的成功实践，为中华文化在中亚传播提供了新的思路，为中亚国家孔子学院建设提供了可资借鉴的方式和方法，中华文化的传播任重而道远，需要社会各界、中塔双方共同培育和守护，使孔子学院真正成为中塔文化交流的纽带和桥梁，为中塔共建“丝绸之路经济带”提供语言、政策等方面的支持，从而在推动中塔文化和谐共处的同时，造福两国人民，使中塔两国世代友好，中塔人民一家亲。

第六章　吉尔吉斯斯坦奥什国立大学孔子学院文化传播实践

英国地缘政治学家麦金德在其《民主的理想与实际》一书中指出，欧亚两大洲不是分离的大陆，而是连接在一起的一个大陆，即“世界岛”,“心脏地带”位于“世界岛”的中心地位，“谁控制了‘心脏地带’，谁就控制了‘世界岛’，谁控制了‘世界岛’，谁就控制了全世界”。[①]这里的“心脏地带”正是中亚地区。这块“心脏地带”中最为敏感的地区当属费尔干纳盆地。中亚地区在苏联长达70多年的统治时期里，一直处于鲜为外界所了解的状态。苏联解体后，中亚国家纷纷独立，中亚的地缘政治利益迅速凸现出来，成为西方大国纷纷争抢的地区。俄罗斯、土耳其、日本、美国、欧盟等都积极致力于在费尔干纳地区培育和提高自己的政治、经济、文化影响力，一时间，伴随着大额的国际贷款和贸易投资，西方的文化、价值、思想、生活方式迅速进入中亚，并占据了可观的市场。

而当时的中国则由于刚刚步入改革开放的浪潮中，百废待兴，文化产业凋敝，无力顾及于此。中国的发展一直致力于联合第三世界国家，也无意在中亚国家争抢战略利益，因此中国当时与中亚独立国家接触甚少。改革开放以来，中国经济取得了飞速发展，一跃成为经济总量世界第二的大国，但中国还是奉行永远不称霸的战略，随着中国国力增强，加强与国外联系成为新常态。中亚国家作为中国的近邻，在经济发展、文化交流方面存在很多互补的方面，尤其是作为古丝绸之路上的重要连接点，中国与中亚联系日益紧密。2013年12月，中国国家主席习近平提出共建“丝绸之路经济带”的伟大倡议之后，中国与中亚将迎来经济贸易合作的新高潮。

常言道：“文化搭台，经济唱戏。”中国与中亚国家要想实现亚洲大陆经济的腾飞，使共建“丝绸之路经济带”的倡议从构想转化为现实并持

① [英]哈尔福德·麦金德. 民主的理想与实际[M]. 武原，译. 北京：商务印书馆，1965：1-5.

续发展下去，惠及子孙后代，就必须正视和解决中国在中亚地区的发展“短板”——文化影响力较小的问题，而以吉尔吉斯斯坦奥什国立大学（以下简称奥什国立大学）孔子学院为代表的中国文化推广机构的存在则为这一问题的解决提供了突破口。

一、奥什国立大学孔子学院文化传播理念塑造

（一）奥什国立大学孔子学院的筹建与发展

1. 奥什国立大学孔子学院的筹建契机

奥什国立大学孔子学院的筹建，是集合了历史交往交流的经历、现实经济发展的推动再加上地区角力和文化软实力的碰撞以及对和谐世界理念的需求等多重因素交织的结果。奥什自古至今都处于“丝绸之路”交通要塞，在古丝路文明与如今“丝绸之路经济带”构想遥相呼应的今天，奥什再次与中华文化产生了碰撞，文明间的共享与交流期待在奥什地区能够设立新的中华文化传播驿站，奥什国立大学孔子学院因此应运而生。

（1）历史渊源深厚

吉尔吉斯斯坦奥什国立大学孔子学院，作为奥什地区首家孔子学院，坐落于吉国南部第一大城市——奥什。现今的奥什，历史上是古代大宛国的首都所在地。据《史记》记载，为获得“汗血宝马”，汉武帝曾派大将军李广利两次远征大宛首都贰师，并册封他为“贰师将军”，“贰师”即为奥什。公元前 130 年左右，汉朝大使张骞出使西域时曾至于此，中国的《史记》《汉书》也都有相关的记载。在历史上，大宛与中国之间的交流代表着西方印欧民族文明首次大规模与中国文明接触。随着古代“丝绸之路”的开辟与繁荣，大宛作为这一经济要道上的重要节点，得天独厚的地理位置、繁忙的商队带来的贸易机会，使奥什成为古“丝绸之路”上重要的交通枢纽，发挥着无可比拟的经济、文化价值。从公元前 2 世纪末直到 13 世纪初年，尽管古“丝绸之路”沿线地区发生了翻天覆地的变化，但奥什所在的费尔干纳谷地，一直是东方与西方世界持续交流接触的重要区域。

如今的奥什，作为吉尔吉斯斯坦第二大城市，也是中亚地区最大、最活跃的商品集散地。2006 年“中吉乌”E-40 公路和塔沙尔-沙尔隧道开始修建，这对拓宽中亚交通运输网具有里程碑式的意义。“中吉乌”公路从新疆开始，连接中亚，全长 959 千米，其中中方境内全长 234 千米，吉方境内全长 280 千米，乌方境内全长 45 千米。随着连接奥什与中国、中亚其他地区的交通线路的铺设和发展，奥什地区的经济地位将会得到进一步的提升。当前，吉尔吉斯斯坦的奥什与中国新疆的喀什，构成了中吉双方经贸合作、技术交流的桥头堡。随着中国“丝绸之路经济带”构想的提出和落实，奥什将焕发出更为强大的经济潜力。

（2）现实需求驱动

中国国家主席习近平同志于 2013 年提出了共建“丝绸之路经济带”的构想，中亚国家作为古“丝绸之路”的交通要塞，重新焕发了新的生机和活力。中国新疆与中亚国家比邻的地缘优势，以及语言和文化相通的优势，使得中国与中亚联系更加紧密。2014 年，中国新疆乌鲁木齐市、喀什市与吉尔吉斯斯坦南部的奥什市缔结为友好城。中吉两国之间的友谊已经深入人民心中，频繁的政治、经济、文化接触和互动不仅增进了官方层次的互信互助，也增强了两国人民之间的好感和友谊。然而，尽管成就突出，但是仍然有很大的可提升空间。现在又适逢“一带一路”倡议提出，吉尔吉斯斯坦与中国的经贸往来进入到一个新的发展阶段，当地民众学习汉语的需求也将继续增加，吉尔吉斯斯坦和中国都需要培养一批了解中国、理解中国、热爱中国的中吉友好精英，培养一批理解中华文化、热爱汉语教学、具有较扎实的汉语教学水平和能力的本土师资，培养一批活跃在吉尔吉斯斯坦政治、经济、外交、文化教育领域的各类人才，为“丝绸之路经济带”、中吉乌铁路、中亚天然气管道 D 线的贯通储备高质量的翻译人才，为中国国家级经济特区——喀什经济特区向西开放储备贸易和翻译人才，同时为外向型中资企业在人才培养等方面提供支持。中国的快速发展给吉尔吉斯斯坦带来了许多经济发展的机会，吉尔吉斯斯坦对中国资本敞开国门，同时他们也需要能够在中国社会打拼的人才，而语言关就是这些人才首先需要通过的关卡。就目前的情况看，在吉尔吉斯斯坦接受过汉语教育的学生，毕业后基本上都从事与汉语有关的工作，而且他们的工资水平比大学教授还要高。这样一来，学汉语就不仅仅是因为对某种文化的兴趣了，而是成了一种职业技能需求，一种个人竞争力提升的需要。

（3）地区局势角力

苏联解体后，中亚国家纷纷独立，中亚的地缘政治利益迅速凸现出来，成为西方大国纷纷争抢的战略要地。同时在中亚国家内部也存在势力割据现象，国家内部纷争不断加剧。中亚国家之间因水源等因素影响，摩擦时有发生。在这一背景下，实现中亚经济社会稳定发展，成为中亚国家普遍的利益诉求。因此在中国国家主席提出“丝绸之路经济带”构想之后，中亚国家纷纷响应，中亚国家领导人纷纷表示支持共建“丝绸之路经济带”，如哈萨克斯坦积极寻求光明之路与“丝绸之路经济带”的战略对接。鉴于中国经济快速发展的态势，中亚国家也都希望能够搭乘这辆致富快车，发展本国经济，造福本国人民。正是基于这样的地区势力角逐，吉尔吉斯斯坦奥什作为“丝绸之路”的重要节点，更加需要“丝绸之路经济带”带来的巨大福利。

从地区局势的角度看，奥什国立大学孔子学院的成立及其发展有着更为深刻的政治大背景：吉尔吉斯斯坦乃至中亚国家正处于自独立以来政治、社会、经济全面转型的阵痛期，地区不稳定因素突出。

当吉尔吉斯斯坦陷入社会和政治动荡的漩涡中时，中国一贯积极地致力于呼吁构建“和谐世界”，呼吁停止地区冲突，维护地区安全和周边稳定。然而，吉尔吉斯斯坦政权更迭以后，一些国家积极通过外交政策在吉国乃至中亚地区施展自身的影响力，争夺地缘利益。“大国博弈”的白热化，使吉尔吉斯斯坦的政治、社会秩序更加混乱，令中国政府难以通过外交途径帮助吉尔吉斯斯坦迅速恢复稳定的社会、政治秩序。这也显示出，中国要在维护中亚地区安全方面有更大的作为，不仅要有多边合作的组织框架，还应该有实体性的机构存在。2010 年后，吉尔吉斯斯坦奥什地区的政治、社会局势趋于稳定。在此背景下，为了展示和谐社会理念，为了国际理解共识的达成，孔子学院这一文化传播桥梁得以搭建。

（4）文化软实力碰撞

美国著名学者约瑟夫·奈提出了软实力的概念。软实力是 21 世纪国家间竞争的核心，军事上的对抗已经发生转型，文化软实力的对抗已经走向前台。中亚国家成立之初，欧美国家纷纷在中亚国家开展软实力的投入，企图把中亚国家变成他们的附庸。欧美国家在中亚地区的软实力的对抗已经进入了白热化程度。中国作为世界第二大经济体，我们无意于军事霸权，一直奉行独立自主的外交方针，本着对发展中国家的友好帮助，中国与中亚国家在经济、人文、科技、教育、农业等方面的合作越来越多，别有用心的西方国家歪曲中国的发展战略，使所谓的“中国威胁论”甚嚣尘上。因此，中国作为世界最大的发展中国家，有必要让中亚国家了解中国的文化特征，进而了解中国，理解中国的发展战略。这也是中国参与中亚地区文化软实力竞争的重要诱因。孔子学院作为文化传播的窗口，目的就是为了消除隔阂，求同存异，相互理解，走向和谐。

吉尔吉斯斯坦南部是欧美日韩以及土耳其各国争夺年轻人注意力的秀场，是各国文化软实力的战场，出于对中国在这一地区的国家利益和国家安全考虑，需要有来自中国的身影与此地区的欧美日韩等国家的语言志愿者竞争，去争取文化传播的话语权。“文化是软实力核心，文化外交要润物细无声。”这是文化外交与其他形式如政治外交、军事外交、经济外交等的相比最为明显的特点。文化外交所采用的大抵是和平方式，使用比较柔性运作手段，正是这种柔和性，使得文化外交相比于其他外交形式更易于被目标国所接纳。可各国开展文化外交时普遍存在一个“困境”，即如果政府过于积极推行文化外交，必然会被其他国家理解为“文化侵略”或者“文化帝国主义”，但如果政府对文化交流疏于管理，也不利于实现本国外交统筹和步调一致。因此，如何有效地主导和运作文化外交，是一个需要精研的课题。文化外交的社会性特点决定了一个国家在开展文化外交的时候，除了依靠政府部门直接出面或者统一领导以外，还需广泛调动民间和社会力量的积极性，整合各方面的资源，纳入文化外交的统一轨道。事实上，在跨国交往中，除了国家和政府层面的对外交流之外，纯粹民间的交流大量存在。比如国际间的人员流动、民间的学术交流、文体交流、经贸交流等，这些民间外交在一定程度上体现着国家形象，对于文化传播意义重大。孔子学院在此领域作为民间文化外交力量，大有可为。

正是基于以上因素的综合考量，2013 年 6 月，一个致力于增进吉尔吉斯斯坦人民对中国语言和文化了解的教育机构——奥什国立大学孔子学院应运而生。

2. 奥什国立大学孔子学院发展状况

在奥什设立孔子学院之前，吉尔吉斯民族大学孔子学院在奥什国立大学、奥什人文师范学院、奥什区域学院都开设了教学点。由于汉语需求强劲，奥什国立大学从 2009 年坚持申办孔子学院，经过长时间的努力争取，2013 年 1 月 23 日，奥什国立大学校长伊萨科夫先生在北京与国家汉办总干事许琳女士签署协议，建设奥什国立大学孔子学院，这标志着奥什国立大学孔子学院进入到实质建设阶段。这是吉尔吉斯斯坦第三所孔子学院。

新疆师范大学凭借着前两所孔子学院的创办经验，以高标准和高起点建设奥什国立大学孔子学院，与外方通力合作，在不到半年的时间内完成了孔院软硬件和招生许可等工作，并于 2013 年 6 月 20 日举行了孔子学院的揭牌仪式，国家汉办副主任胡志平，吉尔吉斯斯坦教育部长和奥什政要出席了仪式并致辞。根据吉尔吉斯斯坦南部的政治、经济、社会的发展的实际情况，吉尔吉斯斯坦国家教育部决定，奥什国立大学孔子学院设立语言学（汉语翻译方向）和中国学本科专业。孔子学院的成立，在吉尔吉斯斯坦南部产生了巨大影响，要求开设汉语的大、中、小学越来越多。奥什国立大学孔子学院的建设创造了多项第一，是建设速度最快，中亚第一所以本科为起点的孔院。孔子学院门前竖立着吉中两国国旗和孔子学院院旗，大厅伫立着孔子雕像，中国风格浓郁的大门和富含中国文化元素的陈设，让学生和访客如同置身中华大地一般，是一座中华文化的小型博物馆，是奥什地区著名的中国文化符号。正因为如此，孔子学院现已成为吉尔吉斯斯坦政府官员、奥什教育局、南部三州中小学校长、外国客人、学生家长、中资企业、中国来奥什考察的各类代表团的参观点。在奥什举办的各类活动中，展示中吉文化的孔子学院师生成为引人注目的群体。孔子学院在举办各类活动中也邀请社会各界代表及学生家长参与。

（1）师资状况

截至 2015 年，奥什国立大学孔子学院共有 37 名工作人员，其中孔院本部吉方成员共 5 名，1 名外方院长，4 名外方教师；中方现有各类教师 32 人，其中院长 1 人，教师 26 人，志愿者 5 人。

（2）专业及教学点设置情况

奥什国立大学孔子学院本部开设有两个本科专业，分别为中国学和语言学（汉语翻译方向）。本部本科学生共计 173 人。按照吉尔吉斯斯坦高等教育要求，本部汉语教学采取小班授课，共设 14 个小班，针对本科专业开设汉语精读课、汉语听说课、汉语写作课、HSK 辅导课以及文化类课程，每周汉语课程课时量总计为 24 学时，总量 336 学时，均由中方教师完成。孔子学院现下设 10 个教学点，分别为奥什国立大学国际关系学院、奥什国立大学商务与管理学院、奥什国立大学附属职业高中，奥什国立大学医学院、奥什国立大学法律学院、奥什国立大学艺术学院、奥什人文师范学院、奥什区域学院、奥什第二中学、奥什市第四中学。此外本部还开设对外 HSK 辅导班、汉语培训班级文化才艺班。本部和教学点总计周课时量为 601 课时，汉语学生人数共计 1733 人。

（3）授课内容

为了让学员对中国文化有更为直观的认识和感受，孔子学院面向所有学生开设各类文化才艺课，举办了丰富多彩的文化活动和讲座，使学生不出国门就可以亲身感受中国氛围、中国情调。

学院的教师配置也富有特色，除对外汉语专业和俄语专业的老师外，还有美术、音乐、体育专业的老师任教，在教授汉语的同时，中国乐器、中国画、书法、武术课程也同时面向院内外学生和爱好者免费开放，学生在专业教师的培养下，已经小有所成。中方选派教师的专业涵盖语言、文学、艺术、历史、医学、计算机、教育学、国际关系、跨文化研究等多个领域，成为奥什国立大学汉语专业教学的起步和学生综合能力发展的有力保障。

（4）制度保障

为了保证有效的管理和高水准的教学质量，奥什国立大学孔子学院制定了教师管理和教师教学管理制度，所有教师及志愿者都要严格遵守相关规定。恪守教师职业道德，树立严谨的教风，自觉按照教学大纲和计划进行教学，认真备好、上好每堂课，做到教学资料齐备，做好学生作业的批改工作，并自觉接受学院教学管理人员的检查。奥什国立大学孔子学院每学期都会进行教学检查及教学评估工作，也会举办教师教学活动，例如教师授课大赛，教学经验交流会，教师示范课展示等各类提升教学质量的教学活动。

在不到一年的汉语学习时间里，孔院本部学生的学习成绩达到了奥什国立大学孔子学院预期的目标。截至 2014 年 5 月，孔子学院本部大一学生 HSK 二级通过率达到 90%，HSK 三级通过率达 40%。教学点 HSK 过级率也逐步提高，最高级别达到 HSK 五级水平。奥什孔院选送的教学点学生阿依图勒甘参加 2014 年吉尔吉斯斯坦地区中学生“汉语桥”比赛，取得第三名的成绩，是吉尔吉斯斯坦南部地区学生参赛的最好成绩，奥什国立大学孔子学院选送的本部一年级新生参加 2014 年吉尔吉斯斯坦地区大学生“汉语桥”比赛，表现出色，与吉尔吉斯斯坦其他高校高年级的汉语学生同台竞技，表现毫不逊色，具有很强的发展潜力。在奥什举办的各类中国产品展销会上，孔子学院的学生所展现的良好的个人素质、流利的语言交流能力都给中吉双方的商家留下深刻印象，也成功促成了多笔国际订单。

可见，奥什国立大学孔子学院拥有相对完备的师资配备，教学内容及教学方式丰富灵活，而且制定了严格的制度保障，从而保证教学质量和教学秩序的顺利完成。从成立至今，受到了奥什各界的支持和拥护，为奥什培养了一批专业的双语人才，甚至是多语人才，取得了显著成效。

（二）奥什国立大学孔子学院发展的核心理念

核心理念是孔子学院发展的灵魂，是孔子学院发展的指针，同时也是孔子学院发展的目标追求。没有核心理念就没有发展的长远规划，就没有可持续发展的动力，也没有能够聚拢人心的核心竞争力。核心文化理念可以使教师的目标与学院的最高目标相一致，倡导和发展那些有利于学院内部管理和适应外部环境的价值观念，并且使这种核心价值观念为学院内部全体成员所认同，限制那些与学院文化中的核心价值观相抵触的价值观念，从而将教师的次要的或不合理的目标引导到学院的共同目标上来。提高学院文化传播的实际效果。在设计孔子学院核心文化理念的时候，通常需要考虑三个问题：第一个问题是是否符合世界主流文化思想和中国优秀的传统文化理念，第二个问题是是否符合当地的传统文化和民众认知，第三个问题是是否能体现该所孔院的特点。如果该理念不符合以上三点的要求，那根本就无法推广。孔子学院的主要职责是推广汉语言文化的教育和文化交流，孔子学院是以教授汉语和传播中国文化为基本宗旨的非营利性机构。它从诞生之日起就秉承了孔子“和为贵”“和而不同”的理念，以推动中吉文化交流与融合，以建设一个持久和平、共同繁荣的和谐世界为宗旨。

奥什国立大学孔子学院作为中亚国家第一个本科起点的孔子学院，经过对孔子学院运行规律的精准把握，结合奥什国立大学孔子学院自身运行特点，认真领悟中华文化传播的精髓，从而凝练出了具有孔子学院自身特色的核心理念——“仁爱至善、情感交融、文化互动、传承发展”。

1.“仁爱至善”

“仁”最初的意思是两个人在一起，两个人愿意走在一起，表明相互之间都有亲近的要求，否则就不会走在一起。“仁”的本义是两个人亲近友爱。同时“仁”也是中国古代一种含义极广的道德观念，其核心指人与人相互关爱，具有仁慈之心。孔子以“仁”作为最高的道德标准，是孔子思想体系的理论核心。它是孔子社会政治、伦理道德的最高理想和标准，也反映孔子的哲学观，对后世影响深远。“‘仁以处人，有序和谐’是孔子思想的原发点，是儒家思想核心之核心。”[①]

“仁”体现在教育思想和实践上是“有教无类”。孔子开设私塾，塾内弟子不问出身贵贱敏钝，均可来受教。爱人既为“仁”的实质和基本内容，而此种爱人又是推己及人。孔子学院以孔子的“仁爱”来作为孔子学院精神的主旨，是历史传统与当代文化交流的契合。“仁、爱”是全人类共同的语言，仁与爱不需要特别的翻译，就会被全世界每一个民族去理解。孔子学院的中方教师是带着对祖国的责任和大爱来到了吉尔吉斯斯坦的土地上，而吉尔吉斯斯坦奥什国立大学孔子学院的汉语教师志愿者更是秉承着“奉献、友爱、互助、进步”的精神来对待每一个学生和工作的，这种爱的表达既是无微不至，又是不由自主的，是孔子“仁、爱”理念的现代阐释。

2.“情感交融”

情感交融就是要求奥什国立大学孔子学院的老师在与学生的交流中将学生当作奥什孔院的好朋友，真诚地与学生进行心灵交流，不是居高临

① 侯永胜. 为官之德——焦裕录精神研究[M]. 北京：中国水利水电出版社，2016：107.

下的交谈，而是发自肺腑的对朋友的爱。不难体会，人与人离开了心灵的交流，一切交流都无从谈起；没有心灵的触动，就无法真正完成教书育人的过程。心灵的沟通不仅在教授和传播过程中会起到重要的激励和调控作用，而且对学生中国文化观念、中国形象的构建也密切相关。有时候，老师给学生的哪怕是一句普通的问候，一次无关紧要的提问，都可能改变一个学生的心境。孩子的心灵是敏感的，它是为接受一切好的东西而敞开的。深入了解学生，了解他的家庭，动之以情，晓之以理，将学生、家长与中国老师的心灵联系在一起，建立情感的共同体。

3.“文化互动”

文化交流是双向的，是互动的。是你中有我，我中有你的。孔子学院在国外教授汉语，展示中国文化的同时，也应该主动地去了解和融入当地文化，只有融入了，成为朋友了，别人才更愿意去了解你，理解你。为了更好地提高课堂教学质量和文化交流效果，促进师生交流，建立良好的师生关系，奥什国立大学孔子学院中方教师利用课余时间学习吉尔吉斯斯坦语，并在节假日进行家访活动，走进吉尔吉斯斯坦学生家庭，零距离了解吉尔吉斯斯坦文化，同时也让当地的家庭了解孔子学院，了解中国文化。每年孔院都会举办一场中吉文化汇报演出，由吉尔吉斯斯坦的学生和中国老师分别展示对方的民族文化，并邀请家长和在吉国的华人观看，效果良好。

4.“传承发展”

优秀的传统是孔子学院发展的根基。孔子学院发展的过程就是传承与创新发展的过程。要深入研究自己学校的历史，认真总结学校的传统、精神、学风，应该大力发掘学校的文化内涵，培育出孔子学院独特的个性和特色。既能尊重过去，做一名忠实的学校文化的传递者，又能不断吸收借鉴先进的教育理念，吸收中吉两国文化的营养，不断创新发展。孔子学院文化是当地社会文化的缩影，各种不同的文化都会争先恐后地顽强表现自己，必然导致多种文化冲突、融合和博弈。如精英与大众的冲突、传统和现代的冲突。有文化冲突就需要整合。孔子学院文化需要经过提炼、整合社会文化而形成学院自身独特的文化。孔子学院文化根植于地域文化的土壤中。孔子学院文化离开了地域文化，就没有其生存的土壤，就失去了个性。要充分挖掘地域文化资源，这样才能使学院具有独特的个性。孔子学院文化应该服务于社会，要向地域文化浸润。孔子学院是传播先进文化的场所，是“播种机”，每一位老师、每一个学生都要成为先进文化的传播者，为社会发展和中吉两国关系的发展做出应有的贡献。

一位孔子学院中国教师就代表一个中国符号，就代表着中国的一张名片。吉尔吉斯斯坦奥什国立大学的孔子学院教师，用自己的实际行动无时无刻不在践行“仁爱至善、情感交融、文化互动、传承发展”的核心文化理念。他们在用自己的言行和方式向吉尔吉斯斯坦传递了一种大爱，在传递“仁爱”的同时，以“交融”为基调扎根民间，让中吉两方互相尊重，互相理解，从而加深中吉两国人民之间的友情。在具体实践过程中，教师们通过勤奋学习吉尔吉斯斯坦语、走入学生家庭、捐资帮助有困难的学生、走入社区的敬老院、孤儿院，将“爱”贯穿于教学管理的全过程，使孔子学院逐渐成为奥什的“中国”符号，成为吉尔吉斯斯坦汉语学生和中国文化爱好者的精神家园。正是有了核心文化理念，奥什国立大学的孔子学院才受到了吉国及奥什各界的欢迎，为中吉文化架起了一座美丽的桥梁。

二、奥什国立大学孔子学院“情感传播”轨迹

“情感传播”为孔子学院发展指明了方向。孔子学院不应只是填鸭式的教学，我们应更注重文化多样传播，文化传播的方式不同，所收到的效果就不一样。孔子学院是建立在别国文化圈内的文化传播载体，因此，如果仅仅注重形式上的迁移和扩散，不能深入学生的内心，传播的效果就会大打折扣。因此，对于孔子学院而言，要传播“仁爱之心”，传播和谐世界理念，传播中华文化“善”的核心思想，我们就要在情感上下功夫。只有得到学生的情感共鸣，才会引发学生对中华文化的兴趣。有了兴趣，学生才愿意走进中华文化，了解中华文化，进而领悟中华文化。奥什国立大学孔子学院正是践行了情感传播的理念，把爱当作文化传播的重要理念和传播方式，取得了显著成效。

（ ）奥什国立大学孔子学院“情感传播”理念实践

1.“家访”制度

“家访”制度：架起中吉两国民间文化交流的桥梁。从文化传播的角度看，文化传播最主要的传播方式无非三种：迁移传播、扩散传播、刺激传播。孔子学院从中国走向海外，在国家汉办的推动下，与国外高校合作办学成立海外孔子学院，中国优秀的传统文化则以其为载体迅速传播向世界各地，此属中国传统文化迁移传播的范畴；孔子学院成立后，具有一定教学经验和科研水平的教师队伍活跃在孔子学院语言教学和文化传播的前沿，通过细致入微的课堂教学和丰富多彩的文化活动，向国外学生教授汉语和传授中国文化，此属文化扩散传播的范畴；国外学生通过在孔子学院学习以及与孔子学院教师的日常交往中习得中国优秀的传统文化，并将这些中国文化的元素与自身的文化积淀相融合，引入到自己的生活和学习中，久而久之内化为学生自己的品格、德行和日常行为规范，此属文化刺激传播的范畴。宏观上讲，吉尔吉斯斯坦奥什国立大学孔子学院家访制度的设立，其本身就是中国文化迁移传播的一种类型，将国外不存在，但已在国内广为流行的家访制度引向吉尔吉斯斯坦。从微观上讲，家访制度提高了中国文化通过扩散传播、刺激传播等方式向民众传播的能力与效果。

奥什国立大学孔子学院家访制度自其建立以来，便在学生和老师、孔子学院与学生家庭之间建立起了一种加深彼此了解促进相互交流的桥梁和纽带。奥什国立大学孔子学院汉语教师走访学生家庭，共计 80 余户，其足迹踏遍了吉国南部的三州一市（奥什州、贾拉拉巴州、巴特肯州、奥什市）。

（1）深入了解学生“软硬件”学习环境

语言学习是一个动态的过程，其要素包括传授者、受众、学习内容、学习手段、学习环境、学习效果等方面，其中环境要素对语言学习的效果会产生一种潜在的外部效应。如果不充分了解当地学生的“软硬件”学习环境，掌握学生学习特征和学习心理，汉语教学在具体实施时是有一定难度的。如何了解吉国学生的学习特点和心理特征，解答在汉语教学中遇到的种种问题，“家访”这一特殊形式给汉语教师提供了非常有利的帮助。

在奥什国立大学孔子学院学习汉语的学生，有的是吉尔吉斯人，有的是乌兹别克人；有的家庭条件极为优越，有的靠课下打工贴补家用；有的成长在单亲家庭，有的扮演着“留守青年”的角色；有的是受父母影响而学习汉语，有的是因个人兴趣而学习汉语……没有一次次的“家访”，孔子学院的汉语教师们就无法了解自己学生的实际生活状态，更不用说真正走进孩子们的心里。因此，通过家访，老师真正走进了学生家里，真正与家长面对面交流，通过所看、所听、所想，综合判断学生学习的软硬件条件，从而有针对性地进行情感教育，有的是物质的帮助，有的是情感的抚慰，有的是心灵的碰撞……这对于孔子学院整体形象及办学水平的提升大有裨益。

案例一：“美丽的马芙图娜”

王海丽是孔子学院大二班的班主任，在她班上有位叫马芙图娜的女学生。如果没有走进马芙图娜的家庭，王老师是无法得知这位每天笑容灿烂的姑娘却有着不寻常的经历。马芙图娜从小身患残疾，脊椎严重扭曲，父亲抛弃了她与母亲，一走了之，从此马芙图娜与母亲相依为命。一家经济来源仅靠母亲在巴扎做点小买卖来维持。令王老师意想不到的是，家访那天居然还遇见了马芙图娜的“中国妈妈”，这位母亲曾在2014年夏天带马芙图娜去国外治病，但因高额的医疗费，最终放弃了治疗，而马芙图娜的脊椎弯曲程度随着年龄的增长而不断加重。对于这样一个家庭，对于这样一位特殊的学生，王海丽老师用暖暖的爱心浇灌着她的学生。王老师在教室里专门调试了一个适合马芙图娜身体的座位，但凡孔子学院有活动，王老师都鼓励马芙图娜积极参与，在“2014年三阳开泰红运来奥什国立大学孔子学院迎新文艺汇演”活动中，马芙图娜与同学们一起参加了舞蹈的表演，一种自信与乐观正慢慢地浸入在马芙图娜的身体里。这也正展现了孔院家访制度所投射的正能量。

案例二：“自强不息的卡内肯”

欧阳毅老师的班里有位叫卡内肯的女生，正是一次家访让欧阳毅老师对这位学生产生了敬佩之感。卡内肯的家共七口人，除了父母外还有五个姊妹。父亲曾是苏联海军下级军官，在摩尔曼斯克军港服役了三年，隶属苏联北方舰队，三年前因一次意外的车祸造成大腿残疾，直到现在仍走路不便。母亲一直在俄罗斯工作，是一家幼儿园的儿童医生，因为在俄罗斯工作工资很丰厚，所以妈妈长期在那里工作，基本上每年才回来一次。为减轻生活压力，卡内肯用自己打工所得的积蓄在自家小区里开了一家小商店，她每天一下课就赶紧去替换在商店打理生意的父亲。就是在这样的生存环境下，卡内肯上课从未迟到、早退，汉语学习成绩非常优秀，令欧阳毅老师十分钦佩。

（2）走进心灵，真诚编织“同心结”

家庭—学校—社会构成了学生学习生活的全时空。现代教育理论表明，三者在学生成长过程中都至关重要，同时，学生成长需要三者密切配合，紧密协作，任何一个环节出问题都可能给学生的培养带来不好的影响。如何实现家长、学校和社会融合，这需要孔子学院全体教职员工的紧密协作，精心配合，在其中充当桥梁，维持三者平衡，从而为学生创造一个安全、舒适的学习环境，这一点至关重要。与传统的教育不同，现代化教育是一种多元互动的过程，是在由学校、社会、家庭构成的一个相互衔接的生态空间中进行的。在现代化的教学理念中，夯实学校教育、狠抓家庭教育、重视社会教育已经成为世界各国教育界公认的价值理念。奥什国立大学孔子学院的家访制度，正是要实现学校教育与家庭教育的有效结合。从管理上，实现学校管理为主，家庭参与管理的一种现代化模式；从教育上，实现学校教育为主，家庭教育为辅，使学生养成不断学习的好习惯；从交流上，家访制度则是孔院教师、学生、学生家长三方交流的平台，通过家访，中国老师能了解学生的家庭和生活，进而掌握正确的与学生沟通交流的方式，同样，通过家访，学生家长也能了解到孔子学院的发展、学生在孔子学院的真实情况，加深学生家长对孔子学院的了解和对中国教师的信任。

奥什国立大学孔子学院的教师们十分关注班里每一位学生的成长，除语言学习外，教师们通过走进学生家庭，了解学生家庭近况，打破老师与学生、老师与家长之间的隔膜，用真诚编织中国老师与吉国百姓间的“同心结”。

案例：“一家人的支柱吉斯兰姆”

舒晓庆老师班里有个叫穆哈迈·吉斯兰姆的男生，性格内向腼腆，是个不爱说话的学生。在家访中，舒老师了解到了穆哈迈·吉斯兰姆内向的真正缘由。穆哈迈·吉斯兰姆家里原有四口人，母亲、哥哥和姐姐。哥哥是做生意的，其收入支撑着全家的开支，可2010年在奥什发生的那场暴乱夺走了全家人的支柱，也夺走了母亲的骄傲，至今母亲一提到哥哥仍会伤心流泪。面对家庭的突变，穆哈迈·吉斯兰姆作为家里剩下的唯一男孩，自然挑起了照顾家庭的重担，除了帮忙做饭，收拾屋子，还努力刻苦学习汉语，积极参加各类活动。在穆哈迈·吉斯兰姆身上，老师们明白了为什么穆哈迈·吉斯兰姆有着害羞的性格和用功的劲头，深切感受到奥什这一普通家庭的生活艰辛。一次简单的到访，一次真挚的问候，足以深深打动每个人的内心，也更加拉近了老师与学生、家长的距离，得到了对方的信任，而这种信任更是每位海外教育工作者最值得珍惜的财富。

（3）体味民风民俗，加深文化互动

每一种文化都具有自身独一无二的属性，不同的文化圈也会表现出不同的文化特质。要实现文化交往和互动，首先，要求不同特质的文化之间存在互动的可能性；其次，不同特质的文化之间存在一定量的接触；再次，不同特质文化之间存在一种反馈的渠道，将文化接触的结果反馈于彼此，形成持续接触的动力。按照美国学者塞缪尔·亨廷顿在《文明的冲突与世界秩序的重建》一书对世界文化圈的划分，宏观上，中国优秀传统文化属于儒家文化圈，吉尔吉斯斯坦则属于伊斯兰文化圈。历史与现实都证明了这两种文化能够很好地并存发展。在吉尔吉斯斯坦奥什地区这样一个文化多元的特殊环境当中，中国传统文化的影响力十分弱小，伊斯兰文化、俄罗斯文化等影响力极其强大。多元性的文化环境为中国儒家文化与吉尔吉斯斯坦的伊斯兰文化之间的交往和接触提供了空间和可能性，但两者之间的信息反馈渠道和持久接触的动力仍然匮乏。奥什国立大学孔子学院探索建立家访制度，则为中吉文化的接触和互动提供了一个畅通的反馈渠道：以孔子学院家访制度为纽带，深度推动中吉民众相互了解彼此的民族心理和文化特质，进而形成文化交往和互动的持续力量。

在家访中，孔子学院老师能够深入了解吉国当地民风民俗，真切感受民族节日氛围，抱着尊重和欣赏的态度，体味异国风土人情，通过自身言行和行动，从而更好地融入吉尔吉斯斯坦特有的民族文化圈中。这也正是家访带给孔院老师一个非常好的了解当地文化的体验，也为以后的工作和生活增添了乐趣。

案例："体验'纳乌鲁斯节'"

杨晓风老师三天的家访记录，生动展现了吉尔吉斯斯坦民族欢庆"纳乌鲁斯"节的节日全景，包括餐饮文化、宗教礼节等，其内容选段如下：

吉尔吉斯斯坦一年一度的"纳乌鲁斯"节相当于中国的春节，其地位十分重要。来到学生家，看到了房间正中的长桌上摆满了馕，因为桌子是客厅最高的地方，把馕摆在最高处是把它敬献给神灵，表示吉尔吉斯斯坦人对神的崇敬。招待客人除了馕，照例还有羊肉、羊肉汤等，按照吉尔吉斯斯坦的传统习惯，羊头一般给最尊贵的男客吃，因为男人是家庭的"领头羊"，羊眼睛让男人看清家庭前进的方向。羊耳朵和羊舌头一般给孩子吃，为了让孩子听话而且说话有礼貌。羊尾巴一般给女人吃，尾巴上脂肪比较多，女人吃了以后，皮肤像羊脂一样细腻光滑。最后上的一般还有抓饭，抓饭是用一种红色的米做的，据说这种米的能量很高，所以大人一般都会叫孩子多吃点，为了长个子。

每位男客之间行握手礼，女客则行贴面礼，男、女客人分坐两个屋子里。长者坐在离门最远的上座，靠门最近坐的一般是孩子。

在"纳乌鲁斯"节，吉尔吉斯族最重要的庆祝方式是全家一起做"苏麻料克"，这是一种当地的饮食，将燕麦、面粉和水不停搅拌、彻夜熬制。男女老幼、街坊邻里争相搅拌，希望能给自己带来好运。直至第二天天亮，"苏麻料克"熬好后，长者先带领家族成员念经，然后揭开锅盖，大家才可以分享节日美食。

2."情感交融"

"情感交融"：凸显奥什国立大学孔子学院内涵建设。用真情去感染学生，用爱去温暖学生，这是奥什国立大学孔子学院教师一直践行的标准。情感交融是孔子学院注重内涵与外延发展并重的价值追求，孔子学院一直注重内涵式发展，注重内涵建设，把师生情和文化情合为一家，融为一体，在情感交融中建立友谊，在情感互动中传递真情，在民族交往中体味温暖，这也为孔子学院传播中华文化奠定了良好的基础。

遍布全球的孔子学院一方面承载着整个组织体系文化的统一性，另一方面也具有适应各地文化传播特点的文化的特殊性。这种文化的统一性，是中华文化的精髓和根本精神，而各地孔子学院组织文化的特殊性，反映的则是中华文化表现形式的多样性和对不同文化土壤的适应性。

中国传统文化以儒家的“和合”精神为核心，倡导人与人、国与国之间的包容与和谐相处，这是人类的共同价值追求和共同的道德准则。这样一种经过中华民族五千年的历史所证明了的价值取向，应该成为全人类的共同追求。然而，越是精髓的渗透于灵魂的东西，越是难以通过语言来传达。所以，需要依托一些现实的支撑，也就是思想的载体。在面对面的人际传播中，汉语教师身上散发出的文化精神、文化魅力更容易得到受传者的认同和接受。

海外教师是文化的先行者，但绝不是文化的搬运工，他们本身就是一种文化现象，一种文化符号，一个文化的宝藏。他们虽远离祖国，身处异乡，但他们身上永远散发着中华文化的魅力，充满了中国文明的气息。从言谈举止到待人接物，其行为本身就是儒家“仁义礼智信”的处事作风，这本身就是对中国文化的有效传播。对于学生这一受众体来说，做出让他们的教师感动的言行就是对其文化传播最有效的反馈。

奥什国立大学孔子学院针对吉尔吉斯斯坦南部地区独特的文化背景，将“情感交融”作为学院内涵建设的基础，其“情感”涵盖了文化情感、师生情感，尤其表现在师生情感上，学生和教师之间建立起了一种双向情感交融的关系，这种关系不仅有助于语言和文化的教学和学习，更有效减少文化传播中的冲突与摩擦，加深人们对秉承中华文明的“和合”精神的理解和认识。在奥什国立大学孔子学院汇集了众多感人的故事，这些感人的故事不仅说明了“情感交融”产生的良性反馈，也更加说明了在文化传播中，传播的结果与传播目的达到了一定程度上的吻合。

（1）武术文化见真情

中国的武术文化源远流长，已经成为中华文化海外传播中一张靓丽的名片。武术文化在长期的积淀中逐渐成为中国文化的一个独具特色的子系统；武术文化不仅在中国本土和海外华夏子孙中世代传习，同时也是世界上其他民族的人们所能直观感受到的一种文化。武术发展到今天，其功能已经从攻击厮杀变为强身健体。作为孔子学院一门较为受欢迎的课程，武术以其独特的魅力在诉说中华民族文化的灿烂辉煌。奥什国立大学孔子学院自 2014 年 9 月成立武术培训班以来，共招收学生 60 余名，最小学员仅

4岁，最大55岁。武术培训班将中华武术精神贯穿在教学环节中，努力培养学员崇武尚德、自强不息、强身健体、百炼成钢的武术精神。学生们在习武中不仅从中体会到武术所独具的灵魂魅力，更在习武中不断发掘个人品质，同时也把武术精神反馈在师父付东良老师身上。

案例："美好的奇迹"

奥马特，9 年前因一场手术意外导致肌肉萎缩，加之长期卧床以及俯爬习惯动作，其脊椎骨已经严重变形，右半边胸腔已全部塌陷，右手臂几乎没有一丝肌肉，甚至连五个手指也受到严重影响，萎缩的几乎已经不能做任何工作。由于身体原因，奥马特缺乏自信，性格孤僻，喜欢独处。母亲听说孔子学院开设有武术课，想让孩子来锻炼身体，希望其病情有所好转。付东良老师依据这位特殊学员的身体状况，设计上课内容、运动强度、运动负荷、训练速度、训练时间、训练频度、训练环境、训练顺序，为他做完整的上课训练计划。每一节课付东良老师都特别注意对他的训练，时间长了，师生间建立起彼此间的一种信任。没有学过汉语的奥马特对付老师用生硬的汉语说"老师再见"，令付老师大吃一惊，当时眼眶里的眼泪直打转，付东良感慨道："这就是'尊重'。"

经过两个多月的共同努力，奥马特的训练初见效果，身体肌肉逐渐恢复，能够完成小力量的耐力训练。为了让奥马特找回自信，强化他的基础练习，付东良老师特意安排他为新来学员的"队长"。奥马特为新学员的示范特别认真，每一个动作都努力做到位，逐渐在武术中找回了自我价值。这种坚持不懈的武术精神同样时刻鞭策着付东良老师："每当我在异乡他国累时、寂寞无助时、困难时我就会想起他，一个身体有着巨大缺陷的孩子能够坚持练习武术，那不是任何人都能够坚持下来的。他的毅力、奋发向上的精神，追求生命完美的渴望深深感动着我，我作为他的武术老师，应做得更好。"

（2）"感动言行"润无声

传播效果或反馈是指受众对传播者所传信息的反应或回应。在孔子学院教师的情感传播中，它是受众在接收多元信息与资源后所发生的变化。这种变化是孔子学院教师传播效果的表征，也是其作为传播者调整传播目的、内容和方式的依据。渐进性与累加性是受众对孔子学院教师传播行为效果反馈的主要特征，它决定了孔子学院教师的情感传播过程是一个长期性、多阶段的、多层次性的动态演进过程。渐进性是指受众对孔子学院教师所传播的情感信息与资源有一个缓慢内化，再经行为态度外显的过程。包括对情感信息与资源的注意、理解、记忆、接受、确立态度、采取行为等一系列具有内隐性特征的操作过程。而且随着孔子学院教师与受众之间文化交往的深入和互动交流的常态化，受众对文化情感作为异质文化的认知，也有一个由表及里，从物质文化形态感知到深层文化价值观理解的渐进过程。累加性是指孔子学院教师情感传播对受众的影响，是一个潜移默化、逐渐积累的过程，它往往不是一蹴而就，而是通过对受众经常性地接触以及耳濡目染的影响，从而达到“润物细无声”的效果。

在奥什国立大学孔子学院，每位汉语教师用心对待每一位学生，不仅让学生掌握汉语基础知识、认识和了解中国文化，更是努力通过自己的一言一行将“仁义礼智信”的文化精神感染到每一位学生，使其感同身受。在奥什国立大学孔子学院，每位班主任都记录着学生们的生日；面对学习程度较低的学生，任课教师课下耐心辅导，哪怕一个字也不轻易放过；学生家里的婚丧嫁娶，老师们更是用心对待……在一天天的交往与接触中，教师与学生建立起了一种信任与尊重的关系，这种关系对学生自身未来的发展起到了积极的影响，尤其体现在学生在学习过程中，通过长期与中国老师的接触、认识、了解，逐渐受其影响，将个人情感转化为多种形式，通过“感动中国教师的言行”，将个人情感反馈于教师。

案例一：“奥什孔院来了！”

欧阳毅和吴海燕两位孔子学院教师刚到纳伦的第二天就爆发了全国性的反政府示威游行，当时情况十分危急，学校前面的广场上、马路上全都是游行示威的人，现场一片混乱，没有警察和军队维持治安。站在路边的欧阳毅和吴海燕备感无助，紧急时刻，欧阳毅老师想到了自己的学生，赶忙打电话给学生。七八分钟后，五位学生气喘吁吁地沿着公路朝他们跑来，见了他们的第一句话就是：“别害怕老师，我们来了。”事后，欧阳毅老师对当时的情形仍记忆犹新：“看着孩子们挂着汗珠的头发、额头，老师的心里感到非常温暖，从认识到现在仅仅只有一天，他们的名字都还没有认全。但是知道老师们遇到了困难，他们义无反顾地全都来了。孩子们将老师围在中间，穿过树林中的小路，带着老师安全地到达了大学。从游行开始到结束，大约一个星期左右，都是奥什国立大学孔子学院的学生一直陪在老师们的身边，给老师们以保护和帮助。”

案例二：“黑夜中的寻找者”

护照对身在异国的外国人来说是尤为重要的，如果遗失，后果不堪设想。就在2015年的大年初一，孔子学院教师惠慧不幸遗失了自己的护照，万般着急之下，她赶忙向学院汇报，有不少学生听闻后也加入了找寻的行动中。其中令惠慧老师最为感动的是大一学生斯拉吉金，这位学生叫上自己的两位好友一起开车沿路询问每位出租车司机。从下午7点到凌晨1点，从列宁路到阿勒望斯金路，三个人只要看到出租车司机就立马停车，询问对方有没有看到一本中国护照，同时，让对方记下自己的电话号码，以便找到后联系。实际上，三位乌兹别克族年轻人在奥什南边夜晚出行是不安全的，所以其中一位小伙子的父亲不断打来电话询问是否安全。惠慧老师看着学生这么辛苦，执意下车为他们买吃的，却被这些孩子一次次拒绝。斯拉吉金说：“我知道护照对外国人很重要，相信奥什孔院一定能找到，今天找不到，明天、后天，奥什孔院每天都去找。”面对学生们的善举，惠慧老师备感欣慰：“奥什国立大学孔子学院一直努力想让更多的人理解孔子的‘仁爱至善’，在这里，我却深深地感受到了这一切。”

案例三：“当年的恩人，永远不忘记！”

两年前，奥什国立大学孔子学院教师杨晓风曾在国内帮助过一位名叫努拉力的留学生，那时候，努拉力住院手术，手术当天和术后康复，杨晓风老师都给予了热心的帮助和关怀。原以为不再相见的师生俩，却在奥什相遇。刚来奥什的杨晓风老师不会俄语，也不会吉尔吉斯斯坦语，去巴扎买安家的物品极为困难，“我也不知道努拉力到底怎么知道我来奥什了，当他神一般地出现在我眼前的时候，我突然觉得在这个世界上神灵是存在的，你帮助了别人，终归有一天你会得到回报。”杨晓风老师对努拉力的及时出现感动至极，杨老师永远记得努拉力的一句话：“杨老师，您是我当年的恩人，我永远不忘记！”

案例四：“我的汉字啊”

在孔子学院举行的“我心中的中国老师”征文大赛中，就读大二的别克将自己的作文交到了班主任黄士慧老师的手里，A4 的纸上工工整整地写了一千多个汉字，这对于一个才学了三个学期汉语的学生来说并非易事。当黄老师认真地对别克的作文进行修改时，别克像是被什么刺了一下“啊”的一声，无奈地低头说：“我的汉字啊！”这一声引起了黄老师的注意。黄士慧老师记录下了这段感人的回忆：“我划掉的越多，他说的越多，语气中的小心和失望以及不情愿好像是他很重要的东西被我轻蔑地扔掉一般，心疼却又无能为力。几次之后，我才反应过来，原来‘一字值千金’是这样的。我把别克的汉字划掉，即便是错误的语法，但因为他注入了努力的心情、期望和时间，一个个小小的汉字在他心里就像很重要的东西一样，有千金之重，而我的修改却像是‘刽子手’，夺取了他努力付出的时间和心情。他一声声‘我的汉字啊’越传越清晰，像钟声敲响在我耳旁。生活中面对别人的劳动，不要自以为是地认为它们微不足道，只因为老师在这一点上站的比他们高，却不知，别人在自己的能力范围内已经把事情做到了最好，并且他们做的时候是在用心做，这样的劳动成果，这样的作品是应该被用心感受的，用来被珍视的，而不是用笔一划，随意地给它画上了句号。”

案例五：“冬日里的温暖”

严冬的一天，孔子学院教师刘晶晶放弃周末休息时间，专门给学生们辅导 HSK 四级考试。由于天气原因，刘老师本以为学生不来了，可有三位学生顶风冒雪来到教室，一进门就递给刘老师一个小包，里面装着自己家做的热乎乎的 porsok（面点）：“老师，对不起，因想为您做 porsok，所以迟到了。”这一举动令刘老师极为感动：“吃着学生的爱心小吃，有一种说不出的感动，那是我吃过最好吃的小吃，低头看到孩子们湿漉漉的鞋子，那一刻，我不知怎么去向他们表达我的感谢和感动，我能深深感受到他们对汉语的热情，学习汉语的那股劲头，所以我只能多给他们辅导一次课，多传授他们一些知识。拥有这样的学生，我只觉得自己也充满干劲，充满热情！

虽然语言教学是孔子学院的基本功能，是产生其他功能的基础，但从不同功能的实际作用上说，某些派生性教育功能可能发挥更大的社会作用。在汉语国际教育过程中，传播者汉语教师发挥着多层面、多元化的功能作用，这种作用通过各种方式被受众者所接受与理解，从而转化到自身，并满足了个体和社会需求。正如孔子学院彭平老师所讲的，“奥什孔院和学生的关系就像缝补衣物一样，一针一线，你来我往，相互依偎，一个都不能少，正是这种相依相偎，使得我和学生的感情更浓了。”

正是奥什国立大学孔子学院的这种师生间的情感传播，将孔子学院的宗旨和理念渗透于与所在国家、民族人民的日常交往活动中，并辐射至生活中的每一个细节，通过语言文化教学、中华文化推广和广泛人际交往将汉语和中华文化等相关文化信息、文化资源与情感因子传递给当地民众，有效推动了与当地文化的交流与融合。一份份沉甸甸的感动，正是得益于孔院老师真诚的付出，将心比心，付出真情必定收获温暖，这样的故事每天都在孔子学院上演，每天的感动汇聚成了润物无声的真实情感，大爱无疆，真爱永存，这就是孔院的真正灵魂，也是孔院不断发展壮大的秘密所在。

3.“仁爱”基金

“仁爱”基金：传递正能量。作为中国儒家学说的代表人孔子，其思想核心就是“仁”，所谓“仁”即“仁者爱人”。作为海外孔子学院，奥什国立大学孔子学院任重而道远，不仅要传播汉语，更重要的还在于传播中国文化。奥什国立大学孔子学院自成立之始就充分意识到了这一点，立足于孔子儒家学说提出的“仁爱至善”的理念，并积极设立“仁爱”基金。这不能不说在孔子学院中是一大创举。奥什国立大学孔子学院现共有中外方教师 25 人，“仁爱”基金的资金就来源于这 25 名教师的无私捐助。对于所有款项支出，奥什国立大学孔子学院都采取公开、透明的方式，并保证每一笔钱都用在实处。

在“仁爱基金”的支持之下，2014 年 12 月 24 日，奥什国立大学孔子学院部分师生顶着寒风拜访了位于市郊的奥什市社会福利院，向福利院的老人及儿童赠送了棉被等御寒物品，还为福利院的老人及孩子们表演了古筝、武术等独具中国特色的文艺节目。除此之外，奥什国立大学孔子学院还与福利院签订了协议，将定期组织师生对该院进行慰问活动，并承诺为该院的孩子们免费提供在孔子学院学习的机会。看着满脸沟壑的老人、天真烂漫的孩童露出开怀的笑容，就像是一束阳光，照进了每个人心里，相信这个冬天，将不再寒冷。通过这次活动，奥什国立大学孔子学院身体力行，向学生们传达“仁爱至善”的理念，让他们心怀“仁爱”之心，多行

“仁义”之举。

2015年2月13日，奥什国立大学孔子学院全体师生举办了2015年新春师生联欢会，并对孔子学院及其下属教学点的优秀学生进行了表彰。大会针对孔子学院本部学生，颁发了“公益奖”“优秀生”“勤奋奖”“HSK高分王”4个奖项，共18人。针对培训班及教学点学生颁发了“优秀生”奖，共8名。会上，孔子学院中方院长郭卫东为即将赴华留学的4名孔院学生颁发奖学金通知书，对获奖的26名学生，奥什孔院全部予以现金奖励。其奖金全部来源于奥什国立大学孔子学院教师捐助的“仁爱”基金。本学年提供的奖品有国产智能手机、俄汉字典等，这些奖品的资金也由“仁爱”基金提供。虽然奖金数额和奖品价值并不大，但奥什国立大学孔子学院试图向学生传递孔子学院和全体教师对他们的关怀与关爱。

总之，奥什国立大学孔子学院立足于“仁爱至善”的理念，力求向学生、向社会传递爱心，传递正能量，以期孔子学院的可持续和谐发展。仁爱之心人人皆有，在孔院之中虽然力量稍显单薄，但是以爱的名义发起的基金总是沉甸甸的，因为每一笔开支都是一个善举，这一行为也契合了中华民族善仁的可贵品格，这是中华文化传播的缩影，也是孔子学院形象提升的一个缩影。

（二）奥什国立大学孔子学院语言教学与文化实践

语言教学与文化实践二者相辅相成，不可分割。作为孔子学院文化传播新的模式，奥什国立大学孔子学院不唯语言教学而教学，而是在教学进程中融入中华文化实践，把文化融入课堂，融入语言，融入学生生活，真正实现了语言教学和文化实践的完美融合。这也是孔子学院使命的完美统一，对于中华文化传播具有十分重要的意义。

1. 奥什国立大学孔子学院教学现状

奥什国立大学孔子学院本部和教学点的基本情况已在前文详细介绍过。该孔子学院使用教材为《新实用汉语课本》《汉语会话301句》《体验汉语写作教程（初级）》《汉语乐园（俄语版）》《HSK辅导大纲》等。

2. 课程设置及教学管理

（1）课程设置概况

①课程设置多样化

孔子学院的课程根据当地学员的具体情况和需求，在设置上也有其独到之处。一是汉语言翻译专业旨在培养学生俄汉、吉汉双语互译能力，强化专业翻译技能。课程设置以汉语言基础、双语翻译技能、中国文化等课程为主，以跨文化交际、中国国情、艺术修养等课程为辅。教学方案主要强调在夯实双语基本功和牢固掌握汉语专业知识的同时，注重提高学生的应用翻译能力及效率，进而使学生及时全面地了解中国社会各方面的动态与人文常识，并将这些知识能力运用到跨文化交流与交际方面，最终培养德才兼备的应用型专业化翻译人才。

二是中国学专业旨在培养汉语综合型人才，课程设置以汉语言，中国文学，中国政治、经济、文化、历史及跨文化交际等课程为主，以中国民俗、艺术修养等课程为辅。课程设置旨在使学生掌握比较系统的现代汉语本体知识，熟知中国现当代发展图景，了解中国政治、经济、历史、文化等方面的内容，具有熟练运用汉语进行跨文化思考与跨文化交际的能力，具有在跨文化环境中从事社会调查和社会工作的能力，具有进一步深造为汉语和汉学研究高层次人才的潜能。

以上两门专业学制均为四年，奥什国立大学孔子学院不仅开设了汉语基础及相关专业课程，还向学生开设中华才艺课程。例如剪纸、编织、书法、传统武术、舞蹈、乐器、汉语歌曲等。学生汉语评估以修满规定学分为标准，具体学分分配为：汉语专业必修课程 97 学分，占 77%；实践课程 16 学分，占 13%；汉语专业文化才艺选修课程 12 学分，占 10%。学生不仅要通过考试取得相应的课程学分，而且还要参加 HSK 汉语等级水平考试，学生毕业时均要获得新 HSK 五级水平证书。

②授课方式灵活

针对不同教学目标，尽可能地采取适合的授课方式，使学员们在短时间内学到他们想学的东西。例如针对零起点的学员，主要是要带着他们练习，打好语音基础。然后在此基础之上从交际功能方面选择教材内容，教授他们日常的汉语会话句型，通过反复地机械操练，使之达到顺畅说出口，再设置场景进行任务教学。而对有较高汉语水平的学员则采取以某个话题为中心，让学员们就自己的想法进行发言，在这一过程中他们能学到许多新的词语，加之有具体的语境，所以他们掌握起来较为轻松，同时，这种由话题向外扩散的方法使得学习的内容相对集中，使得学生对所学内容印象也能更加深刻。另外，对于特色课程主要是采取任务型教学，让学生在任务的准备、组织、完成中，经过老师的指导，使得在模拟场景中、在任务的实施中，增强自己真实交际的信心，掌握更多的汉语知识。除此之外，奥什国立大学孔子学院还对学生实行导师制，为了能更好地帮助学生学习汉语，对学生进行一对一的教学，能让学生更好地掌握知识，效果也很好。

③教学活动丰富

奥什国立大学孔子学院的汉语教学理念是“突出实践性原则”。它既是奥什国立大学孔子学院的教学方针，又是奥什国立大学孔子学院的教学特色。旨在通过灵活多样的教学手段和方法，激发学生的学习热情，保持对汉语学习的兴趣。因此，奥什国立大学孔子学院结合教学课程开展一系列的趣味教学大赛。每次活动参与人数达150余人次。例如，开展了“汉语趣味”大赛、“千字文”背诵默写大赛、“语音王”大赛、“成语”大赛、“故事王”大赛、“汉字英雄”大赛、“汉语演讲”大赛等。随着学生增多及其汉语水平的增高，奥什国立大学孔子学院还开设了汉语知识和中国文化知识讲座，通过系列讲座方式丰富学生的汉语学习生活，提高他们汉语学习的积极性。讲座人不仅有中国教师，还有中国国内学者。奥什国立大学孔子学院开展了中国国情讲座、春节文化讲座、中国饮食讲座、中国茶文化讲座、中国传统服饰讲座、汉字文化讲座、孔子教育思想讲座、端午节、重阳节及中秋文化系列讲座和中医知识讲座以及丝绸之路文化讲座等，参与人数共达1000人次。孔子学院还开设特色汉语培训班课程。奥什国立大学孔子学院还将开设汉语培训班，招收对象是奥什国立大学非汉语专业的学生和来自社会各界对汉语感兴趣的学习者，课程主要特点是以“实用为本，交际为先”，突出语言知识和技能的教学，加强语言交流能力的培训和提高。该课程设计以学期为单位，学期结束有结业考试，学员可以获得孔子学院颁发的合格证书。

为了提高教学质量，丰富教学方法，奥什国立大学孔子学院开展了许多针对教师的教学活动竞赛。例如，汉语专业毕业生授课大赛、汉语教研评估活动、汉语教学课件大赛，汉语技能授课大赛以及汉语教学学术研讨会。参与人数共达约200人次，提升了孔子学院教师的授课质量和工作积极性。

（2）教学管理概况

①管理制度规范化

学院制定了教师管理和教师教学管理制度，所有公派教师及志愿者教师都要严格遵守相关规定。恪守教师职业道德，树立严谨的教风，自觉按照教学大纲和计划进行教学，认真备好、上好每堂课，做到教学资料齐备，做好学生作业的批改工作，并自觉接受学院教学管理人员的检查。建立完善的教师管理制度。孔子学院院长或者管理教师应该在教师进行派出前培训时，与教师取得联系，开始建立教师档案。针对教师基本情况、培训情况，进行信息整理，向教师提供派往地区学校学生情况、学校课程设置情况、当地经济以及治安等相关信息，使教师在派出前对于教学工作以及生活等方面做好充足的准备。教师到任之后，定时向院长或者管理教师汇报教学工作，包括教学进度、教学内容、教学方法、学生反馈、学生表现等方面，及时发现教学过程中出现的问题并且及时解决。在不影响教学进度的前提下，组织教师交流活动，共享教学信息，交流各自的教学经验，一种好的教学模式是在不断实践的基础之上，集众人之力探索出来的。因此要重视教师之间的交流与合作，一起探索出适合当地汉语教学的教学模式。

②督查评估常态化

学院每学期都会进行教学检查及教学评估工作，也会举办教师教学活动，例如教师讲课大赛、教学经验交流会、教师示范课展示等各类提升教学质量的教学活动。最终，学院也会通过考核评选出年度优秀教师。在做好本职工作的同时，中国教师非常尊重当地风俗习惯，努力树立孔子学院教师的良好形象，与当地院校领导、教师、学生互建共信，通过情感交流，搭建友谊之桥。例如，学院要给每位学生过生日，送礼物，让学生感受到班级的温暖和学院的关注。中吉双方盛大节日之时，学院可以互相邀请对方的校领导及教师参加节日活动并互赠礼物。除此之外，为了更深层次地了解吉国吉尔吉斯族的文化，未来投入两国教育、文化方面的科学研究，身为语言教育工作者的奥什国立大学孔子学院教师已经开始在课余时间内努力学习吉尔吉斯语。中方与外方的各种活动和语言学习大大加深了中吉两国人民之间的感情，因此，以“情感交融”为基调，让中吉两方能够互相尊重，互相理解，互相信任，从而更好地促进中吉教育领域的长期合作与发展。

（3）奥什孔子学院教学管理及课程设置绩效

①教师队伍不断壮大

过去两年，孔子学院在奥什经历了被认识、了解和广泛接纳的过程，已受到越来越多学生的欢迎。为了全面满足学生学汉语的要求，奥什国立大学孔子学院创造了较好的条件，包括丰富汉语资料资源、各种各样的课外活动等。教学内容也适合学习者的各项要求。为了使学生更有效地学汉语，随着奥什国立大学孔子学院的发展和进步，中方教师队伍职业素质也不断提高，教学能力得以提升。此外，本土化汉语师资培养新模式已经纳入后期的工作安排中来，这为孔子学院在吉尔吉斯斯坦的影响力和号召力的提升，搭建了更有质量的平台，同时也为汉语师资培养提供了新的思路和模式。

②教学成果丰硕

奥什国立大学孔子学院成立以来，学院授课的另一重心是考教结合。学院定期开设 HSK 辅导课，帮助学生成功通过 HSK 考试。截至 2014 年 5 月，孔子学院本部大一学生 HSK 二级过级率达到 90%以上，HSK 三级过级率达 40%。在不到一年的学习中，学生的学习成果已达到预期的效果。教学点 HSK 过级率也逐步提高，最高级别达到 HSK 五级水平。学生学习汉语的热情不断上涨。为了加强学生的学习兴趣，学院推送学生参加吉尔吉斯斯坦地区“汉语桥”比赛，奥什南部地区汉语奥林匹克大赛，比赛中，学生表现突出，获得优异成绩。取得这样的成绩离不开孔子学院“仁爱至善，文化互动”的核心理念。学院不仅教授汉语，传播中华文化，而且还不断努力学习吉国语言，与当地学者建立教育教学交流，同时，多次参加当地社会活动，感受当地文化，通过融入社会，扎根民间来进行中吉人民之间的情感传播，从而使各个领域对孔子学院的关注度明显增加，扩大了孔子学院的影响力，吸引了奥什地区越来越多的人学习汉语。奥什国立大学孔子学院获得的阶段性理想教学成果也是深深受益于其创立的核心理念。

3. 文化实践融会贯通

孔子学院作为中国的语言和文化传播的主要机构，其主要功能之一就是进行中国文化的传播，而文化传播并非易事，如何顺利地进行文化传播，是孔子学院的重大课题之一。《孙子兵法》有云："知己知彼，百战不殆。"要顺利地在他国传播本国文化，就要充分了解和掌握他国文化。正是基于这一点，学院提出了"文化互动"的理念。

奥什作为吉尔吉斯斯坦的南都，吉语环境浓郁，孔子学院教师每逢周六上午，都集中在学院进行吉语的学习。此种语言学习主要是为了方便孔子学院教师在教学、生活上对吉语的使用，为今后开展中吉两国间的文化交流与互动，奠定语言基础和提供有利条件。

2014 年 12 月 2 日，学院在奥什民族剧院举办了"三阳开泰鸿运来"2015 年迎新年大型文艺汇演。学生、家长、华人、社会人士等近千人观看了此次晚会，取得了很大反响。此次大型文化展演，将"文化展"和"迎新演"相结合，参演师生达 207 人。奥什市电视台、UMUT 电视台、BASHAT 电视台、INTIMAK 电视台及 EHO 报、Osh zhanirigi 报、Osh shami 报等奥什当地多家媒体进行了专门报道。中国传统文化体验展示区共分中国传统书法与国画作品展、传统手工艺术作品展、中国传统乐器展、中国传统服饰展、中国传统戏曲展、教学成果展和文化摄影作品展等七大展示内容。前来观看演出的观众们有的试穿"龙袍"拍照留念，有的拿起笛子琢磨怎么吹，有的对孔子学院学生们的汉语作业发出称赞声，观众们的体验和参与为演出现场增添了欢乐的气氛。演出伊始，孔子学院的师生共唱吉尔吉斯斯坦和中国两国国歌，表达了对吉中两国的美好祝愿。奥什国立大学孔子学院八位汉语教师演唱的史诗《玛纳斯》（节选）将整场晚会推向高潮，这是奥什当地民众首次观看由中国人演唱史诗"玛纳斯"，在场观众为孔子学院教师们的精彩表演报以了最热烈的掌声和欢呼声。整场晚会，充分体现了"文化互动"这一理念，将汉语经典与吉尔吉斯斯坦经典相结合，将中吉传统艺术相结合，将古典与现代相结合，展现了两国文化的精髓。

传统节日作为民俗文化的重要组成部分，是孔子学院学生需要接触和体验的文化项目之一，而对于长期生活在奥什的教师们来说，也是需要了解和尝试的。至今，孔院学生已度过了中国的国庆节、孔子诞辰、中秋节、春节、元宵节、端午节等传统节日，在庆祝活动中，他们知道了孔子生平，品尝了月饼，学会了贴对联、包饺子和包粽子。而与此同时，中国教师们也与学生们一起度过了语言日、古尔邦节、世界语言日、爱国卫生日、纳吾鲁孜节、胜利日等吉尔吉斯斯坦节日。2018 年 3 月的纳吾鲁孜节，中国教师与学生一起走向街头，参加在了市中心喷泉广场举行的系列庆祝活动，参与制作并品尝了传统食品苏姆略特。

秉持着“文化互动”的办学理念，学院将中国文化与吉尔吉斯斯坦文化并重，相互交流，共同学习，力求在“异中求同”，促进中国教师和本地学生对两种文化的理解与认同。

由此可见，语言教学根本无法与文化传播实践区分开来，文化实践蕴含于课堂教学之中，课堂教学成果又通过文化活动开展得以巩固和提升。因此奥什国立大学孔子学院抓住这一文化传播的有效模式，寓教于乐，学乐结合，达到了完美的融合，二者的融会贯通也为孔子学院海外文化传播方式提供了新的思考和有益借鉴。

三、构建研究型孔子学院的探索

研究型孔子学院建设符合当今孔子学院发展趋势和潮流。孔子学院作为中华文化传播的重要载体和平台，如果单纯唯教学而教学，非但传播文化的效率会降低，同时中华文化海外传播的效果也会大打折扣。中国政府对孔子学院的定位是一个综合文化交流平台，依托这个平台可进行多层次、多领域的文化交流项目，既要体现中国文化的多样性，满足不同人群学习了解中国文化的需求，又要注重共同挖掘中国文化丰富的内涵。建设研究型孔子学院是当今孔子学院建设与发展的模式之一，与所在国研究界的学术交流，进行中外两国传统文化、历史、教育、民族等领域的专题研究，可为中外的文化沟通与合作提供“智囊”。构建研究型孔子学院是在新形势下探索孔子学院发展道路的有益尝试，借助这一研究平台，我们可以更多地了解当地的政治制度、文化风俗、经济建设等，为中国制定更加切实可行的发展战略提供良好的决策依据。同时，作为文化传播的使者，孔子学院能够在加深两国文化交流，加强两国互信与合作等方面提供良好的孔道，基于此，建立研究型孔子学院显得尤为必要。基于吉尔吉斯斯坦南部首府奥什的地缘文化特征，奥什国立大学孔子学院把“研究型孔子学院”建设定为发展模式之一。

（一）研究型孔子学院建设现状

1. 成立“吉尔吉斯斯坦—中国问题研究中心”

吉尔吉斯斯坦是位于中亚的内陆国，北、西、南面分别同哈萨克斯坦、乌兹别克斯坦及塔吉克斯坦接壤，东南部与中国新疆接壤。独立后，吉尔吉斯斯坦的发展别具特色：在经济方面，它在中亚国家中率先叩开世界贸易组织的大门，但贸易短期行为和无序竞争现象至今犹存；在法律方面，它引入英美法系国家的立法模式，但依然深受苏联大陆法系传统的影响，先进的法治理念和陈旧保守的法制积习剧烈冲撞；在文化教育方面，吉尔吉斯斯坦努力构建主体民族文化，但又受制于俄罗斯文化、伊斯兰文化和西方文化的影响。凡此种种，均为中亚诸国所少见，这就为学术研究提供了生动的现实范本和深广的理论空间，加之当代吉尔吉斯斯坦在传统安全、非传统安全和能源安全等诸方面对中国具有极其重要的影响，由此构成了奥什国立大学孔子学院成立“吉尔吉斯斯坦—中国问题研究中心”的现实动因。

2013 年 10 月，奥什国立大学孔子学院“吉尔吉斯斯坦—中国问题研究中心”正式成立，并与中方院校新疆师范大学中亚研究院、奥什国立大学建立了长期合作的关系。“吉尔吉斯斯坦—中国问题研究中心”的建立，不仅进一步扩展了奥什国立大学孔子学院功能平台的建设，同时，也加强了中国与中亚国家在科研教育方面的深层次交流与合作。

2. 聘请国内知名专家来访交流

为营造学院学术氛围，提升学院教师和学生的知识领域和研究能力，奥什国立大学孔子学院定期邀请国内知名专家来访并进行专题讲座。2013

年10月至2014年，孔子学院共邀请六位专家来访讲座，专题内容包括中国国情讲座、中国传统文化——茶文化讲座、中国音乐文化讲座、HSK教材编写理念及原则专题讲座、中国汉字文化专题讲座及外事礼仪专题讲座，主讲专家来自新疆师范大学、北京语言大学等国内高等院校。专题讲座的举办，一方面拓展了孔院师生的知识面，另一方面也为孔子学院教师提供了研究思路和研究方法。

3. 培养年轻教师科研能力

2015年，奥什国立大学孔子学院共有汉语教师30名，其中公派教师25名，志愿者5名，平均年龄28岁；教授1名、讲师2名、助教16名；全院教师硕士研究生学历的人数达16名，占全院的53%；学院教师的专业涵盖了语言学及应用语言学、俄语语言文学、新闻学、汉语国际教育、思想政治教育、美术学、环境保护专业、音乐学、药学、体育教育等；其中四名汉语教师主持或参与自治区及校级课题五项。

基于奥什国立大学孔子学院教师队伍年轻化、专业多元、学历层次高的特点，孔院领导十分注重培养年轻教师的科研能力，每年定期召开研讨会。一方面通过研讨会的形式展示教师科研成果，相互交流与学习；另一方面，也借此督促更多的教师参与到科研队伍中来，启发年轻教师对问题意识和研究兴趣的培养。从2013至2014年，奥什国立大学孔子学院共举办了两期教学研讨会，内容涉及汉语语音教学、汉字教学、文化教学、教材选择及如何加强本土汉语教师合作教学等方面，如“吉尔吉斯斯坦奥什汉语教学现状分析”（徐慧荣）、“吉尔吉斯斯坦汉语教材使用情况调查分析”（赵爽）、“留学生对汉语语境利用情况调查分析与研究”（王海丽）、“中级汉语水平中亚留学生双字调声调偏误实验分析”（郑祺）、“中高级中亚留学生对外汉语教学中的文化教学”（张慧）、“吉尔吉斯斯坦东干婚俗调研”（张芯语）、“中吉文化交流民间模式之‘家访’初探”（惠慧）。通过学术研讨，一方面提高了教师们参与科研的积极性，另一方面也提升了教师业务水平和授课能力。

（二）研究型孔子学院建设内容

在科研队伍建设方面。首先，采取积极培养硕士，以带动本科学历的汉语教师的方式，进而形成中青结合、专业多元的学术研究梯队。其次，鼓励汉语教师积极申报国内国家级、省部级各类课题。同时，在此基础上不断创新制度和机制，吸引更多年轻教师加入学院的学术队伍，在特色方向上逐渐形成开放、有序、富有活力的研究态势。再次，结合奥什国立大学孔子学院自身的特色和优势，加强与奥什国立大学、吉尔吉斯斯坦国立民族大学等吉尔吉斯斯坦国内一流的大学、研究机构或者相关学术组织的合作和交流力度，通过学术对话、共同承担课题或举办学术会议等形式进行深度学术交流，以学术合作和交流带动人才培养。在研究水平方面，利用孔子学院教师专业多样化的特点，积极开发研究领域，围绕重点问题和热点问题有方向、有规划、有组织地进行科学研究。在管理运行体制方面，建立“开放、联合”的运行管理机制，最大限度地帮助年轻教师提升科研能力和水平，并做好科研规划。

（三）研究型孔子学院建设目标

对于研究型孔子学院而言，其目标更加注重提升能力，完善人才培养机制，从而为研究型孔子学院打造合理的梯队，提升中华文化传播能力和水平。具体而言：第一，以多元化研究团队培养为核心，加强研究队伍的梯度建设。专注于吉尔吉斯斯坦教育、文化、民族问题研究，全力打造一支专业性强、多层次的吉尔吉斯斯坦研究团队。第二，以吉尔吉斯斯坦教育、文化、民族为重点研究方向，着眼于吉尔吉斯斯坦南北地区表现出的不同特点，对吉尔吉斯斯坦高等教育、外语教育、文化教育进行全方面的研究，同时加强对中国与吉尔吉斯斯坦文化交流的合作方式、途径、组织形式和相关政策制度层面的研究。第三，以申报并高质量完成科研课题为切入点，重点鼓励本团队成员积极申报各级各类相关科研课题研究项目。第四，以新疆师范大学中亚研究院、汉语国际教育办公室为交流平台，形成研究资料、资讯信息等方面的互享与互通。

基于以上研究型孔子学院建设实践，这一目标的实现需要多方配合和支持，需要孔子学院因地制宜，不断创新，探索出一条真正适合自身发展的新模式，这才是研究型孔子学院建设的初衷，因此还有待于进一步完善和提升。

四、打造奥什孔子学院文化传播绩效评估体系

基于奥什国立大学孔子学院发展模式以及研究型孔子学院建设实践，对于孔子学院文化传播绩效评估显得尤为必要。没有评估，我们无法真实检验孔子学院中华文化传播是否真正有效，因此，建立完善评估体系对于促进孔子学院办学提升具有很大的促进作用。同时，文本探讨的这一评估体系一定是紧密联系当地文化习俗、经济、社会环境等因素综合作用的结果，因此，评估体系具有较强的迁移特征，这一评估体系不仅仅用于奥什孔子学院文化传播实践的评估，同时，对于其他海外孔子学院也具有较好的借鉴意义，这才是这一评估新体系的价值所在，具体而言，结合奥什国立民族大学孔子学院的建设实践，应该从以下几个层面来建构这一新的评估体系。

（一）“家访”制度效果评估体系

我国著名的教育家陶西平曾说过：“学校教育如果不与家庭、社会教育相结合，学校教育就显得苍白无力。”对于身在海外的孔子学院教师而言，家访的意义更是非凡。在家访过程中，孔子学院老师掌握学生及其家庭的第一手真实材料，这对孔子学院教师、学生、家长产生的震动，是其他方式不可比拟的；同时，学生和家长也能够深切感受到孔子学院对其的关怀和真诚。如何将“家访”这一独特的文化交流方式延续下去，奥什国立大学孔子学院则应建立“家访”制度的效果评估体系，以保证今后“家访”工作的有效性和规范性。

1.“家访”制度效果评估的目标

家访评估目标的设定一定要因时因地因人制宜。第一，比较在不同民族、不同背景下“家访”效果的差异及原因。第二，研究“家访”对学生及其家庭的效果反馈，寻找产生个体差异的原因。第三，细分“家访”的不同内容和层面，探究与学生家庭互动、取得沟通与文化融合的效果。

2.“家访”制度效果评估指标体系

（1）信息获取指标

根据教师“家访”内容，制定“学生家访基本信息表”以获取定量信息，并详细记录受访者的语言使用状况、学习动机、文化特质等内容，及时做好文字、图片、视频等资料的备份工作；对每位受访者建立家庭档案并对其进行管理，定期更新内容，追踪变化特点。

（2）受访者反馈指标

考查学生及其家庭在“家访”后的反馈效果，在反馈周期内，通过个别访谈、递交周记、参加活动数量统计、家长联席会等方式，记录受访者及家庭环境的变化特征。

3.“家访”制度效果评估操作体系

在基本确定“家访”制度效果评估指标体系后，就要确定如何进行效果评估的实际操作。在评估实际操作上，需要采用定量和定性相结合的方法来实施。

（1）研究方法

①定量研究

定量研究主要指：一方面详细记录被访对象的背景资料，含家庭人员基本情况（家庭成员及其教育背景、海外背景、族别、语言环境：单语、双语、多语等）、学生个人情况（学习环境、学习习惯、学习状态及个人未来发展方向）、民族文化（媒体选择：电视台、广播、网站、报纸杂志；业余生活、民族风俗：婚丧嫁娶、文化禁忌、跨文化交际）等；另一方面是受访者的言行内容。此外，规定受访者接受被访的数量，根据实际情况，制定家访周期。

②定性研究

在定性研究方面，需要在一定时期内针对受访者进行深入走访和访谈，定期收集他们的行为反馈，并及时对行为反馈进行加工整理。

（2）组织实施

基于奥什地区及受访家访的特殊性，在组织实施的周期方面，要考虑学生的意愿程度和接受范围，在取得一定基本资料后，可实施家访工作，并在日后建立定期访问的时间和内容。针对特殊的民族文化现象和民族文化心理，可以对其进行专项研究，将定期和不定期研究、专业和非专业研究结合，从而全方位了解民族文化特征。此外，孔子学院在实施家访时，访问者在接受效果反馈时，也会产生观念及心理上的反应，因此要考察孔子学院教师的心理变化特征，对教师们的跟踪调查也是非常有必要的。

（二）情感传播效果评估体系

传播效果，是指传播者发出的信息，通过一定的媒介渠道到达受众后，所引起的接收者的思想和行为的变化。效果研究从影响力角度看，需要区分不同的层次，具体包括传播活动对受众个体的影响、对小团体及组织的影响、对社会机构的影响和对整个社会或文化的影响。传播效果是与传播目标相对应而言的，它主要是考察传播的结果与传播目标相吻合的情况，吻合度越高，传播效果越好。

奥什国立大学孔子学院的情感传播由于属于跨文化、跨语言、跨民族的内化传播，其传播过程较为复杂、长久。要对孔子学院情感传播的效果进行评估，需要从受传者和行为反馈两个层面来细致考察。

1. 情感传播效果评估的目标

孔子学院功能的发挥最终指向构建和谐世界，如何对情感传播的实施进行评估，主要围绕以下几个方面来进行：第一，掌握所在国的国情和文化形态，比较孔子学院情感传播效果的差异及原因；第二，研究孔子学院对不同个人背景的受众者的传播效果；第三，通过比较研究，寻求最佳的传播方式和途径；第四，细分情感的不同内容和层面是如何通过不同的传播渠道产生良好效果的。

2. 情感传播效果评估指标体系

孔子学院的情感传播是日积月累、细致入微的分层传播，所以对待受众，可采用定性研究的方式进行调查，主要是以言行记录的方式进行。在研究过程中，核心指标是受众者对情感实施者的理解度、认知度和信任度，这是他们文化态度和情感转变的关键环节。在对受众者进行情感传播效果调查时，主要从接触、态度、行为三大层级指标考虑实施。

3. 情感传播效果评估操作体系

在评估实际操作上，需要采用定量和定性相结合的方法来实施。

（1）研究方法

①定量研究

在定量方法方面，要注意受众的汉语程度、家庭背景、民族成分等情况，并定期收集受众的言行资料，尤其对特殊事件进行详细记录。

②定性研究

在定性研究方面，需要针对受众体进行深入访谈，定期收集他们的行为反馈，测量他们对情感的认知情况、认知态度以及对实施者的理解度和信任度。

（2）组织实施

针对情感传播这一特殊传播形式，可采取普通言行与特殊事件两种分类方法记录，以全方面了解情感传播的效果，并在一定周期内及时明确改进和完善的方向，挖掘多种传播方式和途径，提高情感传播的有效性；结合所在国的民族文化特质，将情感传播与文化传播相结合，以中吉两国文化融合为基础，探讨其模式的可持续性；借助媒体，对个别感人事件进行专题报道，扩大情感传播的辐射面；情感传播的双向性决定了在后期效果追踪时，要同时考察实施者和受众者的心理变化特征，因此，对孔子学院教师的跟踪调查也是十分必要的。

家访评估体系和情感传播评估体系各有侧重，都采用了定性与定量相结合的评估等方式，增添了评估结果的科学性和精准性。在组织实施环节，要紧贴目标设定要求，恰当处理定性与定量二者之间的平衡。有些指标适当增加权重，从而保证孔子学院文化传播的实效得以呈现。作为孔子学院，评估不是目的，是要借助这一有效平台，让世界了解中国，让中国走向世界。不同文化圈可以相互融合，为了和谐世界的理念而努力，追求一个和谐的世界，这也是中华文化赋予孔子学院的神圣使命，唯有不断探索孔子学院办学新思路、新模式、新机制，消除隔阂，求同尊异，为中华文化海外传播架起一座便利的桥梁，为中华文化更好地走向世界指引新的航向，这也是时代对孔子学院新的期许。

第七章　吉尔吉斯斯坦国立民族大学孔子学院文化传播实践

一、吉民大孔子学院文化传播新动向

中吉两国是山水相连的邻邦，有着约1100公里的共同边界。吉尔吉斯斯坦作为古丝路文明的重要一环，在驼铃声中，依稀再现去往长安的商队，不论历史与现实，都与中国发展有千丝万缕的联系。随着中国国家主席习近平提出“丝绸之路经济带”倡议之后，吉尔吉斯斯坦与中国就围绕共建“丝绸之路经济带”达成了一系列共识，共建新丝路的辉煌成为两国的一致追求，因此学习汉语的热潮在吉尔吉斯斯坦又进一步升温，这不仅缘于历史上两国源远流长的友好交往，而且也交织着两国毗邻的地缘优势，再加之中吉文化互动与交流频繁，可见，汉语热既有其历史因素，也有其现实推进，而孔子学院为中吉文化交流架起了一座友谊之桥，必将推动中吉文化进一步交流互鉴。

（一）中国语言文化在吉尔吉斯斯坦传播的历史及现状

1991年苏联解体后，吉尔吉斯斯坦共和国宣告独立。独立初期，随着国家经济体系的转型，许多国家都曾给吉尔吉斯斯坦提供过帮助。中国作为其友好邻国，是迄今为止为吉尔吉斯斯坦提供帮助的最重要的国家之一。[①]当该国政局逐渐走向稳定之时，汉语教学开始进入吉尔吉斯斯坦高校教育体系。

---

① 乔托诺夫·乌谢那尔. 主权的吉尔吉斯斯坦：历史道路的选择[M]. 比什凯克：吉尔吉斯斯坦出版社，1995：13.

1. 汉语在吉尔吉斯斯坦兴起的原因

（1）历史源远流长

追溯历史，作为古丝路文明的重要节点，吉尔吉斯斯坦与中国经济贸易往来十分频繁，可以说，吉尔吉斯斯坦的历史与中国历史紧密联系在一起。大量的中国史籍记载了中国与吉尔吉斯斯坦的往来。从汉代到唐代，中国的疆域曾经到达包括吉尔吉斯斯坦在内的中亚地区，唐朝在此地设立了安西都护府和北庭都护府，在今日的吉尔吉斯斯坦境内，仍保留着大量中国古代的历史遗存。[①]

（2）地缘毗邻优势

中吉两国毗邻，两国之间有很好的合作关系。早在苏联解体前夕，中国西北边疆地区就已开始和吉尔吉斯斯坦有频繁的贸易往来，这种贸易关系为如今两国贸易合作持续发展打下了良好的基础。在与吉尔吉斯斯坦有贸易合作关系的国家当中，中国是其最重要的邻国，也是综合经济实力上升最快的国家，在吉尔吉斯斯坦周边其他邻国陷于经济危机时，中国长期保持了社会经济稳定增长的势头，因而，与中国发展各方面的友好关系也是吉尔吉斯斯坦国家外交优先考虑的方面。吉尔吉斯斯坦与中国一样，存在多元文化。因地理位置相近，双方边境内都分布着大量血缘关系相亲、宗教信仰相同、所持语言相近、风俗习惯相似、民族心理相近的同源跨界民族，双方都在对方国家有亲戚朋友，跨境民族成为了中国人民与吉尔吉斯斯坦人民增进感情的纽带，也是促进两国关系发展的重要因素。

（3）文化互动频繁

从文化方面来看，两国的文化团体一直进行着广泛的交流，近些年的文化交流更为频繁。2012 年 6 月 5 日，原中国文化部部长蔡武和吉尔吉斯斯坦文化、信息和旅游部部长伊布拉吉姆·茹努索夫共同签署了《中华人民共和国文化部和吉尔吉斯斯坦共和国文化旅游部 2012—2015 年合作计划》。2011 年 9 月 27 日，中国新疆维吾尔自治区文化交流代表团在比什凯克举行了“中国文化日”活动，此次活动也是庆祝中吉建交 20 周年系列活动之一。2012 年 12 月 18 日，中国文化教育中心在吉尔吉斯斯坦首都比什

① 侯艾君. 中国与吉尔吉斯斯坦：现状、问题与前景[J].国际论坛，2004（2）.

凯克国家图书馆成立，活动当天中吉教育文化界代表都出席了开幕仪式。文化的交流是相互的，2012 年 9 月 1 日，在中国新疆乌鲁木齐木卡姆艺术团剧院举行了“吉尔吉斯斯坦文化之夜”中外文化展示活动。一系列的文化活动促进了两国人民的沟通，在文化交流的背景下，汉语教学在吉尔吉斯斯坦也得到了良好的发展。

（4）“丝绸之路经济带”倡议助力

“丝绸之路经济带”倡议是一条涵盖欧亚大陆的合作思路，丝绸之路沿线国家都是参与主体，都能够在这条经济带上获得发展的机遇。同样，吉尔吉斯斯坦作为中国的好朋友，也希望搭上这辆有助于改善吉尔吉斯斯坦经济民生的快车。2013 年 9 月，中国国家主席习近平对吉尔吉斯斯坦进行友好访问；2014 年 5 月，吉尔吉斯斯坦原总统阿坦巴耶夫对中国进行了回访。双方高层的互访，为进一步加强稳定的、互利的双边关系发展提供了坚实可靠的基础。中吉两国政府和民间在贸易、能源、交通、农业等方面的合作已经取得了丰硕的成果。两国政府一致认为应该重视在文化和软实力建设方面加强合作。吉国政府明确指出共建“丝绸之路经济带”对维护欧亚地区的发展繁荣和各国稳定具有非常重要的意义。基于此，“丝绸之路经济带”倡议的提出，必将促进中吉在经济往来、人文交流等方面的发展，汉语热也真实反映了中吉两国交流的必要性。通过汉语热，让吉国更好地了解中国文化，更好地了解中国，从而加深彼此了解，共同推进两国经济繁荣，这也是推动汉语在吉国兴盛的重要因素之一。

2. 汉语教学在吉尔吉斯斯坦的发展轨迹

（1）汉语教学在吉尔吉斯斯坦发展之路

汉语教育在吉国独立之后，一直都未间断。中吉两国文化交流始终保持良好态势，这一点可以从汉语教学在吉国的发展轨迹得到印证。1992 年 9 月，比什凯克人文大学首次开设汉语选修课（第二外语），这也是吉国第一次引入汉语教学课程。1993 年 9 月，比什凯克人文大学东方系首次招收汉语专业学生。1995 年，吉尔吉斯斯坦国立民族大学（以下简称吉民大）直属历史与国际教育一体化学院的国际关系系和东方学系开设了汉语课程。国际关系系将汉语作为第二外语开设。东方学系中国学方向将汉语作为第一外语，一至四年级都开设有汉语综合课，每周 10 个课时。当时东方学系的汉语教学力量是最强的，有一名中方汉语教师从2003年任教至今，已长达14年之久。2000年，吉尔吉斯斯坦国立民族大学俄语系设立跨文化语言中心，并开设了汉语课程。2004年，比什凯克人文大学吉汉系成立，学习汉语学生规模有所增加。2007年，吉尔吉斯斯坦国立民族大学成立了吉中教育中心，并于同年招收了60名汉语本科专业学生。随着汉语学习需求的增加，2007年，中国新疆师范大学与吉尔吉斯斯坦国立民族大学签署了两校合作共建孔子学院的协议；2008年，由中国新疆大学与比什凯克人文大学合作共建的吉尔吉斯斯坦第一所孔子学院在比什凯克成立；2009年5月14日，由中国新疆师范大学与吉尔吉斯斯坦国立民族大学共建的孔子学院也在比什凯克成立；与此同时，由吉中教育中心发展而来的吉尔吉斯斯坦国立民族大学吉中学院也宣告成立，并于同年9月招收了300名汉语专业本科生；2013年6月，由中国新疆师范大学和吉尔吉斯斯坦奥什国立大学合作创办的吉尔吉斯斯坦第三所孔子学院在南部奥什成立。随着中国经济的快速发展和汉语热在全球的不断升温，吉尔吉斯斯坦国内很多大学、中小学依托孔子学院的教学资源和师资力量，纷纷与各孔子学院合作办学，开设汉语课程。截至2014年年底，在吉三所孔子学院累计拥有各级各类汉语学习者已有15000余人。

（2）吉尔吉斯斯坦国立民族大学孔子学院及汉语教学情况发展概述

自2009年5月成立至今，中国新疆师范大学与吉尔吉斯斯坦国立民族大学共建的孔子学院先后与吉国30个大中小学签订了合作开办孔子课堂及教学点的协议。目前共有8所孔子课堂、17个大中小学教学点，汉语学习者已达7000余人。根据吉尔吉斯斯坦教育部的相关文件规定，吉国各大中小学所开设的汉语课程应以吉尔吉斯斯坦教育部下发的《外语教学计划》为依据，故吉尔吉斯斯坦国立民族大学孔子学院也在此基础上，根据不同类型的学校和相关文件规定进行相应的课程设置。除大学所开设的汉语专业可设置汉语精读、汉语听说、汉语阅读、汉语词汇学、汉语教学法、中国历史、中国文化、翻译学理论和汉语讲座外，按《外语教学计划》规定，其他非汉语专业所开设的汉语课程主要以汉语精读、汉语口语为主，由于受课时限制的原因，课型设置普遍较为单一。中小学孔子课堂除比什凯克69 中将汉语课程纳入国民教育体系，汉语作为第一外语进入学校教学计划，五至十年级各班汉语周课时可达4～6学时外（每学时按40分钟计），其他中小学孔子课堂及教学点仍作为第二外语或以汉语兴趣班的形式开设汉语课，周课时1～2学时，主要开设汉语精读课。吉尔吉斯斯坦国立民族大学汉语课程设置情况如下表所示。（见表7-1）

表7-1　吉尔吉斯斯坦国立民族大学汉语课程设置一览表

序号	学院	开设课程	课程性质
1	吉中学院	基础汉语、汉语阅读、汉语听说、汉语词汇学、汉语教学法、中国历史、翻译学理论、汉语讲座课	专业课
2	国际教育体系一体化学院	汉语综合、中国文化、中国历史	专业课
3	法律学院	汉语综合	选修
4	经济与金融学院	汉语综合	选修
5	地理信息学院	汉语综合	选修
6	继续教育培训中心	汉语综合、汉语口语	必修＋选修
7	孔子学院	汉语综合、中华才艺班、HSK辅导	语言培训

注：以上数据截至2014年年底。

①国际关系系和东方学系汉语教学情况

吉尔吉斯斯坦国立民族大学国际教育体系一体化学院分国际关系系和东方学系，东方学系开设了多种语言课程，包括汉语课程，把汉语作为第一外语来学习，该系也有把汉语作为第二外语学习的其他语言类学生。因为汉语作为第一外语教学，所以东方学系四个年级都有汉语课，且均为汉语综合课。有五个吉方教师和一个中方教师。国际教育体系一体化学院汉语课程设置情况如下表所示。（见表7-2）

表7-2　吉尔吉斯斯坦国立民族大学国际教育体系一体化学院汉语课程设置表

年级	课程	课程性质	课时数	教师	内容
一至三年级	汉语综合	必修/选修	66/34	吉方/中方	语音、词汇、语法、课文

②法律学院汉语教学情况

吉尔吉斯斯坦国立民族大学法律学院有四个年级，学院为二、三年级的学生开设了“汉语兴趣班”。在每学期开学时学生报名参加。该学院汉语课是合班上课，课程是汉语综合课，由中方教师任教，一学期课时数为 64 课时。教学内容包括语音、词汇、语法、课文。法律学院汉语课程设置情况见表 7-3。

表 7-3 吉尔吉斯斯坦国立民族大学法律学院汉语课程设置表

年级	课程	课程性质	课时数	教师	内容
二、三年级	汉语综合	选修	64	中方	语音、词汇、语法、课文

③经济金融学院汉语教学情况

吉尔吉斯斯坦国立民族大学经济金融学院分三个系，分别是世界经济学系、国际金融系、经济管理系，该学院分别为世界经济学系的二、三年级学生和国际金融系的三年级学生开设了汉语作为第二外语的学习课堂。两个系的课程类型都是汉语综合课，世界经济学系二、三年级的一学期汉语课时数均为 68 课时，国际金融系三年级的课时数也为 68 课时。由吉方教师在世界经济学系两个年级任教，由中方教师在国际金融系任教。经济管理系有四个年级，该系在二年级和三年级开设了第二外语学习课堂，可供学生选择的有汉语、英语、土耳其语和日语。该系二年级所有报汉语为第二外语学习的学生合班上课，任教教师是中方教师，课程为汉语综合课，一学期课时数为 64 课时。教学内容涉及语音、词汇、语法、课文等。该系三年级习得汉语的学生也是合班上课，任课教师是吉方教师，课程也是汉语综合课，一学期课时数为 64 课时，教学内容也包括为语音、词汇、语法、课文等。该系之所以把第二外语学习设置在二、三年级，是因为一年级的学生经济管理专业课课时量很大，系主任说“在大学一年级，学生没有时间和精力学习第二外语”；四年级的学生普遍在外实习，院方不记考勤、不记学分，没有任何课程安排，所以也没有二语学习班。经济金融学院汉语课程设置情况见表 7-4。

表 7-4　吉尔吉斯斯坦国立民族大学经济金融学院汉语课程设置表

序号	系别	年级	课程	课程性质	课时数	教师	内容
1	世界经济学系	二、三年级	汉语综合	选修	68	吉方	语音、词汇、语法、课文
2	国际金融系	三年级	汉语综合	选修	68	中方	语音、词汇、语法、课文
3	经济管理系	二、三年级	汉语综合	选修	64	吉方/中方	语音、词汇、语法、课文

④地理信息学院汉语教学情况

吉尔吉斯斯坦国立民族大学地理信息学院为地理系二年级的学生开设了第二外语学习课堂，因为学生在三、四年级专业课程量大，且需要野外实习。其中的汉语课程为选修课，课程类型为汉语综合课，一学期课时数为 64 课时，由中方教师给俄语的班级授课，由吉方教师给吉尔吉斯语的班级授课。地理信息学院汉语课程设置情况见表 7-5。

表 7-5　吉尔吉斯斯坦国立民族大学地理信息学院汉语课程设置表

年级	课程	课程性质	课时数	教师	内容
二年级	汉语综合	选修	64	吉方/中方	语音、词汇、语法、课文

⑤继续教育培训中心汉语教学情况

吉尔吉斯斯坦国立民族大学继续教育培训中心分大专部和中专部，其中，中专部有十、十一两个年级，每个年级有不同的专业。该中心为十年级英语-吉尔吉斯语翻译专业学生开设了第二外语（汉语）课堂，为十一年级俄汉翻译专业学生开设了汉语专业课。十年级有汉语综合课和汉语口语课，综合课由吉方汉语教师教授，口语课由中方汉语教师教授。十一年级的汉语课程有汉语综合课、汉语口语课、汉语文化课，综合课由吉方教师任教，口语课和文化课由中方教师任教。继续教育培训中心汉语课程设置情况见表 7-6。

表 7-6　吉尔吉斯斯坦国立民族大学继续教育培训中心汉语课程设置表

年级	开设课程	课程性质	课时数	教师	内容
十年级	汉语综合课	选修	68	吉方	语音、词汇、语法、课文
	汉语口语课	选修	68	中方	语音、词汇、语法、课文
十一年级	汉语综合课	必修	64	吉方	语音、词汇、语法、课文
	汉语口语课	必修	64	中方	对话练习
	汉语文化课	必修	64	中方	ppt 展示、电影欣赏、戏曲歌曲

近年来，吉尔吉斯斯坦国立民族大学孔子学院面向比什凯克全社会招生，开班教学主要根据汉语学习者的水平分为初级班、中级班、高级班。课程主要有汉语综合课，分为初、中、高三级，这是针对汉语系统学习者开的班，一周 6 课时，每课时 40 分钟。因为教师资源、教室设备等条件问题，目前只有综合课，没有阅读、听力、口语等课程。中华才艺班是为对中国文化感兴趣的学习者开设的，有国画班、书法班、剪纸班、舞蹈班和中文歌曲班。中华才艺班每班一周 4 课时，每课时 40 分钟。在每年举办的 HSK 考试之前，孔子学院开设了 HSK 辅导班，帮助学生普及考试知识、了解考试题型等。孔子学院除了汉语课程之外，还有不定期的一些业余的中华文化讲座课程。孔子学院汉语课程设置情况见表 7-7。

表 7-7　吉尔吉斯斯坦国立民族大学孔子学院汉语课程设置表

序号	课程	水平	周课时数	教师	内容
1	汉语综合	初、中、高	6	中方	语音、词汇、语法
2	中华才艺	初级	4	中方	国画、书法、剪纸、舞蹈、歌曲
3	HSK	一至六级	2	中方	模拟试题

综上，吉尔吉斯斯坦国立民族大学孔子学院在民族大学以及吉国各中小学都有分布，同时，根据所开设学院以及所开设汉语班级层次的不同，孔子学院专门进行了课程安排。针对专业学习，课程较为紧凑；针对业余学习，课程设置多样灵活。孔子学院这种接地气的办学方式满足了不同人群对汉语学习的需求，既提升了吉国汉语学习的水平，同时，也能够

把文化活动穿插进行，对中华文化传播是一个很好的促进。从课程设置也可以看出，孔子学院以其严谨性赢得了吉国政府和民族大学的支持，为中吉文化交流互通做出了贡献。

（二）吉民大孔子学院汉语教育发展模式

通过上述对吉尔吉斯斯坦国立民族大学孔子学院基本状况的介绍，可以看出孔子学院汉语教学课程设置科学多样，较好地满足了不同层次学生对汉语教学的需求。通过梳理国立民族大学孔子学院汉语教育发展模式，有助于我们更好地明晰孔子学院汉语教学规律，为孔子学院中华文化传播提供更加可行的决策依据。因此，总结国立民族大学孔子学院汉语教育发展模式，对于中吉文化传承和发展至关重要。

1. 教学模式界定及研究方法

（1）教学模式界定

美国的乔伊斯（B. Joyce）和威尔（M. Weil）于 1972 出版了《当代西方教学模式》一书，拉开了教学模式研究的序幕，成为教学模式研究的先行者。我国教学理论界对教学模式的研究始于 20 世纪 80 年代中期。关于教学模式的界定，国内外学者观点不一。这里采用这样的界定：教学模式是在一定理论思想指导下，为实现特定教学目标而设计的比较稳定的教学程序及其实施方法的策略体系[①]。

教学模式的一个显著特点是其理论性，任何教学模式都有其理论指导。在语言教学模式中，语言学习理论起着关键性的作用，为模式构建提供具体指导。行为主义学习理论以“刺激—反应心理学为基础”，其核心是反复操练；认知主义学习理论注重整体观，其核心是外部刺激和认知主体内部心理过程的相互作用；建构主义学习理论强调学习者的主观能动性及其主体作用。

（2）研究方法

本研究采用的研究方法为归纳法。从方法论的角度看，国内外教学模式的建构不外乎两种：演绎法和归纳法。演绎法的起点是科学理论假设，

---

① 引自汲传波，2006。

演绎是它形成的思维过程；归纳法的起点是教学经验，即指对教学实践中的卓有成效的经验进行总结、实践、提升而形成模式，就是归纳法的研究。

教学模式研究由于其特殊的实践性，要求研究者必须有比较切实的教学实践经历，社会科学中的“质”的方法已经应用到教学模式的研究中。具体到汉语教育与教学模式研究中，“质”的研究摈弃以往单纯就教学方法或某种学习问题进行脱离实践的单维度研究，采取整体的、综合的视角，对教学所涉及的各个层面进行完整的考察。

2. 汉语教育与教学运行模式

吉尔吉斯斯坦国立民族大学孔子学院始终坚持宏观与微观相结合的教学运行模式，有利于从宏观和微观层面进行整体把握。汉语教育与教学模式从不同视角，从课内到课外，从中方到外方，都有一个相对完整的运营模式。这样既保证了孔子学院教学进度有序推进，同时也增添了汉语教学的灵活性，使汉语教学效果得到保证。具体而言，吉尔吉斯斯坦国立民族大学孔子学院汉语教育与教学运营模式如图 7-1 所示。

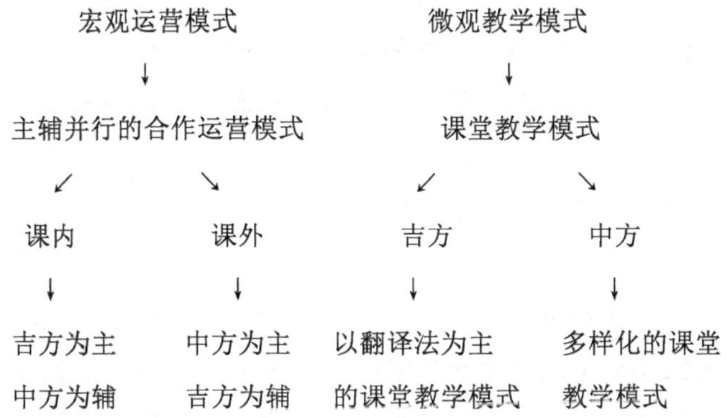

图 7-1　吉尔吉斯斯坦国立民族大学孔子学院汉语教育与教学运营模式示意图

（1）宏观运营模式：主辅并行的合作运营模式

①课内——吉方为主，中方为辅

“课内”是指与教学相关的行为、活动和需求。“吉方为主”是指：吉方提供教学场地、教学对象和部分本土教师，设置课程，安排课时量，决定考试形式和成绩评价方式等。“中方为辅”是指：中方提供必要的教学设备；制定具体的教学目标，确定教学内容；选择、赠送教材；选派教师承担授课任务，并发挥自身的优势辅助吉方的汉语教学。之所以在课内采用这样的方式，一方面凸显了对吉国教育的尊重，凸显吉国汉语教师的主体地位，同时也符合吉国教育部门指定的大纲，另一方面，容易获得吉国教育部门的支持，从而保证孔子学院教学的顺利实施。

②课外——中方为主，吉方为辅

“课外”是指教学以外的课外活动。“课外”内容有汉语活动、文化活动、HSK 考试、HSKK 考试、YCT 考试与汉语培训班和文化培训班。课外内容由孔子学院主导操作，负责申办项目，决定活动的内容、形式和规模，中方汉语教师充当主角，吉方教学主管和汉语教师辅助性地配合中方工作。课外活动，更多是一种文化互动，中方利用其语言和文化上的优势，有助于活动开展，同时，这也与孔子学院秉承的中华文化传播理念相契合，在学习中穿插活动，通过活动，加深吉国学生对中华文化的认识，从而达到课内课外协同配合的效果。

从宏观角度来看，孔子学院在多层面、多维度合作教学背景下采取了“主辅并行”的运营模式，即在课内和课外两种环境中，中吉双方利用各自的优势和资源，发挥各自的专长和才能，形成“主辅”角色，两种角色形成优势互补，从而使各合作院校汉语教育与教学的发展与中华文化的传播同时推进。

（2）微观教学模式：课堂教学模式

微观教学模式，也就是在课堂教学模式这一范畴内，中吉双方以各自的教学理念、方式和举措形成独立的各具特色的课堂语言教学模式，即本土教师以翻译法为主的课堂教学模式和中方教师多样化的课堂教学模式。

①吉方课堂教学——以翻译法为主导的传统课堂教学模式

吉方本土教师的汉语课堂教学主要以翻译法为主。高年级学生在课堂上边完成学习任务，边用吉语或俄语翻译，教师则用吉语或俄语辅助性地加以解释；低年级学生在课堂上接收到的语言信息以吉语或俄语为主，其课堂操练的主要模式是教师用吉语或俄语讲解，而学生也主要通过吉语或俄语完成课堂汉语学习任务。

翻译法的学习理论支撑是结构主义语言学，注重俄汉或吉汉两种语言及其差异性的对比研究。

②中方课堂教学——多样化汉语课堂教学模式

相比较而言，中方教师在课堂教学中更注重采用多样化、灵活性的教学策略和方式，更重视学生听说读写语言技能的操练，多采用“讲练—复练”教学模式。

这一模式的学习理论支撑是行为主义学习理论、认知主义学习理论和建构主义学习理论，其核心是反复操练；注重外部刺激和认知主体内部心理过程的相互作用；强调学习者的主观能动性及其主体作用。

以下通过一个案例来展示中方多样化汉语课堂教学模式所取得的成效。通过案例真实再现中方教学模式对于孔子学院汉语教学所起的作用，以及取得的实践效果，为孔子学院汉语教学模式提供新的思路。

中方多样化汉语课堂教学模式案例

——吉国高校学生汉语精读课堂教学模式

中方多样化的汉语课堂教学模式是一个多个体的集合产物和总括概念。在多样化的汉语课堂教学模式背景下存在着多类型的课堂教学模式，其中，教师与学生共筑自主学习视野下的吉国高校学生汉语精读课堂教学模式便是一个典型范例。

教师与学生共筑自主学习视野下的汉语精读课堂教学模式是指以归纳法为构筑方法，以行为主义学习观、认知主义学习观和建构主义学习观等语言学习理论为指导的，教师控制引导下的，以学生为主的课堂教学模式。

（1）自主学习与教师指导完美融合

本案例选取的教学对象——吉尔吉斯斯坦高校学生的汉语水平状况复杂，一部分学生入校时为零起点。学过一段时间汉语的学生，其汉语水平参差不齐，基础薄弱，学生发音不标准，书写不规范，词汇量贫乏，综合运用汉语的能力极差，听、说、读、写等单项语言技能与口语和书面表达能力，听力、阅读理解能力均需全面加强训练。尤其是很多学生缺乏如何学习以及怎样学习才能取得好成效的意识与行动。

学习一门语言，要达到一定的程度，甚至与本族语人相近的语言交际能力，对学生而言，要达到用汉语做事的目的，学习者必须学会自主地学习，培养自身的自主学习意识与自主学习能力。

“自主学习”是指学生在学习活动中应成为学习的主人，自己掌控学习，积极主动参与每一个教与学的过程，通过对知识的不懈探求，不断提高自学能力，培养自主、自觉、自律、自强、自信的素养。Rogers 把自主学习视为一种历程，包括怎样学习、怎样调节、怎样适应的一个过程。

实施自主学习模式，同时也促使教师必须对自身的素质进一步加以提升，要求教师不仅能够实施教学的内容，推行各种切实可行的教学方法，总结教学经验，更为重要的是，能够洞察学生的个性，引导学生的学习行为，激发他们潜在的自主学习能力和信心，并将教育学、心理学、语言学习理论等多学科理论应用于教学实践中。“自主学习隐含着自主和独立，但并非是一种不靠外界的个人学习方式”，“如何进行教学，对学生自我教育能力的形成有很大影响。”“教学模式就是学习模式。在帮助学生获得信息、思想、技能、价值、思维方式及表达方式时，我们也在教他们如何学习。”凯德（Kidd）则认为教师要使学生能够成为内在引导及自我操纵的学习者。因此，作为教师，要清醒地认识到学生是学习的主体，应把自主的学习方式作为教学主导，引导学生改变原有的学习观念和学习方法，从而使学生成为学习真正的主人，为了达到此目的，教师在课堂上树立什么样的教学理念，采取什么样的教学措施至关重要。在每堂课的语言教学中，教师运用自主性教学理念，采用有效的充分发挥学生自主性的教学措施，有助于改变传统的以教师为中心，以知识灌输为主的课堂教学模式，促使学生们逐渐改变其被动接受者的角色，积极参与教学活动，敢于表达自己的思想，发挥出自身的主动性和能动性，有意识地创造各种语言实践机会，提高运用语言的综合能力。更为重要的是，促使学生在学习活动中从“要我学”转变为“我要学”。

（2）自主学习视野下吉尔吉斯斯坦高校学生汉语精读课堂教学模式

自主学习课堂教学是指将语言学习理论与自主学习理论和原则融入课堂教学之中，立足于教与学两方面，创建教与学和谐互动的课堂教学环境，引导学生自主学习，培养学生的自主学习意识，不断提高学生的自主学习能力。教师成为学生学习过程的组织者、指导者和规划者，学生成为学习目标与教学目标设计的参与者，学习活动的实践者，自我学习过程的管理者，学习成效的收获者。

吉尔吉斯斯坦大多数高校的汉语课程设置较为单一，基本上是一门汉语（汉语为一外）精读课一本教材包括了所有的技能训练。故此，本案例仅以汉语精读课教学为例，在课堂教学实践中针对教学对象的具体情况与实际水平，教师主导教学与学生自主学习有效结合，教师对学生因材施教与学生自己因材施学有效结合，改变沿用已久的词语讲解——课文串讲——课后练习的课堂教学模式，将听、说、读、写等单项语言技能的培养、训练和语言知识的讲解与学生语言综合能力和自主能力的培养有机地结合在精读课文的学习与操练之中，由此说明，科学的教学理念和灵活有效的教学方法与措施可为引导学生自主地学习创设一个平台。

可操作性是教学模式所应具备的特征之一。汉语精读课堂教学模式具体程序与操作如下：

一是结合课文训练学生的阅读能力和分析概括能力。精读课课文是训练学生阅读能力的理想素材。首先，教师不必急于通过自己的讲解使学生理解课文内容，而应发挥学生的自主性，让学生自己通过阅读来理解课文意义，以训练学生的阅读理解能力以及快速阅读能力和综合概括能力。学习新课前，要求学生只预习生词，不要提前预习课文。上新课时，一开始就先根据课文篇幅的长短限时，要求学生在限定的时间内快速阅读课文。读毕，做“判断句子对错”和“回答问题”等紧扣课文内容而编排设计的考察学生理解能力和表达能力一类的练习（教师需要提前准备）。学生在做“根据课文内容，判断下列句子对错并说明理由”这种练习时，正确与否，教师不要急于评价，下结论，把问题仍留给学生，利用学生急于知道正确答案的心理，制造新的悬念，为他们提供再一次寻求正确答案的机会，从而进一步提升学生的学习兴趣。兴趣是主动学习的动力，学生有了学习兴趣，学习活动对他来说就不是一种负担，而是一种愉快的认知体验与享受。以弗拉维尔为代表的认知建构主义学派认为，自主学习实际上是元认知监控学习，是学生根据自身的学习能力、学习任务的要求，积极主动地调整学习策略和努力程度的过程[①]。通过做这类练习，教师可检验学生对课文的理解程度，了解他们是否读懂了课文大意，把握了作者的写作意图，同

① 唐永川. 自主学习视野下的少数民族汉语课堂教学模式[J]. 教学与管理，2009（07）.

时也促使学生在阅读过程中运用一定的学习策略监控调整自己的学习行为。接下来，可针对全篇课文或段落进行综合分析概括能力的训练。在学生阅读完课文或某个段落后，就课文中心意思和段落大意，或请学生以口头或书面的形式自己总结，或者教师提出相关问题，如“这篇课文的大意是什么？”“作者想要表达的意思（意图是什么？）”“这篇课文讲的是什么问题？”，等等，课文段落也是如此。这样反复练习，不断强化，学生的综合概括能力就会逐步得到提高，由此也带动了学生口语和写作能力的训练。最后，在快速通读的基础上，再要求学生细读一遍，或根据时间细读若干段落。在细读时，要求学生仔细琢磨字、词、句、段落及课文的意思，在教师的指导下，对课后的相关练习，重新回炉，引导学生对有争议的地方重点加以探讨，以加深学生对课文的理解和对字、词、句的运用。在学生熟悉教师的教学方式后，教师应放手让学生自己分析归纳出课文或段落的难点、重点和疑点，并根据自己的理解，设置问题，解决问题，以此培养学生发现、分析和解决问题的能力。通过这些教学措施，学生并不是借助教师的讲解，而主要是通过自主的阅读行为理解了课文大意。

二是结合课文，训练学生的听力理解能力和其他技能。在学生通读和细读两遍课文的基础上，教师并不要急于开始串讲课文，而是将课文内容作为听力材料，来训练学生的听力理解能力，或是讲解某一部分之前，先把该部分细听一至两遍，然后提出若干问题，或是让学生跟读或复述所听到的内容，一则训练学生的口语表达能力，二则了解学生听力理解的程度。由于学生对课文内容已经有所接触，相对来说，听力的难度降低。更主要的是，学生听的目标明确，就是为了听懂课文内容，所以学生对此项练习的兴趣浓厚，积极性很高。至此，听的训练并没有完结，在整篇课文或段落的听力理解过程中，还要穿插相应的听力训练，如，边听边记、边听边跟读、听后写大意、听后复述等，学习效果更明显，学生能听懂的程度逐渐增高，并可随时对自己的听力效果做出评估。由此，对听力的自信心大增，激发了主动去听的积极性。此项练习也可放在阅读训练之前进行，并提出听的要求。这样，对学生来说，课文内容就成了学生不熟悉的听力材料，加大了难度指数，促使学生以更好的精力通过听的训练来达到理解课文内容的目的。

三是采用多种灵活有效的教学措施，促使学生由被动变主动，提高学生的参与意识与能动性。结合课文训练学生的阅读能力和听力理解能力，这是立足于整体的教学步骤和安排。针对细节问题，教师采取多种灵活有效的教学措施，充分发挥外部刺激和认知主体内部心理过程的相互作用，激发学生对学习内容的兴趣与热情，调动学生的能动性同样至关重要。

比如，为了扩大学生的词汇量，让学生清楚地识记教师在讲解中所扩展到的字或词语，就需要在黑板上不断地写板书，这时教师不必急于直接将所要写的字或词语在板书上写出来，而是把问题留给学生，问学生这个字或词语怎么写，让学生说出来或写出来，起到回忆、辨别、加深记忆的作用，同时，又训练了学生的口头表达和汉字书写能力。又比如，遇到某个需要讲解的重点生词，针对高年级学生，不是由老师直接告诉学生词义，而是让学生查词典后，再说出来，在此基础上再进行通俗地讲解。这样，对一个词语，学生查词典就等于看了一遍，念出词义又等于说了一遍，老师解释又等于听了一遍，可起到反复刺激学生大脑，强化记忆的作用。针对低年级学生，可让他们进行词语搭配练习。

教师要切实摆脱传统的以知识灌输为主的教育行为与观念的束缚，积极落实并执行一切教育教学活动均必须服从和服务于学生自主学习的指导思想，在课堂教学实践中，就是始终要遵循一个原则，即把一切能操练的机会最大限度地留给学生。比如，在讲解生词时，不管是单独讲解也好，还是在课文中讲解也好，要避免教师一味地讲，学生被动地听的局面。围绕生词的操练，如连词成句、完成句子、用指定的词语回答问题、选词填空、辨别义项、选择同义词和反义词、组词等，在老师指导下，均由学生自主完成。其益处之一在于涉及面宽，学生都能参与，可以在某种程度上取代传统的练习面过窄，练习方式过于单调的只由个别学生造句的练习方式。这样做，课堂上学生积极发言，动脑筋，学习气氛热烈。更主要的是，为学生构筑了一个积极发挥自主性的平台，激发了他们课堂上学习的热情与参与意识，变被动接受为主动获取，形成了一个良好的自主学风。

现代教育以促进学生身心的全面发展为目标，而教师与学生共筑自主学习的课堂教学模式正是体现了这一宗旨，贯彻了“以人为本”“以学生为中心”的教学理念，是教育学、心理学、语言学习理论等多学科理论在教学实践中的综合应用。“教学的主要任务就是培养高效率的学习者”，“我们评价一种教学模式的优劣，不仅要看它是否达到了具体目标，而且要看它是否能够提高学习能力。后者才是主要目的。”在教师引领和有效教学措施的实施下，学生通过体验、参与、实践等自主学习方式，完成了课堂学习活动。课堂教学由灌输式，变为学生自主地去获取知识与技能，并在理解掌握知识与技能的过程中，培养了能力，获得了成就感，重塑了语言自我，激发了学习兴趣与热情，进入“乐读”“乐听”“乐说”“乐学”的境界。有了从学习活动中获得的积极的情感体验和自主能力，就会越学越想学，越学越会学，学习效果自然是事半功倍，真正使课堂教学成为培养积极情感、提高各种能力、不断完善自我的教育活动过程。

两种教学方法各有侧重，也相互补充。吉国教学更多是对翻译法的重视，凸显教师的主体地位，从吉国自身视角考虑，是为了掌握汉语基本使用方法。而中国课堂更多的是多元教学模式，更多的是在汉语教学过程中穿插文化内容，更加重视听说读写能力。发挥学生自主学习能力和老师的主动性，实现教师教授与学生自主学习二者的完美融合。两种教学模式的差异，一方面反映利益诉求不完全相同，同时也是根据各自教学特点选择教学模式，因此，两种模式如果能够有效融合，将会对孔子学院汉语教学起到较大的推动作用。

二、吉民大孔子学院文化传播师资保障

师者，传道授业解惑。吉尔吉斯斯坦国立民族大学孔子学院的建设离不开汉语教学师资保障。吉尔吉斯斯坦国立民族大学的师资保障凸显了孔子学院和民族大学自身汉语教学特点，采用中方与吉方教师共同授课的方式，一方面，有利于培养吉国本土的汉语教师教学水平，另一方面，也有利于合理配置孔子学院的师资力量，从而通过围绕孔子学院展开更大范围汉语教学工作，为汉语教学和中华文化传播提供更加广阔的资源。

（一）吉民大孔子学院师资整体分布概况

吉尔吉斯斯坦国立民族大学孔子学院于 2009 年 5 月 14 日揭牌成立。截至 2015 年 2 月，孔子学院现共有中外方教师及志愿者 48 人，其中，中方公派汉语教师 28 人，汉语教师志愿者 16 人；外方专职教师 4 人，兼职教师 1 人。此外，来自 8 所孔子课堂，21 处分支教学点各合作院校的 78 名本土汉语教师也是当前师资队伍的重要组成部分。

1. 孔子学院师资主要来源

目前在吉尔吉斯斯坦的汉语教师可以分为三个部分：第一个部分是吉尔吉斯斯坦本国的汉语教师，第二个部分是来自中国的汉语教师，第三个部分是来自其他国家和地区的汉语教师。即吉尔吉斯斯坦籍、中国籍和其他国籍的汉语教师。

吉尔吉斯斯坦籍的汉语教师的最主要来源是该国的汉语学习者，其中成绩较好的本校毕业生留校任教的比例最大。吉尔吉斯斯坦汉语教师的公开招聘体系尚未建立，大部分教师通过自荐或者推荐求职。中国籍的汉语教师最主要的两个来源是汉语教师志愿者和公派教师，其次为在吉尔吉斯斯坦留学的中国留学生和个别以经商为目的的中国人。还有少数来自中国台湾地区的汉语教师，授课时使用繁体字。来自其他国家和地区的汉语教师包括新加坡籍和蒙古国籍等。

吉尔吉斯斯坦国立民族大学孔子学院的吉尔吉斯斯坦籍本土汉语教师，多就职于孔子学院下属 8 所孔子课堂与 21 处汉语教学点的合作院校，少部分在总部承担重要的沟通、翻译、联络、接待等重要工作。就职于合作院校的吉尔吉斯斯坦籍教师由所在院校招聘并签订劳务协议；就职于总部的外方专职与兼职教师由孔子学院公开招聘，经中国国家汉办审批后，签订劳动合作协议。中方公派教师与汉语教师志愿者均来自中国国家汉办与合作院校的统一招聘与委派。

2. 孔子学院师资分布

（1）吉国国籍汉语教师分布

吉尔吉斯斯坦国立民族大学孔子学院的汉语教师不仅承担孔子学院本身的教学工作，同时，一些教师还被分派到各个二级学院开展汉语教学工作。截至目前，任教于吉尔吉斯斯坦国立民族大学的教师共计 62 名，其中任教于吉中学院 60 人，经济与金融学院 1 人，继续教育学院 1 人。其他分支教学点与孔子课堂的吉尔吉斯斯坦籍汉语教师数量详见表 7-8。

表 7-8 吉尔吉斯斯坦籍汉语教师在分支教学点与孔子课堂分布（国立民族大学除外）

教学点/孔子课堂	比什凯克市 69 中	比什凯克市 31 中	阿拉套大学	斯拉夫大学	伊塞克湖州国立大学	纳伦国立大学
教师数/人	4	2	2	2	3	3

（2）中方汉语教师分布

①中方汉语教师构成

目前，在吉尔吉斯斯坦国立民族大学孔子学院的中国籍汉语教师在孔子学院本部任教的有 5 人，占中国籍汉语教师的 11.3%；分支教学点任教的有 27 人，占中国籍汉语教师的 61.4%；分配到孔子课堂任教的有 12 人，占中国籍汉语教师的 27.3%。其中，中国籍教师年龄分布于 22 岁至 58 岁之间，平均年龄为 29.4 岁。包括，汉族 39 人，蒙古族 2 人，回族 1 人，维吾尔族 1 人，柯尔克孜族 1 人。其中，男教师 12 人，占总体 27.3%；女教师 32 人，占总体 72.7%。

②中方汉语教师受教育情况

中国籍汉语教师学历主要集中于硕士与本科，从上述得知，中方汉语教师主要靠国家汉办公派和志愿者两部分构成，从受教育状况，可以整体掌握中方汉语师资构成单元。中方教师所毕业院校与专业如表 7-9 所示。从受教育情况来看，吉尔吉斯斯坦国立民族大学孔子学院的师资构成在不断丰富，并逐步向专业化方向发展，硕士学历比例也在不断增加。毕业于国外院校的教师占总体 18.2%，国内院校占总体 81.8%。大部分教师毕业于新疆师范大学，以对外汉语专业背景的教师为最多，其次为语言学及应用语言学，再次为俄语，少数民族语言学；其他专业的教师人数相对较少。学历方面，本科占总体 43.2%，硕士占总体 56.8%。中方汉语教师学历层次的不断提升，以及专业的多元化，为孔子学院多元文化教学创造了条件，为中华文化更好地传播奠定了基础。

表 7-9　中国籍汉语教师学历、专业与毕业院校（单位：人）

专业及毕业院校			学历		合计
			本科	硕士	
对外汉语	毕业院校	新疆财经大学	3	0	3
		新疆师范大学	8	1	9
	合计		11	1	12
俄语	毕业院校	比什凯克人文大学	0	2	2
		俄罗斯别尔哥罗德国立大学	1	0	1
		吉尔吉斯斯坦国立民族大学	1	0	1
		吉尔吉斯斯坦玛纳斯大学	0	1	1
		新疆师范大学	0	1	1
	合计		2	4	6
法学	毕业院校	新疆师范大学		1	1
	合计			1	1
汉语言文学	毕业院校	新疆师范大学	0	1	1
		浙江大学	1	0	1
	合计		1	1	2
教育学	毕业院校	新疆师范大学		1	1
	合计			1	1
体育教育	毕业院校	新疆师范大学	1		1
	合计		1		1
英语	毕业院校	新疆石河子大学	1		1
		新疆师范大学	2		2
	合计		3		3
语言学	毕业院校	吉尔吉斯斯坦国立民族大学		3	3
	合计			3	3
语言学及应用语言学	毕业院校	新疆师范大学		10	10
	合计			10	10
中国少数民族语言文学	毕业院校	新疆师范大学	1	4	5
	合计		1	4	5
同一院校所有专业合计		比什凯克人文大学	0	2	2
		俄罗斯别尔哥罗德国立大学	1	0	1
		吉尔吉斯斯坦国立民族大学	1	3	4
		吉尔吉斯斯坦玛纳斯大学	0	1	1
		新疆财经大学	3	0	3
		新疆石河子大学	1	0	1
		新疆师范大学	12	19	31
		浙江大学	1	0	1
		小计	19	25	44

③中方教师职称水平

吉尔吉斯斯坦国立民族大学孔子学院的中国籍汉语教师中，教授 1 人，占 2.3%；副教授 1 人，占 2.3%；讲师 5 人，占 11.4%；助教 21 人，占 47.7%；无职称 16 人，占 36.4%。大部分公派教师具有职称，汉语教师志愿者还没有开始职称评定。中方教师职称层次多样，这与其承担的教学任务相关，也与其自身特点相关，因此，多元的教师职称层次有助于激发教师的教学热情和丰富教师教学方式方法，从而起到更好的教学效果。

（二）吉民大孔子学院教学工作的开展

孔子学院是推广汉语和传播中国文化与国学的教育和文化交流机构，是非营利性的社会公益机构。吉尔吉斯斯坦国立民族大学孔子学院在吉尔吉斯斯坦的不断发展中，最重要的一项工作就是为当地汉语学习者提供最正规、最主要的汉语教学渠道。教学工作是孔子学院的核心，围绕着这个核心，孔子学院同时还开展着语言、文化教学和学术交流等诸多方面的工作。

吉尔吉斯斯坦国立民族大学孔子学院的教师也承担着教学、科研及其他等多项工作。不少教师反映，在孔子学院工作，能够充分发挥自身的特长，同时也开发了不少潜能，无论在教学、科研，还是组织管理能力上，都有了很大进步，最为突出地表现在业务能力和管理能力方面，这是许多其他院校不能够提供的机遇和平台。

有了坚强的师资保障，孔子学院在围绕教学工作方面开展了有针对性的部署，文本主要从教学一般规律入手，针对教学、文体、科研、社会活动四个方面，逐一展开论述，从而明晰吉尔吉斯斯坦国立民族大学孔子学院教师当前的日常教学工作开展状况，保证孔子学院教学工作的顺利开展。

1. 教学方面

吉尔吉斯斯坦国立民族大学孔子学院与吉尔吉斯斯坦合作高校，联合培养汉语专业本、专科学生和语言学（汉语）研究生。在保证汉语专业教学的基础上，为法律、国际经济关系、市场营销、海关、地理、新闻等专业开设汉语课程。很多高校已把汉语作为专业学生的第一外语开设，积极促进汉语教育事业在吉尔吉斯斯坦的发展。2014 年，吉尔吉斯斯坦国立民族大学孔子学院应吉尔吉斯斯坦国家议会办公厅的请求，在吉尔吉斯斯坦白宫为议会工作人员开设汉语培训班。汉语教学工作的开展在吉尔吉斯斯坦显现出的影响力，对于汉语师资的教学技能和水平提出了更为明确且高标准的要求。

除开设专业汉语课之外，吉尔吉斯斯坦国立民族大学孔子学院还以培养具有综合素质的复合型人才为育人途径，同时开设书法、国画、剪纸、中国舞蹈、诗歌朗诵、茶艺、中国传统乐器、烹饪、太极拳等兴趣班，选修学习者达 300 余名。汉语教师的个人才艺与特长，在中国文化传播中发挥了重要的作用。

（1）教师授课数量、课型

2014 年，吉国立民族大学孔子学院每节课时为 45 分钟，孔子学院中国籍汉语教师每周的课程数量最少为 4 节，最多为 29 节，平均值为 18.38 节。经一般线性模型方差的单变量分析，对汉语教师在孔子学院本部、分支教学点与孔子课堂的差异性检验，结果显示有非常显著的差异，其中 F 值为 16.091，p 值为 0.000。经 LSD 检验进行事后检验，结果见表 7-10。

表 7-10　不同任教处中国籍汉语教师课时量事后检验结果

（I）任教处	（J）任教机构	均值差值（I-J）	P 值
孔子学院本部	分支教学点	-6.5407*	.002
	下设孔子课堂	-11.6333*	.000
分支教学点	孔子学院本部	6.5407*	.002
	下设孔子课堂	-5.0926*	.001
下设孔子课堂	孔子学院本部	11.6333*	.000
	分支教学点	5.0926*	.001

事后检验结果显示，在分支教学点和下设孔子课堂任教的教师，课时量显著多于孔子学院本部任教的教师，在下设孔子课堂任教的教师，课时量显著高于分支教学点任教的教师。依检验结果，各任教处教师课时量由高至低，排序依次为：孔子课堂、分支教学点、孔子学院总部。

结合实际情况来看，孔子学院总部除教学外，面临更多的其他工作，诸如宣传、交流等等一系列与汉语教育事业相关的相应业务，这些工作同样需要教师们承担，相较之下，本部的教师们更方便参与这些工作。在学院各项工作分工中，会结合教师专长与课时量进行协调。下设孔子课堂较分支教学点而言，汉语教学工作相对开展的较为完备，因此，位于下设孔子课堂任教的教师较分支教学点的课程数量多。

从不同课程分课型的情况来看，孔子学院本部的汉语课程种类更为丰富，除语言类课程外，文化课程开展状况也较好。其次为下设的孔子课堂，最后为分支教学点。分支教学点的教师，大多数教授汉语综合课，尚未分课型，因此在课程教授过程中，对于教师备课的要求更高，教师个人发挥的灵活性也更高。

吉尔吉斯斯坦籍汉语教师每周课程数量最少 2 节，最多 48 节，平均值为 12.25 节。相对于中国籍汉语教师而言，吉尔吉斯斯坦籍汉语教师的工作更为集中于教学，基本很少参与校方的其他工作，只承担少部分学生管理与组织工作。孔子学院总部的吉尔吉斯斯坦籍教师工作种类相对更为丰富，常常应学院要求从事大量的翻译、联络与沟通工作。

教学方面，中国籍教师与吉尔吉斯斯坦籍教师之间常常互相交流，除平日私下相互学习与帮助外，学院还常常会组织例行教师示范课、座谈培训、节假日聚会等。

（2）孔子学院师生比例

以学生总体数量与教师总体数量来看，当前吉尔吉斯斯坦国立民族大学孔子学院的师生比例约为 1:63。即每位教师平均教授 63 名汉语学习者。汉语教师的数量还远不能够满足当前汉语学习者的需要。

由不同学习者类型来看，2014 年，吉尔吉斯斯坦国立民族大学孔子学院招收的学生类型与数量及师生比例详见表 7-11。学习者类别方面，长期与专业培养的学习者，相对更缺少教师资源。短期学习者需调配更多的吉尔吉斯斯坦籍教师，而长期与专业培养的学习者，则更缺中国籍教师的授课与指导。

生源方面，数量相对较少的企业等机构委培、本土汉语教师和社会人员师生比例更容易调配，共同的特点是缺乏吉尔吉斯斯坦籍教师。而中小学在所有类别中表现出最低的师生比例，无论是中国籍教师，还是吉尔吉斯斯坦籍教师，都极度缺乏。大学的吉尔吉斯斯坦籍教师数量尚可，而中国籍教师数量有待增加。

师生比例仅从理想状态下展示了当前吉尔吉斯斯坦国立民族大学汉语课程安排中，教师平均授课学习者的比例，实际工作中，由于现实情况的干扰，师生比例可能会较表格中的数据凸显出更为不均的特征。

表 7-11　2014 年度吉尔吉斯斯坦国立民族大学孔子学院分类别师生比例

总计/人		7925	总师生比例	中国教师	吉尔吉斯斯坦教师
类别	一个月短期生	125	1:45	1:56	1:225
	三个月短期生	324			
	长期与专业培养	7476	1:75	1:156	1:95
生源	中小学生	4610	1:185	1：242	1:768
	合作大学在校生	2650	1:28	1:110	1:36
	其他大学在校生	4993	1:51	1:208	1:68
	企业等机构委培学员	15	1:15	1:15	0:15
	本土汉语教师培训学员	30	1:15	1:15	0:15
	社会人员	237	1:24	1:30	1:119

在合理安排课程、调配师生比例方面，吉尔吉斯斯坦国立民族大学孔子学院目前已经进行了综合考量与多元决策相结合的方式，然而教师数量不足，尤其是吉尔吉斯斯坦籍教师分布不均，仍然是汉语教学工作进一步发展中不容忽视的问题。

（3）学习者成绩考核与检验

①常规考试与考核

作为汉语教师教学工作中的重要环节，考试对于提高学习者学习热情，检验学习成效，具有重要的作用。汉语课程在吉尔吉斯斯坦的学校通常有考试和考核两种形式。考试为 5 分制，3 分以下不及格，3 分合格，4 分良好，5 分优秀。考核由任课教师填写合格或者不合格，没有具体的分数。任课教师根据学校或教研室汉语课程要求，对学生进行测试。大学每年组织 4 次期中考试，分别在每年的 3 月、6 月、9 月和 12 月，学期末组织期末考试。中小学一般在课程结束时考试。孔子学院培训班的教师一般由个人直接拟定考试形式与试卷。

考试的形式主要为口试和笔试，需任课教师在学校的规定范围内自己组织并出试题。通常试题分 AB 两套，题目相同，顺序不同。每年教育部会对各校的试卷和教学计划等进行检查。

②汉语水平考试、少年汉语水平考试、汉语口语水平考试

吉尔吉斯斯坦国立民族大学孔子学院于 2009 年获得中国国家 HSK（汉语水平考试）和 YCT（少年汉语水平考试）考试资格。每年定期举办 HSK 考试和 YCT 考试，仅 2012 年参加汉语水平考试人数就达 2000 人次之多，并且报名人数呈大幅递增趋势。2013 年 5 月 12 日，HSKK（汉语水平口语考试）也首次在吉尔吉斯斯坦国立民族大学孔子学院开设考点。多元化的考试模式，极大地激发了学生学习汉语的积极性，也为学习者提供了检验汉语学习成果的平台。2014 年，中国国家汉办召开全球汉语水平考试海外考点工作大会，吉尔吉斯斯坦国立民族大学孔子学院荣获“全球先进考点”，受到表彰。

考试报名前的宣传、报名材料收集与信息录入、考试过程中的监考、考试结束后的材料提交，都是汉语教师的重要工作。作为汉语学习者水平的重要检测标准，学习者成绩为汉语教师的日常教学工作也提供了有益的指导。参与考试工作，了解考试的具体流程，能够使汉语教师在课堂教学中有侧重地训练学习者的汉语言能力，从而有针对性地提高汉语教学的效率。

③比赛

比赛是检验汉语学习者学习进展与汉语水平的重要机遇，学习者获奖也是汉语教师最大的荣誉与最突出的教学成果。作为汉语教学工作的检验方式之一，有意识地将汉语言水平与中国文化糅合在一起，其宣传与展示的效果，远大于展览、讲座、演出等常规宣传活动。

吉尔吉斯斯坦国立民族大学孔子学院多次成功举办“汉语桥”世界大学生、中学生中文比赛吉尔吉斯斯坦赛区预选赛。此外，历年来各式各色的汉语比赛，已经成为汉语教师的常规工作。这些工作不仅包括辅导学生，同时还包括组织暖场节目、赛间表演、赛场布置、赛间催场、赛后清理等一系列相关工作。与文化活动开展流程相同，不过，孔子学院对于比赛的要求标准会更为严格，参与相关工作的教师也需更具责任意识。

2. 文体方面

教师的文体工作，通常由孔子学院院委会确定每项工作的负责教师。之后，负责教师撰写活动计划、分工、日程安排，经院委会审批后，在例会中告知相关教师，并召开活动相应的协调会。活动顺利举办后，召开活动总结会，负责教师撰写总结。

吉尔吉斯斯坦国立民族大学孔子学院院委会在指定各项活动负责教师时，会综合考量教师的个人能力、水平和工作量，每位教师在经历负责由简单到复杂的活动或项目后，个人组织与协调能力都获得了一定程度的提高。活动后期的总结，又为其他教师提供了有益的参考。

在学院教师的共同努力下，2014 年度吉尔吉斯斯坦国立民族大学孔子学院共开设八类中国文化艺术兴趣班，培训学员 733 人次。同时，举办文化活动八十四次，受众达 23440 人次。其中，讲座、研讨 22 次、节日庆典/文艺演出 21 次、展览 10 次、汉语桥比赛 2 次、各类文化体验活动 29 次，国内外各媒体发表或转引相关新闻 198 次。吉尔吉斯斯坦国家电视台等当地媒体多次对各类文化活动进行报道。孔子学院完成了“孔院宣传片”和《五周年画册》制作工作。

其中，最为突出的为孔子学院建院十周年，吉尔吉斯斯坦国立民族大学孔子学院五周年系列活动。在吉尔吉斯斯坦国家剧院举办“吉民大孔院成立五周年庆典”，在多个城市举行了系列中国文化体验与书展活动，受众达 4000 人次。吉尔吉斯斯坦国家电视台、地方电视台、新华社做了全程报道。其次为“吉尔吉斯斯坦第二届孔子学院名人讲坛”活动，邀请上合组织前秘书长、中国驻吉大使参赞、吉前驻华大使、国内书画界专家为学生们进行了精彩的讲座。再次为吉尔吉斯斯坦国立民族大学孔子学院与吉尔吉斯斯坦武术协会合作举办首届孔子学院杯武术大赛。

相对于教学工作来说，文化工作较难进行量化。教师们参与或组织的活动，吉尔吉斯斯坦国立民族大学孔子学院进行了系统归类与存档，一方面，为后期活动开展提供了最直观的参考资料，另一方面，为教师个人发展与业绩评估提供了明确的依据。

3. 科研方面

作为研究型孔子学院，教师不仅仅要在教学上成绩突出，同时在科研方面也要有所建树。教学与科研从来都是不分家的。教学与科研相辅相成，相互提升。孔子学院理顺了教学与科研的相互关系，因此积极鼓励教师从事科学研究工作。2014 年，吉尔吉斯斯坦国立民族大学孔子学院教师共完成学术论文 14 篇，在研课题 4 项。这一方面提升了孔院教师的科研积极性，同时，也通过科研发现孔子学院在教学方面还存在哪些不足，从而在日常教学中有意识去改进，提升孔子学院的教学质量。

2014 年 2 月 22 日，吉尔吉斯斯坦国立民族大学孔子学院召开了“中小学汉语教学大纲制订研讨会”，希望把汉语作为吉尔吉斯斯坦中小学第四种外语教学写入教育部教学大纲。同年 6 月 21 日，召开了“汉语教学本土化探索与实践”国际研讨会，就探索汉语教学本土化发展进行了研讨。在吉尔吉斯斯坦本土汉语教材开发的理论和实践基础上，参与《中小学汉语教材（吉语版）》的编写工作。

自 2013 年起，吉尔吉斯斯坦国立民族大学孔子学院开始研究世界多国语言机构在吉尔吉斯斯坦大学、中小学及培训机构的运行现状，以世界多个国家在吉尔吉斯斯坦的语言推广与传播为切入点，从美国、法国、德国、日本、韩国、土耳其、伊朗等多个国家的语言机构具体开展情况出发，考察吉尔吉斯斯坦第二语言教学机构的运行现状，进一步深入了解了吉尔吉斯斯坦的第二语言教学分布与开展情况。在吉尔吉斯斯坦国立民族大学孔子学院的院长马磊督导下，共有三十余名中吉汉语教师参与课题翻译、调研与成果撰写。该项课题成果为中亚地区第二语言教学研究提供了实地素材，为汉语国际教育事业在吉尔吉斯斯坦进一步发展提供了重要的参考资料，为孔子学院的建设与发展提供了基础资料。

4. 社会活动

吉尔吉斯斯坦国立民族大学孔子学院教师除教学、科研和文化传播活动外，还承担了一些社会层面的工作，这些工作是对汉语教学工作的有力补充，同时也扩展了教学研究的视野，通过社会活动的锻炼，使得孔院工作更加充实。下面分别对开展公益等社会活动等方面的工作进行论述。

（1）公益活动

孔子学院作为我国设在海外的中华文化传播实体，融入当地文化显得尤为重要，不然会出现水土不服的现象。作为孔子学院传播中华文化的精髓，那就是“仁爱之心”，因此，从事当地的公益事业，不仅能够提升孔子学院自身的良好形象，而且间接传播了中华民族的优秀文化，热心公益，关爱他人，这比直接的文化教学活动所起到的效果还要显著。吉尔吉斯斯坦国立民族大学孔子学院多年来不断加强与当地社区的联系，参与吉尔吉斯斯坦的社会公益活动，拓宽了孔子学院的服务功能。在实现中国文化推广的同时，树立了积极的正面形象。吉尔吉斯斯坦国立民族大学孔子学院每年组织教师赴当地医疗机构献爱心，捐赠电器设备，帮助患者们度过人生中最困难的日子。同时，每年教师们分批赴当地的孤儿院，赠送中国文化小礼品，开展公益宣传活动。

（2）社会实践活动

由于孔子学院这一中吉文化交流友好使者牵线搭桥，中吉之间文化交流变得更加通畅。孔子学院作为中方派出机构，在签证、会议、接待等方面可以为双方提供诸多便利。如吉尔吉斯斯坦国立民族大学孔子学院在2014年组织“教育工作者赴华考察”18人次、“本土汉语教师赴华培训”30人次、“大中学生暑期夏令营”200人次，赴新疆乌鲁木齐进行了考察和培训。孔子学院近年来协助91名优秀大中学生获得各类奖学金，赴北京交大等17所高校学习。其中，孔子学院奖学金半年生17人、一年生25人，本科生10人、汉硕生17人，共计69人。奖学金工作成为了汉语教学工作中重要的组成部分，在诸位教师的宣传与组织中，学习者和各合作院校对于汉语教育事业的进一步发展表现出更为积极的态度。

此外，在中国国家汉办孔子学院总部将孔院打造成文化交流综合性服务平台的指示下，吉尔吉斯斯坦国立民族大学孔子学院不断拓展业务范围，在吉开展各类文化交流活动的同时，为中国驻吉企业服务，为中国政府部门、国内高校和研究机构提供接待与协助服务。这也凸显了孔子学院不仅仅是教学单位，更是一个文化的纽带，这个纽带把两国文化联系得更加紧密，为两国文化交往交流提供便利，这才是孔子学院应当承担的角色，传承文化，促进交流，增强理解与互信。

（三）吉民大师资培训概况

对于中吉两国孔子学院教师进行必要的培训工作，有助于提升孔院教师尽快适应孔院教师的角色定位，同时还有助于提升教师的教学水平和质量。这对于教师今后的成长至关重要。中方和吉方培训的内容和方式虽然不尽相同，但都是为了孔子学院的发展着想，下文分别介绍一下中方和吉方教师培训的基本情况。

1. 中国籍汉语教师培训工作

针对吉尔吉斯斯坦国立民族大学孔子学院的中国籍汉语教师培训，根据实施培训的时间不同，可以分为入职培训，日常培训与假期培训。

（1）入职培训

入职培训是为了让教师更好地适应孔院教师角色，进入到教学情境，从而入乡随俗，为有序开展工作做保障。培训的内容更多是与孔院日常生活、教学等相关事务，对于刚入职教师而言，十分有益。入职培训需以新、老汉语教师交流的形式进行，主要包括以下几个方面：①管理规章制度。就中国国家汉办《汉语教师工作管理办法》《吉尔吉斯斯坦国立民族大学汉语教师管理条例》对汉语教师展开培训。各汉语教师需明确了解各项管理规定，严肃纪律，保障各汉语教学点工作顺利进行。②安全须知。学习《吉尔吉斯斯坦汉语教师安全须知》，并分小组讨论安全须知中的内容，提高各汉语教师的安全意识，保障任职期间的人身安全。③汉语教学实务。吉尔吉斯斯坦孔子学院的发展历程，当前特点与人员分布、相应负责人联系方式，学生特点、汉语课堂教学方法、课堂组织与管理等各类汉语教学相关知识，说明对教学工作的具体要求。④吉尔吉斯斯坦国情与民俗。请富有吉尔吉斯斯坦生活经验的汉语教师以讲座形式，介绍当代吉尔吉斯斯坦的政治、经济、文化、人民生活与风俗习惯等各类知识，并以回答问题的方式与各新赴任汉语教师志愿者展开交流，帮助新赴任教师尽快融入当地生活，完成跨文化适应。⑤生活与教学基本用语。学习生活与教学必需的俄语和吉尔吉斯语，了解当地问候、交流与告别方式。⑥赴任与离任的各类手续。了解赴任、离任需要填写的各类表格、需提交的各类材料与办理的各类手续，包括签证、劳动卡等的办理。⑦分组。培训最后为新教师安排接待教师，带队负责，安排购买生活物品，并为其答疑解惑。

（2）日常培训

日常培训主要针对孔子学院教师的业务水平进行有针对性培训。这一阶段的培训进入到实操阶段，真正进入了教学一线，发现问题，找出差距，提升水平。日常培训的主要形式为选取部分教师，进行公开课展示，各位教师在一同听课与评课的过程中相互交流。对于文化活动的每次计划、总结例会，也是日常培训的重要组成部分，对于教师提高组织能力，深入了解学院工作，提高个人业务水平具有重要的意义。同时，组织相对较为年轻的、缺乏经验的教师听课、评课，并填写听课表，每月至少集中评课一次，同时鼓励年轻教师上示范课，通过交流与讨论，不断发现问题，提高志愿者授课水平。

（3）假期培训

假期培训更多的是为了提升孔子学院教师的生活情趣，提升其入乡随俗的能力，通过培训缓解压力，因此，这一阶段培训选在了假期，给教师以宽松的环境。假期培训则选择在休息时间，通过灵活多样的形式，可以是文化体验，可以是拓展活动，也可以是生活技能培训，通过假期培训，能够提高教师工作的积极性，也是对跨文化适应过程的有力支撑。

2. 吉尔吉斯斯坦籍汉语教师培训工作

（1）吉国汉语教师培训总体情况概述

吉尔吉斯斯坦国立民族大学孔子学院将培养优秀的本土汉语人才与本土教师，作为汉语教学在吉尔吉斯斯坦实现可持续发展的重要目标。为此，学院采取本地培养为主，辅以赴中国集中培训两种方式，促进本土教师的数量和语言水平不断提高。学院集中优质教学资源，设置常规本土师资培训课程，以本土汉语教师培训班的形式开展本地培养工作。并在每次培训后，收集反馈信息，综合合作院校意见，逐步提高汉语教师培训的水平和效果。多年来，学院组织各类培训活动十余次，约 250 人次本土教师受益，选送到中国参加各类进修学习的本土教师人数近 500 人次。此外，还长期开展中吉双方教师“一帮一结对子活动”，促进不同国籍教师间相互学习，共同进步。

同时，邀请吉国国内知名专家、学者前来讲学、交流，举办孔子学院名人讲坛的常规活动，丰富吉尔吉斯斯坦籍汉语教师不断提升自我的渠道。作为中方共建方，中国新疆师范大学代表团多次来访考察，与吉尔吉斯斯坦国立民族大学交流经验。同时，中国新疆师范大学每年还承担培训吉方本土教师的重任，为孔子学院师资发展保驾护航。

据统计，2014 年度吉尔吉斯斯坦国立民族大学孔子学院共组织“教育工作者赴华考察”18 人次、“本土汉语教师赴华培训”30 人次，并推荐一名优秀本土汉语教师 MIDIN KYZY AIGUL 参加“孔子新汉学计划”的“来华攻读博士学位”项目申报，该教师后被北京语言大学录取。注重本土教师的培养是传播中华文化的长久之策，培养知华、懂华、爱华的本土教师有助于中华文化更好地传播，以他们的方式更易被当地人所接受，因此，孔院也把这一项工作摆在了十分重要的位置。

（2）吉尔吉斯斯坦籍汉语教师培训主观感受与需求

培训要注重实效，一定要契合吉方汉语教师的特点，开展有针对性的培训工作。为了提升培训效果，2015 年 1 月，中方在组织吉尔吉斯斯坦国立民族大学吉中学院本土汉语教师培训后，对参与培训的 23 名吉尔吉斯斯坦籍汉语教师展开座谈式调查。调查共发放问卷 23 份，回收问卷 23 份，有效回收率为 100%。被调查吉尔吉斯斯坦籍教师年龄最大为 22 岁，最小为 32 岁，平均年龄为 25.8 岁。

①参加培训的基本情况

通过问卷分析，以往参加过类似培训的教师有 18 名，占参加培训教师比例为 78.3%；从未参加过相应培训的教师 5 名，占参加培训教师比例为 21.7%；从参加过培训的教师反映的情况来看，在吉尔吉斯斯坦参加过培训的占 41.2%，在中国参加过培训的占 23.5%，两地都参加过的占 35.3%。培训满意度为 100%。

其中，参加培训形式上，脱产培训的占比为 17.6%，半脱产的占比为 23.6%，业余的占比为 23.6%，三种形式均参加过的占比为 11.8%。每年参加一次培训的占比为 76.5%，每年两次的占比为 23.5%。每期培训时间最长为两个月，最短为两到三天。

开展培训的机构为中国国家汉办的占比为 23.5%，为吉尔吉斯斯坦国立民族大学孔子学院的占比为 11.8%，为所在单位的占比为 23.5%。培训内容设置为多项选择，其中，针对某种教材使用的培训所占比例最高，占比为 64.7%；其次为汉语听说及汉语教学、教育学知识，各占 58.8%；再次为中国文化，占比为 52.9%；汉语基础知识与课堂授课教学方法与形式两项各占比为41.2%；最后，汉语教学心理学知识占比为11.8%；当代中国相关知识则无涉及。

通过上述培训基本情况可以看出，中方针对孔子学院吉方本土汉语教师的培训力度较大，很多教师都不止一次参加中方组织的培训。可见对吉方本土汉语教师的支持力度之大。就前期培训开展的情况来看，吉尔吉斯斯坦国立民族大学开展本土师资培训基本上可以弥补当前缺乏当代中国相关知识的空白，具有一定的潜力。

②培训基本需求

对于吉尔吉斯斯坦籍汉语教师的培训，应该本着缺什么补什么的原则，同时适当扩充文化感性认知。具体而言，倾向于汉语言知识为主，辅以汉语教学理论与方法的短期培训，可以适度增加文化课程。（详见表7-12）

表7-12 吉尔吉斯斯坦籍汉语教师培训需求

需求项	百分比
汉语言知识（包括拼音、汉字、语法等知识）	65.0%
汉语教学理论和方法	43.5%
中国剪纸、书画、手工制作文化课知识等	34.8%
长期培训	26.0%
短期培训	34.8%
脱产培训	4.3%
半脱产培训	0%
业余时间（工作间隙、下班时间及休息日）培训	21.7%

通过调研发现，大部分本土汉语教师对培训形式没有明确的需求意向，不过内容方面则较为倾向于汉语言基础知识，这在培训意见与建议的反馈中也有明显体现。对于本土汉语教师培训的具体意见与建议中，所有教师均认为培训非常有必要，且期待能够多一些这样的机会。17.4%的教师表示希望培训侧重于汉语基础知识的专项学习，比如语音、语调、语法或近义词等。13.0%的教师提出期待关于课堂管理与教学法的培训，比如课堂游戏，如何吸引学生的注意力，如何激发他们的汉语学习热情等。4.3%表示希望有中国文化与典故等汉语背景知识的培训，提高培训开展过程中

的趣味性。其他建议还包括：在培训前先可以考察本土师资需求，设置具有针对性的培训课程，多举办讲座形式的培训，介绍有关中国与汉语的各类新资讯等。

从以上可以看出，虽然本土汉语教师对于培训没有十分明显的倾向，但是从吉国本土教师的关注点和兴趣点来看，吉国本土教师比较倚重汉语基础知识的学习，与上文提到的吉国本土教师更多注重课堂翻译教学理论相一致，因此打开吉方本土教师心扉，多从培养学生自主学习和教师启发学习入手，开展多元教学，从而提升吉国本土教师教学水平，提升吉国本土教师对中华文化的感知力和理解力。

（3）教师工作情况与培训前景期望

从本土教师工作中的实际情况来看，在教学工作开展中，吉尔吉斯斯坦籍汉语教师主要教授综合课和翻译课，各占比为56.5%；其次为阅读课和听说课，分别占52.2%与43.5%；再次为写作课和口语课，分别占30.4%与8.6%；最后，没有分课型的占4.3%。

除课堂授课外，吉国本土汉语教师参与其他工作的具体情况见表7-13。大部分本土教师单纯从事汉语课程授课的工作，相当一部分教师负责组织汉语知识竞赛、参与中国文化展览或者讲座、辅导学生表演中国文化节目、参与汉语的相关竞赛或翻译等工作，极少部分教师参与了科研工作。

表7-13　吉尔吉斯斯坦籍汉语教师教学外其他工作参与情况

项目	百分比（%）
汉语知识竞赛等活动的组织	39.1
中国文化展览或者讲座的组织	39.1
对个别学生课外辅导	21.7
辅导学生在一些文艺活动中表演中国文化节目	30.4
辅导学生参加“汉语桥”等知识竞赛	21.7
翻译	21.7
科研	4.3
无其他工作	65.2

对于吉尔吉斯斯坦本土教师，学校也设置了一系列评估指标，针对本土教师的评估，一方面是为了提升本土教师的工作积极性，另一方面也是

为了检验本土教师汉语教学实际效果如何。吉尔吉斯斯坦籍教师所在院校均进行评估，评估标准见表 7-14。吉尔吉斯斯坦籍汉语教师所在院校的评估，最直接的标准是学生汉语知识的掌握情况，其次为教师自身的教学方法和汉语水平，再次为学生的学习兴趣、就业与升学情况，最后为学生出勤率、汇报表演和家长的反应。

表 7-14　吉尔吉斯斯坦籍汉语教师所在院校评估标准

项目	百分比（%）
学生对汉语知识的掌握情况	43.5
汉语教学方案	30.4
教学方法	43.5
口语水平和发音	34.5
学生的学习兴趣	30.4
学生的就业情况	25.8
学生的升学情况	12.9
学生的出勤率	8.6
学生的汇报表演和家长的反应	8.6

将吉尔吉斯斯坦籍汉语教师当前的工作状况，所在院校的评估标准与培训需求及前期参加过的培训情况结合来看，当前，吉国本土汉语教师面临两大最迫切问题：一是如何更好地帮助学生学好汉语，获得更好的个人发展；二是如何提高自身的汉语基础知识水平与教学技能，获得个人更好的职业前景。这些对于未来培训的展望，也为中方以后举办类似的培训提供了重要的参考信息。

3. 中吉两国汉语教师培训的考核与评估

考核与评估是对培训工作实效的检验，因此至关重要。对于吉尔吉斯斯坦籍汉语教师的考核与评估，在前一部分已经结合培训进行了分析，在此不再赘述。

针对中国籍汉语教师的考核，主要有两种形式，一是日常教学评估，二是年度考核。在日常教学中以不定期随堂抽查，学习者、管理者随访为两种主要形式，通过考核确定汉语教学工作中存在的问题，通过单独谈话的形式，不断提高教师教学水平。同时，在考核中发现的大部分教师共同存在的问题，能够为教师交流与相应培训提供依据，在制定培训计划时，能够加入相应的内容，从而使汉语教学工作取得更好的成效。

针对孔院中方教师的年度考核主要以日常考核为依据，参考教师填写的年度考核表，由吉尔吉斯斯坦国立民族大学孔子学院院委会组织完成考核工作，同时配合中国国家汉办、中国新疆师范大学的考核与检查工作。年度考核评优则根据中国国家汉办汉语教师管理的相关规定。志愿者方面，如果一年派往 1 个国家的志愿者数量超过 10 人，可按照不超过 10%（艰苦地区不超过 15%）的比例评选优秀志愿者。优秀志愿者候选人要求在任教期间未发生任何违反中外法律法规、违反汉办和任教机构规章制度的行为，工作积极主动、乐于奉献、具有突出贡献。符合条件者可填写《优秀汉语教师志愿者申请表》，提交给任教机构，任教机构出具意见后，提交到中国驻外使领馆/汉办代表处或管理教师审核，如有条件，可组织志愿者用投票等方式进行评选，推荐人选将报汉办审批，并最终确定人选。中国籍汉语教师配合新疆师范大学的相应教师评优工作，依照相应具体标准，公平、公正地推荐志愿者参与评优。

正是中方重视对于中方教师的考核与评估，注重平时与年终考核相结合的方式，一方面能够在平时提升其教学质量，另一方面也能够给予优秀教师以激励，两种考核方式的结合，才使得吉尔吉斯斯坦国立民族大学孔子学院取得了优异成绩，受到了孔子学院总部和国家汉办的表彰。

（四）孔子学院汉语师资建设新思维

1. 宏观层面

从吉尔吉斯斯坦国立民族大学孔子学院的整体分布方面来看，教师的来源较为丰富，可是分布到各教学点与孔子课堂的数量有待增加。中国籍教师较为缺乏，尤其缺乏经验丰富、职称高的教师。吉尔吉斯斯坦籍教师体现出分布不均衡的特点，大学师资相对中小学较为丰富，总体数量亦不能满足当前汉语教学工作开展的需要。

在教师分工与调配中，对于吉尔吉斯斯坦籍汉语教师的分配量可以适度增加，假如能够对本土汉语教师的工资和收入水平有所改善，必然将更好地促进汉语教育事业在吉尔吉斯斯坦的长远可持续发展，实现汉语教学本土化。

2. 微观层面

教学工作开展的方面，中国籍汉语教师的工作种类较为丰富，除教学、科研和文体活动外，还参与社会公益等工作；吉尔吉斯斯坦籍汉语教师工作则相对较为单一，尤其是科研方面的参与度有待提高。培训方面，中国籍教师的培训效果应与考核评估建立更为密切的联系，吉尔吉斯斯坦籍汉语教师的培训数量、质量，都有很大的提升空间。考核、评估与教师个人发展及绩效未建立直接联系。

3. 深层成因分析

解决汉语教学中师资方面所存在的问题，必须把问题放到吉尔吉斯斯坦的整体大背景中，探讨吉尔吉斯斯坦在整个汉语教学工作开展过程的背后，所存在深层次问题的原因。

（1）制度层面

吉尔吉斯斯坦汉语教学方面的法律和法规不健全，相关体制不完善，有关部门所采取的政策措施不到位。

吉尔吉斯斯坦当地汉语教师的招聘无法实现公平、公正、公开，缺乏统一的招聘和资格审核体制，教师资源调配不均衡。汉语教师的实际授课情况考核，缺乏与绩效间的联系；为提高教师实际水平而开展的培训工作，缺乏相应的培训体制；汉语教师的实际工作和工资水平之间，缺乏合理绩效的评估体制。由于学校缺乏相应的教师管理体制，基本上大多数当地汉语教师工作积极性不高。对于中国籍教师和汉语教学中的外国籍教师，亦缺乏相应的规章制度。大部分学校对学生的管理体制不健全，致使汉语课堂教学工作受到影响。

汉语教学工作的开展和实施，教育部门所采取的政策不到位，对于汉语教学的课程开设与安排、课堂授课情况、文化活动开展情况、环境和基础设施方面，应提供更有效的政策支持。吉国经济部门对大学和中国企业之间的交流与合作，缺乏相应的机制支持。而当地政府，则缺乏支持汉语教学工作开展，解决学生实习、就业等问题的相应政策。

（2）经济层面

整个吉尔吉斯斯坦汉语教学工作的开展，离不开中国政府、中国国家汉办和中亚汉推基地的资金支持。但是，中国方面的支持，目前为止仍然难以改善汉语教学在吉尔吉斯斯坦的开展状况，如何改善吉尔吉斯斯坦籍汉语教师的收入水平与生活状况，是限制本土师资队伍建设的重要瓶颈。

（3）管理层面

各合作院校对教师和学生的管理缺乏相应的管理技术支持，是当前吉尔吉斯斯坦汉语教学管理层面的主要问题。大部分吉尔吉斯斯坦的学校缺乏相应的人力资源管理部门，无法充分发挥管理的作用，实现管理效能的最大化，从而更好地促进汉语教学工作的发展。

吉尔吉斯斯坦国立民族大学孔子学院，除本部的汉语教学点以外，与吉尔吉斯斯坦全国范围内的十多所大学之间签订了协议，协议内容涉及汉语教学各方面的多种合作关系。对孔子学院来说，应妥善管理汉语教学在吉国各地的合作事务，合理管理派往各校的中国籍汉语教师，在管理中促进汉语课程建设和汉语教学活动的发展。

在管理方面，孔子学院中方如何将当地优秀工作人员吸收进汉语教学的队伍，如何通过管理充分发挥各类工作人员的特长，如何在合作关系中妥善解决吉尔吉斯斯坦某些管理漏洞带来的问题，如何监管财务在当地汉语教学开展中的实际应用情况等，都是不容忽视的问题。

（4）人事层面

人事层面，本土汉语教师大多数缺乏教学经验，对汉语教学的认识部分存在偏差，专业知识和教学水平有待提升。如何改善当地教师学历水平单一的分布状况，合理培养优秀的当地汉语教师，完善汉语教师的知识结构，改善汉语教师的生活状况等；如何合理安排中国教师的工作，提高中国教师的适应能力和中介语水平，减轻工作和生活中的心理压力等，是人事方面最主要的问题。

同时，应提高中层管理人员的能力和素质，对汉语教师进行有效管理。中层管理者能够发挥桥梁作用，对高层领导的指示合理安排，对汉语教师和相关工作人员与各类资源合理调配，在汉语教学工作中发挥重要的作用。可以尽可能地选拔授课能力强，组织能力突出的当地汉语教师进入管理层，与中国汉语教师及管理者适时开展相互交流、互相学习的培训活动，提高教师的专业能力和授课水平，同时也提高管理者的组织和领导能力。

在人事方面，除了培养汉语教师和管理者以外，还应当加强各类工作的分工，根据汉语教学工作的需要，培养当地工作人员的同时，根据各工作人员的特长和优势，安排适当的岗位，为汉语教学工作开展提供人力资源网络和后勤保障力量。

（5）科研层面

吉尔吉斯斯坦的科学研究层面相对比较落后，汉语教学研究方面的研发力量不足，相应的研究成果匮乏，汉语教学所使用的硬件设施陈旧。合理地促进吉尔吉斯斯坦汉语方面研究工作的开展，改良汉语教学所使用的硬件设施，是从该层面上促进汉语教学工作发展的有效方式。

科研方面的问题，会导致吉尔吉斯斯坦汉语教学的学科发展受限制。与汉语乃至与中国相关的研究成果不够丰富，对当地的汉学家、中国方面的学者及汉语教师的相关研究工作无法促进，汉语教学学科的地位在各学科领域中无法受到相应的重视，也无法引起相关管理部门的注意，严重制约汉语教学未来的发展特别是学科建设和专业设置等。与汉语教学的相关研究成果有限，无法充分发挥理论对汉语教学实践的指导作用，必然无法提高汉语教学工作的整体水平，改善课堂授课和中国文化活动开展的情况。

汉语教学的专家和学者应多进行本学科的研究，同时还应当多与心理学、教育学和社会学等其他学科领域的专家和学者合作、交流，为汉语教学工作的发展提供有针对性的，对实际教学工作有指导意义的科研成果。

随着吉国经济的发展和各项基础设施的不断改善，如果汉语专业领域与吉尔吉斯斯坦其他相关领域的专家学者合作，开发出适合当地学习者使用的汉语学习相关软硬件，会使汉语教学工作有突破性的发展。比如，研发汉语的语音练习软件，研发多媒体互动的课堂游戏软件，汉语学习的手机应用程序等。

4. 师资建设新举措与存在问题应对之策

吉尔吉斯斯坦国立民族大学孔子学院继续坚持“教文兼顾、综合发展、凝练品质、仁爱友善、和而不同”的办学理念，将汉语教学和中吉文化交流作为工作重心，同时注重推进各项工作的本土化进程，取得了一定成效。近年来，孔子学院在科研合作与师资管理方面都取得了很大进展，取得了积极成效。

在人事和管理方面，是否能适度拨款，设立一套选拔当地汉语教师和管理者的标准，组织相应的外籍汉语教师资格考试，建立统一的，公开、公正、公平的招聘、监督、培训和评估体系，提高汉语教师的收入水平。

（1）增派经验丰富的汉语教师

中国国家汉办是否能增加派遣中国有经验、有文化特长的汉语教师数量。在汉语教师赴任之前，应进行更有针对性的培训，帮助汉语教师尽快适应当地的工作和生活。在教师赴任之后，明确对教师工作的奖惩措施，对教师的超额工作量、突出的工作成果表示肯定。同时，设立新项目，建立对本土优秀汉语教师的选拔招聘体系，更多地吸收本土优秀汉语教师，并增大对当地教师的培训力度，提高当地师资水平，强化师资队伍。

（2）完善管理评估体系

吉尔吉斯斯坦国立民族大学孔子学院带领各合作院校，加强教师管理方面的交流与合作。在孔子学院和当地学校之间，努力形成一套对汉语教师的管理和评估体系，对汉语教师的工作起到监督促进的作用，同时提高汉语教师的工作热情，妥善解决汉语教师在吉尔吉斯斯坦缺乏归属感的问题。在校内对汉语教师工作进行合理评定，设立一定的奖惩机制。对教师的科研成果表示肯定，并给予一定的奖励，适度制定汉语教研室的科研任务，促进汉语教研方面的发展。

（3）本土志愿者和汉语教学人员适度增加

适度发展本土汉语教师志愿者与汉语教学工作人员，并对当地汉语教师开展相应的授课能力与授课水平的相应培训。在壮大汉语教学队伍的同时，尽可能地保留已经加入汉语教师群体的成员，并对汉语教师进行培训，提高汉语教师的专业水平和授课能力。培训可在教师的业余时间进行，贯穿汉语教师的职业生涯，持续进行。可选择汉语言基础知识、课堂组织管理、教学方法等受教师欢迎的，在教师实际工作中急需的内容，以提高教师的授课能力和专业水平。

三、吉民大孔子学院文化传播新实践

（一）吉尔吉斯斯坦孔子学院汉语教材使用概况

吉尔吉斯斯坦是一个高等教育较为普及的国家，一直延续苏联的教育体系。1991 年独立后，其高等教育发展比较迅速，截止到 2010 年，吉尔吉斯斯坦共有高等院校 52 所，在校生 23 万多人，每年有 80%以上的高中毕业生直接进入大学继续深造。[①]随着吉尔吉斯斯坦与中国在经济、贸易、交通、能源、文化、教育等领域的进一步广泛交流与合作，汉语热在吉尔吉斯斯坦不断升温。开设汉语课（包括汉语专业与一外和二外汉语）的高校已占到该国高校的 90%之多，在吉尔吉斯斯坦高校，汉语已成为仅次于英语的一门备选外语。

在汉语国际教育大力开展的同时，教材紧缺问题、适宜问题一直十分棘手，亟待解决。作为目前吉尔吉斯斯坦汉语教学不可或缺的一部分，就汉语教材使用现状展开调查极为必要，其宗旨在于更好地了解汉语教材使用的实际情况，为吉尔吉斯斯坦汉语教学的决策与教材的编写和发行提供依据。

对吉尔吉斯斯坦国立民族大学孔子学院汉语教材使用的调查分析，主要从高等院校和中小学两方面入手。鉴于吉尔吉斯斯坦高等院校汉语教材在使用过程中存在变动性大等情况，仅以笔者调研期间（2009 年 9 月至 2010 年 5 月；2012 年 1 月至 2013 年 6 月；2014 年 1 月至 2015 年 1 月）了解到的汉语教材使用情况展开研究。

1. 孔子学院所属教学点汉语教材使用情况

在孔子学院所属教学点，包括吉尔吉斯斯坦大部分高校，学生缺乏汉语教材是一个棘手的问题。在教学过程中，有的老师要求学生复印课本，则其班里若干名学生有复印的课文；有的则不要求，班里几十个学生，没

① 范祖奎，易红. 吉尔吉斯斯坦高等教育现状调查研究[J]，新疆社会科学，2011（4）.

有一个有复印的资料，甚至有的班级的学生一个学期都没有可用的复印教材。朗读课文的时候，老师把自己的课本往学生面前一放，一个学生读完了，再拿到另一个学生面前，如果课堂时间充裕，可依次读一遍。在当地任教的老师反映“学生空着手，一个学期就上完了”这种现象很普遍。奥什国立大学的本土汉语教师吉勒德斯老师给一年级学生采用的是《汉语新目标》第 1 册，给二年级学生采用的是《初级汉语教程》(张俊翔编，莫斯科出版)。学生学习这两套教材，如果手中无复印的课文资料，其学习效果必大打折扣。当访谈到对学生有无教材的看法时，她说:“我担心学生说我(强行推销教材)，所以不（能要求学生）复印，（只有）我有。”笔者在调研过程中发现吉尔吉斯斯坦国立民族大学国际教育一体化学院东方系二年级一个班，当天上课的有 16 名学生，其中有 8 个学生带教材，是当时笔者所见到的拥有课本数量相比较而言最多的班级。

至于学生复印教材的情况也并不理想。笔者自己班的学生基本上都是上一课复印一课。每次上新课之前，总有学生需要借教材前去复印，致使备课均受到影响。有的学生事先能及时复印准备好，有的学生新的一课开始了，或都上了一半了，还没复印好；有的只复印了课文部分，不复印课后练习部分；有的学生会把复印好的课文整齐地夹在文件夹里，有的则是凌乱地放在一起，用时翻找半天，很是费时。笔者教过的五年级的学生中，一个学期只有两名学生课前复印过一篇课文，而讲授此篇课文时，这两名学生却将该篇课文复印件遗忘在家里。由于很多学生不愿复印教材，加之缺勤，常常使得课文内容无法按进度讲授，无奈之下，老师只得改变授课内容和形式，将课文内容重复抄写于黑板之上。总之，学生没有教材，课后复习、预习之类的学习活动均无从谈起。

2008 年 6 月 15 日，由中国新疆大学与吉尔吉斯斯坦比什凯克人文大学合作共建的孔子学院正式挂牌。2009 年 5 月 14 日和 2013 年 6 月 20 日，由中国新疆师范大学与吉尔吉斯斯坦国立民族大学合作共建的国立民族大学孔子学院和奥什国立大学孔子学院正式挂牌。三所孔子学院的建设，促使汉语国际教育得以快速发展并呈现多元化发展趋势。要研究吉尔吉斯斯坦的汉语国际教育与教学及教材使用情况，首先应着眼于孔子学院的汉语教学及教材使用情况。因为孔子学院所属教学点的汉语教学在吉尔吉斯斯坦的汉语教育市场占有了相当大的份额。

2. 吉民大孔子学院教学点（高校）汉语教材使用情况

通过表 7-15 所反馈的信息，通过吉尔吉斯斯坦孔子学院所属教学点教材和学生使用汉语教材的现实状况，可总结出包括孔子学院在内的吉尔吉斯斯坦高校汉语教材使用的基本情况与若干特点。

（1）不同的教材体系逐步趋向统一

当前开展汉语教育与教学的高等院校所使用的教材种类多样，有来自中国的，也有来自苏联时期和俄罗斯的，还有的是教师在当地自行收集资料整理的。[①]这就造成一种局面，同一院系的汉语教师使用的教材体系不同，甚至即使是同一年级的班级，采用的教材也不同。种类多样的教材尽管给教师提供了多种选择的可能，但也存在一定的弊端，即同一院系教材不统一、不配套，使用混乱；各任课教师自行决定教材，由此造成一系列问题，如课型随教材而定，教材类型不同，相应的课型也不同。使用《汉语口语 301 句》的，很自然地课型也随之发生了改变，变成了口语课。考试内容和形式各不相同，在评价学生学习与教师教学的质量和效果方面，标准也不同。

面对教材使用“各自为战”的局面，吉尔吉斯斯坦国立民族大学国际教育一体化学院采纳中方任课教师提出的“由系里订购教材”的建议，采用《新实用汉语课本》，学生可向系里借用所需教材。这也解决了很多学生不愿复印教材的一大难题。中方老师后来评论说：“初步看出，教材统一后，学生的汉语水平普遍提高。”而该校吉中学院给学生出售统一复印的教材——《汉语教程》（杨寄洲主编）。由于是大批量复印，大大地降低了教材的成本，不会过于增加学生的经济负担，课后复习、预习之类的学习活动得以保障，极大地便利了教学，提高了学生的学习成绩。这是近两三年以来，吉尔吉斯斯坦某些高校的院系陆续开始使用统一的教材后所出现的一大显著变化。

① 史王鑫磊. 吉尔吉斯斯坦汉语教学现状研究[D]. 新疆师范大学硕士论文，2011.

表 7-15　吉尔吉斯斯坦国立民族大学孔子学院教学点（高校）汉语教材使用一览表

地区布局	序号	学校名称	布局类型	学校类别	教学年级及班级	使用教材	备注
比什凯克市	1.	孔子学院本部	教学点	公立	一至五年级 汉语初级、中级、高级培训班；汉语提高班	汉语会话 301 句（上册） 新实用汉语课本 1、2 册 汉语新目标 2、3、4 册 快乐汉语 1 与配套练习册 长城汉语（生存交际）1—4 册	1. 学生借用学院的教材 2. 学院提供复印教材
	2.	吉民大吉中学院	教学点	公立	二至五年级 10 个班	汉语教程 2（上下册） 现代汉语语法、初级汉语口语语法	1. 学生购买复印的教材 2. 其他课程学生无教材
	3.	吉民大经济与金融学院	教学点	公立	二、三年级 5 个班	快乐汉语 1 与练习册	5 个教学班级学生轮换使用教材
	4.	吉民大继续教育与培训中心	教学点	公立	大专 2 个年级 5 个班	新实用汉语课本 1、2 册 汉语乐园 1（俄语版） 体验汉语（留学生篇、文化篇（俄语版））	1. 学生复印教材 2. 缺配套的教辅资料
	5	吉民大法律学院	教学点	公立	大学二、三年级 1 个选修班	快乐汉语 1 与练习册	学生复印教材
	6	吉民大商务管理学院	教学点	公立	三至四年级 7 个班	新实用汉语课本 1 大众汉语 1（吉语版）	学生购买教材
	7	国际教育一体化学院	与本部有业务往来	公立	一至四年级	新实用汉语课本 1—4 册	系里出资购买以供学生借阅
	8	总统干部管理学院	孔子课堂	公立	二至四年级 6 个班	汉语会话 301 句（上册 ） 新实用汉语课本 1、2 册 博雅汉语（起步篇 1、2；准中级 1）	学生有电子版教材
	9	阿拉套大学	教学点	私立	一至五年级 6 个班	汉语技能系列教材 新 HSK 辅导教材 博雅汉语 发展汉语写作 发展汉语听力 阅读读写教程 汉语阅读教程（上下册） 初级汉语口语、中级汉语口语（均为上下册） 经贸汉语 A、B、C（上下册） 汉语文学专业方面教材	缺合适的汉俄翻译教材
	10	欧亚大学	教学点	私立	大学预科 12 个班	新实用汉语课本 1	学生缺少教材
	11	内务部高等警官学院	教学点	公立	大学一至五年级 1 个选修班	快乐汉语 1 与练习册	教材课堂上使用，课后收回
	12	国立工程与交通建筑大学	教学点	公立	一至四年级 4 个班	新实用汉语课本 1、2、3 册 快乐汉语 1 汉语会话 301 句（上下册）	学生复印教材

续表

地区布局	序号	学校名称	布局类型	学校类别	教学年级及班级	使用教材	备注
奥什州	13	奥什人文师范学院	教学点	公立	汉语专业 一至四年级6个班；五年级一班	一至四年级：新实用汉语课本1—4册 五年级：汉语教程2（上册）	两三个学生共用一本复印教材
	14	吉中经济学院	教学点	私立	汉语专业 一至五年级5个班	新实用汉语课本1—4册	学生复印教材
	15	奥什工业大学	教学点：国际关系系；计算机系	公立	国际关系专业 二至五年级4个班	新实用汉语课本2、3册 汉语入门3 实用汉语教科书（高级）	1.《汉语入门》学生可借阅到 2. 其他教材缺乏
					俄英翻译专业 二、三、四年级 3个班	新实用汉语课本1、2册	
					翻译理论专业	二年级一班：汉语会话301句（上册） 四年级一班：新实用汉语课本2 五年级一班：无教材	
					计算机语言专业 1年级1班	大众汉语1（吉语版）	
	16	奥什国立大学	教学点	公立	区域学专业（汉语为一外）一至五年级9个班	新实用汉语课本1—4册 汉语新目标1、2册	1. 部分学生复印教材 2. 其他学生无教材
					国际关系专业（汉语为二外） 一、三、四、五年级7个班	一年级2个班：快乐汉语（上册） 三年级2个班：无固定教材 四年级2个班：（一班）基础汉语3；（二班）无固定教材 五年级一班：基础汉语3	
纳伦州	17	纳伦州国立大学	孔子课堂	公立	一至四年级 4个班	新实用汉语课本1—4册 汉语会话句301句（上下册）	学生借用或复印孔子学院赠送的教材
伊塞克湖州	18	伊塞克湖州国立大学	孔子课堂	公立	一至四年级 4个班	新实用汉语课本1—4册 汉语会话301句（上下册）	1. 缺少教辅资料 2. 个别学生有教材

（2）孔子学院使用教材有一定保障

孔子学院的教材除了国家汉办指定外，同时也会划拨一定经费进行采购。国家汉办每年向孔子学院赠送一定数额的教材。开办第一年赠送的教材额度为孔院本部8万元，每个孔子课堂5万元。运行期间，每年总计25万，其中本部5万元，每个孔子课堂2.5万元。

吉尔吉斯斯坦孔子学院汉语教材运行流程，大致为孔子学院每年所需教材种类和数量可向国家汉办申请，规定的数额为3000册左右。各孔子课堂和教学点所需教材可向孔子学院本部申请，由孔子学院提供规定数量的教材。国家汉办所赠教材和孔子学院自行储备的教材，以及不少孔院教师在赴任期间自备的不同教材和教辅资料，在一定程度上缓解了教学上的教材困境。教师课堂上所需的补充内容、教具、挂图等主要依赖于孔子学院图书馆和自备的材料。

由于孔子学院所申请的教材主要面向中小学，能提供给高校学生的教材数量有限，无法满足所有学生购买教材的需求，学生只能通过复印获得，但并不是所有的学生都愿意按老师的要求复印教材，仅此一点，就为教学带来了极大的不便。近两年国家汉办赠送的俄文版教材慢慢有所增加。孔子学院所属教学点的学生课堂上，可使用孔子学院提供的教材，但下课后教材需归还，给另一个班的学生上课时使用，采用“轮流使用制”。学生课后依旧没有教材可用。

（3）现有教材存在一定问题

在吉尔吉斯斯坦孔子学院所属教学点和孔子课堂，包括部分高校使用较为普遍的汉俄对照版的教材有《新实用汉语课本》《汉语教程》（杨寄洲主编）和《汉语新目标》（教育科学出版社出版）等。这些教材均存在不同方面的问题。现仅以使用较为普遍的《新实用汉语课本》为例。使用过的老师有各自不同的评论。

中方教师 1：这套书整体上还是很不错的，使用的范围也比较广。但存在如下方面的问题：一是教材课文不够生动，缺少趣味性，有些话题脱离实际；二是课后练习的结构死板、重复，同样缺乏一定的趣味性。教材课后练习的数量较多，比重较大。大多数练习是以围绕语法和句型的练习为主，如替换练习、会话练习和句子练习。题目回答的灵活度比较小，答案比较单一，学生只需要根据固有的模板，不需要多动脑筋、多思考，就可以完成，缺少训练学生自主发挥能力的练习题。课后练习编写的不是很好，学生也不是很喜欢。其实初级起步阶段的练习答案可以固定一点，但中级和高级的课后练习还是应该灵活实用一点比较好。

中方教师 2：有些课文内容不适合吉国的学生，比如，汉字的书写学习顺序与课文中出现的汉字顺序不配套，例如“聚会”“抱歉”等词在课文中出现的顺序早于学生的认读顺序。北京人的习惯说法、儿化音过多，都加大了学生学习的难度。

吉尔吉斯斯坦国立民族大学国际教育一体化学院曾试用过《发展汉语》（系里出资购买），但对当地学生不适合。原因之一是汉英版本的，汉英对照的教材难以采用，不方便学生学习，他们不愿意花精力翻词典，而且很多学生也没有相应的工具书可供使用。《博雅汉语》在小范围内也有使用，但本土学习者反映他们更需要中俄对照的博雅教材。

阿拉套大学根据课型的不同，使用了相应的教材。（见表 7-15）该校任课教老师反映说："在选用具体教材上曾出现过问题，比如听力教材使用过原声汉语教材，因杂音大、语速快，不适合初级阶段的汉语学习，因此就不予采用了。"

由此可见，目前孔子学院学生所使用的教材存在一定的不足，主要是不接地气，教材的编写与学生的需求和喜爱之间存在偏差，与学生认知之间存在偏差，这就需要我们认真思考中华文化真正走出去的问题，如果教材都不被接受，文化传播的效果肯定大打折扣，因此，注重教材编写的实用性和本土化，对于汉语教学以及中华文化传播至关重要，要用对方易于接受的方式讲述中国故事。

（4）现有吉语版教材存在争议

目前，中亚国家孔子学院普遍存在的一个现实状况，就是使用孔子学院所在国家语言编写的双语教材可谓凤毛麟角。很多教材都是非所在国家人员编写的，拿到孔子学院出现水土不服现象。胡振华教授在《中亚五国的汉语教学》中指出："中亚各国缺乏本民族语言编写的具有双语特点的汉语教材。"为改变这一现状，国家汉办设立了教材本土化项目，出版了吉尔吉斯文版"丝绸之路学汉语系列教材"——《大众汉语》（1—4 册）、《大学汉语》（1—3 册）、《汉语》（中小学教材，一、五、十年级）。其中《大学汉语》于 2014 年 9—10 月在孔院三个教学点小范围内试用过一段时间（8～9 周），第 1 册试用了大约 2～3 课，试用的老师中，除一名中方柯尔克孜族教师还在使用外，其余均改用《汉语会话 301 句》。以下分别整理了几个试用过的老师对该教材所持的观点。

教师 1：刚开始语音部分纯语音练习太多，没有句型；语音部分的生词与本课无关，难记；语音部分就有 6 课，就是学了很久也不会说几句汉语，学生挫败感很强。以上意见是作为非汉语专业（教师）使用这本书的感觉，这本书如果作为汉语专业用书情况，会大不相同。

教师 2：语音部分过于分散，之后的操作练习过多，学生易厌倦，慢慢失去学习兴趣；每篇课文后给的句子过难，没有由简到难的过渡；围绕本课语言点的针对性练习不充分，只是在进行重复性操练。

教师3：我所在的班用《大学汉语》是从第七课开始上的，上了五课。学生已学完《快乐汉语》了。我觉得课文内容编排不是很好，比如第七课以前全是拼音教学，学生一直学语音会枯燥无味。第七课开始对话教学，四个话轮中有很多知识点，对难度的把握还是有点问题，七、八、九、十课的话题学生都是练过的，如果没有练过，会更难。课文里有较长的句子，我的学生学了一年《快乐汉语》，算是有点基础了，读起来都很吃力，关键是内容，学生也不是很喜欢。练习题没有拼音，对刚开始学汉语的学生有点难，另外，它的有些练习题设计得也不是太好。（每课基本上是一周2个Part）

教师4（中方柯尔克孜族）：我面对的是继续教育学院College（大专班）16岁的学生。这本书我上了前4课（一课两周，每周1个Part，1个Part讲80分钟），因为是吉语版的，我讲起来很顺手，我喜欢它的课后练习部分，尽管很多，我在上课前，先看，有重点讲。课后的"读一读，说一说"，学生们都很喜欢，一个班有2到3名学生会抄写在本子上。这位老师还建议"一本书的好坏，不能单纯地从中国老师的视角看问题，把书发给本土汉语教师，试用一段时间后，用书面的形式反馈给我们。这样才能找到原因"。

使用过《大众汉语》（李芳杰、刘海芳主编）这套教材的中方教师也反馈道：这本书也有不少缺点，而且生词部分的难易程度设计得不好，第一课生词就出现了"晚上"。从第三课开始就有"学说下列词语"，图片下有带拼音的汉字，这些汉字跟生词也没有关系。这样的设计，每课都感觉内容丰富，实际上，对于初级起步阶段的学生，没有什么价值，这样给学生带来很大的压力。

（5）带俄文注解的汉语专业教材和系列技能教材奇缺

吉尔吉斯斯坦部分高校院系的汉语专业开设有相关的汉语专业课程，但缺少配套的程度相当的带俄文注解的专业教材。虽然吉尔吉斯斯坦政府一直提升吉尔吉斯语的地位，比如，公务员考试必须用吉语来答题，但是在吉尔吉斯斯坦，使用俄语的频率依然很高。这不仅是历史因素形成的，而且也与现实因素相关。苏联解体后，吉尔吉斯斯坦也出现了"去俄罗斯化”的倾向。但限于国力和对俄罗斯的依赖，吉尔吉斯斯坦财政收入很大一部分是靠在俄罗斯打工的吉尔吉斯斯坦劳工外汇，与俄罗斯的经济和政治联系依然紧密。俄语目前是吉国的官方语言，为国家通用语。可不容忽视的是，目前使用双语编写的汉语教材，使用俄语注解的寥寥无几。

孔子学院教学点土耳其阿拉套大学人文系汉语教研室开设的汉语言文学专业缺少合适的汉俄翻译教材，中国历史、中国现代文学等课程也无现成实用性教材，需要老师综合很多资料，查关键词语的俄语翻译进行讲授。奥什人文师范学院和吉中经济学院汉语专业所开设的汉语教学法、中国文学、汉语修辞学、中国宗教学、中国国情、汉语翻译理论与实践等课程均无固定教材。孔子学院本部教学点打算给合作的吉中学院的学生开设听力课和阅读课，但苦于找不到带俄文注解的技能教材，计划只能搁浅。

（6）本土汉语教师同样缺乏汉语教材和教辅资料

在吉尔吉斯斯坦，不但汉语学习者缺乏教材，而且专门从教的本土汉语教师同样面临这一问题。绝大多数汉语教师由于手头有什么教材或是熟悉什么教材，就各自采用什么教材，而且都是自己想办法找教材。奥什国立大学国际关系与公共服务系四年级两个班学生采用的是《汉语新目标》第2册，同年级另外两个班用的是《汉语新目标》第3册。之所以如此，是因为教材不够教师人手一本。奥什人文师范学院汉语教师努尔古丽老师所用的《实用汉语教科书》（1、2册）和《汉语教科书》（1979年版）是她的前任老师留给她的，《中国的几个省市》为学校藏书。由此可见，目前对于孔子学院汉语教材规范急需加强。一方面教材编写要接地气，能够被老师和学生所接纳；另一方面教材在数量配备上要有所提升，从而保证孔子学院的教学效果。

（7）苏联时期和俄罗斯出版的教材仍在使用

苏联时期和俄罗斯出版的有些教材，尽管有使用者反馈存在“内容过时、陈旧”等问题，由于是汉俄对照版本的或有俄语注释，部分本土汉语教师仍在使用。《汉语入门》共3册，由莫斯科蚂蚁出版社出版。奥什人文师范学院汉语教师努尔古丽老师给汉语专业一、二、三年级学生使用的该教材借自学校图书馆，仅限一本，而且纸张薄旧，看上去使用年限久远，还能使用实属不易。笔者在奥什调研期间听课时，目睹了老师和全班二十多名学生共用此套教材的情景。

（8）汉语教材价格偏高

吉尔吉斯斯坦图书的价格很高，这是现实。图书价格高昂的因素一方面与作者版权有关，另一方面出版发行量与市场挂钩，因此书籍的价格相对较高。如一本《汉语入门》，仅第1册，复印需300索姆，在书店购买则需720索姆，带配套磁带是900索姆，按1元兑换7索姆计算，则分别需42.86元、102.9元和128.6元。《基础汉语课本》（华语教学出版社出版）两册复印合计800索姆，折合人民币114.3元，足见复印和购买都很昂贵，很多学生花费不起。

3. 孔子学院教学点汉语教材短缺的对策分析

从上述吉尔吉斯斯坦国立民族大学孔院所属教学点所选用的教材情况来看，整体上，吉尔吉斯斯坦高校汉语教材使用趋势逐渐向可喜的方面发展。由于经费和其他原因，吉尔吉斯斯坦很多高校基本没有购置汉语教材以供学生所需，学生借阅不到需要的教材。尽管国家汉办每年均有教材赠送，但还远远满足不了汉语学习者的需求。

目前吉尔吉斯斯坦汉语国际教育发展中，最主要的问题之一是缺乏优秀的汉语教材。这一点已成为众多学者和广大汉语教师的共识。鉴于目前吉尔吉斯斯坦高校汉语教材使用现状，建议从以下几个方面进行改善。

（1）统一教材

中方教师应与任教高校的院系负责人协商，采用“统一的教材”，至少各高校院系内部的教材应是统一配套的。中方教师还应利用身在孔子学院的优势，向所在教学点的本土汉语教师推荐适宜的汉语教材，帮助他们合理解决教材使用上的问题。

（2）增加汉语教材供给

吉尔吉斯斯坦除了图书的价格偏高以外，书市上也难以见到汉语教材的踪影。笔者只在一家学校旁边的打印店见到有出售的复印的汉语教材。批量复印尽管降低了教材的成本，但也存在印刷质量不过关的问题，如缺页、字迹模糊，难以辨认等。应急之策可将目前使用较为广泛，反响较好的汉俄版教材改用较为低廉的纸张印刷，降低教材成本和价格，缩短和减少新教材编写出版所需的时间和费用，以适应吉尔吉斯斯坦汉语市场对教材的迫切需求。

（3）加大翻译力度

教材出版部门可组织有关学者将汉-英版教材翻译成汉-俄版教材。如，将国内编写质量高的汉语技能系列教材翻译出版为汉俄版的语言技能教材，可较为快速便捷地解决吉尔吉斯斯坦及中亚其他国家汉语市场因缺乏汉俄版汉语技能系列教材而无法开设汉语技能课的局面。

（4）进一步完善现有教材

编写出适应不同地区文化、不同国情和不同语种的汉语教材是汉语国际教育的需求。而中国国家汉办所设立的教材本土化项目，其宗旨就在于加快本土化汉语教材的尽快问世。目前在吉尔吉斯斯坦高校汉语教学界，吉尔吉斯文版教材有“丝绸之路学汉语系列教材”：《大众汉语》《大学汉语》。尽管是吉汉双语教材，仍然存在“水土不服”的问题。单就教材版本的语种而言，编写者就对吉尔吉斯斯坦复杂的国情与多民族、多语言状况和教材使用者的需求缺乏深入的了解。有位《大众汉语》的中年学习者在总统府工作，他说自己用这本书也不是很方便，因为自己的吉尔吉斯语也不是很好，自己更倾向于俄语版教材。《大学汉语》有位中方试用教师也反馈，“学生不喜欢吉语翻译，比较喜欢俄语翻译”，并建议目前在编的中小学汉语教材“最好有吉语版和俄语版，以满足不同区域学生的需求”。如果教材仅是吉语版，那么俄罗斯族学习者或接受俄语教育的其他民族和国家的学习者将无法采用这类教材。再次，对于不懂吉语的一批中方教师而言，不利于教师对词语对译的确认，会给他们在教学中带来很大的困惑。这些吉汉版教材包括俄汉版的教材均需进一步改进和完善，以更好地满足吉尔吉斯斯坦汉语国际教育日益发展的需求。中国政府选派的汉语教师了解当地的实际情况，能充分利用当地的有利资源，是编写本土化汉语教材的最佳人选。

解决汉语教材紧缺以及不适用的问题，是孔子学院顺利开展汉语教学的第一步，因此，应该综合运用多方资源，运用多种渠道，在教材编写上海纳百川，注重接地气。在教材供给方面，希望国家汉办和孔子学院总部能够加大扶持力度，把好的教材、学生喜欢的汉语教材保质足量供应，从而为孔子学院的发展打下良好基础，为中华文化的高效传播做好铺垫。

（二）吉民大孔子学院教学点中小学汉语教材使用概况

1. 吉民大孔子学院中小学汉语教材使用情况

为了更加直观地展示吉尔吉斯斯坦国立民族大学孔子学院教学点中小学汉语教材使用情况，本研究采用表格的方式，分别呈现学校名称、教学点布局类型，以及每个教学点使用的何种教材，开设了何种课程，包括开设的年级和课时等。通过表格，可以清晰地看出不同教学点所采用的教材不尽相同，课程设置也分汉语与双语，课时和年级也不完全相同，由此可见，孔子学院教学点中小学汉语教材使用不尽统一，没有一个统一的标准。（如表 7-16 所示）

表 7-16　2014—2015 年吉民大孔院中小学汉语教材使用一览表

地区分布	序号	学校名称	布局类型	使用教材	课程	年级与课时
比什凯克市	1	国立民族大学附属高级中学	教学点	新实用汉语、汉语教程（杨寄洲主编）、快乐汉语	汉语精读	十、十一年级；6 节/周
	2	比什凯克市 69 中	孔子课堂	快乐汉语 汉语新起点（2—8 册）	汉语精读	四年级 2 节/周；五至七年级 6 节/周；八至九年级 8 节/周；十年级 10 节/周；十一年级 11 节/周
	3	比什凯克市 68 中	教学点	五年级：汉语（吉语版——五年级适用） 六至九年级：快乐汉语	汉语精读	五年级 6 节/周；六至九年级 4 节/周
	4	比什凯克市 31 中	教学点	快乐汉语	汉语精读	五至十一年级（8 年级除外）1 节/周
	5	比什凯克市 2 中	孔子课堂	快乐汉语 汉语新起点 2、3 册	汉语精读	二至十一年级（9 年级除外）2 节/周
楚河州	7	托克马克市 5 中	孔子课堂	快乐汉语 轻松学汉语 1、2 册	汉语精读	四至九年级 2 节/周；十、十一年级 1 节/周
伊塞克湖州	8	巴勒克旗 4 中	教学点	AB 两班，其中 A 班：汉语新起点 2 AB 合班：快乐汉语	汉语精读	六、七、八、十年级 1 节/周；五和九年级的 A 班 2 节/周、AB 合班：1 节/周
	9	卡拉库尔市第 1 中学	教学点	快乐汉语	汉语精读	五至六年级 2 节 / 周
	10	卡拉库尔市第 3 中学	教学点	八、九、十年级的培训班（合班）：汉语新起点 5 其他年级：快乐汉语	汉语精读	五至八年级 2 节 / 周
	11	卡拉库尔市高尔基中学	教学点	快乐汉语	汉语精读	五至六年级 2 节 / 周
	12	卡拉库尔市东干中学	教学点	快乐汉语	汉语精读	五至九年级 2 节 / 周
塔拉斯州	13	塔拉斯 2 中	孔子课堂	四年级：汉语乐园、轻松学汉语 五、七、十年级：快乐汉语	汉语精读	四和十年级 6 节/周 五和七年级 4 节 / 周

（附注：夏季：45 分钟/课时；冬季：40 分钟/课时）

2. 吉民大孔子学院中小学汉语教材使用情况分析

（1）使用的汉语教材种类不同

同高校汉语教材使用情况类似，中小学也存在同样的问题。仅以比什凯克市第69中为例，起先，该孔子课堂没有统一的教材。教师各自选用教材，本土老师有的用《汉语教程》（苏联版），有的用《汉语新目标》，有的用《博雅汉语》。直到孔子学院赠送《汉语新起点》系列丛书（总共12册）（2004年3月，教育科学出版社出版）才统一了教材。

目前各教学点和孔子课堂使用的汉俄版的教材不成体系，往往只有1～2两册入门教材，缺少衔接。由于缺少成体系的吉汉版教材，一方面，导致教师在选择教材时，也存在一定的随意性，教学效果和考试难以评估；另一方面，有些偏远地州的学生俄语不太好，教学时需要老师用吉语翻译，这给教师教学增加了一定的难度，

（2）使用的教材依赖于孔子学院赠送

目前，吉民大孔子学院各教学点和孔子课堂（中小学）选用的汉语教材有俄语版《轻松学汉语》（2010年12月，三联书店（香港）有限公司）、《汉语新起点》、《汉语乐园》（3个级别，各分上下册，2005年10月，北京语言大学出版社出版）等。《快乐汉语》（俄语版第1册，人民教育出版社出版）自2008年起，每年由中国国家汉办赠送。

吉民大孔子学院各教学点和孔子课堂教学拥有的少量汉语教材和图书，基本上是靠中国国家汉办或中国驻吉大使馆赠送的，但是捐赠的教材数量有限，每个教学点学习汉语的学生人数都在百名以上，仅凭中方赠予的教材是远远不够的。教材不能满足所有学生的需求，教材缺乏现象十分严重。有的中小学为了使每个学生都能使用上汉语课本，一般采取课堂上把汉语课本发放给学生，课后再由老师收回，轮流利用教材的方法。这一方法解决了学生课堂上使用汉语课本的问题，但课下学生仍然无教材可用。在调研访谈中，在中学任教的受访者谈了自己的学生使用教材的情况和各自的体验："由于现在学生不是人手一份教材，所以练习部分学生只能是先抄写在练习本上，然后再做练习，这样课堂时间就被占用了，课堂时间未被充分利用，解决学生教材问题十分重要。"另一名中方汉语老师也谈道："学生的课本是我在孔院领的，下课后，学生把教材归还给我，我再把书归

还到学校负责排课老师那里。下周再领再用！并告诉负责排课的老师，这是公共财产，是这个教学点的用书，不能外借和丢失。”

（3）赠送的图书利用率低下

有的学校图书馆辟有汉语图书区域，图书来源于中国国家汉办和孔子学院赠送。学生可以按规定借阅，但许多赠书是纯汉语读物，没有俄文或吉语翻译与注释，有些为英文读物，这对于零起点或汉语基础薄弱的学生来说，起不到提高汉语水平的作用，汉语图书的利用率非常低。这就需要引起我们的重视，看似赠送了书籍，但是没有起到实际的效果，因此在图书捐赠方面，要多捐赠带有俄文或吉语注解的双语编写的汉语读物。

（4）现有教材存在一定的不足

俄语版《快乐汉语》使用较为普遍，但也存在一定的不足。初学汉语的小学生对词汇部分掌握得较好，但是对于此套教材中一些偏长的句子，学生掌握程度差别较大。对于十一年级高中生来说，此套汉语教材知识容量略显单薄，课本内容完全不能满足其学习汉语的需求，需要教师在授课过程中不断进行补充拓展。而且俄语版《快乐汉语》教材目前仅出版了一册，教材不配套，影响后续的汉语学习。

（5）吉语版教材使用受阻

“丝绸之路学汉语系列教材”——吉尔吉斯文版《汉语》（五年级适用，上下册）是具有双语特点的吉汉版教材。但在吉尔吉斯斯坦的中小学却没有使用。原因在于：其一，吉语翻译存在一定的错误；其二，系列教材并没有出全，有头没尾；其三，教材编写前期调研不充分，存在教材弹性不够，难易度把握不准，编写设计不合理等问题。现将适用情况具体做一下介绍（详见表 7-17）。

表 7-17　教材适用情况一览表

适用教材	吉尔吉斯文版《汉语》
适用年级	卡拉库尔市第三中学六年级（吉语班）
适用课时	6 个课时（2014 年 2 月 10 日至 2014 年 3 月 3 日）
优点	1. 这套教材为吉尔吉斯文版，对于学吉语的学生来说非常适用，相对于俄语版教材来说，吉语学生更加喜欢该版本教材。 2. 该版本教材中插画可爱有趣，色彩搭配得当，低年级学生非常喜欢色彩鲜艳的插图，提高了学生学习的热情。

续表

	3. 每课最后安排有文化驿站，为学生了解中国和中国文化打开了一扇窗口。 4. 教材中的语言材料源于生活，贴近生活，话题涉及的文化知识面很广。
缺点	1. 该版教材为吉语版，而我们的很多中方汉语老师和俄罗斯族汉语老师并不会说吉语，所以在教学过程中借助翻译会比较困难。 2. 学生基础薄弱，课文内容编排容量过大，学生接受情况普遍较差。 3. 插图在教材中所占的位置很大，通常两页全是插图，而语言点就一至两个，这样很浪费纸张，建议缩小插图在书中所占的比例。 4. 生词、专有名词、补充词语三部分能否整合，占用版面较大，浪费资源，例如，补充词语就两个，却用了一页书的资源，在书中所占版面比例过大。 5. 学拼音部分非常不合理。我个人认为拼音部分还是要按照韵母，声母这样来编排。例如第一课拼音：a、ai、ao、an、ang，这样不利于学生学习掌握。 6. 练习设计比较薄弱。平均每课的练习题为 2～3 道，练习量很小，练习题形式较为单一，建议加大练习量并使练习形式多样化。 7. 文化驿站这部分应当再丰富一些。每课结尾都有文化驿站，而文化驿站仅仅是一张中国风景或名胜古迹的图片，其余文字说明什么都没有。既然是吉语教材，建议在文化驿站配图下，用吉语大概介绍一下该图片所代表的内容，利于学生理解。 8. 学笔画部分出现得很突兀。汉字教学过程中，老师示范汉字书写过程，日积月累，学生自然对笔画书写规律有一定的认识。该教材是针对零基础的汉语学习者，点、横、竖、提、撇、捺这些对于学习者太难，加重学习负担，不利于汉语学习；针对这一看法，笔者曾与适用者进行过沟通，并建议该教师循序渐进地进行汉字笔画的教学，之后看看教学效果如何。

（三）吉民大孔子学院教材编写

吉尔吉斯斯坦汉语国际教育与教学发展历史较短，适宜的本土汉语教材十分匮乏。近年来，吉民大孔院先后承担并完成了吉尔吉斯文版《大众汉语》、《大学汉语》（1—3 册）、《中小学汉语教材》（一、五、十年级）的部分编写及全部翻译工作。2013 年，中吉教师合作编写出版了《实用汉语语法 1》（汉语初级水平者使用）、《实用汉语语法 2》（汉语中级水平者使用）两本俄语注释版教材。目前正在承担汉办教材工程项目——本土教材《中小学汉语教材（吉俄双语注释版）》（五至十年级，共 12 册）的修订（五年级和十年级）和编写工作。为按时、保质完成教材编写工作，学院成立了

"编写小组"，召开小型调研会议十余次。2014 年年初，邀请北京语言大学知名专家姜丽萍教授来吉尔吉斯斯坦为教材编写做指导。2014 年 2 月 22 日，学院召开"吉尔吉斯斯坦中小学本土汉语教材编写研讨会"，邀请了十几所中小学的校长和本土汉语教师为编写工作建言献策。其宗旨在于夯实吉尔吉斯斯坦本土汉语教材开发的理论和实践基础，加强本土汉语教材开发的体系化建设。目前，此套教材五年级修订和六年级编写工作已基本完成，有望今年下半年在孔子学院各中小学教学点先期使用。

按照学院五年规划中将吉民大孔院打造成吉尔吉斯斯坦本土汉语教材开发中心的目标和要求，学院计划未来五年，在编好中小学系列汉语教材的基础上，编写吉俄双语注释版《实用大学汉语》系列教材，汉语技能训练系列教材《汉语听力》《汉语会话》《汉语阅读》《汉语写作》以及《中国历史与文化》《中国地理与经济》等教材。

四、吉民大孔子学院汉语水平考试突破瓶颈

汉语水平考试是一项国际汉语能力标准化考试，主要用来考查汉语非第一语言的考生在生活、学习和工作中运用汉语的能力。汉语水平考试关注评价的客观性和准确性。吉尔吉斯斯坦国立民族大学孔子学院始终把汉语水平考试作为衡量孔子学院教学效果的重要指标之一。突破汉语水平考试瓶颈，实现汉语教育水平提升，这无疑为中华文化传播提供了新的思路。

（一）吉尔吉斯斯坦汉语水平考试概述

吉国汉语水平考试已经发展多年，目前 HSK 成绩已成为留学中国和申请来华奖学金的必备条件，并被越来越多国家的政府部门和跨国企业作为员工招聘、加薪和提升的重要依据。承办汉语水平考试是孔子学院的主要工作之一，汉语水平考试在促进教学管理，检验教学质量等方面始终发挥着重要的作用。目前吉尔吉斯斯坦共有三个汉语水平考试考点——比什凯克人文大学考点、吉尔吉斯斯坦民族大学考点和奥什国立大学考点。

吉尔吉斯斯坦比什凯克人文大学考点成立于 2007 年，是中国汉办在

中亚地区设立的第一个汉语水平考试中心。2010 年 12 月 5 日，该考点首次举办新 HSK 考试，共有近 300 名考生报名参加。①2011 年 5 月，考点首次举办了 HSKK 考试。②

2009 年 11 月 30 日，吉尔吉斯斯坦国立民族大学孔子学院举办了首次汉语水平考试（新 HSK），共有 280 名考生参加考试。2009 年 12 月，吉民大孔院正式获得国家汉办批准，成为国家汉办设在吉尔吉斯斯坦的第二家汉语水平考试考点。2010 年 6 月 26 日，吉民大孔院考点举行了首届吉尔吉斯斯坦青少年汉语水平考试（YCT），比什凯克市 7 所中学的 65 名中学生参加了考试。2012 年，吉尔吉斯斯坦国立民族大学孔子学院在奥什地区教学点成立了“新汉语水平考试”分考点，当年 5 月 20 日举办了首届新 HSK 考试，115 人参加了一到六级的考试。③ 2013 年 5 月 12 日，奥什国立大学教学点作为吉民大孔院 HSK 分考点，举办了最后一次 HSK 考试。2013 年 6 月 20 日，奥什国立大学孔子学院正式揭牌，自此，该考点成为中亚第三个 HSK 考点，并开始独立承办 HSK 考试。2014 年 5 月 10 日，该考点举行了首届 HSKK 考试，共有 66 名考生参加考试。截至 2014 年 12 月 8 日，奥什国立大学孔子学院共举办了 8 次新 HSK 考试和 2 次 HSKK 考试。④ 2013 年 5 月 13 日，吉民大考点首次举办汉语口语水平考试（HSKK）。2014 年，吉民大孔子学院在伊塞克湖州国立大学孔子课堂下设 HSK 考试分考点，并于 12 月 6 日首次在该考点举办 HSK 考试，考生总数达 195 人。⑤截至 2015 年 2 月 1 日，共有 9743 名考生参加了由吉民大孔院举办的 HSK 考试。

2014 年 9 月，吉民大孔院中方院长马磊参加了国家汉办在大连组织的汉语大会，吉民大孔院被评为全球汉语水平考试先进考点，并获得了“优秀考点”的光荣称号（全球孔院仅 20 所孔院获奖），成为中亚唯一获此殊

---

① 比什凯克人文大学孔子学院成功举办新 HSK 考试.［2010-12-21］. http://www.hanban.org/article/2010-12/21/content_208940.htm.

② 比什凯克人文大学孔子学院成功举办 HSK 考试.［2011-05-04］. http://www.hanban.org/article/2011-05/04/content_255979.htm.

③ 数据引自《吉尔吉斯斯坦国立民族大学孔子学院 2012 年度工作总结》。

④ 奥什国立大学孔子学院成功举办 8 次新 HSK 考试和 2 次 HSKK 考试.［2014-12-08］. http://www.chinese.cn/hanban/article/2014-12/08/content_565498.htm.

⑤ 吉尔吉斯斯坦国产民族大学孔子学院伊塞克湖州分考点首次举办 HSK 考试.［2014-12-07］. http://www.hanban.org/article/2014-12/07/content_565290.htm.

荣的孔子学院。

（二）吉民大学孔子学院汉语水平考试状况

1. 吉民大孔子学院汉语水平考试基本情况

吉民大孔子学院汉语水平考试基本情况见表 7-18。

表 7-18　吉尔吉斯斯坦国立民族大学孔子学院历年来汉语水平考试情况汇总表（2009 年—2015 年）

年度 各项考试人数及次数		2009 年	2010 年	2011 年	2012 年	2013 年	2014 年	2015 年	总数
HSK 考试	人数	280	465	1003	1786	1996	3537	676	9743
	次数	1 次	1 次	2 次	2 次	3 次	4 次	1 次	14 次
HSKK 考试	人数	无	无	无	无	184	139		323
	次数					3 次	2 次		5 次
YCT 考试	人数	无	65	39	24	34	215		377
	次数		1 次	1 次	1 次	1 次	2 次		6 次
合计	人数	280	530	1042	1810	2214	3891		10443
	次数	1 次	2 次	3 次	3 次	7 次	8 次		25 次

注：表中数据均引自吉民大孔院汉语水平考试工作资料汇总及吉民大孔院各年度工作总结，所统计数据的时间截至 2015 年 2 月 1 日。

从 2009 年 11 月至 2015 年 2 月，吉尔吉斯斯坦国立民族大学孔子学院共举办各种汉语考试 25 次，考生人数累计 10443 人。其中参加 HSK 考试的考生人数为 9743 人，占考生总数的 93.3%；参加 HSKK 考试和 YCT 考试的考生人数分别占到考生总数的 3.9%和 3.6%。这表明 HSK 考试目前是吉尔吉斯斯坦举办的三类汉语考试中影响力最大、报考人数最多的考试。由于 HSKK 考试举办的时间不长，大部分汉语学习者对该考试还不熟悉，所以，仍然需要一定的时间对该考试进行宣传，使学生逐渐了解这项考试。YCT 考试已经举办了 5 年，考试人数累计 377 人，其中，2014 年参加考试的人数激增至 215 人，占历年考试总人数的 57.03%。这表明经过几年的培育和宣传，YCT 考试已经在中学汉语学习者中具有了一定的权威性和影响力。

从2009年到2015年2月2日，吉民大孔院共举办HSK考试14次，考生总人数为9743人。各年度HSK考试的考生人数呈逐年上升趋势。2011年考生人数首次突破1000人，2014年则突破3000人。其中2012年—2014年的考生总数为7915人，占6年来考生总数的75.8%。HSK考试人数增加的原因主要有以下两点：（1）吉民大孔院自开设以来，一直非常重视汉语水平考试的推广工作，并将其作为汉语教学推广的一种有效手段，积极辐射全吉尔吉斯斯坦。孔子学院在办学过程中，始终贯彻考教结合的原则，以考促教，以考促学。通过开设HSK考前辅导班，介绍新HSK考试等方式，不断加大新HSK考试的宣传力度，扩大HSK考试在汉语学习者中的影响力。吉民大孔院中方院长马磊表示："孔子学院将在继续开展和推广汉语水平考试的同时，将汉语水平考试纳入各类汉语教学的考评系统，作为科学、权威测试和评价标准。"[①]（2）最近两年，中国政府和国家汉办为鼓励国外本土汉语教师和大学毕业生到中国留学深造，加大了对各类奖学金的投放力度，各类奖学金对HSK成绩均有一定的要求，极大激发了吉尔吉斯斯坦的汉语学习者参加HSK考试的热情。

吉民大孔院自2013年5月13日首次举办HSKK考试以来，到2014年年底为止已举办5次HSKK考试。考生总数达到323人，一年半的时间，吉尔吉斯斯坦汉语学习者对HSKK考试从一无所知，发展到积极参与，主要有以下几方面的原因：首先，HSKK考试是测试汉语学习者汉语听力以及汉语交际能力的权威考试，HSKK成绩更能真实地反映学习者的汉语水平，所以自推出后得到了越来越多汉语学习者的认可和欢迎。大多数吉尔吉斯斯坦学生都认为设立这项考试非常有必要。越来越多的学生开始将HSKK考试作为测试其汉语口语能力最重要的标准。其次，近两年，中国政府和孔子学院奖学金生要求申请者必须同时具备HSK证书和HSKK证书。例如"孔子学院汉语国际教育专业硕士"奖学金生的申请要求为HSK成绩不低于五级180分，HSKK成绩不低于中级70分；"孔子学院一学年汉语国际教育专业硕士"奖学金生的申请要求为HSK成绩不低于三级180分，HSKK成绩不低于中级50分；"孔子学院一学年研修"奖学金生的申

① 吉民大孔院举办年度最后一次汉语水平考试. [2014-12-07]. http://www.hanban.org/article/2014-12/07/content_565242.htm.

请要求为 HSK 成绩不低于三级 180 分，HSKK 成绩不低于初级 60 分。吉尔吉斯斯坦汉语学习者大多数具有功利性学习动机，申请奖学金去中国留学，是大多数当地汉语学生的梦想，将 HSKK 成绩列入奖学金生申请要求，在客观上极大地推动了 HSKK 考试的发展。越来越多的汉语学习者已经意识到 HSKK 考试的重要性，并将 HSKK 证书视为去中国留学必不可少的“通行证”。再次，吉民大孔院自设立 HSKK 考试以来，一直不遗余力地在学员中宣传和推广 HSKK 考试，越来越多的汉语教师也开始将 HSKK 考试视为检验汉语口语教学成果的有效依据，鼓励学生积极参加考试。2014 年 9 月 12 日至 10 月 7 日，孔子学院首次为考生举办了专门的、有针对性的 HSKK 考前辅导课程，以便帮助学生更好地了解考试内容和考试形式，掌握更多的考试技巧，提高 HSKK 考试过级率，共有 32 名学生参加了初、中级辅导班的课程学习。在教学中，不少教师感觉到 HSKK 考试在学生中的影响力越来越大，不断有学生前来询问和了解 HSKK 考试，表达自己参加 HSKK 考试的强烈意愿。可以预见到，未来 1 至 2 年内，参加 HSKK 考试的考生人数必将出现激增的态势。

从 2010 年至 2015 年，吉民大孔院共举办中小学生汉语水平考试（YCT）6 次，参加考试人数累计 377 人。2010 年到 2013 年的考试人数一直保持在较低水平。与吉民大孔院建立合作关系的中学共有 8 所，汉语学习者人数共有 2929 人，[①]但是 2014 年参加 YCT 考试的学生只有 215 人，占学习者总数的 7.3%。究其原因，主要有以下三点：（1）宣传力度不到位。各教学点负责老师没有在教学点张贴详细 YCT 考试的介绍，仅仅在口头上简单地向学生通知考试时间。（2）教学点地处偏僻，考生考试存在安全隐患。吉民大孔院共有 8 所中学教学点，其中 4 所分布于比什凯克市，其他 4 所分布在外地，最远的 2 所，需要坐车走 4 个小时的山路，才能抵达比什凯克市。学生的往返交通、夜间住宿等都成了各教学点负责人以及学校的难题。如果尝试在部分中学设立 YCT 考点，将在一定程度上解决这一问题。（3）缺乏与合作教学点的有效沟通。通常，宣传和动员学生参加汉语水平考试的工作都由教学点负责教师来开展，无人通知中学教学点的学校主管

① 该数据引自《吉尔吉斯斯坦国立民族大学 2014 年度教学工作总结》。

领导关于汉语考试的事宜，因此，学校领导没有加入 YCT 考试的宣传和动员工作中。如果改为由学校领导负责该校的考试报名工作，中国教师从旁协助，可能效果会大为不同。（4）YCT 考试成绩不与奖学金、夏令营挂钩。吉尔吉斯斯坦学生选择学习汉语，很大程度上源于中国经济的飞速发展，大部分学生的学习动机出于功利性的目的。由于奖学金生和夏令营生选拔时，不考虑 YCT 成绩，所以很多吉尔吉斯斯坦中学生认为 YCT 考试对其没有丝毫用处，从而不愿参加 YCT 考试。很多 16 岁以上的中学生，甚至年龄更小的中学生，会选择参加 HSK 考试。

吉尔吉斯斯坦国立民族大学孔子学院在2014年举办了两次YCT考试，不仅考试次数比前四年增加了一次，考生人数也有了较大的飞跃。尤其是 2014 年 11 月 15 日举行的 YCT 考试在规模上创历史新高，考生人数达到 121 人，其中 YCT 一级达到 85 人，报名人数最多。[①]这表明孔院已经意识到了 YCT 考试中存在的问题，加大了宣传力度。同时表明，越来越多的中学汉语学习者开始将 YCT 考试视为检验其学习成效的标尺，而不在乎该考试能否实现其功利性的目的。

2. 吉民大孔院 HSK 考试人数变化及原因分析

吉民大孔子学院 2009 年举办的 HSK 考试只有一、二级考试，2010 年的 HSK 考试则涵盖了从一级到六级的所有级别。此后每年的 HSK 考试中，所有级别的考试均有考生报考，而且报考所有级别考试的考生人数均稳步增长。这从一方面反映出吉尔吉斯斯坦汉语学习者的水平不再像过去那样，单纯集中在初级水平，中高级水平汉语学习者寥寥可数。如今吉尔吉斯斯坦汉语学习者的水平分布较前几年更科学、更均衡。从另一方面，也反映出孔子学院开办几年来，汉语教学成果显著，不仅汉语学习者人数激增，HSK 考试作为孔子学院的一个特色品牌，在吉尔吉斯斯坦汉语学习者心目中的权威性也越来越高。详见表 7-19。

① 吉民大孔院 YCT 参考人数首次突破百人.［2014-11-15］. http://www.hanban.org/article/2014-11/15/content_561741.htm.

表 7-19　吉尔吉斯斯坦国立民族大学孔子学院历年来 HSK 考试一至六级报名人数汇总

（2009 年—2014 年）

年度 / 考生数	2009 年	2010 年	2011 年	2012 年	2013 年	2014 年	总数
HSK 一级	180	190	195	612	488	1019	2684
HSK 二级	100	61	283	306	375	658	1783
HSK 三级	0	105	217	364	407	775	1868
HSK 四级	0	73	202	321	448	746	1790
HSK 五级	0	26	88	165	242	280	801
HSK 六级	0	10	18	18	36	59	141
考生总人数	280	465	1003	1786	1996	3537	9067

举办 HSK 考试 6 年来，报考各个级别的考生人数分布主要有以下几个特点：（1）每年各级别考试中，参加 HSK 一、二级考试（初级）的考生人数最多；三、四级（中级）考试考生人数居中；五、六级（高级）考试考生人数最少。考生的水平分布呈金字塔型。一、二级考试的考生人数多，反映出目前汉语学习者的水平仍然以初级水平为主，如何能留住这些初级汉语学习者，使他们坚持学习汉语，则是摆在我们面前的一道难题，也是孔院持续发展需要解决的问题之一。（2）报考 HSK 三、四级（中级）考试的考生人数保持了较大的增长。2010 年报考中级考试的考生只有 178 人，2014 年已增至 1521 人。这一方面是由于中国汉办提供的奖学金对学生汉语水平的最低要求是通过 HSK 三级或四级，所以，学生们更热衷于报考这两个级别的考试。尤其是吉民大孔院所能提供奖学金的机会相较往年明显增多，越来越多的学生有机会享受奖学金去中国留学，HSK 三级、四级证书对于他们而言，更像是留学中国的“通行证”。所以近几年这两个级别考试的热度居高不下。另一方面，也说明孔子学院的汉语教学已在很多教学点生根发芽，茁壮成长，中级水平汉语学习者的数量占汉语学习者总数的比重越来越大。（3）报考五、六级（高级）考试的人数每年稳步递增。2010 年报考 HSK 高级考试的人数仅有 36 人，2014 年已经达到 339 人，报考人数增加了 9 倍。报考 HSK 五、六级考试的考生，除了汉语专业高年级的学生以外，本土汉语教师也是其中的主力军。这说明，孔子学院这几年的教学成果不仅表现在培养出一批批汉语人才，而且培养出了一大批本土汉语

教师。这些本土汉语教师在吉尔吉斯斯坦汉语师资中所占的比重越来越大。孔子学院的一项重要工作，就是促进汉语师资本土化发展，近几年这方面取得的成果也相当引人注目。

3. 2013 年、2014 年 HSK 报考人数分布情况及原因分析

HSKK 考试开展了不到两年的时间，报考人数累计 332 人。从表 7-20 可以看出，参加 HSKK 考试的考生主要分布在初级和中级。参加高级考试的考生人数极少，两年中只有 10 人参加了高级考试，仅占考生总人数的 3.01%。这说明吉尔吉斯斯坦汉语学习者的口语水平大部分处于低级和中级水平，拥有高水平口语能力的学习者非常少。HSKK 考试一方面为所有汉语学习者提供了一个比较科学的衡量口语水平的标准，学生们可以通过参加该项考试了解和掌握自己的口语水平；另一方面，HSKK 考试的举办还为汉语教师们传达了一个重要信息，即汉语教学不能重文轻说，一定要将口语教学放在第一位，即以培养具有高水平汉语口语能力的学习者为目的。

表 7-20　2013—2014 年 HSKK 考试各级别报考人数汇总表

级别 时间	HSKK 初级	HSKK 中级	HSKK 高级	合计
2013 年	112	76	5	193
2014 年	71	63	5	139
共计	183	139	10	332

（三）吉民大孔院汉语水平考试存在的主要问题及对策

1. 虽然孔院举行汉语水平考试的次数逐年增加，但是仍然不能满足考生对于考试次数的要求，孔子学院应当将实现“网考”作为汉语水平考试工作的重点来抓，让考生能更方便、更随意地参加汉语水平考试。

2. 孔院目前采用的报名方式是人工填报、人工审核，不仅占用大量的人力资源和时间资源，也容易出现考生信息错误。应该采用网上报名方式，以简化汉语水平考试负责教师的工作流程，减轻工作量，并尽可能地减少考生信息录入错误。

3. 孔院目前的 HSK 考点只有两个，即本部考点和 2014 年 12 月新增

的伊塞克湖考点，许多教学点距离这两个考点路程远，交通不便，考生参加考试存在着诸多困难，尤其对于外地的中学考生，存在着安全、交通和住宿等方面的问题，限制了考生参加汉语水平考试的积极性。孔院应当尽量使 HSK 考点分布均匀，争取在汉语学习者人数较多的教学点设立 HSK 考点，在外地多设立一些考点，一方面方便考生报考，另一方面减轻学生的经济负担，并且避免可能出现的交通安全隐患。

吉民大孔子学院的汉语水平考试经过了多年的实践与探索，已经慢慢步入了正轨，孔子学院不断地在汉语水平考试工作中尝试新措施：2013 年学院根据孔院总部汉语考试中心实行“月考”方案的要求，特别成立了由专人负责的“汉语水平考试管理办公室”。从年度考试计划的制定、考试项目的具体实施和考试总体情况的分析等环节进行统筹管理。2014 年下半年，孔子学院开办了半付费式汉语考前辅导，报名学生考勤得到了有效保证，教师上课的辅导水平也相应有所提高。

五、吉民大孔子学院孔子课堂文化传播新探究

孔子课堂是孔子学院的重要支撑，和孔子学院一起发挥着传播汉语和中国文化的重要作用。截至 2015 年底，全球已建立 500 所孔子学院和 1000 个孔子课堂，数量如此庞大的孔子课堂无疑是国家汉办的一项重要投入。汉语国际传播的深度和广度，一方面取决于我国国内的后方支持力度，另一方面取决于国外孔子学院如何对这些资源投入的合理调配和充分利用。那么，孔子课堂运行状况如何？存在哪些方面的问题？应采取怎样的对策？对比运行效果显著差异的孔子课堂能带来怎样的启示？如何探究出一套适用于孔子课堂遴选、管理和评估的量化标准？如何用该标准对孔子课堂进行质量评估和日常管理？如何开展孔子课堂的档案建设和保证工作顺利交接？如何应对运行效果不理想的孔子课堂以优化整合资源？这些研究有助于提高孔子课堂机制运行效果，起到优化汉语传播资源投入和避免浪费的作用，也是国家汉办、各级教育主管部门以及国外一线孔子学院共同关心和致力思考的问题，对孔子课堂建设研究无疑具有重要的理论和现实

意义。

（一）吉民大孔子学院孔子课堂现状

鉴于不同国家和地区政治经济文化及政策差异，孔子课堂建设也应因地制宜。就中亚五国来看，目前有四个国家开设有 11 所孔子学院：哈萨克斯坦 4 所、吉尔吉斯斯坦 3 所、塔吉克斯坦 2 所、乌兹别克斯坦 2 所；目前中亚开设的孔子课堂一共有 12 所：比什凯克市 69 中孔子课堂、比什凯克市 2 中孔子课堂、比什凯克市总统干部管理学院孔子课堂、托克马克 5 中孔子课堂、塔拉斯 2 中孔子课堂、纳伦国立大学孔子课堂、纳伦卡拉布伦中学孔子课堂、伊塞克湖州国立大学孔子课堂、比什凯克外交学院孔子课堂、比什凯克法律学院孔子课堂、比什凯克市 28 中孔子课堂、比什凯克 62 中孔子课堂，这 12 所孔子课堂集中分布在两所孔子学院——吉尔吉斯斯坦国立民族大学孔子学院 8 所，吉尔吉斯斯坦比什凯克人文大学孔子学院 4 所。

吉尔吉斯斯坦国立民族大学孔子学院自 2009 年揭牌成立，2010 发展为 19 个教学点，其中 8 个教学点当年申报孔子课堂，申报的学校中，大学 2 所，初中等教育学校 6 所。2010 年申报的 8 个孔子课堂于 2011 年全部经总部审核获批，并于 2011 年下半年相继揭牌，这 8 所孔子课堂选址时，重点布局在吉尔吉斯斯坦北部 4 州 1 市：楚河州、塔拉斯州、那伦州、伊塞克湖州和比什凯克市。这 8 所孔子课堂分别是：比什凯克市 69 中孔子课堂、托克马克 5 中孔子课堂、塔拉斯 2 中孔子课堂、比什凯克市总统干部管理学院孔子课堂、比什凯克市 2 中孔子课堂、纳伦州国立大学孔子课堂、伊塞克湖州国立大学孔子课堂、纳伦州卡拉布伦中学孔子课堂。

2011 年 4 月 5 日至 17 日，吉尔吉斯斯坦国立民族大学孔子学院中、吉双方院长带队奔赴吉尔吉斯斯坦纳伦州、伊塞克湖州、塔拉斯州和奥什州进行调研，通过实地考察、听取负责人相关汇报、进教室听课等形式，全面调查了解了各个孔子课堂和汉语教学点的基本情况，在此期间签署了 4 所孔子课堂的启动计划，续签了 8 所学校的汉语教学点办学协议。8 月下旬，孔院组织召开了学术研讨会，与当地汉语教学单位负责人研究解决发展中的问题，共同讨论解决办法。同时，明确了各自的职责和任务，以及如何达到孔子课堂和汉语教学点的办学目标。[①]

2012 年度，学院通过实地调研、网络、电话，及时指导各孔子课堂、汉语教学点的教学工作，及时发现问题，解决教学中的困难。仅 7 个孔子课堂（巴勒克奇中学孔子课堂因志愿者教师离任，无合适派出人选，至 2012 年 11 月 10 日才派出，故未统计）当年累计完成教学工作量 7148 学时，教学班级 105 个，学生总数 2213 人。[②]

2013 年 2 月至 5 月，孔子学院向下属 8 个孔子课堂分别送书 13000 余册。2013 年，孔子课堂在教学班级总数和学生总数方面均比上年有所增长，仅 2013 年上半年，学院仅 7 个孔子课堂（塔拉斯 2 中孔子课堂因志愿者教师离任，无合适派出人选，故未统计）即累计完成教学工作量 3906 学时，教学班级总数 90 个，学生总数 3900 人。[③]孔子学院公派教师和志愿者数量整体而言，呈逐年递增趋势，从 2010、2011 年的 22 名教师和志愿者逐渐发展为 2014 年的 43 名，孔子课堂教师数量也逐步巩固，由最初的 1 人逐渐发展到 1～3 人。

下面以孔子学院总部国家汉办出台的孔子课堂相关政策文件为依据，以吉尔吉斯斯坦国立民族大学孔子学院的 8 所孔子课堂建立、运行及管理实际状况为基础，从遴选建设孔子课堂，承担孔子课堂义务，开展孔子课堂业务，孔子课堂管理以及孔子课堂课程设置等方面讨论存在的问题及相应的对策。

1. 遴选孔子课堂

吉民大孔院申报的 8 所孔子课堂，是在考虑吉国总体地理分布的前提下，在汉语教学点的基础上经过考察筛选而来的。从外方教育机构资质，对中国语言和文化学习需求，工作场所、必要的人员及经费支持等方面综合评估，选取相对过硬的教学点作为申报孔子课堂的对象。对教学机构负责人的态度只能参考，不能成为主要依据，这一点孔院是有教训的。由于吉国存在各部门领导频繁更换的情况，本来合作意向良好的校领导被更换了，而下任领导不积极配合，加之原来的条件就不成熟，那这个课堂就会

① 吉民大孔院年度工作总结[R]. 吉尔吉斯斯坦国立民族大学孔子学院档案. 2011：2.
② 吉民大孔院年度工作总结[R]. 吉尔吉斯斯坦国立民族大学孔子学院档案. 2012：2.
③ 吉民大孔院年度工作总结[R]. 吉尔吉斯斯坦国立民族大学孔子学院档案. 2013：2.

失去生机和活力，孔子课堂各方面工作就会受挫，比如，比什凯克总统干部管理学院孔子课堂，不管历任中国老师如何积极工作，不管孔子学院怎样努力争取，还是无法达到预期的效果，还有吉尔吉斯斯坦内务部警官学校汉语教学点，由于校领导们的更迭，直接导致了汉语中心被迫关闭。

基于以上问题，建议从以下两个方面着手。客观硬件条件同比达标的情况下，学生对中国语言和文化学习需求是保证孔子课堂稳步发展的主要因素。在初报的几个孔子课堂中，学习汉语人数从43到208不等，汉语学习需求最大的比什凯克69中在孔子课堂建设中明显领先，汉语学习人数最少的纳伦卡拉布伦中学孔子课堂效果不甚理想。还有虽未申报课堂，但学习需求旺盛的比什凯克31中，一直保持着良好的汉语学习势头，有望在以后申报孔子课堂。事实证明，考虑学生的汉语需求是相对稳妥可靠的办法。关于需求这点，吉尔吉斯斯坦国立民族大学孔子学院前任院长王哲在他的《吉尔吉斯斯坦国立民族大学孔子学院如何开设孔子课堂》一文中，也将其列为首要因素。①

同时，建议汉办针对孔子课堂建设，能够出台动态的淘汰办法。运行一两年下来，孔子课堂的质量和走向趋于稳定就续签，缺乏活力的课堂就淘汰，这样有助于优化资源配置，提高办学成效。具体实施须在孔子学院和课堂开办方院校达成共识的前提下，依据协议，合理撤出所投物资，用于重新选址开设课堂，从而将损失降低到最小。

2. 孔子课堂外方义务

孔子课堂合作中存在外方工作不到位，应尽的义务完不成的实际情况。虽然孔子课堂外方都能提供教室，但在配备、安装、管理、维护办公设备，为孔子课堂配备必要的行政人员，为汉语教师、志愿者提供必要的生活和工作条件，以及办理签证等方面并没有完全履行义务。完成义务比较好的伊塞克湖国立大学和纳伦国立大学孔子课堂如约承担了中国教师的签证办理，伊塞克湖国立大学还为孔子课堂配备有必要的行政人员，并且按项目申报方式，成功举办过孔子课堂文化活动。但比什凯克市区和周边孔子课堂教师的签证大多是靠孔子学院本部办理，个别课堂还存在着不能

① 王哲. 吉尔吉斯斯坦国立民族大学孔子学院如何开设孔子课堂[R]. Enedayra 论坛. 2013 年 11 月。

依据协议给志愿者提供住房的情况。此外，由于外方没有为课堂配备必要的行政人员和管理维护办公设备的人员，课堂存在着设备或教材管理不善，未能尽其所用的情况。

针对孔子课堂履行协议义务参差不齐的状况，建议建立良好的评优机制，并定期召开孔子课堂负责人年度会议，对履行义务全面彻底、孔子课堂业务范围开展全面多样的学校进行表彰，通过树立典范，达到激励工作热情和促进良性循环的目的。外方负责人在大学孔子课堂应是外方具体主管汉语教学的副校长或国际处负责人，中小学孔子课堂一般为校长或主管汉语教学的副校长，达到一定行政职位的负责人有助于协调和落实汉语教学和文化活动等方面的工作。

3. 孔子课堂中方义务

在孔子学院总部承担孔子课堂的中方义务方面，主要是教材问题、教师问题还有待进一步改善。目前孔子课堂普遍存在教材不够系统连贯，教材数量短缺的问题。孔子课堂汉语课课型主要是综合课，教材有限且不成体系，教师们一般根据课堂现有的教材选定教科书，教材尚不能满足人手一本，常常两三人合看一本。学生从课堂借阅的课本用完要归还。教师因签证等其他原因，衔接不上，所以存在着有些孔子课堂老教师走了，新教师不能及时到位，汉语教学连贯受影响的情况。孔子学院不仅承担了中方义务，也主动承担了一部分外方学校未尽的义务。孔子学院一直积极履行着给孔子课堂和各教学点赠书的义务，并且努力给孔子课堂和教学点增派教师和志愿者，但仍存在着师资增派难以及时衔接的困难，在 2012 年度和 2013 年度，巴拉克奇和塔拉斯孔子课堂分别出现了课堂教师断链的情况。

上述这些困难还有赖孔子学院总部和国家汉办在增派师资程序上予以改进。比如多储备一些后备人选；在新教师没有到位的情况下，允许老教师留任一段时间等。编写教材既是孔子课堂业务本身的一项重要内容，又能解决孔子课堂教材缺乏系统性的问题。但由于孔子课堂和教学点比较分散，一个孔子课堂只有两名甚至只有一名教师长期驻守，因而如果以课堂为单位，编写汉语和中国文化教材显然势单力薄，吉民大孔院本部整合人力编写系列汉语教材，包括中小学汉语教材，这一举措有助于解决孔子课堂未来的教材问题。

4. 孔子课堂业务开展

开展孔子课堂业务方面，还存在着活动中中方老师唱独角戏的问题。原因是多方面的，有外方负责人重视不够的原因，也有一部分原因是中方教师大部分不会当地语言，沟通有困难，不能争取校方较大的支持；另外因为时间短，大部分教师还没有与当地教师建立深厚的感情，就期满归国。

建议由吉民大孔院出台项目申报制度，孔子课堂中方负责人充分调动外方负责人的积极性，共同策划有规模、有影响的中国文化活动项目，由中外方负责人联合向孔子学院申报项目，孔子学院提供项目活动经费支持并有权对项目效果进行评估，这样就使外方负责人认识到，没有项目就没有经费，孔子课堂外方的积极性调动起来了，有助于中方负责人积极实施项目，成功的活动项目可以作为范例和模式进行推广。

5. 孔子课堂管理

孔子课堂管理上还缺乏系统规范。孔子学院一直在做大量的工作，包括召开孔子课堂教学点学术研讨会，到各孔子课堂实地调研考察、听取负责人相关汇报、进教室听课，网络、电话联络沟通，2012 年出台了《吉民大孔院孔子课堂/教学点年度业绩考核表》，出台了《吉民大孔院孔子课堂及教学点要求》，提出了建档要求和孔子课堂活动要求，档案建设和量化评估已经提上建设日程，孔子课堂建设进一步向制度化、规范化完善。这些工作无疑都是可贵的，但管理上还是相对缺乏系统性。同时因为没有明确的量化考核标准，也存在着孔子课堂部分老师得过且过、无人监管的现象。

针对这些问题，建议制定出相应的管理规定，并设计一个孔子课堂工作手册。制定管理规定上，可进一步整合孔子课堂中外方义务履行要求、汉语教学规模比重成效、孔子课堂业务开展范围、孔子课堂年度业绩考核、孔子课堂建档要求等。根据目前孔子学院总部和吉民大孔院在孔子课堂建设方面的相关规定和细则，出台简明具有可操作性的《孔子课堂量化评估标准》，切实依据评估标准，通过年度负责人会议进行评估。另外还需设计《孔子课堂档案工作手册》，督促并记录孔子课堂中国教师每月与外方负责人沟通交流情况及各项工作大事记，包括教学进度，存在的问题，学生情况，外方教师情况，中国文化工作情况，应注意的事项，与外方负责人定期沟通情况，孔子课堂财务，图书文化用品等。这一手册就是历史，一本本传下去，有助于后来接任者了解课堂工作历史明细，梳理和进一步开展工作，同时也像一面镜子，可以看出每位教师的工作业绩，具有鞭策作用。

6. 孔子课堂的课程设置

汉语课程设置的根本性问题没有解决，这不仅是孔子课堂，也是吉国汉语教学中普遍存在的问题。关于课程设置问题，四年以前已经有吉国汉语教育前辈提出，任铮在2010年《关于改进吉尔吉斯斯坦汉语教育的几个问题》一文中，就建议由吉国教育部牵头，会同中国某高校共同研究，将汉语教学列入吉国教育部大纲。[①]目前汉语在吉国的教学地位是汉语未被列入学分，一是以选修课或兴趣班的形式进入了吉尔吉斯斯坦中小学课程教学体系，二是以培训班的形式开展汉语教学。随着吉国汉语教学成果几年来的不断巩固，解决吉国汉语课程设置这一根本性问题显得尤为重要和突出，一方面，中方有能力加强汉语教学的投入，另一方面，外方有增加汉语课时的需求和可行性，汉语课程尚未取得吉国教育部认可，导致了汉语教学存在着不计学分，汉语教学跟学生的升级不相关，课时量太少，汉语课安排的不是黄金时间等问题。所以尽管汉语学习者数量较多，但汉语学习不系统，汉语教学的对象也频繁更换，汉语学习效果不是十分理想。

吉尔吉斯斯坦国立民族大学孔子学院2014年春举行了“吉尔吉斯斯坦中小学汉语教学大纲制订研讨会”，此次研讨会是从根本上改善吉尔吉斯斯坦汉语课程设置的重要会议，有望把汉语作为吉尔吉斯斯坦中小学除德、英、法三种外语以外的第四种外语，写入吉国教育部教学大纲。来自吉民大孔院下属的孔子课堂及汉语教学点——比什凯克市69中、31中、68中、2中，托克马克5中，卡拉库尔3中，巴拉克齐4中等中小学的15位校领导参加了此次研讨会。研讨会上，大家就普通中学和高级中学的汉语课程设置问题达成了共识。一致认为目前中小学普通中学每周开设2～3课时汉语、高级中学每周开设4课时汉语是可行的，最后校长们提出两个方案：一是参照目前教育部大纲中已有的其他外语教学计划，拟定出汉语教学计划供教育部参考；二是提出单独的汉语教学计划上报教育部。研讨会后，组成了吉尔吉斯斯坦中小学汉语教学大纲制订工作小组，会同吉尔吉斯斯

① 任铮，娜伦巴耶娃. 关于改进吉尔吉斯斯坦汉语教育的几个问题[J]. 吉尔吉斯斯坦国立民族大学学报，2010（3）.

坦国立民族大学教学专家具体负责推进和落实。这一工作目前只是刚刚开始，但要最终落实，还需要各部门共同努力，建议汉办致函吉尔吉斯斯坦教育部以期达成共识，还应为此拨出专款，用于大纲的制定。

总之，吉尔吉斯斯坦国立民族大学孔子学院在孔子课堂建设上还存在孔子课堂遴选、中外方义务、孔子课堂业务、孔子课堂管理、孔子课堂课程设置等几方面的问题，这也是中亚地区孔子课堂发展的瓶颈。目前提出的相应对策有：遴选建设孔子课堂时，主要因素是吉方学校学习汉语的需求；外方义务上通过建立评优机制和召开中外方负责人年度会议，激励外方履行应承担义务；中方有待加强派遣教师的手续衔接和开展编写汉语本土教材工作；开展孔子课堂业务需进一步推广孔子课堂活动项目申报制；孔子课堂管理方面，尽快出台《孔子课堂量化评估标准》和《孔子课堂工作手册》；课程设置方面，孔子学院还需朝着将汉语纳入吉国教育部大纲体系的根本性方向努力。但同时，本节只是提纲挈领地就孔子课堂的问题和对策进行了初步研究，孔子课堂建设进一步研究还有待继续深化和落实。

（二）中亚孔子课堂质量评估标准研究①

中亚孔子课堂质量评估标准研究是完善孔子课堂管理制度，切实加强孔子课堂内涵建设的重要工作，也是接下来孔子课堂各项建设研究内容直接或间接的基础。这一评估规范的制定是一个从无到有的曲折过程。前文《中亚孔子课堂发展问题对策研究》以吉尔吉斯斯坦国立民族大学孔子学院8 所孔子课堂建立、运行及管理状况为基础，已经提出了孔子课堂遴选、中外方义务、孔子课堂业务、孔子课堂管理等方面问题和相应对策，在此基础上，进一步结合国家汉办孔子学院总部出台的《如何申办孔子课堂》《关于合作建设孔子课堂的协议》等文件中关于设立和管理孔子课堂的相关政策文件，依据孔子学院总部及中亚孔子学院已有文件规定对孔子课堂的管理和考核要求，从“孔子课堂办学条件、中外方义务、孔子课堂运行效果”三大方面，设计“中亚孔子课堂质量评估问卷调查纲要”，依据问卷纲要，对孔子学院 8 所孔子课堂进行试评和调整，并进一步量化得出“中亚

① 尹春梅，马磊. 中亚孔子课堂质量评估研究——以吉尔吉斯斯坦国立民族大学孔子学院为例[J]. 新疆师范大学学报，2015（1）.

孔子课堂质量评估指标体系”，该指标体系可用于孔子课堂的日常管理与评估建设，也可作为遴选增设以及淘汰孔子课堂的重要参考。具体研究过程如下。

1.《孔子课堂质量评估问卷调查纲要》设计

依据孔子学院总部/国家汉办《如何申办孔子课堂》《关于合作建设孔子课堂的协议》等文件中关于设立和管理孔子课堂的相关规定，参照吉尔吉斯斯坦国立民族大学孔子学院 2012 年出台的《吉民大孔院孔子课堂/教学点年度业绩考核表》《吉民大孔院孔子课堂及教学点要求》《各课堂教学点年度教学情况年度统计表》等现有文件规定中对孔子课堂的管理和考核要求，从“孔子课堂办学条件、中外方义务、孔子课堂运行效果”三大方面设计了《孔子课堂质量评估问卷调查纲要》，对吉尔吉斯斯坦国立民族大学开设的 8 所孔子课堂展开评析，从而进一步调整评估内容。

《孔子课堂质量评估问卷调查纲要》第一部分“孔子课堂办学条件” A1-A10 着重考察了孔子课堂所在学校性质、办学层次、规模、汉语办学年限、汉语学习需求、场地设施等孔子课堂初建条件。第二部分“双方义务”B1-B13 着重考察了吉方教学主管等行政管理人员配备情况、设备的管理与维护、承担志愿者教师住房及签证手续等义务履行情况；中方为孔子课堂提供项目经费、提供汉语教师志愿者以及提供图书音像教学资料等义务履行情况。第三部分“运行效果”C1-C16 着重考察了孔子课堂现有的汉语学员人数、授课年级及班级数、汉语开设周课时数、HSK/HSKK/YCT 报考及过级数、选派各类奖学金生人数、参加各类比赛获奖人数、组织活动项目次数、活动新闻投稿数、汉语教学主管参加孔院及课堂活动情况、课堂主动开展项目申报情况、档案建设情况、课堂开展业务范围等情况。调查纲要在 7 个孔子课堂（课堂 8 因诸方面原因已于 2011 年下半年停止）中展开调查，填报者均为课堂及教学点的中方教师。分析中对回收的调查纲要中有出入的个别数据，笔者结合孔子学院考试、宣传、办公室等部门相关文献资料进行了局部调整。

2.《孔子课堂质量评估问卷调查纲要》评析

该研究探索过程得到了吉尔吉斯斯坦国立民族大学孔子学院各级领导、部门以及孔子课堂（教学点）教师及志愿者们的大力协助与配合。为尊重调查对象及行文方便，以下各课堂均以“课堂 1”“课堂 2”的方式表述和呈现。[①]

（1）孔子课堂办学条件

根据国家汉办孔子学院总部《如何申报孔子课堂》的规定，申报孔子课堂应满足三项重要指标：①该国政府认定办学资质的教育机构；②当地和在校学生有学习中国语言和文化的需求；③能为孔子课堂提供合适的工作场所、必要的人员和经费支持。这些既是遴选孔子课堂的条件和办学要求，能反映出办学中存在的问题，同时也能够反过来衡量和评估孔子课堂的质量。如表 7-21“孔子课堂办学条件”所示，从选址来看，孔子课堂均设立在公立学校。初建的 8 所孔子课堂在中小学开设的有 5 所，在大学及学院开设的有 3 所。从开办汉语教学时间来看，8 所孔子课堂均是从 2009 年起，就作为汉语教学点开设汉语教学，2011 年相继签署协议，揭牌成立孔子课堂。其中除课堂 8 已于 2011 年下半年停办，其他孔子课堂均运行至今。就汉语及中国文化学习需求而言，孔子课堂刚成立时，课堂 1 人数最多，有 208 人，课堂 8 人数最少，有 43 人。汉语及中国文化学习需求相对薄弱是导致课堂 8 办学停顿的因素之一。除课堂 8 以外，其他 7 所孔子课堂有办公场所 1～3 间不等。其中课堂 1、课堂 7 均有办学场所 3 间。设施上，除课堂 5 设施比较陈旧以外，其他孔子课堂设施在半新以上，据访谈进一步了解，课堂 5 目前已经从最初设立孔子课堂的教室里迁到他处上课，该课堂目前正处于努力维修中。为避免行文重复，“为课堂提供必要的人员及经费支持情况”在接下来的“双方义务——为孔子课堂配备必要的行政人员”情况中一并谈到。

① 课堂 1—8 对应的分别为：课堂 1，比什凯克市 69 中孔子课堂；课堂 2，托克马克 5 中孔子课堂；课堂 3，塔拉斯 2 中孔子课堂；课堂 4，比什凯克市总统干部管理学院孔子课堂；课堂 5，比什凯克市 2 中孔子课堂；课堂 6，纳伦州国立大学孔子课堂；课堂 7，伊塞克湖州国立大学孔子课堂；课堂 8，纳伦州卡拉布伦中学孔子课堂。

表 7-21　孔子课堂办学条件

孔子课堂	该课堂所在学校性质（A 公立 B 私立）	该课堂所在学校办学层次（A 大学 B 学院 C 高级中学 D 普通中小学）	该课堂所在学校在校生大致总数	该课堂初设汉语教学点时间	签订孔子课堂协议时间	该课堂刚成立时汉语学生数量	该课堂汉语办公场所间数、面积	该课堂桌椅黑板等教学设施情况（A 比较新 B 半新 C 比较陈旧）
课堂 1	A	D	1600	2009.1	2011.4	208	3 间，100 平方米	B
课堂 2	A	D	606	2009.12	2011.4	67	1 间，40 平方米	B
课堂 3	A	D	1200	2009.1	2011.4	80	1 间，22 平方米	A
课堂 4	A	D	1054	2009.12	2011.4	108	1 间，20 平方米	A
课堂 5	A	B	500	2009.8	2011.4	60	1 间，12 平方米	C
课堂 6	A	A	3000	2009.7	2011.4	50	2 间，30 平方米	B
课堂 7	A	A	5000	2009.9	2011.4	82	3 间，100 平方米	A
课堂 8	A	D		2009	2011 年下半年停止	43		

（2）双方承担义务情况

根据国家汉办《关于合作建设孔子课堂的协议》（以下简称《协议》）外方义务有：首先，提供适合的办公场所，配备必要的办公设备并负责安装、管理和维护；其次，为孔子课堂配备必要的行政人员（可由相关人员兼职），提供相关费用，并为孔子课堂开设专门账户；第三，为中方派遣人员提供必要的生活和工作条件；第四，协助办理中方人员进入该国境内从事教学活动所需的手续；第五，同意就孔子课堂的其他需求与总部进行协商。

校方承担办公场所既是遴选孔子课堂的重要办学条件，也是吉方的首要义务。按《协议》规定，配备必备的办公设备为外方义务，但吉国实际情况是，孔子学院（总部）为孔子课堂配备了电脑、电视、投影等办公及教学设备，因此，即使将此项规定作为吉方义务评估标准，也形同虚设。安装、管理和维护这些设备属于吉方义不容辞的责任，调查显示，现 7 所课堂中，已有 5 所履行了此项义务。针对吉国部门领导频繁变更的现实，为孔子课堂配备长期稳定的教学主管有必要作为校方义务提出，调查结果显示，57.1%的孔子课堂偶尔或经常变更教学主管，仅有 3 所孔子课堂的教学主管从未变更过。同时达到一定行政职位的教学主管更有助于孔子课堂各项工作的开展，目前，中小学孔子课堂吉方教学主管多为校长和副校长，大学孔子课堂的均为教研室主任。孔子课堂教学秘书等必要行政人员配备率目前达 71.4%，其中课堂 7 还配有专门的图书管理员（按规定，这些行政人员相关费用均应由吉方承担）。有 4 所孔子课堂做到了为中方教师承担全部或部分住房，承担率为 57.1%。承担中方教师签证手续方面，目前，只有两所孔子课堂做到了负责协助办理，其他孔子课堂均由吉尔吉斯斯坦国立民族大学孔子学院协助办理。综上所述，吉方承担义务情况参差不齐，且有较大的提升空间，将这些义务方面作为评估指标具体化，有助于孔子课堂校方和吉方负责人明确自己的义务和努力的方向。（见表 7-22）

根据《协议》，中方（总部）义务有：授权使用孔子课堂名称，提供孔子课堂标识；提供必要的启动经费，并根据需要每年提供一定数额的项目经费；提供 1000 册图书、音像及多媒体教学资料、课件，授权使用网上课程；根据需要提供一定数量的汉语教师、志愿者，并负担其国际旅费。

表 7-22　双方承担义务情况

孔子课堂	吉方是否负责配备、安装、管理、维护该课堂/教学点办公设备？（A 是 B 否）	该课堂现任汉语教学主管职务（A 校长 B 副校长 C 国际处负责人 D 系主任 E 教研室主任 F 其他）	该课堂成立至今教学主管变更情况（A 经常变更 B 偶尔变更 C 从未变更）	如果有的话，吉方为该课堂还配备下面哪类必要的行政人员（A 教学秘书 B 图书管理员 C 其他 D 没有配备）	该课堂所在校方为你提供住房情况（A 校方完全不承担 B 校方承担部分 C 校方全部承担 D 其他）	教师从事教学活动所需的签证手续是由哪方负责协助办理的（A 孔院本部 B 该课堂所在校方）	该课堂开设活动所需经费申领渠道（A 向孔子学院本部申领 B 向所在外方学校申领（自己垫付）	该课堂成立至今中方教师队伍换了几任？	该课堂有无出现过教师续任间断的情况？（A 有 B 无）	该课堂现有中方教师人数	孔子学院（总部）为该课堂提供过下列哪些方面的投入？（A 电脑 B 投影 C 电视 D 打印机 E 墙面装饰 F 图书/音像资料 G 文化演出服饰用品 H 文化大礼包 I 经费 J 其他）
课堂 1	A	B	B	A	B	A	A	3	B	3	ABDFGH
课堂 2	A	A	A	无	A	A	A		B	3	ABFGHI
课堂 3	A	A	C	C	B	A	A	4	A*	1	ABCEFHI
课堂 4	A	A	C	A	A	A	A	3	A**	1	ABCDEFH
课堂 5					A	A	C		A	1	
课堂 6	B	E	C	A	C	B	A	3	B	2	ABCDEFGHI
课堂 7	A	E	B	AB	B	B	A	3	B	1	ABCDEFG

备注：“A*” 原因是“没有接任教师”，A**原因是“接任教师出国手续没有跟上”。

提供必要的启动经费是中方义务，这一点孔子学院（总部）主要是以办公设备的形式折抵，提供给孔子课堂，孔子课堂成立之初，都获赠有来自孔子学院（总部）的电脑等大量办公设备。为考察孔子学院（总部）每年为孔子课堂提供一定数额的项目经费情况，调查中设置了“课堂开设活动所需申领经费渠道”这一指标，调查显示85.7%的孔子课堂都是向吉尔吉斯斯坦国立民族大学孔子学院本部直接申领活动经费的，也存在小额经费教师个人垫付的情况。提供 1000 册图书的义务孔子学院也在按规定履行，2013 年 2 月至 5 月，孔子学院向下属孔子课堂送书 13000 余册，[①]纲要调查结果也显示，除课堂 5 以外，孔子学院（总部）为孔子课堂所提供设备及图书资料均在 7 类以上。课堂 5 在孔子学院投入设备情况一栏不详，说明该课堂存在设备流失问题，还有该课堂吉方负责人的基本信息不详，也反映出该课堂吉方管理松懈、中吉负责人沟通有待加强。就汉语教师、志愿者派遣情况而言，目前，每个孔子课堂均有中方教师任教，现任中方教师人数 1～3 人。孔子课堂以往也存在着续任偶尔断链的情况，原因是因签证手续等问题导致后续教师不能及时到任。中方义务的执行情况是影响和制约孔子课堂质量的重要因素，明确这些义务，有助于孔子学院（总部）和孔子课堂中方负责人共同努力加以落实。

（3）课堂运行效果

如表 7-23 所示，从 C1-C16 几项评估可以看出，16 项指标中，课堂 1 在以下 11 项指标中都处于领先：汉语学生数、本土教师数、授课年级数、班级数、汉语周课时数，HSK/YCT 考试数、过级数、奖学金选拔、参加比赛人数、参赛获奖数、组织活动及新闻投稿数，并且是唯一一所有过吉方独立申报组织活动项目的孔子课堂。课堂 2 在汉语学生数、汉语授课年级、班级、周课时数及组织活动、投稿等方面保持在较高水平，在吉方汉语教学主管参加孔院及孔子课堂活动这一指标处于领先位置，但在 HSK 报考方面还有待加强。此外，课堂 3，课堂 6，课堂 7 各方面指标也均健康良好，其中，课堂 7 也有过吉方独立申报组织活动项目的经历，并且是唯一一所独立开展过教师培训工作业务的孔子课堂。相对而言，课堂 4 汉语

① 2013 年度吉尔吉斯斯坦国立民族大学孔子学院年度工作总结[R].

学生数较其他三所普通中小学悬殊较大，还有较大提高空间，同时，在HSK报名考级及选派各类奖学金生人数上还有待突破。课堂5除了之前提到的场地、设备、吉方管理、中吉沟通等问题，反映在教学上，汉语课时设置偏少，每周仅有3课时，HSK报考也有待突破。

表7-23 孔子课堂运行效果

孔子课堂	该课堂现有汉语学员数	该课堂现有本土教师人数	该课堂现开设汉语课程年级总数（含本土教师授课）	该课堂现开设汉语课程的班级总数（含本土教师授课班级）	该课堂现开设汉语课程每周学时数（含本土教师汉语课时）	本学期该课HSK/HSKK/YCT报考人次	该课堂现持有HSK水平证书的总人数	本学期该课堂共选派各类奖学金生人数（研究生人数，四年本科生人数，一年生人数，半年生人数，夏令营人数）
	C1	C2	C3	C4	C5	C6	C7	C8
课堂1	400	4	8	14	48	55	20	24,0，6,0,0,18
课堂2	400	0	7	13	38	0	1	1,0,0,0,0,1
课堂3	160	1	7	13	26	4	2	6,0,0,0,0,6
课堂4	45	0	4	5	20	0	0	0,0,0,0,0,0
课堂5	55	1	3	3	3	0	1	2,1,0,0,0,1
课堂6	54	4	4	4	44	21	19	19,1,5,11,2
课堂7	60	2	6	4	10	25	20	6,0,0,1,0,5
孔子课堂	本学期该课堂参加各类比赛获奖学生人数，其中（A获国际性B获全国性奖励C获院校性奖励）	如果知道的话，请填写上学期该课堂参加各类比赛获奖学生人数，其中（A获国际性B获全国性奖励C获院校性奖励）	如果知道的话，请填写自该课堂成立以来，该课堂/教学点参加各类比赛获奖学生人数，其中（A获国际性B获全国性奖励C获院校性奖励）	本学期该课堂组织各类大型活动项目次数，其中活动项目新闻外宣简报投稿数量篇数	如果有的话，该课堂汉语教学主管本人参加和出席过孔院下列哪些活动？（A研讨会B汉语桥比赛C汉语歌曲大赛D名人讲坛E文化展览F节日庆典G其他）	该课堂吉方领导是否主动申请并承担过大型中国文化活动项目？（A是B否）	如果有的话，该课堂已具备下列哪类纸质及电子档案建设？（可以多选）（A中方及本土教师档案B所教学生档案C教学档案D文化活动档案活动资料E资产管理档案F文件档案）	如果有的话，请勾选该课堂已开展的业务类型（可以多选）（A开展汉语教学、文化活动和其他与汉语及中国文化有关的竞赛B培训当地中小学汉语教师C组织当地中小学生来华夏（冬）令营D编写汉语和中国文化教材）
	C9	C10	C11	C12	C13	C14	C15	C16
课堂1	10,1,3,6	8,0,0,8	1,1,0,0	5,3	AEF	A	CE	A
课堂2	0,0,0,0	0,0,0,0	0,0,0,0	2,2	ABEF	B	BCDE	CD
课堂3	4,0,2,3			1,1	ABF	B	CDE	C
课堂4	1,0,1,0			1,0		B	E	A
课堂5	1,0,1,0			1,1	F	B		
课堂6	3,0,1,2	5,0,1,4		1,1	AEF	B	BDE	AC
课堂7	4,1,2,1	3,1,1,1		0,0	ABC	B	ABCD	AC

为了调查教师们对自己孔子课堂以往情况的了解程度，这部分调查纲要还刻意设置了问题 C10，追问了上学期参加各类比赛获奖学生人数，结果显示，只有 57%的教师能够填写此栏，C11 追问了自该课堂成立至今，参加各类比赛获奖学生人数，已无人能准确填写，C15 的“档案建设情况”一栏也反映出孔子课堂档案建设有待完备。这些都给孔子课堂档案建设提出了进一步的工作要求——即便是设计简明可行的《孔子课堂工作手册》，也会极大地方便孔子课堂工作交接和史料存档，并能够为孔子课堂质量评估提供资料和依据。

六、创建中亚孔子学院综合文化交流平台新实践

“国之交在于民相亲”。没有民相亲，没有民众之间的交往交流，国家间交往就无从谈起。综合文化交流平台的建设，是文化传承的基石。作为中华文化传播的重要名片，孔子学院在文化交流方面发挥了不可替代的作用。有了孔子学院这一平台，拉近了中亚国家与中国之间的联系，彼此有了共同的话题，有了可以相互交流的语言，作为中华文化的传播者，让中亚国家更好地了解中国，让中亚国家人民更好地了解中国，是孔子学院的神圣使命。但是近年来，中亚国家受到欧美强势文化的影响，在中亚国家还存在“中国威胁论”，之所以产生误区，最主要的原因是彼此不了解。中国国家主席习近平提出“一带一路”倡议以来，中亚国家作为古“丝绸之路”重要的文明节点，仿佛重新看到了希望，纷纷表示支持中国提出的这一倡议，并愿意加强与中国的合作。

创建中亚孔子学院综合文化交流平台，正是在这一倡议的呼唤下应运而生的。有了这一共同的交流平台，双方才能推心置腹，才能在“丝绸之路经济带”这辆快车上获得最大的红利，这一红利不是中国独享的，而是“丝绸之路经济带”沿线国家共同分享的，因此，这更加凸显这一文化交流平台建设的紧迫性和必要性。

需要特别指出，这里的文化是指：除了社会生产以外的人类所创造的一切文明成果。它当然包括语言。但本文为了叙述方便（因有专文探讨语

言传播问题），将语言的交流排除在外。综合文化交流平台的意思是指：孔子学院除了汉语教学工作以外，还进行中国文化的传播、交流。它包括信息、人员、感情等一系列的交流活动，使孔子学院成为中国文化的传播者、组织者、开拓者。

（一）综合文化交流平台创建的紧迫性

由于历史的原因，吉尔吉斯斯坦长久以来，一直缺乏民间和中国进行文化交流的社会环境和组织。在苏联之前，吉尔吉斯斯坦和中国的交往基本上处在和中国新疆少数民族交往的阶段。苏联时期，吉尔吉斯斯坦作为苏联的边疆少数民族地区，与中国的交往也比较少，也多限于与中国新疆之间零星贸易往来。

吉尔吉斯斯坦有一定数量的华侨、华人。吉尔吉斯斯坦独立以后，有相当一段时间，中吉交往主要表现在中国新疆的边贸人员和少数民族来吉尔吉斯斯坦做贸易。其他方面涉及很少，甚至给吉尔吉斯斯坦留下的负面影响居多。这一点，与欧美等国家有很大的区别。这也是中吉或者说中国和中亚民间交流关系的一个特点。

众所周知，随着时代的发展，吉尔吉斯斯坦在中国对外关系中的作用越来越重要。吉尔吉斯斯坦是中国通向中亚和俄罗斯、欧洲的交通要道。“丝绸之路经济带”倡议的实施，更凸显了吉尔吉斯斯坦和中国关系的不可替代性。国之亲，在于民相交。在欧美等地，华人华侨的力量还是很强的。他们有自己的各类组织，各种宣传媒体，有相当的经济实力。更重要的是，这些国家和中国的交流交往有很长的历史。这些却是吉国和中亚所缺乏的。正因为如此，建立综合文化交流平台的任务就落在了孔子学院身上。

其实，国家汉办对孔子学院建设的要求也并不是停留在语言教学上，而是希望孔子学院走向社区，走向社会，全面发展。新疆师范大学对孔子学院也寄予了很高的期望，要求把孔子学院建成师大走向中亚，走向世界的一个桥梁。新疆和内地的很多学术单位、教学单位也有积极要求来中亚合作的愿望。就孔院自身来讲，中国文化的交流对汉语教学的全面、深入、可持续发展，也有着极大的促进作用。与此同时，吉国社会和民众也有和中国交流交往的强烈需求。比如，十几年前，就有不少中学（包括奥什要求中国驻吉使馆帮助开设汉语课，但由于种种原因，结果并不理想。

（二）综合文化交流平台创建的可能性

吉尔吉斯斯坦有较为宽松的政治和社会条件。吉尔吉斯斯坦对中国的教学机构，新闻媒体和各种社团都比较开放，也比较支持。吉国社会对同中国进行交往、交流的愿望日益增强。国家汉办在政策和资金上对孔子学院有大力的支持。国家汉办项目下的拨款规定，为孔院开展交流活动提供了资金保障。新疆师范大学成立专门的机构“中亚研究所”“汉推基地”来和孔子学院对接，成为孔子学院在国内强有力的支撑点。孔子学院自身也有比较好的条件，孔院有将近50人的教师队伍。其中具有教授、副教授、讲师职称的或具有硕士生学历的占很大的比例。同时还有使馆的大力支持。当然，还有一点需要特别指出，孔院领导有明确的认识，吉尔吉斯斯坦国立民族大学孔院发展的口号就是，教学和文化发展并重。这一切，使把孔子学院建成文化交流综合平台成为可能。

营造浓郁的校园中国文化氛围，走进吉国社会，大力开拓国际间交流合作，是综合文化交流平台的三个支点。

1. 校园中国文化氛围营造

营造浓郁的校园中国文化氛围，用中国文化来促进汉语教学，增进学生对中国的了解和情感，是孔院综合平台最重要的组成部分，也是基础工程。吉尔吉斯斯坦国立民族大学孔子学院大致分三个层次来进行工作。

（1）文化培训

孔子学院常年开设各种类型的中国文化兴趣培训班。有书法、国画、中国乐器、剪纸、诗朗诵、武术、茶艺、中国舞蹈、中国歌曲等等。培训班培训时间通常定在学生放学以后，每周两次，一次两小时。培训班不设任何门槛，不收费。只要是愿意学习中国文化的人，不管是中学生、大学生，还是社会其他人员，都可参加。培训班的活动吸引了广大的对中国文化喜爱的人。孔院还把培训班纳入到了孔子学院正规的教学工作中。学院要求培训班也要有教学大纲、教学进度表、老师也要备课，对学生要有爱心、耐心。培训班开班和结业都有正规的仪式，学生结业后，颁发结业证书。这种比较正规的培训班，保证了较高的教学质量，并为孔院培养了大批的喜爱中国文化的骨干力量。因为不设门槛，宽进宽出，所以也在最大可能的范围内，让学生和吉国民众亲身体验和实践了中国文化。一些培训，如国画，就是用孔院培养出来的社会人员担任培训教师。

（2）节假日庆典活动

孔院利用节假日在其各个教学点搞一些大的活动。比如每年的春节、国庆节、中秋节，新学年开学等，孔院都要求各教学点安排讲座，排演节目。而像吉民大孔子学院成立5周年和孔子学院总部成立10周年这种大型的活动，孔院更是精心组织，广泛动员，参加人数和社会效果就更好一些。这种节假日的庆祝活动主要是重在参与，让更多的学生有机会展示自己的才华，表现对中国文化的喜爱。这种活动常常是以班级为单位，每个学生都有机会参加，体现了广泛的群众性。表演的形式可以多种多样，充分发挥教师和学生的想象力和创造力。

（3）各种比赛

为了提高广大学生对中国文化学习的兴趣，也为了提高学生掌握中国文化的水平，扩大中国文化在校园里的影响，孔子学院精心设计了各种比赛。其中有大学生、中学生的世界汉语桥预选赛；中国歌曲大奖赛；中国武术大奖赛；汉语口语大奖赛，书法大赛，汉字听写大赛，等等。这些比赛事先都制定出周密的计划安排和比赛方案。从标牌的制作，比赛规则到请评委都一丝不苟。通过这种比赛，涌现出了一大批尖子人才。学生学习中国文化的兴趣更浓了，参加培训和节假日活动的学生更多了，形成了一个良性的循环。这些比赛的尖子选手大部分又被选到中国继续深造。孔院教学点比什凯克69中的选手两次获得世界中学生汉语桥的三等奖。一大批选手直接被中国大学录取为大学生、研究生，他们同样受到所在学校的好评。

2. 积极走进社会、融入社会

吉尔吉斯斯坦由于长期对中国缺乏深入细致的了解，需要补课的地方很多。所以，孔子学院在社会上把介绍中国和广泛宣传中国文化作为一项重要的工作。同时，由于在社会上广泛地宣传，扩大了中国在吉国的影响，又使更多的人愿意学习汉语，这对汉语的教学又起了积极的推动作用。孔院主要开展了以下活动：

（1）形式多样的讲座

利用孔子学院的平台，经常性地邀请吉尔吉斯斯坦社会名人和中国专家学者以及中国驻吉使馆领导进行中国文化的讲座。听众有学生，也有其他关心中国的人。孔院最著名的讲座活动是“吉尔吉斯斯坦名人讲坛”。讲坛的内容包括中吉两国的政治、经济、文化、教育等等交流合作的问题，也有对中国文化的研究，比如李白、杜甫的诗歌赏析。对于讲座，有一个逐步提高的过程。刚开始，是老师自己准备一些小型的讲座，在班级或者学院进行。现在，孔院已经将讲演的层次提高到了中吉两国著名的有影响力的专家学者。讲座是开放式的，不限范围，不设答案，听众可以随时提问。

（2）丰富多彩的展览

孔子学院从在校园里办小型展览开始，逐步走向在社会上办大型展览和众多专题的展览。为了扩大影响力，提升知名度，孔院一般选择吉尔吉斯斯坦最高档次的展览地点。孔院在吉尔吉斯斯坦“国家历史博物馆”举办过中国文化周，中国书画展等多项展览。在中国文化周的展览中，将中国的历史做了系统的介绍，从甲骨文开始，一直到现代中国，同时配有实物（仿品）和图片的介绍。其中有很多是和观众互动的节目，比如，书法、国画、茶艺、饮食、中国乐器、服装等等。这一展览被吉国国家历史博物馆誉为最好的一次外国文化的展览。孔院还在吉国大部分地州搞巡回展览，有托克玛克、纳伦、伊塞克湖、塔拉斯州等。孔院将为学生准备的展览放在广场，让更多的市民感受到中国文化。观众们反映这是他们从来没有见过的中国文化展览，印象非常深刻。孔院还在吉国家图书馆举办大型中国图书展，在吉国国家歌剧院举办中国文化体验活动，在吉国最大的公园举办孔子日活动，等等。

（3）精彩纷呈的演出

吉尔吉斯斯坦是一个喜欢艺术、喜欢歌舞的国度，所以，孔子学院有意识地在适当的时候推出大型的文艺演出。一方面孔院为中国的演出团到吉尔吉斯斯坦演出做牵线搭桥的工作，做好宣传服务工作。比如中国柳州歌舞团、甘肃歌舞团、新疆歌舞团、新疆昌吉州歌舞团和孔院系统的吉林大学歌舞团、新疆师范大学歌舞团、西南民族大学歌舞团等，孔院为这些歌舞团的演出做了大量的前期工作，包括组织观众、张贴海报、准备服装道具、进行媒体报道等，最后演出取得了很好的社会反响。另一方面，孔院以自己的学生为主，开展文艺演出活动。譬如，在吉尔吉斯斯坦国立民族大学孔子学院5周年院庆的时候，孔院学生准备了一台大型晚会。内容包括中国歌舞、武术、语言、乐器、中国时装秀，可谓琳琅满目，美不胜收。观众有学生和学生的朋友、同学、家长，也有很多的艺术爱好者。演出后人们反映，吉尔吉斯斯坦的学生能将中国的艺术演绎得如此地道，真是不可思议。也有专业人士说，即使从专业的角度看，这也是一台不错的演出。

（4）及时全面的宣传

孔院注重和媒体交朋友。媒体的宣传作用和影响力是巨大的，它可以将活动影响扩大成千上万倍。孔院和吉尔吉斯斯坦国家的电视台、电台、报纸，都有密切的联系。孔院的大型活动都会请他们来宣传报道。除此之外，孔院还将这些记者组团去中国参观访问，回来后对中国做系统的报道。近几年来，孔子学院已在吉国电视台、电台做了十几期节目，在吉尔吉斯斯坦各类报纸都有广泛的报道。在宣传报道中孔院还和听众及观众进行互动，对观众和听众的提问有问必答。保持一种开放、自信的心态，收到了很好的效果。此外，孔院自己也有新闻报道队伍，每一次重大活动都会向国内外媒体发稿，包括各种网站。目前，已有几百篇新闻稿件被国内外新闻媒体采用。

（5）积极参加公益活动

孔院注意自身的社会形象，积极努力将爱心传递到吉国社会的每一个角落。吉尔吉斯斯坦国立民族大学孔子学院每年都开展三到五次的慈善活动。孔院组织师生去过敬老院、孤儿院、残疾儿童福利院、癌症及疑难病症的儿童医院，为这些孩子和老人们带去了中国人的问候和温暖。最可喜的是，在孔子学院的影响下，很多中国的企业和商人也纷纷投入到了慈善公益事业中来。还有企业和个人与孔院定好今后的慈善活动计划。这些活动，逐步消除了中国人在吉国的负面形象，在吉尔吉斯斯坦社会引起了良好的反响。

（6）广交朋友

文化交流其实就是人的交流。不去交朋友，不积累广泛的人脉关系，文化交流只能是纸上谈兵。孔院不能在象牙塔里闭门经营。孔院把交朋友放在重要位置，做细做实。比如，过年过节探望朋友，邀请他们参加孔院的各项活动，朋友去中国时陪同，答应的事一定办到，等等。尤其是不忘不在其位的老朋友，让他们感到中国人重情义。当然，交朋友不能只建立在私人关系的基础上，朋友一定是要有共同的目标，要为吉中两国人民做好事的人。

3. 加强国际交流与合作

孔子学院在吉尔吉斯斯坦成立，引起了中吉两国各方面的关注。吉尔吉斯斯坦的学术界、教育界、文化界多年来一直苦于没有和中国交流的固定有效的通道。而中国方面，随着改革开放的深入，也需要更多更深刻地了解吉尔吉斯斯坦，了解中亚。以前因为双方的人脉不通，语言不通，信息不通，不能达到很好的交流效果。孔院的成立，无疑是雪中送炭。吉尔吉斯斯坦国立民族大学孔子学院从以下几个方面着手，将国际间交流合作的工作做实。

（1）孔子学院牵头召开各种相关的学术研讨会，将中亚和中国的学者召集在一起，让大家交流和相识。这几年孔院主办和参与了中亚汉语教学研讨会、中亚汉语教材研讨会、吉尔吉斯斯坦和关税同盟关系研讨会、中吉关系研讨会、玛纳斯国际学术研讨会、李白与丝绸之路国际学术研讨会等等。

（2）孔院牵线搭桥让中国、吉尔吉斯斯坦以及中亚国家的学术界建立起联系。比如通过孔院，中国新疆师范大学法经学院和吉尔吉斯斯坦国立民族大学的法经学院建立了紧密的联系。中国新疆师范大学体育学院和吉尔吉斯斯坦国立体育大学建立了联系，中国新疆师范大学与哈萨克经济大学、土耳其法蒂大学、俄罗斯在吉的斯拉夫大学、美国在吉的中亚美国大学、土耳其在吉的阿拉套大学建立了联系等等。

（3）通过孔院，使一些中外专家学者之间建立了联系。这些联系的建立，需要孔子学院做大量的后续工作。比如，传递信息，安排人员往来，办理签证，翻译论文，做问卷调查，等等。没有这些具体的工作，他们之间的交流交往是很难持续下去的。还有一个方面，孔院注重联系吉尔吉斯斯坦文化教育界重要的人士去中国参观访问。近几年来，孔院安排教育文化部门领导人、大学校长、知名教授等十几批高访团去中国参观访问。

（4）单独承担或者与其他单位合作开展科研活动。比如，孔院结合在吉尔吉斯斯坦汉语教学的实际情况，和北京语言大学等合作开发本土教材。孔子学院和新疆社会科学院、中央民族大学、新疆师范大学合作完成新疆跨境民族研究的若干科研项目，单独完成了国家汉办交给的吉尔吉斯斯坦外语教学现状等课题。完成这些课题需要汇集国内国外各种专家、各种人才的聪明才智，孔子学院在其中起到了纽带作用，成为不可或缺的力量。

（三）文化交流平台建设的新设想

如何在完成繁重的汉语教学工作的同时，也完成好上述文化综合平台的建设，是孔子学院面临的一项重大考验，也是一个难题。面对这一挑战，吉尔吉斯斯坦国立民族大学孔子学院结合工作实际，探索了一条行之有效的方法，那就是制定好计划，明确分工，加强合作。

1. 制定周密计划

孔子学院每年年初都要制定出全年的中国文化活动方案。这个方案的制定是在认真总结上一年工作的经验和不足的基础上进行，并适时调整项目。同时还要有前瞻性，及时准确地捕捉到新的信息。制定一个好的年度工作计划，可以使具体负责分工的老师有时间来思考活动方案，购买活动用品，排练所需节目，联络所需人员。计划的制定还需要广泛征求意见，尤其是要向行家请教。一个详细的、可操作的、高质量的计划将会使全年的文化交流工作有条不紊地进行。

2. 科学合理分工

孔子学院的计划是标明有负责人的，也就是说，责任到人。孔院根据每个老师的教学工作量和特长，来安排负责不同的项目。原则上，每一个老师一年要负责一项大的活动。这位负责老师对整个活动的策划，活动的地点、时间、程序，所用人员，所用物品，都要有一个详细的方案并制定预算。除了负责策划的老师以外，其他的老师分别要承担不同的工作任务。有一些专业性比较强的工作，学院安排专门的老师常年负责。比如摄影、摄像、音响、节目主持、电脑计分、喷绘设计等等。因为这些老师常年负责，业务比较熟练，所以能保质完成工作，工作起来也相对轻松。孔院考虑到工作的连续性，往往还会给负责老师配一到两名新老师，让他们熟悉工作。这样，等前任老师期满回国后，新老师可以马上接手并有效地工作。

3. 亲密无间的合作

孔院要求每个老师都把自己的文化活动工作作为本职工作来做。孔院将文化培训课和文化活动工作都列入老师的考核和计算工作量。这样就从制度上保证了每个老师参与的积极性。同时，由于每个老师都有可能去当项目的负责人，所以老师之间的团结就特别紧密。因为如果你对别人的项目表现不积极，自己负责的项目也可能遭到大家的冷遇。合作的第二层意思是，孔子学院积极调动合作院校和外方教师的积极性。外方教师懂汉语，了解中国文化，因此在活动中充分发挥他们的积极作用，让他们感到自己是孔院的一部分。而合作院校很多工作由他们出面会更容易、更简单、更顺畅。孔子学院开始的时候，大的活动都是以孔子学院和中方老师为主，通过一两年的磨合，孔院的教学点、合作院校也慢慢成熟了。教学点的中国老师在所在学校的领导下，在当地老师的配合下，能独立完成一些大的文化活动。比如，孔院就将中学生汉语桥吉尔吉斯斯坦赛区预选赛交给比什凯克 69 中全盘负责。吉尔吉斯斯坦国立大学汉语大赛，孔院就交给吉民大吉中学院全盘负责；大学生汉语桥吉尔吉斯斯坦赛区预选赛，孔院就交给阿拉套大学全盘负责；中国歌曲大赛就交给斯拉夫大学负责，等等。

教学点在执行这些项目的时候，充分发挥自己的工作能力和想象力，活动效果比预期的还要好。这种把工作化整为零的方法，既减轻了孔院的工作量，又使孔院有精力承担更多的项目。最重要的是，培养了一大批本土人才，形成了大孔院的格局。

（四）文化综合平台建设的着眼点和着力点

1. 跨文化的适应性

孔子学院是中国文化的传播者、实践者，同时本身也是中国文化的象征、载体。孔院教师大都分散在各个教学点，单兵作战。孔院领导不可能事无巨细全盘指导。所以，这支队伍人员的素质、心态、观念，对平台建设至关重要。孔子学院重视教师的跨文化适应的教育，极力营造良好的跨文化交流的氛围。

（1）用平实的语言去阐述中华文化

很多中国教师刚到吉尔吉斯斯坦的时候，带着一腔爱国热情和工作积极性，迫切地想把工作轰轰烈烈地搞起来。恨不得一夜之间，学生都成了中国文化的粉丝。因此，他们往往会说一些过头话，把中国的成绩成就说得很满，用的都是最高级的形容词。比如一开口就是：中国有五千年的灿烂文化；在世界上，中国文化是唯一一支没有间断的文化；汉语是世界上最好听的语言；中国的经济飞速发展，将很会快赶超美国；中国人民的生活是如此如此幸福，等等。

对这种现象，院领导很重视，经常展开讨论，尤其在新教师到任的时段。学院尽量使大家明白，这些话忽略了一个文化交流中很重要的理论问题，潜移默化。传播中国文化的目的是告诉吉尔吉斯斯坦的学生和老百姓一个真实的中国，不是让他们一定要喜欢中国文化，一定要掌握中国文化，而是让他们自己去判断，自己去感受，自己去选择，不强加于人。所以孔院教师一定要用平实的语言，要用谦逊的态度，要用让吉尔吉斯斯坦人民能接受的方式来进行。

比如，孔院领导和老师一起分析了一篇中国老师给中学生写的演讲稿，稿子通篇都是“中国是世界上最伟大的国家”“汉语是世界上最好听最丰富的语言”，“我最大的理想就是去中国”等诸如此类的话。他们指出这样的语言并不适合刚学汉语的学生，因为他们对汉语、对中国文化并没有透彻的了解，不可能发自内心说出这些话，显然是老师强加的。所以要求中国老师去掉高级形容词，从学生的角度，用学生的思维方式，来写出对中国的感受。这种讨论和教育很有成效。有一个小的例子。有位吉国学生唱中国歌曲，歌曲的名字是《中国，我的母亲》。学生唱得很好，也很有激情，但是我们下面的中国老师感觉到不是很舒服。学生越是唱得有激情，越感觉到这里面有问题。后来老师们一致要求把歌词改一个字，改成《祖国，我的母亲》。学生再唱，大家都感觉到舒服多了。这一字之差，说明老师找到了正确的语感。学院经常告诫老师，因为很多听众不懂或者不太懂汉语，所以老师的过头话并没有引起多大的反感，但是当学生们的汉语水平越来越高，中国文化影响越来越大的时候，如果还是用这种语言，肯定会引起吉国人民的逆反心理，这绝不是危言耸听。

（2）以平等的视角去看待双方文化

在中国有一种被人唾弃的现象就是——崇洋媚外，而在吉尔吉斯斯坦，很多中国人恰恰是另外一种心态，在中国老师身上也会不自觉地流露出来，那就是大国心态。新老师来到吉尔吉斯斯坦以后，看到吉尔吉斯斯坦的经济、文化、教育等各个方面不如中国，很快就产生了一种居高临下的态度。遇到什么事，就会说在中国是怎么样怎么样好，在这是怎么样怎么样差。吉尔吉斯斯坦的歌没有中国的好听，路没有中国的平，饭没有中国的香。再往深探讨还会说，吉尔吉斯斯坦有文字的历史才短短几十年，而中国有文字的历史有几千年，等等。这种心态常常会不自觉地流露出来，包也包不住。孔院领导感到，这种心态的表露，会严重伤害吉尔吉斯斯坦人民的感情，影响中吉文化平等地交流，是文化交流的大忌，须及时加以引导。

孔院举行了多次“什么是中国文化”的讨论，弄清楚了中国文化最大的特点就是包容性，平等性。孔院不追求去同化别人的文化，追求一种求同存异，包容并蓄，百花齐放的文化状态。文化是上层建筑，是社会经济生活的反映，它不存在先进和落后的区别，只有合适与不合适的问题。另一个方面，难道吉尔吉斯斯坦就真没有我们可以学的优点吗？在讨论中大家才发现，其实在大家接触的吉尔吉斯斯坦文化中，有很多优秀的东西值得我们学习。比如直率的性格，对环境保护的重视，对家庭的重视，尊重妇女，在公交车上年轻人给老年人、妇女让座，衣着整洁时尚，办公室干净有序，有强烈的民族自豪感，喜欢艺术，等等。之所以这样说，不是为了客气，为了两国的友谊说一些吉尔吉斯斯坦的好话，事实上，孔院工作的老师是真要向吉尔吉斯斯坦学习的，一定要摆正位置，换位思考。通过一段时间的修正，现在孔院的老师越来越觉得可以融入这个社会中，可以享受吉尔吉斯斯坦文化给中方带来的愉悦。而吉尔吉斯斯坦的学生和老师也能感受到中国老师的变化。比如，看到中国老师买吉尔吉斯斯坦的工艺品，有些中国女老师也佩戴吉尔吉斯斯坦女孩喜欢的首饰，有些男老师戴吉尔吉斯斯坦的毡帽，都会引起当地学生的惊喜和赞扬。

最重要的是，孔院在设计活动的时候，一定把中国老师学习吉尔吉斯斯坦文化作为活动的重要组成部分。比如在孔子学院5周年庆典晚会上，安排中国老师用古筝弹奏吉尔吉斯斯坦民歌，中国老师用吉尔吉斯斯坦语弹唱库木孜，十几位中国女老师跳吉尔吉斯斯坦民族舞蹈，这些都引起了观众雷鸣般的掌声。孔院在搞中国文化展览的时候，用剪纸表现吉尔吉斯斯坦民族英雄玛纳斯的形象，用剪纸剪出吉尔吉斯斯坦民族图案。孔院还组织老师在业余时间学习吉尔吉斯斯坦语。尤其是孔院中方院长经过多年刻苦自学，熟练地掌握了吉尔吉斯斯坦语。能在各种不同的场合用吉尔吉斯斯坦语发表演说，每次都赢得听众的热烈掌声。这些其实是代表了一种态度，也是孔子学院的形象。它向吉国人民生动地表明，孔子学院强调的文化交流的平等性、双向性不是一句空话，而是中国老师实实在在的行动。

（3）以平和的心态去对待文化差异

毋庸置疑，孔子学院在吉尔吉斯斯坦的工作中会遇到很多不适应，这是跨文化交流中必然要遇到的问题。中国老师初来乍到的时候，很容易产生焦虑、烦躁、抵触的情绪，这是跨文化交流的阵痛，一定要正确对待。孔子学院在筹建的时候和揭牌以后的一年中，有两次和吉方合作院校闹得不可开交。后来大家分析原因，发现最大的原因其实就是中方心态不够平和。有些事太着急了，有些话太直了。吉尔吉斯斯坦社会存在着一些中方认为不合理的和不近人情的现象，但这是没有办法改变的社会存在。中方老师是外国人，传授的是外国文化。中国老师只能去适应，用真诚和细致的工作去感化当地民众，这也是孔子学院对中方老师经常教育的一个重点。当然，并不是消极地面对它，而是想尽办法积极应对，使工作不遭受损失。当地的机构办事比较拖拉，往往在答应的期限内完不成，怎么办？应该预先想到这个问题，把计划往前推。比如，中方老师护照递上去办签证，往往要等待很长时间，在此期间没有护照，办事很不方便，那怎么办呢？就应该早做准备，把需要用护照办的事及早办完，如此，等等。总之，作为一个跨文化交流的团体和个人，孔院中方工作人员一定要拥有平实的语言，平等的视角，平和的心态。

2. 建设复合型的教师队伍

中国老师的个人形象在文化交流中具有非常重要的作用。在吉尔吉斯斯坦，除了以平实、平等、平和的心态应对跨文化适应中的问题以外，还应该树立起中国老师自己的形象。这种形象用三点可以概括，就是：有热情、有教养、有正气。

（1）用饱满的热情去对待他人

吉尔吉斯斯坦由于社会的不稳定和经济发展的缓慢，在教师队伍和公务员队伍中普遍有一种懒散的、得过且过的工作作风。这种负面的东西会给年轻的中方老师造成不好的影响，所以孔院强调每一个中国老师必须要以满腔热情投入工作。工作不挑肥拣瘦，千方百计把工作做好，永远充满朝气和活力。其中，工作热情最主要的一个方面是对学生的热情态度。老师的态度对学生的学习热情非常重要，学生可能因为喜欢这个老师而喜欢这门课，那么，中国老师就应该让学生因为喜欢中国老师而喜欢汉语课，喜欢中国文化。国内曾经有过一场争论，有人说，孔子学院只是传播中国文化一些皮毛的东西，打打太极拳，跳个扇子舞，只是传一些术的东西而没有传道，没有讲述中国文化中精髓的东西。也有人反驳说，如果不传术，何以来传道，没有术，道就没有载体。大家各执一言，莫衷一是。而通过几年的实践，孔子学院认为，我们传播中国文化，目的不是传术，也不是传道，应该是传情。大家可以想想，短短几年，学生从零起点学习汉语，他们不可能学好中国文化的术，更不可能学好中国文化的道。但是，如果学生对老师有了感情，对中国有了感情，他会产生巨大的学习动力。随着时间的推移，他既可以学到术，也可以学到道，中国老师中有很多这方面的表率。有的老师因对学生关爱被学生称为妈妈；有的老师自己出学费让学生去中国留学；有的老师对学生一个人去中国留学不放心，陪同到内地安排好才回家；有的老师为排练节目的学生做饭送饭；有的老师加班加点为学生在网上联系留学报名，填写各种表格，等等。而学生更是非常热爱老师。每次老师任满回国，都和学生难舍难分，抱头痛哭。学生家有喜事，一定请老师参加。学生的婚礼，一定请老师坐主宾席。学生从中国留学回来，第一件事就是来看望老师。这种师生关系远远超过了当地老师和学生的关系，成为孔院的一大亮点。我们甚至开玩笑说，一个老师离任，不管他教课如何，如果和学生没有哭得天翻地覆，那他就不称职。

（2）用良好的教养去感染他人

吉尔吉斯斯坦是一个位于中亚的内陆国家，受俄罗斯文化的熏陶也很深，这个国家的民众对一个人的言谈举止，行为方式，衣着打扮十分重视。

尤其是对于大学生来讲，一个老师的外在形象会给他们带来直接的感性冲击。是好是坏，一目了然。所以孔子学院在规定中，明确把教师的衣着干净整齐，言谈举止文明作为一个重要的条款。中国老师普遍存在着两个方面的问题，一是不注重外在的形象。比如，不分场合地抽烟，高声喧哗，着装不够干净时尚；二是不注意宿舍、办公室、教室的整洁有序。作为一名教师，中国形象的代表者，负面的影响就很大。在孔子学院多年的倡导和强调下，中国老师开始发生着一些变化。比如，现在中国女老师参加重要的聚会都会注意穿礼服和化妆。男老师也注意不随便抽烟，保持办公室的整洁，等等。而且孔子学院的中方领导也经常直言不讳地告诉本土老师，在这些方面，中国老师还要向当地老师多学习，多请教。这种相互学习和相互欣赏的做法，这种外在形象的改变，对中国老师融入当地社会起到了很好的促进作用，外在的东西也会影响到内在。

（3）用浩然的正气去影响他人

在中吉两国交流合作中，有一个重要的问题，就是谁影响谁的问题。虽然在整个大的环境中，吉尔吉斯斯坦的文化占主导地位，但在孔子学院和孔子学院所联系的教学点里，中国文化应占主导地位。在文化交流过程中，在和吉方经常接触中，孔院要求每个老师要对工作认真负责，在原则问题上，在法律问题上，不迁就不退让，一身正气，用自己的行为影响周围人。比如，有的当地老师或领导，想让孔院对某个考生予以照顾，孔院就坚决不答应。在奖学金生的招生工作中经常有打招呼的，但孔院坚决顶住。对汉语水平考试等一些重要的考试，孔院都制定严格的考试程序和规定，不讲情面，不留后门。现在，吉国社会都知道，中国老师是最较真的。

开拓进取，不断提高文化综合交流平台建设的水平。交流平台建设是一个动态的过程，需要与时俱进，不断开拓新的领域。交流平台的建设不可能一蹴而就，也不应该一成不变，它是一个动态的过程。如何做到与时俱进，孔院有以下几点体会。

一是院长应有责任担当，及时捕捉到时代的脉搏。举个例子，近几年，已有不少有实力的中资企业到吉尔吉斯斯坦做大项目。他们需要汉语人才，往往一次就需要几百人。比如，有一家中国公司投资的中大炼油厂，需要员工 400 人，由于工厂都是中国设备，都是由中国的工程师做师傅、做领班，所以，企业希望员工都能掌握基本的汉语，以便交流。孔院院长及时捕捉到这个信息，马上跟中国公司联系，了解情况。通过多方奔走，孔院与吉尔吉斯斯坦国立民族大学继续教育学院达成协议，为中大炼油厂培训员工。师资由孔子学院出，大学发大专文凭。类似于这种新的模式，需要认真总结经验，不断巩固和完善。又比如，孔院积极与中国有关方面联系，准备在吉尔吉斯斯坦合作办电视汉语教学频道，办报纸中的孔院栏目，等等。总之，在不断深入两国文化交流的过程中，会有很多新东西，这就对院长提出了更高的要求。院长不能偷懒，不能得过且过，要跟上时代的步伐。

二是注重工作的连贯性和资料的积累。连贯性最主要体现在院长的交替中。第一任院长的任期还未结束前，应由即将上任的院长担任副院长，跟第一任院长一起工作半年左右，第一任院长将人脉关系、工作经验毫无保留地传递给第二任院长，使工作不至于出现人走茶凉的情况。同时注意制度建设，孔院这些年积累了完整的规章制度，并将教学和文化活动各种资料装订成册，整理归档，以便后来的老师工作。孔院还成立了中亚研究室，将历年来整理和收集的学术资料拷贝归类，为后来研究中亚的学者提供便利，做到资源共享，减少不必要的重复。

三是目标明确，不搞低水平重复建设。学校的一个特点就是，培养的学生到时间就毕业走了，又要重新培养。积累的人脉，可能有些人不在工作岗位上调离了，要重新建立。所以使得工作好像会在一个低水平的重复阶段。如何避免这种现象，或者减轻这种现象带来的负面影响。孔院有以下体会：首先，有意识地在不同的年级培养骨干力量。不能为临时的工作，临时的需求而只抓现成的学生，一定要按梯队培养。其次，学院的计划和工作安排一定要在原来工作的基础上提出更高的要求。第三，对社会的宣传，要做到内容越来越丰富，越来越深刻，越来越注意细节，越来越系统。比如，学院将今年的孔子学院日活动的照片和去年的比较，找出进步和不足的地方，每个负责老师都写出工作小结，等等。

四是锐意进取，不断开拓新境界。让中国文化活动的面越来越广，以前孔子学院注意的是大的方面，比如，在国家层面上的人员交往以及大型的展览，讲坛、讲座，等等，对民间的交往重视不够，今后孔院开始努力改进。比如孔院有一个学生要结婚，他提出希望孔院能派学生去舞狮子。当时也有老师反对，说这是一件小事，不值得。但院领导认识到，这其实是中国文化走向民间的一个绝好的途径。尽管婚礼的场地很远，还是派了人去表演。这是一个乌兹别克的婚礼，来的人很多，他们从来没有实地看过中国的舞狮，所以在现场引起了极大的轰动，这个学生和家长觉得特别有面子。又比如，比什凯克最大的商场搞促销活动。他们也来请孔院去表演中国的文化节目，同样取得了意想不到的效果。围观的人群密密麻麻。现在，当地人结婚、过生日、聚会、公司过新年，甚至有人装修房子都有到孔院来，或寻找中国文化的东西，或请孔院去表演节目。这些都说明，中国文化的传播和途径还有很广阔的空间。又比如，孔院在学术交流方面也不仅仅局限于汉语教学或者对中国新疆的跨境民族的调研，而是在向如何促进吉中两国在政治、经济、文化等等方面的更加有力的合作而进行努力。

总之，把孔院建设成为中亚中国文化综合交流的平台，孔院领导必须有一个清醒的认识；搭建一个稳定的以校园文化、融进当地社会、国际化科研交流为支撑的三角平台；形成一个良性循环的工作机制；营造一个跨文化交流的孔院氛围；造就一支朝气蓬勃的教师队伍。这些，就是吉尔吉斯斯坦国立民族大学孔子学院这些年来的一个基本的认识与做法。

作为中亚孔子学院，我们有责任和义务为中华文化摇旗呐喊，我们有责任和义务为中亚与中国交流顺畅保驾护航，我们有义务和责任让中亚了解中国，让中亚人民喜欢中国，我们有责任和义务为中国与中亚共建“丝绸之路经济带”助力加油。经济发展，文化先行，一个综合性文化交流平台的建设，必将为中国和中亚人文交流搭建起一座坚固的桥梁，也为中国与中亚国家世代友好提供沟通的渠道，重振丝绸之路的辉煌。

参考文献

图书

[1]John Stewart. *Bridges Not Walls* [M]. New York: McGraw-Hill, 1999.

[2]中国社会科学院语言研究所词典编辑室. 现代汉语词典（第七版）[M]. 北京：商务印书馆，2013.

[3]桂翔. 文化交往论[M]. 北京：人民出版社，2011.

[4][美]丹尼斯·朗. 权力论[M]. 陆震纶，郑明哲，译. 北京：中国社会科学出版社，2001.

[5]索燕华，纪秀生. 传播语言学[M]. 北京：北京师范大学出版社，2010.

[6]张西平. 中国文化走出去年度研究报告（2012卷）[M]. 郑州：大象出版社，2012.

[7]陈力丹. 精神交往论：马克思恩格斯的传播观[M]. 北京：中国人民大学出版社，2008.

[8]马克思，恩格斯. 共产党宣言（汉译纪念版）[M]. 陈望道，华岗，乔冠华，博古，陈瘦石，等译. 北京：中华书局，2011.

[9][日]平野健一郎. 国际文化论[M]. 张启雄，冯青，周兆良，黄东兰. 北京：中国大百科全书出版社，2011.

[10][美]爱德华·霍尔. 无声的语言[J]. 何道宽，译. 北京：北京大学出版社，2010.

[11]李宗桂. 传统与现代之间——中国文化现代化的哲学省思[M]. 北京：北京师范大学出版社，2011.

[12]秦晓. 当代中国问题：现代化还是现代性[M]. 北京：社会科学文献出版社，2009.

[13]关锐，李智. 母语传播概论[M]. 北京：中国传媒大学出版社，

2011.

[14]陈少峰. 文化的力量[M]. 北京：华文出版社，2013.

[15]赵启正，吴建民. 交流，使人生更美好[M]. 北京：世界知识出版社，2010.

[16]司马云杰. 文化社会学[M]. 北京：中国社会科学出版社，2007.

[17]刘海龙. 大众传播理论：范式与流派[M]. 北京：中国人民大学出版社，2008.

[18][英]亚当·斯密. 道德情操论[M]. 蒋自强，钦北愚，朱钟棣，沈凯璋，译，北京：商务印书馆，1997.

[19][美]乔纳森·H. 特纳. 人类情感：社会学的理论[M]. 孙俊才，文军，译. 北京：东方出版社，2009.

[20]李泽厚. 中国思想史论：上册[M].合肥：安徽文艺出版社 1999.

[21]林存光. 孔子新论[M]. 北京：人民出版社，2012.

[22][英]丹尼斯·麦奎尔. 受众分析[M]. 刘燕南，李颖，杨振荣，译，北京：中国人民大学出版社，2006.

[23][德]伊丽莎白·诺尔-诺依曼. 董璐，译. 沉默的螺旋[M]. 北京大学出版社，2013.

[24][法]多米尼克·莫伊西. 情感地缘政治学：恐惧、羞辱与希望的文化如何重塑我们的世界[M]. 姚芸竹，译. 北京：新华出版社，2010.

[25]侯玉波. 社会心理学[M]. 北京：北京大学出版社，2002.

[26][美]阿尔温·托夫勒. 权力的转移[M]. 刘红，等译. 北京：中共中央党校出版社，1991.

[27]郭庆光. 传播学教程[M]. 北京：中国人民大学出版社，2001.

[28][德]弗里德里希. 黑格尔. 小逻辑[M]. 贺麟，译. 上海：上海人民出版社，2009.

[29]高占祥. 文化力[M]. 北京：北京大学出版社，2007.

[30]吴应辉. 汉语国际传播研究理论与方法[M]. 北京：中央民族大学出版社，2013.

[31]李智. 中国国家形象——全球传播时代建构主义的解读[M]. 北京：新华出版社，2011.

[32]郁乃尧. 汉字的故事[M]. 北京：中央编译出版社 2006.

[33]冯天瑜，何晓明，周积明. 中华文化史[M]. 上海：上海人民出版社，2005.

[34]杨泽波. 孟子与中国文化[M]. 贵阳：贵州人民出版社，2000.

[35]余秋雨. 何谓文化[M]. 武汉：长江文艺出版社，2012.

[36]章志光. 社会心理学[M]. 北京：人民教育出版社，2007.

[37][吉]乔托诺夫·乌谢那尔. 主权的吉尔吉斯斯坦：历史道路的选择[M]. 比什凯克：吉尔吉斯斯坦出版社，1995.

[38]刘珣，张旺熹，施家炜. 对外汉语教学论文选评[C]. 北京：北京语言大学出版社. 2008.

[39]鲁健骥. 对外汉语教学思考集[C]. 北京：北京语言大学出版社. 1999.

期刊

[1]李建军，刘会强，刘娟. 强势传播与柔性传播：对外传播的新向度[J]. 东北师大学报（哲学社会科学版），2014（3）.

[2]李建军. 实现中国语言文化传播的六大转变[J]. 中南民族大学学报，2014（6）.

[3]李建军. 中国传统文化现代转型的战略构建[J]. 江西社会科学，2013（6）.

[4]李建军. 中国与中亚的文化交流力的建构[J]. 中南民族大学学报，2013（1）.

[5]李建军. 中华文化中亚传播的战略态势和优选方向[J]. 当代传播，2013（4）.

[6]焦若薇. 中国新疆主流媒体中亚传播受众需求研究[J]. 新疆师范大学学报（哲学社会科学版），2014（5）.

[7]唐虹. 非政府组织和对外文化交流——以英国、法国和德国的经验为例[J]. 欧洲研究，2009（2）.

[8]李建军. 新中国成立以来的新疆传统文化的变迁[J]. 新疆师范大学学报（哲学社会科学版），2013（5）.

[9]李建军. 20 世纪上半叶新疆传统文化的流变[J]. 新疆师范大学学报，2014（5）.

[10]李建军. 论现代文化及新疆以现代文化为引领的依据[J]. 新疆师范大学学报（哲学社会科学版），2011（5）.

[11]李建军，刘会强，刘娟. 理性与情感传播：对外传播的新尺度[J]. 江西社会科学，2015（6）.

[12]李建军. 中华文化中亚传播的新向度[J]. 东北师大学报，2015（3）.

[13]李建军. 中华文化走出去新视角[J]. 新疆师范大学学报（哲学社会科学版），2015（4）.

[14]李建军，刘会强，刘娟. 韧性传播与间歇传播：国际传播的新视角——以中华文化对外传播为例[J]. 湘潭大学学报，2015（3）.

[15]李建军，刘会强，刘娟. 强势传播与柔性传播：对外传播的新向度[J]. 东北师大学报，2014（3）.

[16]孙英春. 全球社会中的社会关系与社会交往——跨文化传播研究的“问题视域”[J]. 国际关系学院学报，2007（3）.

[17]章凯. 情绪的目标结构变化说与情感管理的发展[J]. 中国人民大学学报，2004（03）.

[18]肖荣春. “软传播”：政府形象传播的一种新思路[J]. 对外传播，2008（1）.

[19]陶薇. 论组织战略性公共关系维持中的情感传播策略[J]. 商业时代，2011（13）.

[20]梁苗，张彩琴. 传播学视域下中学思想政治课的有效师生互动[J]. 东南传播，2014（1）.

[21]朱联营，郭墨池. 新闻的价值取向与理性传播导向[J]. 延安大学学报（社会科学版），2007（6）.

[22]叶世祥. 诗性语言研究的新拓展——评马大康《诗性语言研究》[J]. 文艺理论研究，2007（2）.

[23]廖华英，鲁强. 基于文化共性的中国文化对外传播策略研究[J]. 东华理工大学学报（社会科学版），2010（2）.

[24]郑天亮. 华人形象塑造与中国文化软实力建设[J]. 新闻战线，

2012（10）.

[25]黄月胜. 论西方网络文化的强势传播与影响[J]. 江西社会科学，2005（6）.

[26]刘汉俊，翁淮南：孔子学院：中国文化“走出去”的成功范例——访国务院参事、国家汉办主任、孔子学院总部总干事许琳[J]. 党建，2011（11）.

[27]纪勇. 论现代中亚与中国新疆的跨境民族及跨境民族问题[J]. 科技风，2008（10）.

[28]周作宇，郭卫东，熊文红. 新疆高校国际化研究——以新疆师范大学为例[J]. 新疆师范大学学报（哲学社会科学版），2012（5）.

[29]韩卫东. 论中国传统文化的现代价值[J]. 理论前沿，2007（2）.

[30]严昭柱. 文化的力量[J]. 求时，2004（2）.

[31]侯艾君. 中国与吉尔吉斯斯坦：现状、问题、与前景[J]. 国际论坛，2004（2）.

[32]路俭明. 增强学科意识，发展对外汉语教学[J]. 世界汉语教学. 2004（1）.

[33]许琳. 汉语国际推广的形势和任务[J]. 世界汉语教学. 2007（2）.

[34]李泉. 汉语国际化进程中学科建设问题思考[J]. 世界汉语教学. 2007（3）.

[35]梁云，史王鑫磊. 中亚汉语国际教育可持续发展途径探析——以吉尔吉斯斯坦汉语师资为例[J]. 新疆师范大学学报（哲学社会科学版），2012（6）.

[36]范祖奎，易红. 吉尔吉斯斯坦高等教育现状调查研究[J]，新疆社会科学，2011（4）.

[37]尹春梅，马磊. 中亚孔子课堂质量评估研究——以吉尔吉斯国立民族大学孔子学院为例[J]. 新疆师范大学学报，2015（1）.

[38]尹春梅，吉尔吉斯斯坦孔子课堂建设研究——以吉尔吉斯国立民族大学孔子学院为例[J]. 语文学刊，2014（17）.

[39]吴应辉. 孔子学院评估指标体系研究[J]. 教育研究. 2011（8）.

[40]吴应辉. 国际汉语教学学科建设及汉语国际传播研究探讨[J]. 语

言文字应用，2010（3）.

[41]吴应辉. 汉语国际传播研究，一个新兴的汉语国际教育研究领域[J]. 云南师范大学学报（对外汉语教学与研究版），2008（2）.

[42]吴应辉，杨吉春. 泰国汉语快速传播模式研究[J]. 高等教育，2008（4）.

[43]宛新政. 海外孔子学院评估的实践与思考[J]. 国际汉语教育，2011（2）.

[44]宛新政. 孔子学院与海外汉语师资的本土化建设[J]. 云南师范大学学报（对外汉语教学与研究版），2009（1）.

[45]樊钉. 孔子学院质量评估体系研究[J]. 云南师范大学学报（对外汉语教学与研究版）. 2012（5）.

[46]徐守磊，从国际比较视角看汉语国际推广拨款机制[J]. 比较教育研究，2010（11）.

[47]王祖嫘. 打造中国文化走出去的名片——论孔子学院的可持续发展规划[J]. 学习与探索，2013（4）.

[48]王振顶. 汉语国际传播的语言经济学研究[J]. 云南师范大学学报（对外汉语教学与研究版），2009（6）.

[49]许琳. 汉语加快走向世界是件大好事[J]. 语言文字应用. 2006（S1）.

[50]李宇明. 提升国家语言能力的若干思考[J]. 南开语言学刊，2011（1）.

[51]李宇明. 重视汉语国际传播的历史研究[J]. 云南师范大学学报（对外汉语教学与研究版），2007（5）.

[52]郭熙. 汉语的国际地位与国际传播[J]. 渤海大学学报（哲学社会科学版），2007（1）.

[53]张西平. 汉语国际推广中的两个重要问题[J]. 长江学术，2008（1）.

[54]张西平. 简论孔子学院的软实力功能[J]. 世界汉语教学，2007（3）.

[55]崔希亮. 汉语国际教育“三教”问题的核心与基础[J]. 世界汉语教学，2010（1）.

[56]崔希亮. 汉语国际传播研究前景广阔——序《汉语国际传播研究

理论与方法》[J]. 汉语国际传播研究，2013（1）.

[57]赵金铭. 汉语国际传播研究述略[J]. 浙江师范大学学报（社会科学版），2008（5）.

[58]吴勇毅. 孔子学院与国际汉语教育的公共外交价值[J]. 新疆师范大学学报（哲学社会科学版），2012（4）.

[59]吴勇毅. 全球视野下的孔子学院与国际汉语教育——为纪念中国孔子学院创办十周年而作[J]. 华南师范大学学报（社会科学版），2014（5）.

[60]胡范铸，刘毓民，胡玉华. 汉语国际教育的根本目标与核心理念——基于"情感地缘政治"和"国际理解教育"的重新分析[J]. 华东师范大学学报，2014（2）.

[61]陈永莉. 汉语国际传播的制度建设问题[J]. 暨南学报（哲学社会科学版），2009（1）.

[62]吴瑛. 对孔子学院中国文化传播战略的反思[J]. 学术论坛，2009（7）.

[63]徐丽华. 孔子学院的发展现状，问题及趋势[J]. 浙江师范大学学报（社会科学版），2008（5）.

[64]李建军，韩明杰. 汉语国际传播的核心概念及问题辨析[J]. 当代传播，2010（5）.

[65]李建军. 提升新疆文化对外传播力的路径选择[J]. 当代传播，2012（2）.

[66]宁继鸣. 汉语国际推广：关于孔子学院的经济学分析与建议[D]. 山东大学，2006.

[67]范晓玲. 中亚地区汉语国际传播现状与研究[J]. 新疆社会科学，2009（2）.

[68]范晓玲. 汉语国际推广中亚基地发展及对策研究[J]. 新疆大学学报（哲学·人文社会科学版），2009（2）.

[69]梁焱，焦健. 中亚孔子学院发展现状，问题与策略研究[J]. 新疆大学学报，2011（2）.

[70]严瑛，杨永洁. 加强高校教学档案建设和管理的意义及途径[J]. 青岛大学医学院学报，2012（2）.

[71]贺雅芬. 档案建设促进学校内涵发展刍议[J]. 吉林省教育学院学报，2007（12）.

[72]沈剑锋，张中华，等. 浙江省电子健康档案建设的状况和展望[J]. 中国卫生信息管理杂志，2012（3）.

[73]谢建湘. 高校教学档案建设与本科教学工作水平评估的相互关系探讨[J]. 湘潭师范学院学报，2007（1）.

[74]冯兢. 迎接本科教学评估推动高校档案建设[J]. 广西大学学报，2005（S1）.

[75]陆俊元. 中亚地缘政治新格局及其对中国的战略影响[J]. 世界地理研究，2011（2）.

[76]倪建平. 中国在中亚文化传播和国家形象塑造[J]. 对外大传播，2006（12）.

报纸

[1]冯玉军. 专家：中国人总想拯救别国 勿忘援助朝鲜越南后果[N]. 环球时报，2014-12-29.

[2]蔡震. 麦家《解密》英译本打破中国作家海外销售成绩[N]. 扬子晚报，2014-03-20.

[3]李建军. 对外文化交流应有新理念[N]. 人民日报，2015-12-10.

[4][美]张宽. 孔子学院：一个自我东方化的危险[N]. 社会科学报，2013-08-29（5）.

[5]高颖. 中国文化西传，求同也求异[N]. 环球时报，2013-12-27（13）.

[6]王珏，任姗姗. 在这里，世界读懂中国——我国在 14 个国家设立海外文化中心，为文化“走出去”搭建桥梁[N]. 人民日报，2013-11-07.

[7]邢虹.“汉字听写大会”导演：第二季选手或达 2000 万人[J]. 南京日报，2014-01-29.

[8]孙淦，刘达成. 重视跨境民族研究[N]. 人民日报，2001-11-2（7）.

[9]陈至立. 孔子学院创建 10 年：建立 465 所孔子学院 713 个孔子课堂[N]. 人民日报，2014-12-29（10）.

[10]黎俊，柳玉鹏，毕方圆. 中国工人在吉尔吉斯斯坦与当地居民大

规模斗殴[N]. 环球时报，2012-10-25（3）.

[11]韩专家：超级中国已在眼前 中韩应寻求共存共荣[N]. 环球时报，2015-02-13.

[12]钟华，王握文，蒋自成. 天河 2 号如何重返第一：体积比世界第二还小 15%[N]. 中国科学报，2013-06-18 .

[13]孔子学院. 怎样讲好中国故事？[N]. 光明日报，2013-12-18.

[14]张杰.《舌尖上的中国》：文化视觉盛宴中的跨文化传播——对我国传媒界扭转国际跨文化传播市场“西强中弱”格局具重要意义[N]. 光明日报，2012-07-19.

[15]国防科大正攻关百亿亿次级超级计算机 保持我国核心竞争力[N]. 解放军报，2016-02-15.

[16]李宇明. 强国的语言与语言强国[N]. 光明日报，2004-07-28.

网络

[1]外国媒体怎么看这个星球[EB/OL]. 东方财富网，2015-01-14.

[2]李权时. 以我为主 为我所用——论文化交流[EB/OL]. world.people.com.cn/GB/1030/38182. 2009-08-17.

[3]林庆霞.“美在新疆”特邀嘉宾与新疆本土作家对话：多元文化的共同语言[EB/OL]. www.qiucinews.com/dushu/content/ 2013-06-20.

[4]美华报：中西文化交流期待双行道[EB/OL]. 中国新闻网，2012-05-23.

[5]余秋雨. 文化传播应注意三个问题[EB/OL].www.people.com.cn/h/2011/0718/c25408, 2011-07-18.

[6]习近平. 中国是一头已经睡醒的和平狮子[EB/OL].http://phtv.ifeng.com/program/fhzbc/detail_2014_03/28/35237554, 2014-03-28

[7]萧风. 中华礼乐文化[EB/OL]. http://www.hhfg.org/fjywh/f316.html, 2007-12-19.

[8]张雅平，王秋菊. 郑西高铁 1 秒钟能跑 97 米 运行列车上可立硬币[EB/OL]. http://www.sina.com.cn, 2010-01-30.

[9]澳媒赞李娜价值超悉尼歌剧院 团队 1 年开销超 500 万[EB/OL].

http://www.sports.sina.com.cn/t/2013-01-28/03166, 2013-01-28.

[10]李娜[EB/OL]. http://www.baike.baidu.com/view/59350.htm.

[11]李娜成为《时代》杂志封面人物 自述非常自豪[EB/OL]. http://www.sports.sina.com.cn/t/2013-04-18/2201, 2013-04-18.

[12]李娜机智回应登上时代杂志封面：我认识这个姑娘[EB/OL]. http://www.sports.sina.com.cn/t/2013-04-23/1506, 2013-04-23

[13]2012 诺贝尔文学奖获得者莫言荣膺 2012 品牌中国年度人物[EB/OL]. http://www.news.hexun.com/2012-12-22/149341755.h, 2013-01-24.

[14]莫言获诺贝尔文学奖极大提振国人信心和自豪感[EB/OL].http://www.chinadaily.com.cn/hqcj/fxpl/2012-.2013-01-27.ts.cn/, 2013-01-27.

[15]莫言[EB/OL].http://www.baike.sogou, 2015-02-13.

[16]佚名. 许勤：深圳人均 GDP 超 1.7 万美元 居内地首位[EB/OL]. http://www.finance.ifeng.com/news/special/hwtz_2, 2013-01-24.

[17]毛丽娟. 深圳 2014 年 GDP 突破 1.6 万亿 今年超港板上钉钉[EB/OL]. http://www.finance. takungpao.com/dujia/2015-02/, 2015-02-06.

[18]林小春. 中国“天河二号”再次夺得超级计算机冠军[EB/OL]. http://www.ithome.com, 2014-11-18.

[19]汤姆•沃特金斯. 美国人坐完中国高铁的感受：美国该向中国学[EB/OL]. http://www.xilu.com/20140314/10000100004, 2014-03-14.

[20]中国南车正式宣布与中国北车合并[EB/OL].http://news.163.com/14/1230/21/AEOA0US40001124J.html, 2014-12-30.

[21]重叠共识[EB/OL]. http://baike.sogou.com/Show, 2016-01-10.

[22]世界经济论坛：地缘政治重登国际舞台中心[EB/OL]. http://blog.ifeng.com/article/34987849.html?touping, 2015-02-10.

[23]86 岁的李嘉诚嗅到危机 给自己系好了安全带[EB/OL]. http://finance.eastmoney.com/news/1344, 20150113467100253.html, 2015-01-13

[24]孔子学院总部/国家汉办. 孔子学院（课堂）[EB/OL].http://www.hanban.edu.cn/confuciousinstitutes/, 2016-12-31.

[25]孔子学院总部/国家汉办. 孔子学院章程[EB /OL].http://www.hanban.edu.cn/confuciousinstitutes/node_7537.htm, 2016-12-31.

[26]孔子学院总部/国家汉办. 如何申办孔子课堂[EB/OL].http://www.hanban.edu.cn/confuciousinstitutes/node_7536.htm, 2016-12-31.

[27]孔子学院总部/国家汉办. 在外国设立中小学孔子课堂管理办法[EB/OL]. http://www.hanban.edu.cn/confuciousinstitutes/node_7536.htm, 2016-12-31.

[28]孔子学院总部/国家汉办. 关于合作建设孔子课堂的协议[EB/OL].http://www.hanban.edu.cn/confuciousinstitutes/node_7536.htm, 2016-12-31.

[29]孔子课堂. 国家汉办驻泰国代表处[EB/OL]. http://www.hanbanthai.org/kongziketang/, 2016-10-06.

[30]中华人民共和国教育部. 孔子学院发展规划（2012—2020年）[EB/OL].http://www.moe.gov.cn/publicfiles/business/htmlfiles/moe/s5987/201302/148061.html, 2013-02-04.

[31]中华人民共和国教育部. 教育部2014年工作要点[EB/OL].http://www.moe.gov.cn/publicfiles/business/htmlfiles/moe/moe_164/201401/163169.html, 2014-01-16.

[32]中华人民共和国教育部. 教育部关于2013年深化教育领域综合改革的意见[EB/OL]. http://www.moe.gov.cn/publicfiles/business/htmlfiles/moe/s7229/201303/xxgk_148072.html, 2013-01-26.

[33]李敏. 中亚区域经济合作（CAREC）战略推介会在新疆召开[EB/OL]. 天山网，http://www.tianshannet.com, 2012-10-20.

[34]王道伟. 推广华文教育不该只从“教育”做起[EB/OL].http://www.zaobao.com/forum/views/opinion/story20140120-301536, 2014-01-20.

[35]showchina. 看中国——中国古代发明[EB/OL].http://www.showchina.org/zt/zggd. 2011-10-31.

[36]张立文. 中国五千年文明及人文精神的精髓：和合思想文化[EB/OL]. http://www.nblog.sina.com.cn/s/blog_726f4aa001014. 2012-12-04.

[37]王姗姗. 美媒：高铁展现中国发展速度 奥巴马赞叹不已[EB/OL]. 中国新闻网，http://www.chinanews.com/cj/2011/07-01/3150791.shtml, 2011-07-01.

[38]应妮. 到2020年中国将建50个海外中国文化中心[EB/OL].http://

www.chinanews.com/gn/2015/02-11/7055428.shtml，2015-02-11.

［39］全球超级计算机 500 强“神威太湖之光”登榜首［EB/OL］．http://news.163.com/16/0621/08/BQ2Q26EE00014AED.html，2016-06-21.

后　记

记得有一位名人说过一句话："要走得快，就一个人走；要走得远，就要一起走。"这位名人的话语简洁、有力，而又意味深长。是的，我们来了，我们渐渐走向了世界各地，其中包括我们孔子学院来到了中亚，但不是为了自己走得快，而是为了我们大家能够一起走，彼此能走进各自的文化里，特别是能走进各自的心中，并且未来大家一起能走得越来越好。

2013 年 9 月 7 日，国家主席习近平在哈萨克斯坦纳扎尔巴耶夫大学做重要演讲，提出共同建设"丝绸之路经济带"，其后又于 2013 年 10 月访问东盟国家时提出共建 21 世纪"海上丝绸之路"，形成了"一带一路"的合作倡议。这是在"古丝绸之路"概念基础上形成的一个新的经济发展构想。其有序推进对于"一带一路"沿线国家的经济社会发展与交流合作具有举足轻重的意义，同时也是实现中华民族伟大复兴的重要途径。中国周边的和平稳定发展与"中国梦"的实现密切相关。中国一直遵循"大国是关键、周边是首要、发展中国家是基础、多边是重要舞台"的外交总体布局，现在则更加突出周边外交在中国外交中的重要性。中亚事关中国的地缘和能源战略布局，也是中华文化走出去的主要节点和关键一环。"一带一路"的"五通"（政策沟通、设施联通、贸易畅通、资金融通和民心相通），归根结底还在于民心相通，正所谓"国之交在于民相亲，民相亲在于心相通"。民心相通是更高层次和理想意义上的国际理解，孔子学院无疑担负着促进民心的使命。只有中国与中亚民间相互交往、交流、交融，才能世世代代友好下去，才能成为好邻居、好伙伴、好朋友。

本书研究以中亚孔子学院中华文化传播为主题，以文化传播学、跨文化心理学、社会心理学、跨文化交际学、跨文化形象学、国际关系、社会文化学等相关学科理论为基础，采用综合性的研究方法，重点阐释在国际理解背景下，孔子学院文化传播方式的创新，以及中亚孔子学院中华文化传播的发展态势、优选方向和相关内容传播，并重点介绍了三所中亚孔子学院中华文化传播的典型案例。本书力求为中华文化走出去、塑造中国形象、提升中国文化软实力服务，为促进中国与中亚国家文化交流、加快中国与中亚国家文化发展、构建“区域性和谐文化走廊”、推进“丝绸之路经济带”建设服务，为中国与中亚的民心相通提供助力。

本书撰写分工如下：李建军、刘娟撰写了第一章、第二章、第三章、第四章；邓新、刘成撰写了第五章；郭卫东、刘成撰写了第六章；马磊、刘成、闫丽萍、班振林、李晓琴、尹春梅、任铮、梁云合作撰写了第七章；课题主持人李建军对全部书稿进行了统稿审阅和必要的修订。

感谢塔吉克斯坦国立民族大学孔子学院、吉尔吉斯斯坦国立民族大学孔子学院、吉尔吉斯斯坦奥什国立大学孔子学院的鼎力支持。感谢新疆维吾尔自治区教育厅外事处，新疆维吾尔自治区普通高等学校人文社科重点研究基地“中亚汉语国际教育研究中心”，新疆师范大学汉语国际教育办公室、国际合作与交流处、国际文化交流学院的大力指导和帮助。感谢课题组成员的家人在本书撰写中所给予的理解和宝贵支持。

新疆师范大学
2018 年 12 月